LEBEN IST MEHR

Dieses Buch wurde Ihnen überreicht von:

clv

**Jesus spricht zu ihm:
Ich bin der Weg
und die Wahrheit
und das Leben.
Niemand kommt zum Vater
als nur durch mich.**

Johannes 14,6

**Ich bin gekommen,
damit sie Leben haben
und es in Überfluss haben.**

Johannes 10,10

2020

LEBEN IST MEHR

Impulse für jeden Tag

Leben ist mehr ist auch als digitaler Kalender (Windows) erhältlich.

Schauen Sie mal rein:

www.lebenistmehr.de

(Die Online-Version von **»Leben ist mehr«** verhält sich wie eine App und kann über eine Verknüpfung mit Mobil-Devices und Tablets genutzt werden.)

Umschlag: Anne Caspari, Lucian Binder
Umschlagfoto: © by Logan Cameron, unsplash.com
Piktogramme: Eberhard Platte, Wuppertal
Satz: EDV- und Typoservice Dörwald, Steinhagen
Lektorat: Hermann Grabe, Peter Lüling, Joachim Pletsch, Elisabeth Weise
Druck: GGP Media GmbH, Pößneck
Anschrift der Redaktion:
»Leben ist mehr« · Moltkestr. 1 · 35683 Dillenburg
www.lebenistmehr.de · E-Mail: info@lebenistmehr.de

ISBN 978-3-86699-750-9	Artikel-Nr. 256750	(CLV-Paperback)
ISBN 978-3-86353-604-6	Artikel-Nr. 272706020	(CV-Paperback)
ISBN 978-3-86699-385-3	Artikel-Nr. 256385	(CLV-Hardcover)
ISBN 978-3-86353-605-3	Artikel-Nr. 272707020	(CV-Hardcover)

Zum Gebrauch

Zum Gebrauch des Kalenders sind einige Hinweise zu beachten. Auf jedem Tagesblatt befinden sich insgesamt fünf Symbole, die folgende Bedeutung haben:

Der tägliche Leitvers aus der Bibel, der in der Regel durch den Begleittext erklärt wird. Eine Übersicht sämtlicher Verse befindet sich am Ende des Buches. Sie enthält auch jeweils ein Kürzel, das auf die verwendete Bibel-Übersetzung hinweist.

Dem Haupttext ist immer ein Symbol vorangestellt. Es stellt einen Themenbereich dar, dem der jeweilige Text zugeordnet ist. Am Ende des Buches sind alle Tage nach Themen und Symbolen geordnet aufgelistet. Das ermöglicht das gezielte Heraussuchen von Beiträgen zu einem bestimmten Themenbereich. Der Haupttext schließt jeweils mit einem Namenskürzel, das auf den Schreiber des Beitrags verweist. Sämtliche Mitarbeiter und ihre Namenskürzel sind am Ende des Buches aufgelistet.

Die Frage zum Nachdenken

Der Tipp fürs Leben

Die tägliche Bibellese

Im Anhang finden Sie außerdem: *Fünf Schritte zu einem Leben mit Gott* und eine *Bibellese*, nach der Sie in einem Jahr das komplette Neue Testament lesen können.

Vorgehensweise:
Es empfiehlt sich, zuerst den *Tagesvers* aus der Bibel zu lesen und anschließend den *Haupttext*. *Frage* und *Tipp* dienen zur Anregung, über das Gelesene weiter nachzudenken, müssen aber nicht unbedingt mitgelesen werden (zum Beispiel beim Vorlesen).
Die *Bibellese* ergänzt in der Regel den Hauptgedanken der Andacht.

Vorwort

Um Mitternacht des 1. Januar 2020 beginnt unsere trotz menschlicher Unvernunft immer noch wunderschöne Erde wieder ihre 940 Millionen Kilometer lange Rundreise um die Sonne, und damit sie um Mitternacht des 21. Dezember desselben Jahres diese Strecke wirklich geschafft hat, benötigt sie ein Tempo von 29,8 km pro Sekunde, das sind 107 280 km/h. Trotz dieser wahnsinnigen Geschwindigkeit ist sie seit Erschaffung des Lebens noch nie, weder nach innen noch nach außen, auch nur 1,5 % vom Idealkurs abgewichen; denn sonst wäre alles Leben bei solchen Gelegenheiten entweder verbrannt oder erfroren.

Aber während die Erde die Sonne umkreist, reißt unser Zentralgestirn seine Planeten, also auch die Erde, mit sich fort. Sie rast mit rund 700 000 km/h durch die Randgebiete unserer Milchstraße, die ihrerseits aus rund 100 Milliarden solcher Sonnen besteht und die sich auch mit ähnlichen Geschwindigkeiten bewegen.

Wie groß ist doch der Schöpfer, dass er dieses rasende Durcheinander so sicher steuert, dass er sein Versprechen an Noah bis heute aufrecht erhalten konnte: »Fortan, alle Tage der Erde, sollen nicht aufhören Saat und Ernte, Frost und Hitze, Sommer und Winter, Tag und Nacht« (1. Mose 8,22). Und er wird es auch bis zum Ende der Welt aufrechterhalten. Darauf können wir uns auch für 2020 fest verlassen. Von dieser göttlichen Verheißung leben wir alle, auch die mutigsten Gottesleugner, sie wissen es nur nicht und wollen es leider auch gar wissen, weil das ihren Stolz zunichtemachen würde. Aber an den Tatsachen ändert das überhaupt nichts, und am Ende stehen wir alle einmal vor ebendiesem allmächtigen Gott. Dann wird sich zeigen, ob die Vogel-Strauß-Politik der Naturalisten etwas Kluges und Zielführendes war oder nicht.

Wir wünschen allen Lesern auch in diesem Jahr, dass sie Gottes ununterbrochene treue Zugewandtheit dankbar genießen und seine immer wieder ausgesprochenen Einladungen annehmen können!

Die Herausgeber

1. Januar 20

Neujahr **Mittwoch**

… denn die leibliche Übung ist zu wenigem nütze, die Gottseligkeit aber ist zu allen Dingen nütze, weil sie die Verheißung des Lebens hat, des jetzigen und des zukünftigen.

1. Timotheus 4,8

Fit for fun

Anfang 2019 besuchten etwa 11 Millionen Deutsche regelmäßig ein Fitnessstudio, Trend steigend. »Fit for fun!« Ich selbst besuche seit über 10 Jahren eine solche Einrichtung, zunächst aus gesundheitlichen Gründen, mittlerweile einfach, um fit zu bleiben. Vor allem am Jahresanfang sieht man immer wieder neue Gesichter im Studio. Junge und alte Menschen wollen mal wieder etwas für ihren Körper tun. Dabei hat man den Eindruck, dass mit minimalem Aufwand maximaler Erfolg erzielt werden soll. Zu anstrengend soll es jedenfalls nicht werden! Purzeln die Pfunde nicht so schnell wie erhofft oder wachsen die Muskeln nicht so mühelos wie gedacht, werden die guten Vorsätze schnell wieder aufgegeben. Und so lassen sich viele der Leute, die sich am Jahresanfang so enthusiastisch angemeldet hatten, schon nach wenigen Wochen nicht mehr blicken. Auf der Couch ist es eben doch bequemer.

Was haben Sie sich für das neue Jahr vorgenommen? Fitnessstudio? Mit dem Rauchen aufhören? Abnehmen? Unser Tagesvers sagt, dass »die leibliche Übung zu wenigem nütze ist«. Sie ist nicht sinnlos, darf aber nicht das Wichtigste im Leben sein. Denn selbst wenn man es schafft, sich durch Sport und gesunde Ernährung optimal fit und gesund zu halten, kann einem das nur in diesem Leben helfen. Alter und Tod entkommt man damit nicht.

Doch der Tagesvers sagt auch, dass die Gottseligkeit die Verheißung des jetzigen und des zukünftigen Lebens hat. Also Gott kennenzulernen und eine Beziehung zu ihm zu haben, das ist etwas, was über den Tod hinaus trägt. Dieser Kalender möchte Ihnen an jedem Tag des neuen Jahres Impulse in diese Richtung geben. Wäre es nicht ein guter Vorsatz, ihn deshalb regelmäßig zu lesen? *schn*

? Was sind Ihre Vorsätze für das neue Jahr?

! Mehr noch als um unseren Körper sollten wir uns um unsere Seele kümmern.

Psalm 1

2. Januar 20

Donnerstag

Du bist gut und tust Gutes.
Psalm 119,68

Gottes Segen und die Unannehmlichkeiten des Lebens

»Ich wünsche dir Gottes Segen!« Das ist ein Wunsch, den wir zum Beginn eines neuen Jahres oder bei anderen Gelegenheiten hören oder selbst ausdrücken. Was meinen wir damit? Dir soll nichts Unangenehmes widerfahren? Deine Pläne mögen gelingen? Du sollst gesund und bewahrt bleiben? Dein Leben soll gut verlaufen? – Gottes Segen wird also in den Äußerlichkeiten des Lebens wie Essen, Wohnung, Gesundheit, gute Beziehungen, Erfolg bei der Arbeit erfahren. Wir alle wünschen uns natürlich, so gesegnet zu sein.

Und wenn es anders kommt? Vorhaben misslingen. Menschen tun uns Unrecht und schaden uns. Es gibt ernste Probleme mit den Kindern. Angehörige oder wir selbst werden schwer krank. Wir erleben überraschend den Verlust von uns nahestehenden Menschen. Was ist mit dem Segen Gottes, wenn wir solches erfahren? Meint es Gott dann nicht mehr gut mit uns? Auch in diesem Jahr wird es Situationen geben, wo wir daran zweifeln werden und Gott nicht verstehen.

Hat Gott denn noch anderen Segen im Sinn, indem er trotz Schwierigkeiten Gutes für uns im Blick hat? Segen, der nicht sofort erkennbar ist? Hier ein paar Beispiele: Vielleicht möchte er, dass wir die Vergänglichkeit dieses Lebens begreifen, uns ihm zuwenden und eine Beziehung zu ihm beginnen. Oder dass die Beziehung zu ihm enger wird und das Vertrauen auf ihn wächst. Vielleicht will er uns verändern, sodass wir lernen, andere Menschen besser zu verstehen, wenn sie in schwierigen Lebenslagen sind. Oder es kann sein, dass wir Gottes Kraft in unseren Begrenzungen und Schwachheiten erfahren sollen. Gott will also tatsächlich in allem, was uns widerfährt, Gutes für uns bewirken, auch wenn wir es nicht immer gleich erkennen. *ht*

Wie reagieren Sie, wenn Sie die Unannehmlichkeiten des Lebens treffen?

Gott hat immer Gutes für uns im Sinn!

Römer 8,28-30

3. Januar 20

Freitag

Ich achte mein Leben nicht der Rede wert, damit ich meinen Lauf vollende und den Dienst, den ich von dem Herrn Jesus empfangen habe: das Evangelium der Gnade Gottes zu bezeugen. Apostelgeschichte 20,24

Der Marathonläufer und der Apostel

»Nenikekamen!«, rief der erschöpfte Bote und brach tot auf dem Marktplatz von Athen zusammen. Pheidippides war der erste Marathonläufer. Die Athener hatten im Jahr 490 v. Chr. die persische Übermacht sensationell geschlagen. Der Läufer sollte die gute Nachricht in der gut 40 km entfernten Heimatstadt überbringen. Und so lief er bis zu totalen Erschöpfung und starb mit dem Schrei: »Wir haben gesiegt.« Selbst wenn diese Geschichte nur eine Legende sein sollte, so ist sie doch ein schönes Bild für unseren Tagesvers. Christen sollten alles daransetzen, die Kunde vom Sieg Christi weiterzusagen.

Der Apostel Paulus verglich sein Leben mit einem Wettlauf, und zwar kurz vor seiner Inhaftierung. Ähnlich wie der Marathonläufer hat er keine Rücksicht auf sein Leben genommen. Er hatte eine Nachricht, die ihm wichtiger war als das biologische Leben. Angetrieben wurde er von dem Verlangen, den Menschen die Gute Nachricht von der Gnade Gottes und dem Sieg Christi am Kreuz über die Macht der Hölle zu bringen. In seinem letzten neutestamentlichen Brief nimmt er den Vergleich mit dem Wettkämpfer wieder auf. Aus dem Gefängnis schreibt er kurz vor seiner Hinrichtung an seinen jungen Mitarbeiter Timotheus: »Für mich ist die Zeit des Abschieds gekommen. ... Ich habe den guten Wettkampf gekämpft und bin im Wettlauf ans Ziel gekommen. ... Für die Zukunft liegt der Ehrenkranz der Gerechtigkeit für mich bereit, den der Herr, der gerechte Richter, mir an jenem Tag geben wird« (2. Timotheus 4,7-8).

Der Marathonläufer und der Apostel haben ihr Leben für die Übermittlung einer Botschaft gegeben. Die Mitteilung des Ersten ist »Schnee von gestern«, die Botschaft des Zweiten ist heute immer noch aktuell.

ga

? Wie stehen Sie zu dieser »Siegesbotschaft«?

! Sie war und ist schon Zehntausenden so wichtig, dass sie dafür gestorben sind!

Apostelgeschichte 20,17-38

4. Januar 20

Samstag

… und jage auf das Ziel zu,
den Kampfpreis der himmlischen Berufung Gottes
in Christus Jesus.
Philipper 3,14

Das falsche Ziel

Siegesgewissheit liegt auf dem Gesicht von Matt Emmons, dem US-amerikanischen Sportschützen, als er bei der Olympiade 2004 in Athen seinen letzten Schuss abgibt. Im Kleinkaliber-Dreistellungskampf liegt er deutlich vor seinen Gegnern. Er muss nur noch treffen, denn auch ohne hohe Punktzahl ist ihm die Goldmedaille sicher.

Emmons schießt, trifft – doch dann herrscht allgemeine Verwirrung. Auf dem Monitor wird kein Ergebnis angezeigt. »Aber ich habe doch geschossen!«, beteuert der Schütze und zeigt der Jury seine leere Patronenhülse. Die Situation klärt sich auf, und ans Licht kommt das wohl größte Missgeschick dieser Olympiade: Statt auf seine eigene Zielscheibe hat Matt Emmons auf die Scheibe seines österreichischen Konkurrenten geschossen! Da seine eigene Scheibe keinen Durchschuss aufweist, muss der Schuss mit 0 Punkten bewertet werden. Damit verliert Emmons seine sicher geglaubte Goldmedaille und landet auf einem enttäuschenden 8. Platz.

Ziele sind wichtig, und für das neue Jahr haben sich viele von uns Ziele gesetzt. Aber es kommt nicht darauf an, einfach irgendein Ziel zu haben, es muss auch das richtige sein. Wie viele Menschen müssen am Ende ihres Lebens feststellen, dass sie zwar erfolgreich im Erreichen ihrer eigenen Ziele waren, aber letztendlich doch mit leeren Händen dastehen, weil es die falschen waren?

Der Apostel Paulus handelte anders. Er jagte nicht seinen eigenen Träumen nach, sondern fragte nach Gottes Willen für sein Leben. Der Tagesvers zeigt, welche »Zielscheibe« man dabei im Visier haben muss. Wer nicht nach Gottes Willen für sein Leben fragt, wird vielleicht viel erreichen, aber am Ende doch feststellen müssen, dass er das Wichtigste verpasst hat.

eli

? Welche Ziele haben Sie für das neue Jahr im Visier?

! Es geht nicht einfach nur um Erfolg, sondern um die grundsätzlich richtige Ausrichtung unseres Lebens.

1. Korinther 9,24-27

Und als er auf den Weg hinausging, lief einer herzu, fiel vor ihm auf die Knie und fragte ihn: Guter Meister, was soll ich tun, um das ewige Leben zu erben?

Markus 10,17

Wohin mit den Pantoffeln?

Ein amerikanischer Prediger formulierte einmal sinngemäß: Verstauen Sie Ihre Pantoffeln abends am besten ganz weit unter Ihrem Bett. Denn dann müssen Sie morgens als Erstes auf die Knie gehen, um sie wieder hervorzukramen. Und wenn Sie dann schon einmal auf den Knien sind, können Sie Gott gleich einmal »Danke« sagen!

Ich finde diesen praktischen Tipp durchaus bedenkenswert. Damit meine ich nicht, dass Gott Gebete nur erhört, wenn man sie auf den Knien liegend vorbringt. In der Bibel finden wir sehr unterschiedliche Gebetshaltungen, z. B. das Stehen vor Gott, das Gebet mit erhobenen Händen usw. Ich bin davon überzeugt, dass es Gott dabei nicht in erster Linie auf die äußere, körperliche Haltung während des Gebetes ankommt, sondern auf ein ehrliches, aufrichtiges Herz. Damit dürfen wir sicherlich in allen möglichen (und unmöglichen) Situationen Gott ansprechen: bei der Arbeit, am Steuer eines Autos (aber bitte nicht mit geschlossenen Augen!), unter der Dusche oder nachts im Bett. Wie viele Stoßgebete sind schon in scheinbar unpassenden Haltungen und Lebenslagen gesprochen worden?!

Dennoch kennt die Bibel eben auch das Knien als Haltung des Gebetes. Mit dem Niederknien vor jemandem drückt man Ehrfurcht und Unterordnung aus, aber auch sehr oft, dass mir das, worum ich bitte, wirklich wichtig ist. Als Familienvater kenne ich Situationen, in denen ich einfach nur noch auf die Knie gehe, um meine Anliegen vor Gott auszubreiten. Vor allem dann, wenn es um die existenziellen Fragen geht, ist das Fallen auf die Knie vor Gott vielleicht die passendste Haltung – wie bei dem Mann im Tagesvers, dem es um nichts weniger ging als um die Antwort auf die Frage: Wie gewinne ich ewiges Leben?

mm

Kennen Sie diese Art zu beten schon?

Gott lässt sich vieles nicht zweimal sagen, bevor er unsere Bitten erhört. Aber man muss es ihm wenigstens *einmal* gesagt haben!

Johannes 16,23-27

6. Januar 20

Montag

Wehe euch, ihr Schriftgelehrten und Pharisäer, ihr Heuchler, dass ihr die Häuser der Witwen fresst und zum Schein lange betet.

Matthäus 23,14

Ein Esel ist kein Zebra

Der Student Mahmoud Sarhan staunt nicht schlecht, als er im Tierpark des Internationalen Gartens in Kairo am Zebragehege vorbeikommt. Die beiden Tiere hinter dem Holzzaun sind nämlich gar keine Zebras, sondern Esel, denen schwarz-weiße Streifen aufs Fell gemalt worden sind. Offenbar hatten Angestellte zwei heimische Esel zu den fotogenen Steppentieren »umlackiert«, weil der Zoo keine echten Zebras auftreiben konnte. Anhand eines Fotos, das Sarhan auf Facebook postet, kommen Experten zu dem Schluss, es könne sich tatsächlich nicht um Zebras handeln, da diese gleichmäßigere Streifen und schwarze Schnauzen hätten.

Ein wenig Farbe verwandelt einen Esel nicht in ein Zebra, und religiöse Handlungen machen einen Menschen nicht gerecht. Die Schriftgelehrten und Pharisäer zur Zeit des Herrn Jesus versuchen, ihre Sünde durch äußerliche Frömmigkeit zu vertuschen. Sie beachten Reinheitsvorschriften, geben den Zehnten und sprechen »zum Schein« lange Gebete. Doch in Matthäus 23,13-39 entlarvt der Herr Jesus ihr frommes Getue als Heuchelei. Sie sind wie religiöse Schauspieler, die etwas darzustellen suchen, was sie im Grunde gar nicht sind. Menschen lassen sich durch solches Verhalten vielleicht sogar noch täuschen, nicht aber Gott. Immerhin ist er derjenige, der »das Verborgene der Menschen durch Jesus Christus richten wird« (Römer 2,16), »und kein Geschöpf ist vor ihm unsichtbar, sondern alles bloß und aufgedeckt vor den Augen dessen, mit dem wir es zu tun haben« (Hebräer 4,13).

Zum Zebra wird man nicht durch einige kunstvoll angebrachte Striche – man muss als Zebra geboren werden. Ebenso machen uns religiöse Werke nicht zu Kindern Gottes, sondern wir müssen als solche »von Neuem geboren werden« (Johannes 3,7). *pg*

Was entgeht Ihnen, wenn Sie nicht Gottes Kind werden?

»Wenn jemand nicht von Neuem geboren wird, kann er das Reich Gottes nicht sehen« (Johannes 3,3).

Johannes 3,1-18

Denn Jesus Christus ist immer derselbe – gestern, heute und in alle Ewigkeit.
Hebräer 13,8

Zukunftssorgen?

Das Unternehmen hatte goldene Jahre erlebt. Doch als Hausbank sind wir inzwischen unsicher, ob wir die bisherigen Kredite noch verlängern können. Denn der brillante Kopf der Firma ist bereits im Rentenalter angekommen, und es ist immer noch kein Nachfolger in Sicht. Im Unternehmen gibt es keinen Mitarbeiter, der das nötige Know-how, die Kontakte und die Erfahrungen aufgebaut hätte, um in die Fußstapfen des Firmenleiters treten zu können. Auch auf der fachlichen Ebene gehen bald einige Spezialisten in Ruhestand. Ohne den Unternehmer oder die versierten Führungskräfte wird das Unternehmen seinen Leistungsstand nicht halten können – und dementsprechend auch seine Kredite nicht zurückzahlen können.

Im Berufsalltag erlebe ich immer häufiger solche Situationen, in denen ich für Kredit-Entscheidungen überlegen muss, ob ich an eine gute Zukunft eines Unternehmens glaube. Darum erlebe ich es als wohltuend, dass ich mir in Bezug auf Jesus Christus, dem ich mein Leben anvertraut habe, keine Sorgen um die Zukunft machen muss. Er bleibt in alle Ewigkeit immer derselbe. Seine »Leistungsfähigkeit« nimmt nie ab. Die Bibel zeigt mir überall, dass sein Wesen von Treue und Zuverlässigkeit geprägt ist. Er ist im tiefsten Sinne des Wortes »glaubwürdig«. Seine Versprechen sind für immer gültig. Ein gutes Beispiel ist Johannes 11,25. Dort sagt Jesus: »Ich bin die Auferstehung und das Leben. Wer an mich glaubt, wird leben, auch wenn er stirbt.« Jesus bindet seine Zusage an sich selbst. Er ist für immer und allezeit das Leben in Person. Jesus steht mit seinen unvergänglichen göttlichen Wesenseigenschaften dafür ein, dass alle, die ihm vertrauen, eine ewige Zukunft mit ihm haben werden. *dr*

? Womit könnten Sie beweisen, dass Sie morgen oder im nächsten Jahr noch kreditwürdig sind?

! Jesus ist schon längst in Vorleistung getreten, indem er am Kreuz den Höchstpreis für unsere Rettung bezahlt hat!

Psalm 66

8. Januar 20

Mittwoch

Lobt den HERRN! ...
Lobt ihn, Sonne und Mond;
lobt ihn, alle ihr leuchtenden Sterne!
Psalm 148,1.3

Himmelslicht

Meine Mutter hatte mir schon als kleinem Jungen viel von der himmlischen Herrlichkeit erzählt und von dem grenzenlosen Licht, in das alles dort getaucht sei. Höchstwahrscheinlich ahnte sie schon, dass sie höchstens zwei Jahre später selbst in dieses strahlende Licht eintreten würde.

Wenn ich dann an Winterabenden den Sternenhimmel sah, stellte ich mir vor, die Sterne seien Löcher im Himmelsfußboden, durch die das himmlische Licht auf die dunkle Erde fiel. Auch wenn ich später erfuhr, dass schon vor mir solche Gedanken geäußert wurden, freue ich noch heute daran, obwohl sie natürlich, kosmologisch betrachtet, totaler Unsinn sind.

In der Grundsprache des Neuen Testaments wird der Mensch als *Anthropos*, als »der nach oben Gewendete« bezeichnet. Im Gegensatz zu allen anderen Geschöpfen ist er nicht nur für diese Erde bestimmt, sondern hat die Berufung für eine höhere Welt. Leider ist es dem Teufel gelungen, den Menschen einzureden, sie seien nichts weiter als eine Tierart; aber unsere Sehnsucht nach Liebe, Glück und Frieden und unser Sinn für das Schöne und Erhabene, aber auch unsere Freude, Böses zu tun, sollten uns nachdenklich stimmen.

Gott hat uns zu etwas Besserem berufen und uns die Sehnsucht danach – wenn auch oftmals sehr verdunkelt – ins Herz gelegt. Wir sollen uns nach oben wenden, wo uns die Sterne an eine bessere Welt erinnern. Um dorthin zu gelangen, hat Gott selbst die Voraussetzung geschaffen, indem er seinen Sohn für unsere Schuld leiden ließ. Die Tür dorthin steht immer noch offen. Es wäre doch schade, wenn wir das große, uns von Gott ermöglichte Ziel verpassten und in ewiger Finsternis zugrunde gingen.

gr

Warum sollte man für höchstens 100 Jahre Eigenwilligkeit Gottes Unendlichkeit verpassen?

Noch leuchten die Sterne, die an den Himmel erinnern.

Psalm 148

**Denn Gott ist einer,
und einer ist Mittler zwischen Gott und Menschen,
der Mensch Christus Jesus.**

1. Timotheus 2,5

IBAN

Ich stehe am Computerterminal meiner Hausbank, um Geld zu überweisen. Ich gebe den Empfänger ein, den Betrag, den Verwendungszweck und natürlich die IBAN des Zielkontos, die *International Bank Account Number*. Dann will ich die Überweisung durchführen, doch es kommt eine Fehlermeldung: Die IBAN ist falsch. In mir rumort es, denn ich bin mir sicher, alles richtig eingegeben zu haben. Zu meinem Unwillen muss ich allerdings feststellen, dass ich bereits den Ländercode am Anfang (DE) vergessen habe. Daher darf ich die ganze Nummer noch einmal eingeben. Wieder erscheint die Fehlermeldung! Aha, ich habe aus einer 6 eine 5 gelesen, das sehe ich ein. Wieder korrigiere ich, wieder erscheint die Fehlermeldung. Jetzt reicht es aber! Also alle Zahlen noch einmal kontrolliert. Und siehe da: ein Zahlendreher! Nach drei vergeblichen Anläufen klappt es endlich, und das Geld wird an das richtige Ziel verschickt.

Im Bankwesen ist klar: Um den richtigen Empfänger zu erreichen, muss jede Ziffer stimmen. Es ist wie bei einer Telefonnummer. Wenn ich hier nur eine Zahl vertausche oder weglasse, werde ich denjenigen, den ich zu erreichen versuche, nicht an den Hörer bekommen. Was nun in diesen alltäglichen Zusammenhängen jedem einleuchtet, ist allem Anschein nach in Bezug auf Gott nicht selbstverständlich. Da meinen wir schnell, Gott könne man auf jedem Weg erreichen, ganz gleich, welche Nummer ich wähle und welche Daten ich eingebe. Doch das ist nicht richtig. Hier ist nicht jeder Weg gleich gültig. Es gelten allein die Empfängerdaten, die der Empfänger selbst, Gott, vorgibt. Der Kontakt zu ihm läuft ausschließlich über seinen Sohn Jesus Christus. Wer es ohne ihn versucht, wird falsch verbunden! *mm*

Haben Sie die richtigen »Daten« schon eingegeben?

Dann klappt auch die Verbindung.

Markus 9,2-12

Freitag

10. Januar 20

Die Gesetzlosigkeit wird immer mehr überhandnehmen und die Liebe wird bei vielen erkalten. / Alles bei euch geschehe in Liebe!

Matthäus 24,12 / 1. Korinther 16,14

Die Liebe macht den Unterschied

In unserer jetzigen Gesellschaft geht es den meisten von uns sehr gut. Jeder ist mit dem Nötigsten versorgt, zumindest mit der Grundsicherung, die unser Staat Hilfebedürftigen zur Verfügung stellt. In einem Land leben zu dürfen, in dem jeder ein Dach über dem Kopf hat, genügend Kleidung vorhanden ist und ein Überfluss an Nahrungsmitteln herrscht, ist eigentlich ein sehr guter Grund, dankbar zu sein. Doch wie sieht es in unseren Herzen aus?

Oftmals beobachte ich, dass gerade der materielle Wohlstand und ein gewisser Status die Menschen viel von sich halten lässt. In unserem Kindergarten gibt es beispielsweise viele finanziell gut gestellte Eltern, die mit hocherhobener Nase ihr Kind morgens zur Betreuung bringen und dabei weder ein Lächeln noch einen Gruß für andere Eltern übrighaben. Wo bleiben die Wahrnehmung des anderen, ein Stück Menschlichkeit und Herzenswärme für das Gegenüber? Vielleicht sind Ihnen solche Menschen in anderen Situationen Ihres Alltags auch schon begegnet. Eine Möglichkeit wäre, sich nun genauso zu verhalten und Gleiches mit Gleichem zu vergelten. Doch wo würde das hinführen?

Jesus Christus hat uns gezeigt, wie es geht. Sogar inmitten größter Anfeindung hat er Liebe gezeigt. Stets war es ihm ein Anliegen, den Menschen zu dienen und sie dazu aufzurufen, zu Gott umzukehren und den Weg der Befreiung von Hochmut, Stolz, Egoismus, Gleichgültigkeit und Unbarmherzigkeit einzuschlagen. Mit seiner Hilfe können wir täglich ein Stück Herzenswärme an andere Menschen weitergeben und dazu beitragen, dass die Liebe und das menschliche Miteinander nicht völlig erkalten. Dazu möchte ich Sie ermutigen: Machen Sie den Unterschied und schenken Sie den Menschen in Ihrem Alltag ein Lächeln und ein freundliches, wohltuendes Wort. *ahe*

Welchen Eindruck haben Sie von der Welt, in der wir leben?

Geben Sie etwas von Ihrem Licht an die erkaltete Welt ab und erhellen Sie diese ein wenig.

1. Korinther 13,4-7

11. Januar 20

Samstag

Jesus redete nun wieder zu ihnen und sprach: Ich bin das Licht der Welt; wer mir nachfolgt, wird nicht in der Finsternis wandeln, sondern wird das Licht des Lebens haben.

Johannes 8,12

Krabbeln in der Finsternis

Unser Sohn ist Anfang 2018 geboren, und als er das Krabbeln anfing, war keine Schublade mehr vor ihm sicher. Wenn er gerade in einem Raum solchen Unfug anstellen wollte, machte ich manchmal einfach das Licht aus, somit saß er im Dunkeln. Anschließend machte er sich schnell auf den Weg zur Tür, Richtung Licht.

Das erinnerte mich daran, wie die Bibel uns Menschen beschreibt: Wir tappen im Dunkeln und sind orientierungslos. Wir sehnen uns nach Licht, das heißt nach Klarheit über das, was vor uns liegt. Wir fühlen uns dort am sichersten, wo wir alles im Blick haben. Deshalb versuchen wir, unser ganzes Leben durchzuplanen und es in den Griff zu bekommen. Aber was ist denn morgen? Kann ich wissen und sicher sein, was kommt? Was ist, wenn ich morgen krank bin oder sogar sterbe? Was ist nach dem Tod?

Unser Leben besteht aus vielen Unsicherheiten. Aber die Bibel sagt ganz klar, was den Menschen erwartet. Entweder die schrecklichste und ewige Finsternis verbunden mit Schmerzen, Lieblosigkeit und Tränen. Oder Liebe, Geborgenheit und Erfüllung im herrlichsten Licht, das man noch nie gesehen oder gespürt hat.

Jesus will uns in sein Licht bringen, damit wir nicht in der Finsternis wandeln und schließlich endgültig darin bleiben müssen. Licht ist für uns lebensnotwendig. Genauso ist es mit dem Herrn Jesus, wir brauchen ihn. Ohne ihn würden alle in die endgültige Finsternis kommen. Was ist, wenn bei Ihnen heute »das Licht ausgeht« und Ihr Leben endet? Gelangen Sie dann zum Licht, oder befinden Sie sich dann endgültig in der Finsternis? Wenn man Letzteres nicht will, muss man jetzt zu Jesus kommen und ihm nachfolgen. Dann wird man das Licht des Lebens haben – für immer!

Gah

? Was bedeutet Licht und Finsternis für Sie, vor und nach dem Tod?

! Jesus ist das einzige Licht, das Ihr Leben erleuchtet. Ergreifen Sie es und halten Sie es fest!

Johannes 12,35-36.44-50

Denn so sehr hat Gott die Welt geliebt, dass er seinen eingeborenen Sohn gab, damit jeder, der an ihn glaubt, nicht verlorengeht, sondern ewiges Leben hat.

Johannes 3,16

Was koste ich?

Eines Tages stellte sich meine dreijährige Tochter auf unsere Waage im Badezimmer und fragte mich: »Mama, was koste ich denn?«

Zunächst musste ich über ihre nette Verwechslung von Gewicht und Wert schmunzeln. Aber schon im nächsten Moment wurde ich nachdenklich. Passiert es uns nicht auch oft, dass wir unseren eigenen Wert mit etwas anderem verwechseln und ihn deshalb falsch definieren? Dass wir ihn vielleicht sogar an unserem Gewicht festmachen? Doch bin ich nur dann etwas wert, wenn die Zahl auf der Waage stimmt? Oder wenn ich genug leiste, Erfolg habe oder anerkannt und beliebt bin? Was macht mich eigentlich wertvoll? Was ist überhaupt mein Wert?

Auf die Frage meiner Tochter kann ich nur mit »unbezahlbar« antworten, da ich sie sehr liebe und sie für mich unersetzlich ist. Aber auch, weil ich weiß, dass Gott sie einzigartig gemacht hat.

In der Bibel lesen wir, dass Gott jeden Menschen erstaunlich und wunderbar gemacht hat und wir in seinen Augen teuer, kostbar und wertvoll sind. Er sehnt sich nach einer Beziehung zu uns. Doch unsere Sünde trennt uns von Gott. Aus Liebe war er bereit, einen hohen Preis zu bezahlen, um diese Gemeinschaft wiederherzustellen: Er hat seinen eigenen Sohn Jesus Christus für uns hingegeben. An unserer Stelle ertrug er das Gericht, das wir wegen unserer Sünde verdient hätten. Jeder, der das glaubt und annimmt, kann Frieden mit Gott und lebendige Gemeinschaft mit ihm bekommen. Das befreit von dem Streben nach Erfolg, Beliebtheit und dem eigenem Bemühen, sich selbst einen Wert geben zu müssen. Was für eine Gewissheit: Ich darf Frieden mit Gott haben und in seiner Liebe ruhen! *HK*

? Woran machen Sie Ihren Wert fest?

! Gott hat jeden Menschen einzigartig und unbezahlbar wertvoll gemacht.

1. Johannes 4,9-14

...die Gnade und die Wahrheit
ist durch Jesus Christus geworden.
Johannes 1,17

Zeit mit Gott

Schon viele Jahre gehe ich den Weg mit Jesus. Ich habe ihn als HERRN in mein Leben aufgenommen und glaube fest, dass er für meine Sünden gestorben ist, denn ich war und bin immer noch ein sündiger Mensch.

Durch meine tägliche Bibellese verstehe ich Jesus immer besser, aber ich stelle auch fest, dass es mehr als eine Lebensaufgabe ist, Jesus wirklich gut zu kennen. Die Bibel bietet dabei diverse Perspektiven. In den Evangelien lese ich sozusagen direkt etwas über Jesus. Ich kann beobachten, wie er mit den Menschen umgeht, sein vollkommenes Reden bestaunen, wie er auf jede Frage eine Antwort hat und auf persönliche Angriffe überzeugend sicher reagiert. Ich sehe Jesus, wie er voller Mitgefühl mit dem Menschen ist, Kranke heilt und denen Hoffnung gibt, die verzweifelt zu ihm kommen. Ich sehe auch einen Jesus, der, obwohl er Mensch war, völlig sündlos gelebt hat. In jeder Situation ist Jesus Herr der Lage. Er ist eins mit Gott, seinem Vater. So sehe ich auf der einen Seite eine unglaubliche göttliche Souveränität, auf der anderen Seite aber auch eine beeindruckende Demut und eine tief greifende Liebe und Fürsorge für die Menschen. Als Mensch trifft mich dies ganz persönlich. Beim Lesen der Evangelien redet Jesus mit mir!

Die Evangelien bezeugen klar, dass Jesus Gottes Sohn ist. Er war Mensch wie wir und hat uns Menschen gezeigt, wie Gott ist und über uns denkt. Er wurde gedemütigt, misshandelt und schließlich am Kreuz getötet. Voll Hochachtung schaue ich auf Jesus, der für die Sünden der Menschen starb und nach drei Tagen wieder auferstanden ist und heute lebt. Sogar unsere Zeitrechnung ist nach Jesus ausgerichtet. Niemand hat die Welt nachhaltiger geprägt als er. Es lohnt sich allemal, die Evangelien zu lesen. *schn*

Möchten Sie Jesus besser kennenlernen?

Die vier Evangelien im Neuen Testament zeigen, wie Jesus war.

Markus 15,20-41

Denn du, HERR, hast mich erfreut durch dein Tun; über die Werke deiner Hände will ich jubeln. Wie groß sind deine Werke, HERR! Sehr tief sind deine Gedanken.

Psalm 92,5-6

Können Zahlen schön sein?

Die meisten Menschen verbinden Mathematik mit langweiligen Zahlen und trockenen Gleichungen. Sie können kaum verstehen, dass andere von der abstrakten Welt der Zahlen ganz fasziniert sind und sich voller Leidenschaft damit beschäftigen, sie zu durchdringen und zu beschreiben. Lange Zeit war auch für Laien nicht nachvollziehbar, dass Mathematik ganz buchstäblich schön und ästhetisch sein kann. Das änderte sich mit dem Aufkommen der Computertechnologie. Plötzlich war es möglich, Millionen von Gleichungen in Sekunden auszuführen und die Ergebnisse grafisch darzustellen. Dabei entdeckte man, dass selbst ganz einfache Gleichungen zu unendlich komplexen geometrischen Gebilden, sogenannten Fraktalen, führen können. Das bekannteste von ihnen, das sogenannte Apfelmännchen, ist die Darstellung der Mandelbrot-Menge, benannt nach dem Mathematiker Benoît Mandelbrot. Auf den ersten Blick ähnelt es einem Apfel mit Kopf, aber je näher man den Randbereich betrachtet, umso unglaublichere Formen und Verästelungen treten zutage. Erst mit der Rechenleistung heutiger Computer ist es möglich, milliardenfache Vergrößerungen der Mandelbrot-Menge zu betrachten. Dabei entdeckt man immer neue Muster und einen unerschöpflichen Formenreichtum, der nicht nur Mathematiker fasziniert. Im Internet sind viele beeindruckende Bilder und atemberaubende Animationen dazu zu finden, deren künstlerische Schönheit auch für Mathemuffel unbestreitbar ist.

Auch wenn es erst durch moderne Computer möglich ist, diese Formen sichtbar zu machen, erschaffen hat der Mensch sie nicht. Sie sind Teil der genialen Schöpfung Gottes, der den Menschen auch in der abstrakten Welt der Zahlen einen Eindruck von seiner unendlichen Größe und Kreativität gibt. *kaa*

? Ist es nicht erstaunlich, dass Gott auch im nicht-materiellen Teil der Schöpfung seine Handschrift zeigt?

! Das Faszinierende ist: Mit diesem unendlichen Schöpfer-Gott kann man auch im Alltag rechnen!

Psalm 104

Das Blut Jesu Christi, seines Sohnes, reinigt uns von aller Sünde.
1. Johannes 1,7

Das Heilmittel für die ganze Welt

James Harrison hat mehr als 1000-mal Blut gespendet, weil sein Blut ein sehr seltenes Mittel gegen den Rhesusfaktor enthielt, wodurch vielen Babys das Leben gerettet wurde. Alle diese Babys müssten als Erwachsene diesem Mann zutiefst »Danke!« sagen, obwohl auch er nichts dazu getan hat, so wunderkräftig zu sein. Er wurde damit geboren.

Von Jesus Christus sagte Johannes der Täufer eines Tages: »Siehe, das Lamm Gottes, das die Sünde der Welt wegnimmt!« (Johannes 1,29). James Harrison hat mehr als tausend Menschenleben gerettet; aber Johannes sagt, Christus habe das Heilmittel für die ganze Welt bereitgestellt: das Blut, das er am Kreuz vergossen hat. Er hat sich freiwillig geopfert, damit alle, die an ihn glauben, gerettet werden können. Die Botschaft von dem rettenden Blut Christi ist fast überall in der Welt gepredigt worden, und viele Millionen haben diese Botschaft verstanden und Gott gebeten, auch sie um Jesu willen zu retten. Aber noch viel mehr Menschen haben dieses große Angebot nicht angenommen. Wenn man fragt, warum ein solches Gnadenangebot immer wieder ausgeschlagen wird, wo es doch um nicht weniger als um Leben oder Tod, um Himmel oder Hölle geht, so stellt man fest, dass es der Stolz der Menschen ist, der sich weigert zuzugeben, diese große Hilfe nötig zu haben.

Der Stolz, dieser dumme und völlig unbegründete Stolz, ist das wirksamste Mittel, das der Teufel hat, die Seelen der Menschen in seinem Bann zu halten. Sobald die Menschen im Jenseits die Augen aufschlagen, werden sie wissen, wie schrecklich töricht sie waren. Sie haben das freundliche Angebot ihres Schöpfers ausgeschlagen und auf die Einflüsterungen des Teufels gehört. *gr*

Wem wollen Sie Glauben schenken? Dem Teufel oder dem Gott, der sogar seinen Sohn für uns sterben ließ, um uns zu retten?

Niemand kann wirklich beweisen, dass die Bibel unrecht hat. Das sollte ausreichen, diese Frage ernsthaft zu untersuchen.

Römer 3,9-26

Donnerstag

16. Januar 20

Und die Frau sah, dass der Baum gut zur Speise und dass er eine Lust für die Augen und dass der Baum begehrenswert wäre, um Einsicht zu geben.

1. Mose 3,6

Augen-Blicke (1)

Die Augen sind vielleicht das wichtigste Sinnesorgan des Menschen. Durch sie nehmen wir unmittelbar wahr. Was wir sehen, bleibt im Kopf hängen, ungefiltert, manchmal unbewusst. Deshalb ist wichtig, worauf ich meine Augen richte. Denn manchmal entscheidet ein Augenblick über mein ganzes Leben.

Daher verwendete der Teufel vom Beginn der Menschheitsgeschichte an gerne dieses Sinnesorgan, um die Beziehung des Menschen zu Gott zu (zer-)stören. Ihm gelang es nach dem heutigen Tagesvers, das Augenmerk Evas auf den einzigen Gegenstand in einer paradiesischen Umgebung zu lenken, der ihrem Zugriff entzogen sein sollte: dem Baum der Erkenntnis des Guten und Bösen. Hierbei verwendete er eine Taktik, die bis heute aktuell ist. Er belog den Menschen über Gottes wahre Absichten und streute Zweifel über die Richtigkeit seiner Aussagen: »Gott meint es nicht gut mit euch, er enthält euch etwas vor! Befreit euch von den Fesseln dieses missgünstigen Gottes, der euch nicht gönnt, worauf ihr einen Anspruch habt!« Und weiter: »So genau hat Gott es nicht gemeint mit seinem Verbot, von diesem Baum zu essen!«

Durch diese Argumente weichte er Evas Widerstand auf. Und plötzlich gewann das, was sie sah, einen ganz neuen, starken Anreiz: Das ist doch eine ganz besondere Frucht, darauf habe ich jetzt Lust! Und sie blendete all die unzähligen anderen Früchte aus, deren Genuss Gott ihr ohne Weiteres zugestand. Erkennen Sie den immer gleichen Ablauf? Der Teufel lenkt den Blick auf das eine, ohne das wir angeblich nicht auskommen. Er relativiert Gottes klare Anweisungen. Und er sorgt dafür, dass wir Gottes gute Absichten missverstehen und seine Warnungen ignorieren. Wofür? Für einen Augenblick der Lust! *mm*

? Was empfehlen Sie, um der »Lust der Augen« nicht nachgeben zu müssen?

! Wer Gott kennt, sollte ihn um Bewahrung bitten.

1. Mose 3

Und es geschah, als David zur Abendzeit von seinem Lager aufstand und auf dem Dach des königlichen Hauses umherwandelte, da sah er vom Dach aus eine Frau sich baden, und die Frau war von sehr schönem Aussehen. 2. Samuel 11,2

Augen-Blicke (2)

David hatte vermutlich einen langen Arbeitstag hinter sich. Er hatte sich hingelegt, doch vielleicht ließen ihn seine Gedanken nicht schlafen. Deshalb trat er auf seine Dachterrasse und ließ seine Blicke schweifen. Plötzlich finden seine Augen ein attraktives Ziel: David beobachtet, wie eine Frau sich im Hof des Nachbarhauses badet. Im Bibeltext heißt es, diese Frau sei von ungewöhnlicher Schönheit gewesen. Daher konnte David seine Augen nicht von diesem Anblick losreißen. Dabei war ihm völlig bewusst, dass er sich hier auf einen falschen Weg begab. Er selbst war bereits verheiratet und hatte nicht nur eine, sondern mehrere Frauen. Zudem musste er damit rechnen, dass die Dame, die er nun heimlich mit seinen Augen verschlang, ihrerseits verheiratet war. Damit waren seiner erwachenden Begierde durch Gottes Gebote klare Grenzen gesetzt. Doch das Bild dieser Frau hatte sich offenbar auf seiner Netzhaut eingebrannt. Und statt sich auf Gottes Regeln zu besinnen und seinen eigenen ehelichen Verpflichtungen treu zu bleiben, begann er, Erkundigungen über die unbekannte Schönheit einzuziehen. Am Ende der Geschichte steht eine Tragödie: Ehebruch, ein Verrat an einem treuen Soldaten (dem Ehemann der Nachbarin), ein Mordkomplott zu dessen Nachteil und der Tod des illegitimen Kindes.

All dieses Leid hätte vermieden werden können, wenn David die Regeln seines Gottes ernst genommen, seine Augen abgewandt und seine Gedanken diszipliniert hätte. Doch wieder greift die uralte Taktik des Teufels: den Blick auf etwas Verbotenes zu lenken und es äußerst anziehend zu machen, die Warnungen Gottes in den Hintergrund zu drängen und mögliche negative Konsequenzen zu verschleiern.

mm

? Wann haben die Blicke Ihrer Augen Ihnen einen Streich gespielt?

! Man sollte stets Gottes Gebote vor Augen haben.

2. Samuel 11

18. Januar 20

Samstag

Da wandte der Herr sich um und blickte Petrus an.

Lukas 22,61

Augen-Blicke (3)

Bisher haben wir Augen-Blicke betrachtet, die in Schuld führten. Heute möchte ich einen Augen-Blick betrachten, der von Schuld überführte. Jesus von Nazareth war mitten in der Nacht festgenommen worden. Im Augenblick der Festnahme waren alle Jünger geflohen, obgleich Petrus noch kurz zuvor geschworen hatte, Jesus unter keinen Umständen zu verlassen, auch wenn das seinen Tod bedeuten würde. Nun war er seinem Meister aus sicherer Distanz gefolgt und in den Innenhof des Gebäudes gelangt, wo Jesus vernommen wurde. Dort kam eine neue Herausforderung. Dreimal wurde er angesprochen, dass er doch auch zu diesem Jesus gehöre, und dreimal verneinte er jede Beziehung zu dem Gefangenen. Aus Angst um sein Leben waren seine Treueschwüre vergessen. In diesem Moment krähte der Hahn, und Jesus, der in Blickweite stand, drehte sich um und blickte Petrus direkt in die Augen. Da erinnerte Petrus sich, dass Jesus ihm genau das vorausgesagt hatte: »Ehe der Hahn heute kräht, wirst du mich dreimal verleugnen.«

Mit einem Schlag stand ihm sein ganzes Versagen vor Augen: der unüberbrückbare Gegensatz zwischen seinen Versprechungen und seiner Treulosigkeit. Der Blick seines Herrn traf ihn wie ein Fausthieb. Er wandte sich ab, rannte hinaus in die Dunkelheit und weinte bitterlich. Doch dieser Augen-Blick, so schwer er für Petrus war, wurde letztendlich heilsam für ihn. Petrus wurde jeder falschen Selbsteinschätzung beraubt. Zugleich war da das Versprechen seines Herrn, für ihn zu beten und an ihm trotz seines Versagens festzuhalten. Diese Erfahrung führte Petrus später in eine ganz neue Beziehung zu Jesus Christus. Und sie befähigte ihn, schließlich tatsächlich sein Leben für diesen Jesus völlig einzusetzen. *mm*

Wie hätten Sie auf die Verleugnung eines Freundes reagiert?

Auf Christi Versprechen kann jeder Glaubende fest vertrauen.

Lukas 22,54-62

Und es ist in keinem anderen das Heil; denn es ist kein anderer Name unter dem Himmel den Menschen gegeben, in dem wir gerettet werden sollen!

Apostelgeschichte 4,12

»Warum sollte gerade das Christentum recht haben?«

Heute morgen hatten wir Besuch zum Frühstück. Matthias (Name geändert) ist 15 Jahre alt und kommt seit über einem Jahr regelmäßig in unseren christlichen »Jungstreff«. Er ist inzwischen ein guter Freund der Familie geworden. Unsere drei kleinen Kinder mögen es, wenn er kommt. Zu Bibel und Religion hatte Matthias vor der »Jungstreff«-Zeit kaum einen Bezug. Nun am Tisch frage ich ihn: »Was würdest du antworten, wenn jemand dich fragen würde, warum gerade das Christentum recht haben sollte?« Matthias wird nachdenklich. Die Synapsen im Gehirn sind am Arbeiten – wollen aber kein in sich stimmiges Bild ergeben. Dann sagt er einfach: »Keine Ahnung.« Eine ehrliche Antwort.

Nach einer Weile fragt Matthias mich: »Was würdest du denn antworten?« Was würde ich antworten? Auch ich werde nachdenklich. Im Grunde geht es um die Frage: Wie kommt der Mensch zu Gott?! Dann erzähle ich ihm von dem wesentlichem Merkmal, welches das Christentum so einzigartig macht. Ich erzähle davon, dass es bei den Religionen darum geht, dass der Mensch etwas tun muss, um einen Weg zu Gott zu ermöglichen. Beim Christentum hingegen geht es in die umgekehrte Richtung: Gott ist durch Jesus auf uns zugegangen und ermöglichte durch den Glauben an ihn den Weg zu Gott. Ist damit die Frage beantwortet? Nicht umfassend ... Aber gerade diese eine Tatsache macht das Christentum außerordentlich anziehend. Sie befreit uns vom Leistungsdruck und von unserer Schuld, die uns von Gott trennt.

Ich wünsche Matthias, dass er diesen wesentlichen Unterschied versteht. Er kann (wie Sie und ich) niemals genug tun, um einen Weg zu Gott zu verdienen. Und gerade deshalb ist er auf Gottes Weg – Jesus – angewiesen.

wd

Haben Sie schon mal gründlich über den wesentlichen Unterschied nachgedacht?

Jesus macht möglich, was einem Menschen unmöglich ist: eine »Brücke« zu Gott.

Apostelgeschichte 4,1-22

Solange ich schwieg, verfiel auch mein Leib, denn unaufhörlich schrie es in mir.
Psalm 32,3

Verschimmelt

Ich hatte Appetit auf eine Walnuss aus eigener Ernte. Als ich sie öffnete, da schrie meine Tochter: »Die ist ja ganz verschimmelt!« Die Verarbeitung war offenbar unzweckmäßig gewesen, die Walnüsse waren nicht lange genug offen getrocknet worden. Nur Einsammeln und Weglegen reichte nicht, denn bei Feuchtigkeit gedeihen die Schimmelpilze gut. Am Ende wird alles unbrauchbar. Manche Schimmelpilze produzieren Giftstoffe und geben diese in die Lebensmittel ab. So greift der Schimmelpilz *Aspergillus flavus* Nüsse und Gewürze an. Seine Gifte verursachen nachweislich Leberkrebs. Deshalb müssen alle befallenen Nüsse und Gewürze entfernt werden, denn oft ist das gesamte Lebensmittel verseucht.

Der Schimmel bei den Nüssen ist mit der Sünde in unserem Leben vergleichbar. Zudecken und Verbergen sind an der Tagesordnung. Zugegeben wird häufig nur, was unwiderlegbar bewiesen ist. Bald ist das unsichtbare Gift des Misstrauens schon tief in die Herzen aller Beteiligten eingedrungen. Vertrauen ist fast nicht mehr möglich. Politikverdrossenheit und Skepsis vieler Menschen sind u. a. die Folgen.

Wie befreiend ist ein offenes uneingeschränktes Geständnis! Je eher, desto mehr kann vielleicht noch gerettet werden. Die Illusion, durch längeres Verschleiern oder Zudecken doch noch mit reiner Weste davonzukommen, wird spätestens vor Gott zerstört, denn ihm kann man nichts vormachen. Gott ist ein Freund von Offenheit und Entsorgung. Ihm kann man vertrauen. Darum schrieb er die Bibel und offenbarte seine innersten Gedanken. Bekennen heißt auch, Verantwortung auf sich zu nehmen und Schuld nicht auf andere abzuschieben. Nur auf dieser Grundlage kann Gott Sünde entsorgen, vergeben und beseitigen. Dann ist ein echter Neuanfang ist möglich. *mn*

? Was hindert Sie, Ihre Schuld offen vor Gott und Menschen zu bekennen?

! Schützen Sie sich und andere vor dem schleichenden Gift verborgener Schuld!

Psalm 25

Denn es ist ein Gott
und ein Mittler zwischen Gott und den Menschen,
der Mensch Christus Jesus.
1. Timotheus 2,5

20 Minuten unter Strom

New York, 21. Januar 1930: Der britische König George V. hält auf einer Konferenz die Eröffnungsrede, die von 59 amerikanischen Radiostationen übertragen wird. Einige Minuten, bevor der König zu sprechen beginnt, gibt es im Kontrollraum der Columbia Radiostation einen Kabelbruch. Mehr als eine Million Hörer sind von der Übertragung abgeschnitten! Der Mechaniker Harold Vivien löst das Problem, indem er die beiden Kabelenden ergreift, um den Stromkreislauf wiederherzustellen. Seine Arme zucken, sein Körper zittert, als 250 Volt seinen Körper passieren und er den Stromkreislauf aufrechterhält. Über 20 Minuten hält Vivien durch und überbrückt mit seinem Körper die unterbrochene Übertragung der Rede, bis der Kabelbruch behoben ist.

Was trieb diesen Mann dazu, die gestörte Verbindung wiederherzustellen? Dass alle Hörer die Rede hören konnten, war ihm wichtiger als sein eigenes Leben. Noch jemandem lag viel daran, eine abgebrochene Verbindung wiederherzustellen. Es ist Jesus Christus, der Sohn Gottes. Er sah die Menschen in ihrer Verlorenheit auf der einen Seite und den heiligen Gott im Himmel auf der anderen Seite. Wie Licht und Finsternis passten sie nicht zusammen. Jesus wusste, dass die einzige Möglichkeit, diese beiden wieder zusammenzubringen, die Hingabe seines eigenen Lebens sein würde. Diesen unglaublichen Preis hat er am Kreuz bezahlt.

Viele der Radiohörer werden es für selbstverständlich gehalten haben, dass sie die Rede des Königs hören konnten. Sie wussten nicht, dass ein heldenhafter Mechaniker dafür sein Leben riskierte. Viele Menschen heute halten es für selbstverständlich, dass sie zu Gott kommen können. Doch das ist nur möglich durch den Tod Jesu. Wie sehr sollten wir diese Verbindungsmöglichkeit schätzen und nutzen! *gu*

? Was ist eine angemessene Reaktion auf die Lebenshingabe Jesu?

! Danken Sie ihm für seine unglaubliche Tat am Kreuz!

Epheser 2,11-18

Denn wie durch den Ungehorsam des einen Menschen die vielen in die Stellung von Sündern gesetzt worden sind, so werden auch durch den Gehorsam des einen die vielen in die Stellung von Gerechten gesetzt werden. **Römer 5,19**

Die Tür steht noch weit offen!

Wenn ich auf dem PC einen Text schreibe, der einen oder gar mehrere Fehler enthält, so werden alle Kopien davon dieselben Fehler enthalten – einerlei, ob ich zehn oder tausend Kopien drucke. Das wird auch so bleiben, wenn ich eine Million Abzüge herstelle.

So ist es auch mit dem Menschengeschlecht gegangen. Adam hat gesündigt, und alle seine Kinder kamen schon als Sünder auf die Welt. Da gibt es keine Ausnahme, genauso wenig wie bei meinen Kopien. Aber Gott will nicht, dass die Menschen dem Teufel zur Beute werden. Darum hat er – wie es unser Tagesvers verheißt – eine Möglichkeit geschaffen, die diese fehlerhaften »Kopien« Adams zurechtbringt, alle Fehler ausmerzt und sie zu vollkommen Gerechten macht. Das hat sein Sohn für uns bewirkt, und nun rechnet Gott allen Glaubenden die Gerechtigkeit an, die sein Sohn für uns erworben hat. Jeder könnte an dieser Gerechtigkeit teilhaben, wenn er aufrichtig genug wäre, seine Schuldhaftigkeit zuzugeben und Gott um Vergebung zu bitten.

Wenn wir das tun, hat das schon jetzt in unserem Erdenleben großartige Auswirkungen. Wir können jetzt ohne Furcht in die Zukunft blicken und brauchen keine Ausreden mehr für unser Fehlverhalten zu erfinden, die doch von Gott leicht durchschaut werden. Wir können uns außerdem auf Gottes Durchhilfe verlassen, wenn es mal schwierig wird. Und vor allem haben wir die herrliche Aussicht darauf, einmal für ewig in dem Reich Jesu Christi zu sein, wo es weder Leid noch Tränen, weder Schmerzen noch Kummer geben wird, und das in alle Ewigkeit.

Gott bietet diese große Gnade heute noch jedem Fernstehenden an, und auch die Gläubigen erinnert er immer wieder daran, was sie geschenkt bekommen haben. *gr*

? Wann machen auch Sie Gebrauch von diesem Angebot?

! Im Himmel sind nur solche, die das Gnadenangebot angenommen haben.

Matthäus 22,1-14

23. Januar 20

Donnerstag

Jeder von uns soll auf den anderen Rücksicht nehmen und danach fragen, was gut für ihn ist …
Römer 15,2

Keiner hat mich gefragt

Es ist schon ein paar Jahre her. Sie war ein bisschen flippig und aufgedreht und hatte Spaß an ihrem Job. Und weil sie ehrgeizig war, kam irgendwann der Tag, an dem sie ein besseres Jobangebot erhielt. Diese Chance ließ sie sich nicht entgehen, beendete ihr altes Arbeitsverhältnis und wechselte in eine größere Firma. Wir alle wünschten ihr viel Erfolg, und so ging sie enthusiastisch in die Zukunft. Nach wenigen Monaten kehrte sie zurück und bezog, so als wäre nichts geschehen, wieder ihren alten Schreibtisch – in der gleichen Abteilung mit der gleichen Aufgabe wie vorher.

Wir Kolleginnen und Kollegen staunten nicht schlecht und standen mit offenem Mund da. Doch ihr gegenüber ließen wir uns nichts anmerken. Und so ging alles seinen altgewohnten Gang. Ich musste allerdings öfter daran denken. Ein halbes Jahr danach sind wir mit der Belegschaft abends zusammen essen gegangen. Als wir Platz nahmen, saß ich zufällig neben ihr. Irgendwie hatte ich keine innere Ruhe, und so fragte ich sie, wie sie sich nach alldem fühle. Mit erstickter Stimme und die Tränen nur mit Mühe zurückhaltend, antwortete sie mir, dass noch niemand sie danach gefragt hätte. Sie schüttete ihr Herz aus und war froh, sich alles von der Seele reden zu können. Sie erzählte von ihren Ängsten und Kämpfen in dieser Zeit und war nun froh, dass da jemand war, dem sie sich anvertrauen konnte.

»Liebe deinen Nächsten wie dich selbst«, lautet in der Bibel ein Gebot. Das kann natürlich nur jemand, der mit sich im Reinen ist, weil er sich von Gott geliebt weiß. Dann beschäftigt ihn nicht mehr vorrangig die Sorge um sich selbst, sondern er ist frei, auch anderen Liebe zu erweisen. Nur ein Wort zur rechten Zeit öffnet dann manchmal die Herzenstür des Nächsten.

bgr

Warum haben wir nur so oft Hemmungen, Dinge anzusprechen?

Gott macht uns Mut, auf den anderen zu- und dann auf ihn einzugehen.

Hesekiel 34,1-16

Es begab sich aber nach etlicher Zeit,
dass Kain dem HERRN Opfer brachte
von den Früchten des Feldes.

1. Mose 4,3

Das reicht schon?

Die Söhne des ersten Menschenpaares Adam und Eva waren sehr unterschiedlich: Abel war ein Schafhirte, Kain ein Ackerbauer. Beide hatten den Wunsch, Gott ein Opfer zu bringen. Abel brachte ein Schaf dar, sein Bruder Kain Feldfrüchte. Gott aber nahm Kains Opfer nicht an, Abels Opfer jedoch schon. Warum nahm Gott das so genau? Hatte nicht jeder der Brüder einfach das Naheliegende getan?

Nein, Gott sah, dass es in ihren Herzen ganz unterschiedlich aussah. Abel glaubte an Gott, er nahm seine Forderung ernst und war sich seiner eigenen Sündhaftigkeit bewusst. Er wusste: Nur durch Blutvergießen ist Sündenvergebung möglich (siehe Hebräer 9,22). Das hatten die Brüder auch von ihren Eltern gehört, bei denen auch ein Tier hatte sterben müssen, als Gott sie mit Fellen bekleidete. Kain dagegen dachte wohl: »Mein Opfer reicht schon.« Er verachtete die Ernsthaftigkeit und Schwere seiner Schuld, die ein echtes Opfer, einen »Sündenbock«, erforderte. Er wollte auf seine Weise zu Gott kommen.

Auch heute wird Gottes Anspruch oft nicht ernst genommen. Viele Menschen suchen zwar eine Verbindung zu Gott, wollen das aber auf ihre Weise tun und lehnen das von Gott erwählte Opferlamm Jesus Christus ab. Sie verlassen sich stattdessen auf einen religiösen Anstrich und meinen wie Kain: »Das reicht schon.« Doch gute Werke, große Spenden oder demonstrative Frömmigkeit helfen nur zur Gewissensberuhigung, sie machen einen Menschen nicht gerecht vor Gott.

Dies kann nur auf dem Weg geschehen, den Gott vorgegeben hat und den er für uns gegangen ist. Der Preis der Erlösung kostete Jesus das Leben. Wie ernst sollten wir das nehmen! *dbe*

? Auf welchem Weg versuchen Sie, in Verbindung mit Gott zu kommen?

! Dies ist nur durch das Opfer Jesu möglich.

1. Mose 4,1-16

Tag des eigenen Zimmers

25. Januar 20

Samstag

Wollen wir ihm nicht im oberen Stockwerk ein kleines Zimmer einrichten? Wir stellen ihm ein Bett, einen Tisch, einen Stuhl und eine Lampe hinein. So kann er sich zurückziehen und etwas ausruhen, wenn er uns besucht. **2. Könige 4,10**

Ein Zimmer oder eine Wohnung?

Der Tag des eigenen Zimmers wird am 25. Januar 2020 begangen. Dieser Tag darf von jedem gefeiert werden, der ein ganzes Zimmer sein Eigen nennen kann. Ob Kinderzimmer, Arbeitszimmer, Schlafzimmer oder Wohnzimmer spielt dabei keine Rolle, und auch diejenigen, die über ein eigenes Bad verfügen, sind herzlich zum Mitfeiern eingeladen. Das eigene Zimmer kann an diesem Tag zum Beispiel mit Girlanden dekoriert werden. Generell lohnt es sich, den Besitz eines eigenen Zimmers ausgiebig zu würdigen, da nicht alle Menschen dieser Erde über einen solchen Luxus verfügen. Ins Leben gerufen wurde der Tag von Thomas und Ruth Roy. (Quelle: www.kleiner-kalender.de)

Als ich auf diese Welt kam, erhielt ich ein Bett im Schlafzimmer meiner Eltern. Später mit vier Jahren teilte ich ein Kinderzimmer mit meiner Schwester und nachher auch mit meinem kleinen Bruder. Ich wünschte mir bald so sehr ein eigenes Zimmer. Es war mir eine riesige Freude, als ich anfing, zu arbeiten und Geld zu verdienen, und es mir dann endlich leisten konnte.

Nicht alle Menschen dieser Erde verfügen über einen solchen Luxus. Viele müssen sogar in Zelten oder auf der Straße leben, oft nur auf einer Bank oder einfach auf dem Gehsteig. Ist es da nicht bemerkenswert, dass Jesus seinen Jüngern, die auf ihr Zuhause um seinetwillen verzichtet haben, Wohnungen im himmlischen Vaterhaus verspricht (Johannes 14,2)? Und auch denen, die hier auf Erden obdach- und ruhelos sind, will er gerne ein Zuhause geben. Wer nämlich Jesus in sein Leben aufnimmt, der fühlt sich seinerseits endlich und für immer angekommen, willkommen und angenommen – egal, wo er sich nun in dieser Welt aufhalten und unterwegs sein mag. *bwe*

Haben Sie schon Ihr Zimmer im Himmel gebucht?

Wenn Sie den HERRN aufnehmen, müssen Sie sich keine Sorgen mehr machen, wo Sie in und nach diesem Leben hinkommen.

Johannes 14,1-14

26. Januar 20

Sonntag

Jeder nun, der diese meine Worte hört und sie tut, den werde ich mit einem klugen Mann vergleichen, der sein Haus auf den Felsen baute.

Matthäus 7,24

Die weiße Macht

Im Winter 2018/2019 wurden weite Teile von Bayern, Österreich und der Schweiz unter riesigen Schneemassen begraben. Viele Straßen waren nicht zu befahren, und Dächer mussten freigeschaufelt werden, damit sie nicht unter der Schneelast einstürzten. Immer wieder herrlicher Neuschnee, die Skifahrer waren begeistert. Unbeeindruckt von der großen Lawinengefahr pflügten sie durch den Tiefschnee. Trotz der Warnungen wollten viele nicht auf den Spaß verzichten. Einige hörten dabei sogar Musik vom iPhone und überhörten so die todbringende Lawine. Ein Experte meinte: Man muss mit guten Ohren unterwegs sein. Solange man nur den Wind rauschen hört, sei alles gut. Wenn aber ein Zischen dazu komme, kann es gefährlich werden. Das sei ein Zeichen dafür, dass ein Schneebrett abgeht.

Richtiges Hören kann das Leben retten. Nicht nur im Schnee, sondern auch mit Blick auf die Ewigkeit. Deshalb fängt mit dem Hören des Evangeliums auch der Glaube an. Logisch, denn wie soll ich etwas glauben, wenn ich nicht vorher gehört habe, um was es geht? Der Apostel Paulus sagt dazu: »Also ist der Glaube aus der Verkündigung (oder dem Hören), die Verkündigung aber durch das Wort Christi« (Römer 10,17). Paulus hat das Wort von Jesus Christus weitergegeben. Um dieses Wort von Jesus aufzunehmen, reicht das Hören aus. Ich muss nicht unbedingt lesen können. Zum Hören hat Gott dem Menschen zwei Ohren geschenkt, die er im Gegensatz zu den Augen aber nicht verschließen kann.

Wer zuhört, dem kann Jesus das Herz öffnen. Für mich ist das ein Wunder: Gott selbst macht es möglich, dass Menschen glauben können. Er macht es möglich, dass der Funke des Evangeliums überspringen kann. Ich bin sicher, dass Jesus Christus auch Ihr Herz für den Glauben an ihn öffnen möchte.

hl

Wollen Sie im Sinne des Tagesverses klug sein?

Man sollte nicht nur die Ohren, sondern alle Sinnesorgane dazu nutzen, um klüger zu werden.

Matthäus 7,24-29

27. Januar 20

Montag

Sie konnten keinerlei Anklagegrund und nichts Schlechtes finden, weil Daniel treu war und keinerlei Nachlässigkeit oder Schlechtes bei ihm zu finden war.

Daniel 6,5

Die »Gnade der späten Geburt«

Keine Sorge: Ich schreibe hier keinen politischen Text. Aber ich höre aufmerksam zu, wenn in den Medien politische Interviews geführt werden. Wenn Kernsätze zitiert werden wie die Aussage des Altkanzlers Helmut Kohl von der »Gnade der späten Geburt«. Gemeint ist damit die »Gnade«, also das Glück der Menschen, die nicht zur Gruppe derer gehörten, die zur Zeit des Nationalsozialismus lebten, weil sie erst später geboren wurden.

Zu dieser Gruppe gehöre ich. Ich bin später geboren. Ich hatte »Glück« – und Sie vermutlich auch. Wenn wir über die Entscheidungen der Menschen im sogenannten »Dritten Reich« sprechen, verurteilen wir diese schnell: Wie konnten unsere Väter da nur mitmachen?! Warum haben sie keinen Widerstand geleistet, warum nicht mutig ihre Meinung gesagt?

Ähnlich leichtfertig urteilen wir auch über das Verhalten der Bürger der ehemaligen DDR. Vorsicht! Fragen wir uns: Wie hätte ich mich in einer solchen politischen Umgebung verhalten? Mitgemacht? Mich aufgelehnt? Dabei den Studien- oder Arbeitsplatz riskiert? Hätte ich mich zu meinem Glauben an Gott bekannt?

Ja, wir urteilen hart über andere! Wir fühlen uns so überlegen und haben doch selbst täglich im Alltag Entscheidungen zu treffen: Beim Chef punkten auf Kosten anderer? Die Steuererklärung zum eigenen Vorteil ausfüllen? Eigene Fehler beschönigen? Oder wagen wir die klare Entscheidung, das zu tun, was Gott gefällt?

So wie Daniel in der Bibel; er war seinem Gott absolut treu. Als er für sein mutiges Bekenntnis den Löwen zum Fraß vorgeworfen wurde, erlebte er Bewahrung durch Gott, der den Tieren den Mund verschloss.

sp

Was hat der Zeitpunkt unserer Geburt damit zu tun, ob wir später treu und zuverlässig sind?

Egal, in welcher Zeit wir geboren wurden, Treue zu Gott ist immer eine Herausforderung.

Daniel 6

Dienstag **28. Januar 20** **Europäischer Datenschutztag**

Dies ist erst der Anfang ihres Tuns.
Jetzt wird ihnen nichts unmöglich sein,
was sie zu tun ersinnen.
1. Mose 11,6

Digitalisierung – Chancen und Risiken

Die Vorteile der Digitalisierung liegen klar auf der Hand: Zum Beispiel: Fotografie. Digital-Fotos lassen sich viel besser verwalten als ein Dia-Archiv oder eine Fotosammlung aus Papierbildern. Zudem sind sie sofort verfügbar und können nachträglich verbessert oder manipuliert werden. – Die digitale Revolution hat alle Bereiche des gesellschaftlichen Lebens erfasst und setzt sich in einem rasantem Tempo fort. Ob in Arztpraxen, in Kliniken, in Büros, in den Kassenbereichen der Supermärkte, überall hat die digitale Technik ihren Einzug gehalten und ist nicht mehr wegzudenken. Besonders im Bereich der Telekommunikation. Heute besitzen die meisten Menschen ein Smartphone, mit dem man telefonieren und Nachrichten, Fotos und Videos verschicken kann. Termine verwalten, online Bankgeschäfte erledigen – alles kein Problem. Sogar als Navi kann ein Smartphone eingesetzt werden. Die Liste könnte endlos fortgesetzt werden.

Abgesehen davon, dass die vielen Möglichkeiten der Information und Kommunikation süchtig machen können, sind wir von der digitalen Technik auch längst in einem bedrohlichen Ausmaß abhängig geworden. Das macht uns verwundbar! Was würde geschehen, falls es Terroristen gelingen sollte, wichtige Schaltzentralen von Wirtschaft, Verkehr oder Energieversorgung unter ihre Kontrolle zu bekommen? Auch eine etwas größere Sonneneruption oder ein Gammablitz aus der näheren Umgebung des Weltalls könnte plötzlich alle satellitengestützten Systeme zerstören – was dann?

Wir sind und bleiben trotz modernster Technik und allen Fortschritts in erster Linie von Gott abhängig. »Denn er lässt seine Sonne aufgehen über Böse und Gute und lässt regnen über Gerechte und Ungerechte!« (Matthäus 5,45). *sg*

Vertrauen Sie auf diesen Gott oder auf den menschlichen Fortschritt?

Trotz allen Fortschritts bleiben wir Menschen begrenzt.

Psalm 71

29. Januar 20

Mittwoch

Jesus spricht …:
»Ich bin der Weg und die Wahrheit und das Leben. Niemand kommt zum Vater als nur durch mich.«
Johannes 14,6

Sitzen wir im richtigen Zug?

Die Enkelkinder aus dem Erzgebirge freuen sich auf die Zugfahrt. Wir wollen einen Besuch in Bonn-Mehlem machen. In Köln soll es einen Zwischenstopp geben, um den Kölner Dom zu besichtigen. Die Abfahrt ist in Ennepetal um 9.14 Uhr von Gleis 2 geplant. Während wir um 9.10 Uhr das Gleis erreichen, fährt auch schon der Zug ein. Wir freuen uns über das fast leere Abteil, sodass jeder einen Sitzplatz bekommt. Nach einer Weile werde ich unruhig. Die Gegenden und Bahnhöfe sind mir bislang nicht begegnet, wenn ich nach Bonn fuhr. Ich erkundige mich, wohin der Zug fährt. Da kommt´s heraus: Wir sitzen im falschen Zug und fahren in die entgegengesetzte Richtung. Am nächsten Bahnhof steigen wir aus, und der Zugbegleiter sucht uns die richtigen Anschlüsse heraus, um wieder neu zu starten.

Unsere Lebensreise gleicht auch einer solchen Bahnfahrt. Einerlei, ob wir an ein Weiterleben nach dem Tod glauben oder nicht, wir alle wollen, dass unsere Existenz irgendwie ein gutes Ende nimmt. Aber die Bibel sagt uns, dass wir nach dem Sündenfall alle »im falschen Zug« sitzen und dass die Hölle die Endstation bilden wird. Darum müssen wir möglichst früh aussteigen und den Zug in die richtige Richtung erwischen.

Den richtigen »Zug« erreichen wir, wenn wir Gott um Vergebung unserer Schuld bitten. Dann stellen wir sogar fest, dass die Fahrkarten dafür bereits bezahlt sind, weil Gottes Sohn alles für uns erledigt hat, und der Zug bringt uns an das von Gott für uns reservierte Ziel. Das ist der Himmel bei ihm. Je eher wir uns zum Umsteigen entschließen, umso weniger Zeit vergeuden wir auf so sinnlose Art und Weise, und umso eher werden wir in die Lage versetzt, Gott wohlgefällig zu werden. *kr*

Woran kann man erkennen, ob man in die richtige Richtung fährt?

Mit der Bibel hat man ein zuverlässiges Kursbuch, mit dem man feststellen kann, ob man umsteigen muss.

Apostelgeschichte 16,22-34

30. Januar 20

Donnerstag

Das Volk, das im Finstern wandelt, hat ein großes Licht gesehen; die da wohnen im Land des Todesschattens, Licht hat über ihnen geleuchtet.

Jesaja 9,1

Ein Licht in der Dunkelheit

Oft haben meine Frau und ich gemeinsam mit unseren zwei Hunden den Urlaub in einem einsamen Hochtal in Österreich verbracht, in einer kleinen Almhütte, ca. 2050 Meter hoch, weitab von jedem Ort oder gar von Liften. Nur am Talschluss gab es eine Alpenvereinshütte mit Gasthof, ca. 200 Höhenmeter und eine knappe halbe Wanderstunde unterhalb von uns. Im Sommer erwanderten wir die herrliche Bergwelt, im Winter waren wir mit Schneeschuhen unterwegs. Abends in der Hütte genossen wir die herrliche Ruhe und den Frieden der Berge.

An einem Winterabend entschieden wir uns, nicht selbst auf dem Holzofen in der Hütte zu kochen, sondern wir wanderten trotz Schneesturm hinunter zum Berggasthof, wo es wie immer gutes, preiswertes Essen gab. Irgendwann mussten wir die gastliche Stätte wieder verlassen und hinaus in Dunkelheit, Kälte, Nebel, Wind und Schneetreiben. Wir hatten unsere Taschenlampe vergessen und tasteten uns irgendwie den Hang hinauf. Die Hunde hatten die bessere Orientierung, liefen aber dummerweise voraus, und der Wind verwehte schnell ihre Spuren. »Herr, gib, dass wir uns nicht verlaufen«, war mein Gedanke, als auch schon bald, erst kaum erkennbar, dann aber klarer werdend, die Solarlampe unserer Hütte durch den Nebel schien.

Unser Tagesvers bezieht sich auf Jesus Christus, Gottes Sohn, der als das Licht der Welt auf diese Erde kam, um allen Menschen, die an ihn als ihren Erretter glauben, Licht statt Dunkelheit und Frieden mit Gott zu bringen. Schon heute dürfen es Christen, die auf ihren HERRN vertrauen, erleben, dass er ihnen in schwierigen Situationen ein Licht in der Dunkelheit ist. Das gilt bei Alltagssituationen in den Bergen, wie wir sie erlebt haben, ebenso wie bei Trauer, Krankheit oder Tod. *hu*

Wer oder was dient Ihnen als Wegweiser in schwierigen Situationen?

Lassen Sie Gottes Licht in Ihr Leben leuchten und erkennen Sie seine Wegweisung für Ihr Leben auf dieser Erde und für die Ewigkeit.

2. Korinther 4,1-6

31. Januar 20

Freitag

Und rufe mich an am Tag der Bedrängnis:
Ich will dich erretten, und du wirst mich verherrlichen!
Psalm 50,15

Das wünscht man dem schlimmsten Feind nicht!

Heute vor einem Jahr war ich bei einem Zahnchirurgen zu einer speziellen Behandlung. Eigentlich, so der Zahnchirurg, wäre in zehn Minuten alles geschehen. Aber ich war dann anderthalb Stunden im Behandlungszimmer. Eine Spitze von einem Restzahn, die Ursache einer großen Entzündung war, musste heraus. Allerdings lag dieser Restzahn neben einer Arterie, sodass es nicht aufhörte zu bluten. Immer wieder wurde versucht, die Blutung zu stoppen, um zu sehen, ob der ganze Restzahn nun draußen war oder ob ein neuer Versuch zu starten war, alles herauszuholen. – Dann fiel auch noch der Absauger aus ... Am Ende hat es doch noch geklappt; der Zahnchirurg hat sich mehrfach entschuldigt, dass es entgegen seiner Ankündigung so lange gedauert hat.

Welche Gedanken gehen einem durch den Kopf – während und nach einer solchen Tortur? Das wünscht man dem schlimmsten Feind nicht! – Solche schwierigen Situationen können uns dazu bringen, dass wir mehr Anteilnahme, Verständnis, Mitgefühl für andere Menschen mit z. T. noch ganz anderen Nöten haben ... und hoffentlich auch dazu, für diese Menschen beten! Unser Tagesvers spricht ja von der Möglichkeit »am Tag der Bedrängnis« zu beten, ja, Gott selbst ermutigt uns dazu, weil er gerne die Menschen von allem Übel errettet.

In meinem Fall verspürte ich dann aber auch Dank dem Herrn gegenüber, dass alles gut gegangen ist, dass er unseren heutigen Zahnchirurgen dieses Wissen gegeben hat und die Fähigkeit, so eine Operation durchzuführen. Mein Dank gegenüber dem Zahnchirurgen und den Assistentinnen habe ich u. a. dadurch ausgedrückt, dass ich ihnen ein paar Tage später das Buch »Leben ist mehr« geschenkt habe – mit einer kleinen Widmung. *mtz*

? Was könnte Ihnen einen anderen Blick auf die Menschen und auf Gott schenken?

! Suchen Sie Gott in bösen, aber auch in guten Stunden!

Psalm 50

1. Februar 20

Samstag

Weißt du es denn nicht, hast du es denn nicht gehört?
Der ewige Gott …, sein Verstand ist unerschöpflich!

Jesaja 40,28

Unfassbar unergründlich

Seit ich an der Universität studiere, bin ich immer wieder aufs Neue fasziniert davon, was für einen gigantischen Berg an Wissen die akademische Welt in den letzten paar hundert Jahren produziert hat. Auch bei uns am Campus haben wir echte Genies. Z. B. mein Professor für Alte Geschichte, Verfasser eines bekannten Standardwerks über die römische Antike. Und da sind die bis auf den letzten Quadratzentimeter mit Formeln und Gleichungen vollgeschriebenen Schiebetafeln nach einer Mathevorlesung. Wie viel Mühe und Zeit unsere Dozenten in unzähligen Stunden des Lesens und Schreibens investiert haben, vermag ich nicht abzuschätzen. Doch am meisten überwältigt mich die Universitätsbibliothek: Hunderte Regalmeter voll mit Büchern, Zeitschriften, Lexika, Atlanten, Forschungsberichten, Quellensammlungen und Digitalscans – Abermillionen Arbeitsstunden von Experten aus aller Welt! Hier eine 25-bändige Studie zu organischen Molekülverbindungen, da eine Kommentarreihe zu spanischen Gedichten aus dem 15. Jahrhundert. Ein schier uferloses Meer! Und es gibt immer noch so unendlich viel zu entdecken.

Die Bibel sagt, dass Gott allwissend ist. Sein Verstand ist »unerschöpflich«. So unerschöpflich, dass keine Frage ihm zu hoch und keine Erkenntnis ihm zu tief ist. Wenn ich an den Bücherregalen in der Uni entlanggehe, beginne ich zu begreifen, wie unfassbar das ist. Gott kennt jedes dieser Bücher auswendig! Er ist der Top-Experte für Renaissance-Gedichte, Stahlbetonbau und Astrophysik. Ja, für noch viel mehr, für *einfach alles*. Unfassbar! Auf tausend seiner Fragen könnten meine Professoren auch nicht eins antworten. Gott ist großartig. Oft denke ich viel zu klein, zu harmlos, zu billig von Gott. Doch Gott ist alles andere als das.

jkl

? Wollen Sie so einen genialen Gott nicht kennenlernen?

! Denken Sie nicht zu klein von dem, der Sie und alles um Sie herum erschaffen hat!

Psalm 103,13-22

2. Februar 20

Sonntag

**Und es wurde hinausgeworfen der große Drache,
die alte Schlange, die da heißt:
Teufel und Satan, der die ganze Welt verführt.**
Offenbarung 12,9

Schlangenalarm

In unserem Dorf herrschte helle Aufregung: An einem kleinen, bei Spaziergängern, Joggern und Anglern beliebten See wurde eine Schlange gesichtet. Und das war nicht irgendeine Schlange, sondern eine etwa drei Meter lange gelbe Anakonda, eine Würgeschlange, deren Heimat normalerweise in Südamerika liegt. Es folgte ein großer Medienrummel. Ordnungsamt, Kreisveterinäramt und Feuerwehr wurden eingeschaltet, das Gewässer großflächig abgesperrt. Denn die Anwesenheit einer solchen Würgeschlange versetzte Anwohner, Eltern und Hundebesitzer in Sorge. Schließlich das Aufatmen: Nach wochenlanger Jagd wurde »Lati« – so war die Schlange mittlerweile getauft worden – gefangen und sicher verwahrt.

Man mag über diese Geschichte schmunzeln, da von Schlangen dieser Art nach der Meinung von Experten jedenfalls für Menschen keine Gefahr ausgeht. Doch die Bibel kennt eine »Schlange«, die tatsächlich für jeden Menschen eine reale Gefahr darstellt. Im zitierten Vers wird zum Ausdruck gebracht, dass es sich hierbei um den Teufel handelt. Diese »Schlange« ist eine Tarnung. In dieser Gestalt tauchte der Teufel bereits im Paradies auf und unterbreitete den ersten Menschen Lügen über Gott. Auch hier, am Schluss der Bibel, wird diese Schlange als Verführer charakterisiert. Erstaunlich ist, dass sowohl am Anfang wie auch am Ende der Bibel die Menschen diese Schlange nicht als Gefahr wahrnehmen, sondern ihren Lügen Glauben schenken. Dabei verdreht sie gekonnt die Wahrheit: Sie gaukelt vor, nicht sie, sondern Gott sei der Böse und gönne den Menschen nichts Gutes. Allerdings ist das Schicksal dieser Schlange längst beschlossen: Gott wird sie unschädlich machen. Und wer Gott glaubt, wird vor der Schlange und ihrem Schicksal bewahrt bleiben. *mm*

? Wie denken Sie über Gott?

! Lügen über ihn können durch die Wahrheit entlarvt werden, indem man prüft, was Gott tatsächlich sagt und tut.

1. Johannes 4,1-6

Ich bin der Gott deines Vaters, der Gott Abrahams, der Gott Isaaks und der Gott Jakobs.

2. Mose 3,6

Eine persönliche Beziehung zu Gott

Unsere Gesellschaft gründet auf persönlichen Beziehungen, ohne diese wäre sie hoffnungslos verloren. Gerade in der Familie sind die persönlichen Beziehungen unerlässlich, um ein gedeihliches und harmonisches Zusammenleben zu ermöglichen. Welche Beziehung wir zu den Eltern, Kindern, dem Ehepartner und sonstigen Verwandten haben, ist von großer Tragweite.

Mit der Beziehung zu Gott ist das nicht anders. Er bietet uns eine ganz persönliche Beziehung an, denn unsere ewige Zukunft hängt davon ab. Er redet z. B. durch sein Wort, die Bibel, zu uns. Er hört uns, wenn wir zu ihm beten. In einer gut funktionierenden Beziehung darf man dem anderen alles sagen – seine Nöte, Sorgen und Hoffnungen. Darauf wartet Gott.

Mit den Urvätern des Volkes Israel, Abraham, Isaak und Jakob, oder auch später mit Mose hatte Gott eine besonders enge Beziehung, auch wenn es Menschen waren, die Fehler machten und sündigten. Also Menschen wie du und ich. Aber sie glaubten Gott und und suchten ihn. Der Schreiber des Hebräerbriefes teilt uns mit, dass Gott solche belohnt, die ihn suchen (Hebräer 11,6). Mit all den Glaubensvätern kam Gott letztlich zu seinem Ziel, obwohl sie manchmal widerspenstig und ungehorsam waren. Gott meinte es gut mit ihnen und ertrug geduldig ihre Art. Sie durften Gott persönlich erleben, wie er ist und wie er handelt. Er war mitten in ihrem täglichen Leben da, er war nicht nur Teil ihres Lebens, er war ihr Leben. Obwohl schon viele hundert Jahre seit dieser Zeit vergangen sind, ist Gott noch immer auf der Suche nach Menschen, die nach ihm fragen. In seinem Sohn Jesus Christus ist der Weg frei gemacht. Er nimmt alle auf, die an ihn glauben und ihm treu bleiben; er wird sie dafür mit dem ewigen Leben belohnen. *schn*

Ist dieser Gott auch schon Ihr Gott?

Er bietet Ihnen an, Ihre Fehler und Sünden zu vergeben. Lassen Sie sich doch auf eine Beziehung zu ihm ein!

Daniel 9,1-19

Denn der Lohn der Sünde ist der Tod, die Gnadengabe Gottes aber ewiges Leben in Christus Jesus, unserem Herrn.

Römer 6,23

Diagnose Krebs

Im Sommer 2018 erhielt meine Frau die Diagnose »Brustkrebs«! Von heute auf morgen wurde unser Leben auf den Kopf gestellt. Informationsgespräche, Untersuchungen, Screenings, OP ... Plötzlich bricht all das über einen herein. Dann die Fragen: Wird das wieder gut, oder müssen wir mit dem Schlimmsten rechnen?

Derzeit sind mehr als 300 Krebsarten bekannt. Zu den häufigsten Arten zählen Brust-, Prostata-, Darm-, Lungen- und Hautkrebs. Man rechnet im Jahr 2020 mit ca. 15 Millionen Neuerkrankungen. Das entspricht einer Steigerung von 50 % gegenüber dem Jahr 2000 (Quelle: WHO). Der Hauptgrund für diesen steilen Anstieg ist die zunehmende Lebenserwartung. Gute Heilungschancen bestehen bei Lippen-, Haut- und Brustkrebs. Die Aussichten auf Heilung liegen zwischen 75 und 90 %.

Trotz medizinischer Fortschritte bleibt am Ende der Tod Sieger im Kampf ums Überleben. Warum ist das so? Der Tagesvers gibt darüber Auskunft: »Der Lohn der Sünde ist der Tod.« Jeder Mensch muss sterben, weil er aufgrund seiner Sünde vom ewigen Leben abgeschnitten wurde. Seit dem Sündenfall im Paradies ist der Mensch sterblich. Jesus Christus will aber, dass wir leben: »... wer an mich glaubt, wird leben, auch wenn er gestorben ist, und jeder, der da lebt und an mich glaubt, wird nicht sterben in Ewigkeit. Glaubst du das?« (Johannes 11,25.26). Es gibt also ein Leben, das über den Tod hinausgeht. Die Heilungschance für Sünder liegt dank Jesus Christus glücklicherweise bei 100 %. Voraussetzung dafür ist die rechtzeitige Erkennung. »Wer seine Verbrechen zudeckt, wird keinen Erfolg haben. Wer sie aber bekennt und lässt, der wird Erbarmen finden« (Sprüche 28,13). Zu Risiken und Nebenwirkungen lesen Sie die Bibel oder fragen Sie Jesus Christus! *bo*

? Möchten Sie herausfinden ob Sie »krank« sind? Dann lesen Sie einmal Römer 3,10-20.

! Gesund werden Sie mit Lukas 18,13-14.

Johannes 11,17-44

5. Februar 20

Mittwoch

Denn ich schäme mich des Evangeliums von Christus nicht; denn es ist Gottes Kraft zur Errettung für jeden, der glaubt, zuerst für den Juden, dann auch für den Griechen.

Römer 1,16

Und auch für die Jakuten

Jakutien ist ein im fernöstlichen Sibirien gelegenes Land. Es herrscht fast »ewiger Winter« hier, oft beträgt die Kälte -50 °C. Obwohl die autonome Republik Sacha (so der amtliche Name) von ihrer Fläche her nicht viel kleiner ist als das Kerngebiet der Europäischen Union, leben doch nur knapp 100 000 Menschen hier. In diesem Jahr sind wieder zehn Christen in dieses Gebiet geflogen. Warm eingepackt in dicke Kleider, um der ungewohnten Kälte zu trotzen, ausgestattet mit Medikamenten und Hilfsgütern. Und mit vielen Evangelien, Bibeln, Kinderbibeln und Kalendern im Gepäck. Denn die Menschen in Jakutien brauchen nicht nur materielle Hilfe, sondern sie suchen auch nach Antworten auf ihre Lebensfragen. Viele leiden unter Depressionen, Einsamkeit und Alkoholismus.

Ein Mann hat Spuren eines versuchten Selbstmordes im Gesicht. Er wollte sich gezielt unters Kinn schießen. Allerdings blieb er wie durch ein Wunder am Leben. Christen erzählten ihm von Gottes Liebe. Sein Leben wurde völlig auf den Kopf gestellt, er fand Vergebung, Annahme und Lebenssinn. Seitdem begleitet er die Mannschaft auf ihrer Reise durch sein Land. Es ist ihm ein großes Anliegen, dass seine Landsleute auch die Botschaft hören können, die sein Leben verändert hat.

Es gibt viele Hindernisse, die Straßen sind sehr gefährlich. Die Flüsse vereisen, manchmal bricht das Eis, dann kommt Wasser an die Oberfläche. Viele Treppenhäuser sind komplett vereist. Nur in den Wohnräumen ist es warm. Die meisten Menschen freuen sich über Besuch. Aber es gibt auch Herzen, die »vereist« sind. Es braucht manchmal Zeit, bis die Kraft des Evangeliums sie zum Schmelzen bringt. Doch wenn jemand die Botschaft versteht, kommen Wärme und Freude ins Leben.

sa

Warum nehmen manche Menschen große Risiken auf sich, um in entfernten Gebieten von Jesus Christus zu erzählen?

Die Botschaft der Bibel kann Leben verändern.

Apostelgeschichte 16,6-10.13-15

6. Februar 20

Donnerstag

Meine Seele verzehrt sich nach deinem Heil.
Ich warte auf dein Wort.
Psalm 119,81

Flucht in eine andere Welt

Am 6. Februar 2019 starb die britische Romanautorin Rosamunde Pilcher. Ihr Stil mag nicht jedermanns Sache sein. Und doch muss man anerkennen, dass sie mit über 60 Millionen verkauften Büchern eine erfolgreiche Schriftstellerin war. Das ZDF hat seit 1989 insgesamt 144 »Herzkino«-Episoden aus ihrem Werk, ihren Kurzgeschichten und – wie *Spiegel Online* schrieb – vermutlich sogar aus ihren Einkaufszetteln gemacht.

Rosamunde Pilcher verbrachte in den Sechziger- und Siebzigerjahren viel Zeit in ihren Stories. Kaum hatte sie ihre Arbeit als Hausfrau und Mutter erledigt, tauschte sie ihren Wohnort in Schottland gedanklich gegen die Küste Cornwalls ein, wo sie 1924 geboren worden war. Sie ließ verarmten Landadel auf Tee-Partys flirten, schöne Frauen an der Steilküste schluchzen und unterwegs im glänzenden Cabrio ihre Jugendliebe wiederfinden. Die männlichen Protagonisten waren häufig Ärzte, Rosenzüchter oder beides. »Lesen ist eine Art von Flucht in eine andere Welt«, hat Rosamunde Pilcher einmal gesagt.

Jeder kann die Bücher lesen oder Serien anschauen, die er will. Wer sich aber dagegen in das Buch der Bücher, die Bibel, hineinvertieft, wird schnell den Unterschied zu irgendwelchen Schnulzen bemerken. Gott als der Urheber entführt uns nicht in eine andere oder gar heile Welt, es sei denn, es geht gerade um den Himmel. Wer die Bibel liest, wird mit Realitäten konfrontiert, bekommt unverhohlen vor Augen geführt, wie es in unserer Welt seit dem Sündenfall aussieht, wer wir als Menschen wirklich sind und wie ein liebender Gott uns in Jesus Christus begegnet. Bibellesen ist keine »Flucht in eine andere Welt«, sondern erzählt von der erlebbaren Rettung hinein in Gottes reale, neue Welt.

wä

Was erhoffen Sie sich vom Bücherlesen?

Rosarote Träume können nur kurzzeitig trösten – Gottes Wort aber hebt uns wirklich über unsere Schwierigkeiten hinweg.

Psalm 119,129-136

7. Februar 20

Freitag

Und die Frau sah, dass der Baum gut zur Speise und dass er eine Lust für die Augen und dass der Baum begehrenswert war, …

1. Mose 3,6

Unwiderstehlich?

Unwiderstehlich lecker lacht der überdimensional große Burger die Autofahrer von der Reklametafel an. Eine Tomatenscheibe leuchtet knallrot zwischen den frischen Salatblättern und zwei knusprigen Brötchenhälften hervor. Auf dem Fleisch, das so saftig aussieht, als hätte es gerade noch auf dem Grill gelegen, liegt eine gelbe Käsescheibe und ein würziger Zwiebelring. Einfach lecker! Muss man haben!

Doch wie ist die Realität, wenn man mal wieder der Werbung nicht widerstehen konnte? Man bekommt ein zusammengedrücktes Brötchen, das nicht halb so dick ist wie das auf dem Plakat. Irgendwo ist auch eine Tomatenscheibe zwischen den eingefallenen Salatblättern versteckt, aber man findet sie kaum. Und wenn man schließlich die fettigen Papiertücher entsorgt und das Tablett in den dafür vorgesehenen Wagen schiebt, wird einem mal wieder bewusst, dass Fast Food eben doch nicht so toll ist. Spätestens, wenn sich nach nur zwei Stunden schon wieder ein hungriger Magen meldet.

500 m hinter der Werbetafel für die Fast-Food-Kette lacht wieder etwas die Autofahrer an. Diesmal ist es eine hübsche Dame mit langen blonden Haaren und tiefem Ausschnitt, die kokett die Augen aufschlägt. Irgendwie auch unwiderstehlich. Genauso wie der muskulöse junge Mann, der auf dem nächsten Plakat die Blicke der Autofahrerinnen auf sich zieht und für ein Dating-Portal wirbt. Ob das Glück nicht doch in etwas Abwechslung zum Ehealltag liegt? Ob ein Seitensprung überhaupt so schlimm ist?

Doch die Realität ist nicht so, wie es uns die Werbung vorgaukelt. Und der Nachgeschmack ist bitter. Auch die verbotene Frucht im Garten Eden brachte den Menschen nicht das erhoffte Glück, sondern nur Schaden. Also lieber den Blick nach vorne richten und zügig weiterfahren. *eli*

? Warum fallen wir Menschen so oft auf Lügen herein?

! Sünde hält nie, was sie verspricht.

1. Mose 3,7-24

8. Februar 20

Samstag

Aus den Tiefen rufe ich zu dir, HERR.
Herr, höre auf meine Stimme! Lass deine Ohren aufmerksam sein auf die Stimme meines Flehens!
Psalm 130,1-2

Mein Freund Bernd

Irgendwie ist es immer trübe. Keine Lust, etwas zu unternehmen. Warum muss ich überhaupt aufstehen? Am liebsten würde ich im Bett liegen bleiben. Was soll der Tag schon bringen, außer Mühsal, Problemen und einer Menge Arbeit, die man nicht bewältigen kann? Jeder Schritt fällt schwer. Einen klaren Gedanken zu fassen, ist unmöglich. Ein Tunnelblick ins schwarze Endlose ...

Was ich hier schildere, ist keine Seltenheit in unserer heutigen stressigen und schnelllebigen Zeit. Viele Menschen empfinden so oder so ähnlich. Auch mein Freund Bernd war in dieser »Unglücksspirale« gefangen. Keine Chance, selbst da wieder herauszukommen.

In dieser schweren Zeit fiel Bernd »wie zufällig« das Buch »Leben ist mehr« in die Hände. Er begann, darin zu lesen, anfangs unregelmäßig, dann täglich. Bernd spürte, dass ihm das Lesen dieses Buches neuen Mut gab. Die Lethargie, in der er gefangen war, begann, langsam ihre Fesseln zu lösen. Bernd war immer schon gespannt, welche Lektion der nächste Tag bereithielt. Die Motivation zum morgendlichen Aufstehen war wieder da. Das Lesen des Kalenderblattes und die persönliche Begegnung mit Jesus gaben Bernd die nötige Frische für den bevorstehenden Tag. Langsam kam er wieder in seinen gewohnten Tagesrhythmus, und die Arbeit ging immer besser von der Hand. Der Umgang mit Mitarbeitern, Vorgesetzten und Kunden entspannte sich merklich. Kurzum: Das Leben war wieder lebenswert! Das Lachen war wieder zurückgekehrt!

Heute ist Bernd ein glücklicher Christ. Er hat sein Leben Jesus übergeben. Immer wieder ist er Gott dankbar für dessen große Gnade, die er an ihm erwiesen hat. Das Buch »Leben ist mehr« liest er immer noch.

schn

? Kommt Ihnen die »Problematik« bekannt vor?

! Gott hält für Sie Lösungen bereit.

Psalm 119,81-105

Habt ihr nicht gelesen, dass der Schöpfer sie am Anfang als Mann und Frau erschuf und sprach: »Darum wird ein Mann Vater und Mutter verlassen und seiner Frau anhängen; und die zwei werden ein Fleisch sein«? **Matthäus 19,4-5**

»Wie viele Ehen kennst du, die wirklich glücklich sind?«

Julian (Pseudonym) ist 14 Jahre alt. Ich kenne ihn seit ca. einem Jahr. Er lebt mit seiner Mutter und seinem Stiefpapa. Vor einigen Wochen fragte ich Julian: »Wie viele Ehen kennst du, die wirklich glücklich sind? So glücklich, dass du sagen würdest: ›So wie die das machen, so will ich das auch mal machen!‹« Julian dachte lange genug nach. Vielleicht dachte er darüber nach, wie er sich ausdrücken sollte. Vielleicht dachte er aber auch darüber nach, ob er es überhaupt sagen sollte. Er antwortete: »Gar keine!«

Im Laufe der Zeit habe ich diese Frage schon einigen Teens gestellt. Die Antworten sind oft ähnlich: »Eine!«, »Keine!«, »Zwei!«. Eine weitere Frage, die ich Teens stelle, lautet: »Wer von euch möchte gerne heiraten?« Das wollen die meisten. Die Teens, die keine oder kaum glückliche Ehen kennen, wollen trotzdem heiraten. Und wahrscheinlich gehen sie davon aus, dass sie eine glückliche Ehe haben werden. Anders kann ich mir das nicht erklären. Ist das nicht interessant? In einer Zeit, in der die Vorstellung von Ehe, Liebe, Partnerschaft und Sexualität wesentlich geprägt ist von Netflix, YouTube, Seifenopern etc. und es außerdem an Vorbildern mangelt, sehnen sich Teens und Jugendliche (und Erwachsene) nach einer glücklichen Ehe und Familie.

Heute, wo ich diese Zeilen schreibe, werden wir unser 10-jähriges Hochzeitsjubiläum feiern. Ich freue mich über meine Frau und die Kinder, die wir haben. Ich freue mich, dass wir in der Bibel eine Anleitung haben, wie Ehe gelingen kann. Danach versuchen wir uns zu richten. Machen wir Fehler? Oh ja! Aber auch dann dürfen wir Vergebung – ein wichtiger Wert in der Bibel – leben und erleben. *wd*

Welche Vorstellung haben Sie von Liebe, Ehe und Partnerschaft?

Der Erfinder der Ehe hat seine Ideen über Ehe in der Bibel festgehalten.

Epheser 5,21-33

10. Februar 20

Montag

Sie werden die Götzen und die Totengeister und die Totenbeschwörer und die Wahrsager befragen.

Jesaja 19,3

Wahrsager wissen nichts!

Auch heute sind viele Menschen abergläubisch und fürchten sich vor Dingen und Ereignissen, die an sich völlig harmlos sind. Ob sich jemand z. B. vor einer schwarzen Katze fürchten sollte, hängt einzig davon ab, ob er ein Mensch oder eine Maus ist. Und ein zerbrochener Spiegel bringt höchstens dann Unglück, wenn man einen scharfen Splitter davon ins Auge bekommt.

Aber so manche Leute lassen sich sogar für viel Geld von Wahrsagern die Zukunft verkünden. Dabei wissen diese Betrüger genauso wenig wie jeder andere, was einmal geschehen wird. Wenn allerdings jemand solchen Lügnern glaubt und von da an seinen Ehepartner bespitzelt oder dauernd an sich herumfühlt, ob er den angedrohten Krebs schon spürt, können tatsächlich die schlimmsten Dinge eintreten, weil man sich entsprechend verhalten hat, und außerdem verdirbt man sich sein ganzes weiteres Leben.

Wer stattdessen glauben kann, dass denen, die Gott lieben, alle Dinge zum Guten dienen werden, der kann getrost in die Zukunft blicken, weil er weiß, dass alles so wird, wie es ein liebender Gott vorgesehen hat.

Das heißt nicht, alle Gläubigen blieben ihr Leben lang gesund und würden reich und berühmt werden; denn mit dem Guten, das Gott uns tun wird, ist letztendlich nicht ein irdisches Schlaraffenland, sondern das ewige Heil gemeint. Während unserer Erdenzeit entscheidet es sich aber, wo wir diese unsere Ewigkeit zubringen werden, und diese Entscheidung ist weit wichtiger als aller Wohlstand hier auf Erden. Dem »armen Lazarus« ging es darum aufs Ganze gesehen, weit besser als dem »reichen Mann« (siehe Bibellese). Das Wichtigste ist, bei Gott in Gnaden zu sein!

gr

Wie lange hatte es der »reiche Mann« gut und wie lange schlecht?

Wir müssen aufpassen, dass das Wichtigste für uns das Wichtigste bleibt.

Lukas 16,19-31

Und er wird richten zwischen den Nationen …

Jesaja 2,4

Februar 1989: Die Sowjetarmee verlässt Afghanistan

Ein Bild aus dem Krieg Russlands in Afghanistan ist mir in Erinnerung geblieben. Man sieht ein ödes Tal. Ein Weg schlängelt sich den Berg hinauf. Darauf klettert ein sowjetischer Schützenpanzer nach oben. Da trifft ihn die Panzerabwehrrakete eines Mudschaheddin: ein Knall, Rauch steigt auf. Die Luke öffnet sich. Ein Soldat springt heraus und versteckt sich hinter dem Fahrzeug. Ein zweiter quält sich ebenfalls heraus. Er flüchtet den Hang hinunter und wird von Kugeln getroffen. Der Körper zuckt zusammen, die Arme bewegen sich noch, dann liegt er still. Er ist tot.

Einige Tage später wird irgendwo in Russland eine Mutter um ihren Sohn geweint haben, eine Ehefrau um den Mann, ein Kind um den Vater. Es ist ja völlig gleichgültig, ob wir durch die Verhältnisse zu irgendeiner Parteinahme gezwungen werden. Das Elend ist überall dasselbe. Der Mensch erntet die Früchte des Bösen, die die Sünde in die Welt gebracht hat. Das wird nicht aufhören, bis der Ruf ertönt: »Siehe, ich mache alles neu« (Offenbarung 21,5).

Wie ein Sonnenstrahl in die Finsternis des Erdenlebens hinein leuchtet da der Vers aus Jesaja 2,4: »… und er wird richten zwischen den Nationen und Recht sprechen vielen Völkern. Und sie werden ihre Schwerter zu Pflugmessern schmieden, und ihre Speere zu Winzermessern; nicht wird Nation wider Nation das Schwert erheben, und sie werden den Krieg nicht mehr lernen.« Den zitierte meine Mutter häufig, nachdem ihr Mann, unser Vater, ebenfalls im Krieg ums Leben gekommen war. Wir werden immer wieder daran erinnert, dass die Erde ein Tränental ist, aus dem es nur einen Ausweg gibt. Gott selbst wird die Völker richten und den Frieden bringen, durch seinen Sohn Jesus Christus. *koh*

? Warum gibt es trotz aller Friedensbemühungen immer noch Krieg?

! Die Ausweglosigkeit von Kriegen führt entweder zur Depression oder zur Hoffnung auf den ersehnten und verheißenen Friedensbringer.

Matthäus 24,29-31

Und Gott machte die Tiere der Erde nach ihrer Art.

1. Mose 1,25

Darwin-Tag (1)

Heute ist Darwin-Tag, ein internationaler Gedenktag zu Ehren Charles Darwins. Oft wird die Evolutionstheorie als wissenschaftlich bewiesen dargestellt. Darwin selbst war sich da längst nicht so sicher – zu Recht, wie ich finde. Er schrieb in seinem Buch »Ursprung der Arten«: »Wenn die Arten durch unmerkliche Übergänge aus anderen Arten entstanden sind, warum finden wir dann nicht überall Übergangsformen? Warum besteht nicht in der Natur ein wirres Durcheinander von Formen, anstatt dass die Arten, wie wir sehen, wohl abgegrenzt sind?« Seit Erscheinen des Buches vor mehr als 150 Jahren sind über 200 Millionen Fossilien katalogisiert worden. Merkwürdigerweise gibt es keinen einzigen Fund, der eine unbestrittene Übergangsform darstellt, sodass der Geologe und Professor für Evolutionsbiologie David Raup zu der Feststellung kommt: »Das Zeugnis der Evolution ist immer noch überraschend holprig, und die Ironie ist, dass wir heute sogar noch weniger Beispiele für Übergänge in der Entwicklung haben als zu Darwins Zeiten.«

Unzweifelhaft gibt es eine sogenannte Mikroevolution. Die Darwinfinken und die Entwicklung von penizillin-resistenten Bakterien sind Beispiele dafür. Aber handelt es sich dabei um eine Höherentwicklung oder um eine Variation auf derselben Ebene? Der Evolutionist Pierre-Paul Grassé kommt in seinen Studien über Veränderungen bei Bakterien und Viren, bei denen man innerhalb kurzer Zeit viele Generationen untersuchen kann, zu dem Schluss: »Was nützen ihre unentwegten Mutationen, wenn sie sich nicht verändern? Unter dem Strich sind die Mutationen von Bakterien und Viren lediglich erbliche Fluktuationen um eine Mittelposition; ein Pendelschwung nach rechts, ein Pendelschwung nach links, aber letztlich kein evolutionärer Effekt.« *ga*

Warum hält man trotzdem weiter an der Evolutionstheorie fest?

Die Alternative wäre ein Schöpfergott – und davon hat man sich leider abgewandt.

1. Mose 1

Denke an deinen Schöpfer, solange du noch jung bist, bevor die bösen Tage sich nähern, die Jahre kommen, von denen du sagst: »Sie gefallen mir nicht!«
Prediger 12,1

Darwin-Tag (2)

Charles Darwin oder Mose, der Verfasser des biblischen Schöpfungsberichts – wer von beiden hat recht? Diese Frage ist von großer Bedeutung für unser Selbstverständnis.

Ein Schwachpunkt der Evolutionstheorie, dessen sich Darwin bewusst war, ist die Entstehung von Organen mit »extremer Perfektion und Verflechtung«. Als Beispiel nennt er das Auge und gesteht ein, dass die Annahme, es sei durch natürliche Auslese entstanden, in höchstem Maße absurd erscheine. Er sieht die Lösung darin, dass auch ein überaus komplexes Organ durch kleine Schritte entstanden sein könnte. »Wenn jedoch gezeigt werden könnte, dass irgendein komplexes Organ existiert, das nicht durch zahlreiche, aufeinanderfolgende, geringfügige Veränderungen gebildet worden sein kann, würde meine Theorie absolut zusammenbrechen.« Der Biochemiker Michael J. Behe zeigt in seinem Bestseller »Darwins Black Box«, dass es in der Natur nicht reduzierbare komplexe Systeme gibt, die aus mehreren, genau zueinander passenden und zusammenwirkenden Bestandteilen bestehen, die für die Grundfunktion des Systems unentbehrlich sind. Wenn eines der Bestandteile fehlt, sind die anderen funktionslos und würden nach der Evolutionstheorie ausgemerzt. Beispiele wären das menschliche Immunsystem, die Blutgerinnung und das Flagellum, mit dem sich Bakterien fortbewegen. Behe sieht darin einen Hinweis auf einen intelligenten Konstrukteur.

Darwin schrieb einst an Lyell: »Wenn ich darüber nachdenke, wie oft sich schon Männer jahrelang einer Täuschung hingegeben haben, läuft es mir kalt den Rücken herunter, und ich frage mich, ob ich etwa mein Leben einer Fantasie gewidmet habe.« – Nicht nur für Darwin, auch für uns wäre es tragisch, unser Leben in dieser wichtigen Frage einer Fantasie zu widmen. *ga*

? Wann werden Sie an Ihren Schöpfer denken?

! Hoffentlich nicht erst, wenn es zu spät ist.

Hiob 38–39

Valentinstag

14. Februar 20

Freitag

**Ihr Männer, liebt eure Frauen,
gleichwie auch der Christus die Gemeinde geliebt hat
und sich selbst für sie hingegeben hat.**

Epheser 5,25

Wenn Liebe hält, was sie verspricht!

In Deutschland werden laut Statistik 40 % der geschlossenen Ehen geschieden. Am Anfang verspricht man sich Treue bis in den Tod, nach einigen Jahren aber wollen viele von diesem Versprechen nichts mehr wissen. Dabei ist doch die Ehe ein Geschenk Gottes an die Menschen – eine Gabe von Gott direkt aus dem Paradies. Der Grund dafür, dass so viele Ehe scheitern, liegt in unserem Egoismus. Es ist leichter für den Frieden in der Welt zu demonstrieren, als Frieden in den eigenen vier Wänden zu halten. Doch es geht auch anders:

Robertson McQuilkin war zwischen 1968 und 1990 Leiter und Lehrer des *Columbia Bible College*. Im Sommer 1978 fing seine Frau an, sich zu verändern. Sie vergaß viel, erzählte häufig die gleichen Geschichten. Drei Jahre später bekamen sie die erschütternde Diagnose »Alzheimer«. Robertson kümmerte sich liebevoll um seine Frau. Er nahm sie auf seine Dienstreisen mit. Doch nach einigen Jahren ging das nicht mehr. Da entschied er sich, seinen Beruf aufzugeben und für seine Frau zu sorgen. Als er seinen Studenten die Entscheidung mitteilte, sagte er: »Die Entscheidung zu diesem Schritt habe ich bereits vor 42 Jahren getroffen, als ich versprach, für Muriel in Gesundheit und in Krankheit zu sorgen, bis der Tod uns scheidet.« Robertson hielt an diesem Entschluss fest und war für seine Frau da bis zu ihrem Tod 2003.

Wie schön ist es, von Menschen zu lesen, die ihr Versprechen ernst nehmen und es halten, egal, was es kostet. »Der Liebende gibt sich dem anderen, der Verliebte nimmt sich den anderen« (J. J. Moser). Robertson war überzeugter Christ. Er hatte von Jesus gelernt, dass echte Liebe »gibt« und nicht »nimmt«.

za

Wie halten Sie es mit dem Halten Ihrer Versprechen?

Es wäre Gold wert, wenn man sich auf unsere Versprechen verlassen könnte.

2. Samuel 9,1-13; 21,7

15. Februar 20

Samstag

**Der Weise höre und mehre die Kenntnis,
und der Verständige erwerbe weisen Rat, um zu verstehen
Spruch und Bildrede, Worte von Weisen und ihre Rätsel!**

Sprüche 1,5-6

Mehr als »Sprüche klopfen« ...

»Ein Aphorismus ist ein selbstständiger einzelner Gedanke, ein Urteil oder eine Lebensweisheit, welcher aus nur einem Satz oder wenigen Sätzen bestehen kann. Oft formuliert er eine besondere Einsicht rhetorisch kunstreich als allgemeinen Sinnspruch.«

So definiert ein Internetlexikon solche vielerorts recht beliebten Sinnsprüche, die man hier und da als Füller in einem Magazin oder in der Tageszeitung findet und vielleicht schon selbst in seiner privaten Korrespondenz verwenden konnte. Schon mancher fühlte sich durch so einen Spruch angesprochen und erkannte darin eine überraschende Aussage, die zu seinem eigenen Erleben passte.

Bereits vor rund 3000 Jahren gab es diese Form der Literatur, und der israelische König Salomo hatte sich darauf spezialisiert. Viele seiner »Sprüche« sind im gleichnamigen Buch in der Bibel überliefert. Nach einer längeren Einleitung folgen in 22 der insgesamt 31 Kapitel des Buches rund 660 »Sprüche«. Darin werden Lebensweisheiten vermittelt, die nicht nur den Alltag der damaligen Menschen beleuchten und darin viele Aspekte, die auch heute noch zu unserem Erleben gehören, sondern oft auch gehaltvoll in die Tiefe gehen mit dem Ziel, uns Menschen weise zu machen im Blick auf Glauben und Gottesfurcht. Alles in allem ein reicher Schatz, in dem selbst für Erfahrene und Lebenstüchtige manche Nuss versteckt ist, »die man finden und knacken sollte, um noch etwas weiser zu werden«, wie es der Verfasser einer Einleitung zu diesem Buch treffend zum Ausdruck brachte.

Was es also bringt, sich näher mit den »Sprüchen« zu beschäftigen, wollen wir versuchen, in den nächsten Tagen anhand einiger Beispiele deutlich werden zu lassen.

pj

Sind auch schon mal auf der Suche nach einem passenden Spruch?

Im Buch der Sprüche können Sie fündig werden.

Sprüche 1

16. Februar 20

Sonntag

Nichts nützt Reichtum am Tag des Zornes,
Gerechtigkeit aber rettet vom Tod.
Sprüche 11,4

Gerechtigkeit

Schon manch einer hat versucht, sich von seiner Schuld freizukaufen oder seine Richter zugunsten eines milden Urteils zu bestechen. Doch wenn »Justitia« wirklich dem geforderten Ideal entspricht, dann ist sie für keinerlei Vorteilsnahme empfänglich und sieht auch die Person nicht an. Deshalb wird sie ja auch als Frau mit verbundenen Augen dargestellt, und ihre Hand hält sie nicht hin, um ein Bestechungsgeld zu erhalten, sondern sie hält damit eine Waage, die unerbittlich das Ausmaß der Schuld anzeigt, über die ein Urteil gesprochen werden muss.

Auch wenn menschliche Justiz schon mal versagt, bei Gott geht es absolut gerecht zu. Ihm als Schöpfer aller Dinge könnte man ja auch gar nichts geben, was ihm nicht schon gehört, um ihn damit milder zu stimmen und von seiner Gerechtigkeit auch nur ein kleines Stück abzurücken. Umso mehr sollten Menschen ihn fürchten und nach der Gerechtigkeit streben, die vor Gott gilt. Nur das rettet sie »am Tag des Zornes«, wenn Gott Gericht hält über alle Menschen. Aber ist Gott wirklich nur der unerbittliche Richter, der sich durch nichts von seinem Urteil abbringen lässt?

An dieser Stelle ist es unbedingt notwendig, auch von Gottes Gnade zu reden, die uns vor diesem Gericht bewahren will. Aus Gnade und Barmherzigkeit hat er nämlich für das Problem, dass es uns an seiner Gerechtigkeit mangelt, eine Lösung geschaffen. Er hat alle unsere Schuld auf seinen Sohn Jesus Christus gelegt, der dann mit seinem absolut gerechten Leben dafür bezahlte. Jeder, der das für sich persönlich in Anspruch nimmt, wird freigesprochen von seiner Schuld, wenn er Gott darum bittet, und er wird damit gerettet vor seiner gerechten Strafe, vom Tod.

pj

Sind Sie schon fröhlicher Nutznießer dieser von Gott geschenkten Gerechtigkeit?

Danken Sie Jesus Christus für das, was er auch für Sie getan hat. Dann ist Gott nicht mehr Ihr Richter, sondern Ihr Vater.

Römer 3,21-26

17. Februar 20

Montag

Siehst du einen Mann, der gewandt ist in seinem Geschäft – vor Könige wird er hintreten.

Sprüche 22,29

Höchster Ehre würdig

Es vergeht kein Tag, an dem wir nicht in Tageszeitungen, Boulevard-Blättern, Magazinen und sonstigen Medien prominente Personen wie z. B. Regierende, berühmte Schauspieler oder erfolgreiche Sportler präsentiert bekommen. Unser Blick wird beständig auf sie gelenkt, und unsere Wahrnehmung und Gedanken werden von ihnen beherrscht. Aber sind das wirklich immer die Menschen, die etwas für unser Wohlergehen geleistet haben oder dafür einstehen?

Im Tagesvers werden wir aufgefordert, einem bestimmten Typ Mensch unsere Aufmerksamkeit zu widmen, nämlich jemandem, der geschickt ist in seiner Tätigkeit. Von diesem wird gesagt, dass er vor Könige treten wird. Das bewahrheitet sich wirklich hin und wieder, wenn »ganz normale« Menschen von höchster Stelle für ihre Verdienste geehrt werden, z. B. mit dem Bundesverdienstkreuz. Der Grund ist klar: Sie haben sich intensiv einer Sache gewidmet, die für viele zum Nutzen wurde. Das ist wahrlich einer Ehrenbezeugung wert.

Heute will ich Ihren Blick aber auf jemanden lenken, der noch viel mehr unser aller Aufmerksamkeit verdient hat, denn er hat sein Leben einer Sache gewidmet, die zur Rettung aller Menschen aus ihrem Todesschicksal dienen sollte. Es ist Jesus Christus, der Sohn Gottes, der ganz unscheinbar in unsere Welt hineingeboren wurde, ganz ohne Auf- und Ansehen heranwuchs und dann sein Leben gemäß seinem Auftrag von Gott dem Werk der Erlösung widmete. Er war als Einziger dazu fähig, den Weg zu bahnen, damit wir Menschen mit Gott versöhnt werden konnten. Und nachdem er sogar sein Leben dafür am Kreuz geopfert hatte, fuhr er in den Himmel auf und empfing dort Ehre und Herrlichkeit für das, was er getan hatte. Und eines Tages werden ausnahmslos alle ihre Knie vor ihm beugen. *pj*

Welche Menschen bewundern und verehren Sie?

Der Sohn Gottes hat täglich unseren Dank und unsere Ehrenbezeugung verdient, weil wir durch ihn den höchsten Nutzen überhaupt haben können – ewiges Leben bei Gott.

Philipper 2,5-11

18. Februar 20

Dienstag

**Der Faule sagt: Ein Löwe ist draußen;
mitten auf den Plätzen könnte ich getötet werden!**
Sprüche 22,13

Ausreden

Wenn wir in unserer Schulzeit am Gymnasium morgens zu spät die Schule erreichten, kamen wir nur selten gegenüber dem Lehrer an einer Erklärung vorbei, warum das schon wieder vorkam. Die Kunst der Ausrede bestand darin, eine möglichst glaubwürdige Erklärung zu finden, ohne dabei direkt zu lügen. Meistens ließ sich der Lehrer davon kaum beeindrucken, und es gab einen Eintrag ins Klassenbuch. Das eigentlich Unangenehme war aber, dass man sich vor der ganzen Klasse bloßgestellt fühlte. Es war eben peinlich.

Für Ausreden gibt es manche Anlässe, z. B. auch so einen wie in unserem Tagesvers. Da findet jemand eine Ausrede, um nicht arbeiten gehen zu müssen. Ein Löwe ist natürlich gefährlich, dem möchte man lieber nicht begegnen. Aber man weiß auch, dass Löwen nicht zu jeder Tages- und Nachtzeit vor der Tür lauern – selbst damals vor 3000 Jahren nicht, als dieser Spruch aufgeschrieben wurde. Aber dem Faulen ist es egal, wie glaubwürdig seine Ausrede tatsächlich ist. Sie genügt ihm, sie ist ihm Grund genug, um auf Arbeit zu verzichten.

Vor schwierigen Aufgaben möchte man sich schon mal lieber drücken, da ist einem dann selbst eine nur halbwegs glaubwürdige Ausrede schon recht. Aber was wäre das, wenn sich alle gegenseitig im Stich lassen, weil sie entweder zu faul, zu gleichgültig oder auch zu kleingläubig sind, um sich einer Sache zu widmen, die getan werden muss. Jesus Christus, der Sohn Gottes, hat jedenfalls keine Ausrede gesucht, um sogar den Sühnetod an unserer Stelle zu erdulden, obwohl damit Ängste, Folter, Spott und Hohn in unverstellbarem Ausmaß verbunden waren. Wie froh bin ich darüber, denn dadurch bin ich nun versöhnt mit Gott und kann mich freudig und dankbar dafür einsetzen, dass auch andere von dieser Rettungstat erfahren. *pj*

Wofür hatten Sie schon Ausreden parat?

Jesus Christus hat wie ein Löwe für uns gekämpft (vgl. Offenbarung 5,5), damit wir ewiges Leben gewinnen können.

Johannes 18,1-11

Hören will ich, was Gott, was der HERR reden wird; gewiss wird er Frieden ansagen seinem Volk und seinen Frommen, doch sollen sie nicht zur Torheit zurückkehren.

Psalm 85,9

Der Welt abhandengekommen

Karl Lagerfeld wurde der »Alleinherrscher der Modewelt« genannt. Frankreichs Presse nannte den gebürtigen Hamburger, der Paris zu seiner Wahlheimat gemacht hatte, »König der Maßlosigkeit« oder »Karl den Großen« in Anspielung auf den gleichnamigen Herrscher, der bis 814 König des Frankenreiches war, das unter ihm zu seiner größten Ausdehnung und Machtentfaltung gelangte. Heute vor einem Jahr ging auch die »Regierungszeit« von Karl Lagerfeld zu Ende.

Um seine Exzentrik machte der Mann mit Stehkragen, Mozartzopf und Sonnenbrille nie einen Hehl. So sagte er 2002 in einem Interview: »I'm very much down to earth. Just not this earth.« (»Ich stehe fest mit beiden Beinen auf der Erde, allerdings nicht auf dieser Erde.«) Er bezog sich dabei auf das Rückert-Lied von Gustav Mahler (1860–1911), in dem es heißt: »… der Welt abhandengekommen«.

Karl der Große (742–814) und Karl Lagerfeld (1933–2019) waren beide streitbare Geister. Extrem, mitunter auch extrem gegensätzlich. Karl der Große war bemüht, die Sachsen gewaltsam zu christianisieren (»Taufe oder Tod« hieß es damals), während Karl Lagerfeld zitiert wird: »Ich wünschte mir, all die Geschichten mit den Christen, Moslems, Juden würden aufhören, und wir könnten wieder zur griechischen Mythologie zurückkehren.« In diesen jeweiligen Bestrebungen oder Wünschen dürften beide »der Welt abhandengekommen« sein. Denn wirkliches Christsein kann man weder erzwingen, noch kann man es einfach so abschaffen. Ersteres, weil Jesus Christus nur Freiwillige folgen – aus Überzeugung. Und Letzteres, weil 2000 Jahre biblische Geschichte nun einmal das Gegenteil beweisen: Gottes Wirken in seiner Kirche oder Gemeinde hört nicht auf. *wä*

Wie geht es diesen beiden großen Karls jetzt?

Auch das interessanteste Leben hat letztlich nur Sinn gemacht, wenn man in die Ewigkeit bei Gott investiert hat.

Psalm 73,1-16

20. Februar 20

Donnerstag

Wer gern wohltut, wird reichlich gesättigt,
und wer andere tränkt, wird auch selbst getränkt.
Sprüche 11,25

Wie ich dir, so du mir

»Wenn jeder an sich denkt, ist an alle gedacht«, das ist ein hintersinniger Spruch, den man heute hin und wieder zu hören bekommt, wenn es darum geht, zuallererst die eigenen Interessen zu wahren. Die Aussage ist theoretisch richtig, bei genauem Hinsehen jedoch zynisch, denn sie unterschlägt die Tatsache, dass es schon immer Menschen gab und gibt, die gar nicht in der Lage waren und sind, »an sich zu denken« im Sinne der Fähigkeit, sich selbst zu helfen. Die Wahrheit lautet vielmehr so: »Wenn jeder nur an sich denkt, geraten viele ins totale Abseits.«

Unser Tagesvers »denkt« in umgekehrter Richtung. Da geht es darum, zunächst anderen wohlzutun, sie zu versorgen und ihnen an dem teilhaben zu lassen, was man selbst zur Verfügung hat. Wer so handelt, dem wird versprochen, dass er auch selbst gesättigt wird und seinen Durst gestillt bekommt. Was in dem Bibelvers ganz buchstäblich gemeint ist und sich auf die tägliche Versorgung mit Nahrung bezieht, kann man getrost auf alle Bereiche des Lebens ausweiten. Es geht nämlich um ein Prinzip, das bei vielen Gelegenheiten angewendet werden soll.

Nach diesem Prinzip handelt auch Gott selbst. In der Sendung seines Sohnes Jesus Christus auf diese Erde wird das deutlich. Dieser war um die Menschen besorgt, um ihr äußeres Wohl – z. B. Gesundheit und Nahrungsversorgung –, vor allem aber um ihr Seelenheil. Dazu musste er unsere Sünden auf sich nehmen und die gerechte Strafe dafür, den Tod, ertragen. Das brachte ihm also erst einmal nur Verlust und gar keinen Gewinn. Aber dann, nach seiner Auferstehung, erwies sich Letzterer als so hoch, dass er für ewig Freude daran findet: Unzählige wurden schon durch den Glauben an ihn gerettet und bringen ihm in alle Ewigkeit Ehre und Dank dafür.

pj

An wen wollen Sie heute »denken«, bevor Sie sich um Ihre eigenen Dinge kümmern?

Verzicht kann sich auf erstaunliche Weise in Gewinn verwandeln, ob es nun um Materielles, wie z. B. Geld, geht oder um Zuwendung und Liebe.

2. Korinther 8,7-9.13-15

**Besser ein Gericht Gemüse, und Liebe ist da,
als ein gemästeter Ochse und Hass dabei.**
Sprüche 15,17

Liebe geht durch den Magen

Gut und gesund zu essen, steht heute hoch im Kurs. Dass wir das können, dafür sorgen u. a. die Supermärkte wie Edeka, Rewe, Aldi oder Lidl, um nur die größten zu nennen, mit ihrem Angebot – ganz zu schweigen von unzähligen Restaurants, die in Deutschland Speisen zum Verzehr anbieten. Im Jahr 2015 lag die Zahl der Supermärkte bei 10870 mit einer Verkaufsfläche zwischen 2500 und 5000 Quadratmetern. Da lässt sich schon einiges unterbringen; frisches Gemüse und fast alle Sorten Fleisch sind auch dabei.

Der Tagesvers verrät uns, dass es schon immer gewisse Vorlieben beim Essen gab und dass sich auch nicht jeder alles leisten konnte. Bis heute ist Fleisch ein sehr begehrtes Produkt, das sich aber nicht alle leisten können, vor allem nicht das von bester Qualität. Wenn also ein gemästeter Ochse geschlachtet wurde, um Fleisch zu verzehren, war man gerne dabei und musste sich nicht nur mit Gemüse begnügen. Doch es geht nicht nur darum, was man isst, es geht auch um den Herzenszustand beim Essen. Und wenn der nicht stimmt, dann schmeckt auch das beste Essen nicht.

Als Jesus Christus auf der Erde lebte und auf seinen Wanderungen bei vielen Menschen zu Gast war, gab es natürlich auch etwas zu essen. Er hat an so manchen Festmählern teilgenommen. Dabei kam es ihm aber nicht auf gutes Essen an, sondern ihm war an den Menschen gelegen, denen er eine gute Botschaft bringen wollte – nämlich die, dass Gott ihnen durch den Glauben an ihn die Teilnahme an seinem Reich anbietet und alle zu seinem großen Festmahl dort einlädt. Das ist Ausdruck seiner Liebe zu uns, denn er will niemanden ausschließen, sondern möglichst alle dabeihaben. Aber das geht nur, wenn wir seine Einladung annehmen und seine Liebe erwidern. *pj*

? Was nimmt man normalerweise mit, wenn man eingeladen wird?

! Gott erwartet kein Geschenk von uns, vielmehr hat er uns seinen Sohn geschenkt – aus Liebe –, damit wir zu ihm kommen können.

Lukas 14,15-24

22. Februar 20

Samstag

Der Schmelztiegel für das Silber und der Ofen für das Gold; aber ein Prüfer der Herzen ist der HERR.

Sprüche 17,3

Prüfer der Herzen

Gold und Silber gehören zu den klassischen Metallen, die schon seit Urzeiten als wertvoll erachtet werden. Daraus wurde schon im Altertum Schmuck gemacht; aber auch Gegenstände, denen man z. B. einen religiösen Wert zumaß, wurden vergoldet oder versilbert, um ihren Wert – auch äußerlich sichtbar – höchstmöglich zu steigern. Zur Verarbeitung mussten die Metalle zunächst eingeschmolzen und gereinigt werden, nur so war auch optisch der Eindruck von hohem Wert gewährleistet. Von diesem sorgfältig durchgeführten Vorgang der Läuterung ist in unserem Tagesvers die Rede.

Der Vers nennt aber auch als »Gegenstück« einen ebensolchen sorgfältigen und notwendigen Prozess, den Gott an uns Menschen vornimmt. Er prüft unser Herz – eine Metapher für unser ganzes Wesen und Sein –, ob es seinem Maßstab von Reinheit genügt. Dazu hat er uns Menschen seinen Willen geoffenbart; damit sind wir verantwortlich dafür, wie unser Herz beschaffen ist. Ob sich darin überwiegend Schmutz, also Böses, findet, oder ob es von Liebe zu seinem Schöpfer erfüllt ist, macht einen großen Unterschied.

Als Prüfer der Herzen hat sich auch der Sohn Gottes erwiesen, als er auf der Erde lebte. Aber er stellte die Menschen, denen er begegnete nicht einfach nur bloß, sondern hatte ein feines Gespür dafür, was er bei ihnen ansprechen musste, um sie zu der Erkenntnis zu bringen, wie ihr Herz beschaffen war. Ihm geht es immer noch darum, unsere Herzen zu reinigen – auch heute. Und das gelingt ihm, wenn wir ihm unser Herz öffnen und alles bekennen, was darin nicht in Ordnung ist. Dann vergibt er uns und schenkt uns einen Neuanfang, sodass wir mit seiner Hilfe und mit einem neuen Herzen für ihn brauchbar und wertvoll sind – nur ihm zur Ehre.

pj

?

In welchem Zustand ist Ihr Herz?

!

Ein Reinigungsprozess kann ziemlich schmerzhaft sein, aber nachher fühlt man sich tatsächlich wie neugeboren.

Johannes 4,1-26.28-30

23. Februar 20

Sonntag

**Denn wer mich findet, hat das Leben gefunden
und Wohlgefallen erlangt von dem HERRN.
Wer aber an mir sündigt, tut seiner Seele Gewalt an …**
Sprüche 8,35-36

Leben oder Tod?

Unser kleiner Ausflug ins biblische Buch der Sprüche hat uns einen Einblick in Gottes Schatzkiste gewährt, die er denen gerne öffnet, die von ihm Gutes für ihr Leben annehmen möchten. Es sind nicht nur Lebensweisheiten, die man auf Grußkarten schreiben kann, sondern eher Markierungen, die auf den Weg weisen, der zum ewigen Leben führt. Wer sie beachtet, dessen Weg führt nicht zum Tod, sondern zum Leben, also zu dem Ziel, an das Gott eigentlich jeden Menschen bringen möchte.

Um an diesem Ziel anzukommen, ist von entscheidender Bedeutung, wie wir zu Jesus, Gottes Sohn, stehen. In den vergangenen Tagen haben wir gesehen, wie vollkommen Jesus Gottes Willen und Plan in seinem Erdenleben umgesetzt hat. In gewisser Weise ist er uns – als der ewige Sohn Gottes – deshalb auch im Buch der Sprüche begegnet. Er ist sozusagen die Weisheit in Person, also derjenige, der das Hauptthema dieses Buches verkörpert und uns daher auch im Neuen Testament so vorgestellt wird (vgl. 1. Korinther 1,30). Und so kann man auch den Tagesvers ohne Weiteres auf ihn beziehen. Ja, es ist, als ob er selbst mit diesen Worten persönlich zu uns spricht: Wer mich gefunden hat, hat das Leben gefunden. Wer mich aber ablehnt, schadet sich selbst. – Und wenn wir den nächsten Satz dort dem Tagesvers noch hinzufügen, dann wird deutlich, wie weit dieser Schaden geht: »Alle, die mich hassen, lieben den Tod.«

Nur mit Jesus, d. h., indem wir ihn als Herrn und Retter für uns persönlich annehmen, finden wir Wohlgefallen bei Gott. Nur dann gelangen wir ans Ziel, nur dann werden wir leben und für ewig sicher sein bei Gott. Es geht also ums Ganze; das Heil unserer Seele liegt einzig und allein in dieser einen Person begründet: Jesus Christus. *pj*

Was bedeutet Ihnen der Herr Jesus jetzt?

Er ist der Schlüssel zu Ihrem irdischen und zu Ihrem ewigen Glück. Ergreifen Sie die Hand, die er Ihnen reicht!

Sprüche 8,22-36

Ich habe alle Taten gesehen, die unter der Sonne geschehen; und siehe, alles ist Eitelkeit und ein Haschen nach Wind.

Prediger 1,14

Haschen nach Wind!

Ein prominenter Mensch der Bibel macht sich auf die Suche nach Befriedigung, nach Erfüllung, nach dem Sinn des Lebens: Der weise König Salomo will das finden, was Bestand hat! Ein durchaus aktuelles Bedürfnis. Und er versucht es auf allen möglichen Gebieten. Er widmet sich der Kunst und baut seine Residenz prachtvoll aus. Er stürzt sich in seine Arbeit als Regent und ist als Feldherr, Diplomat, Herrscher und Richter außerordentlich erfolgreich. Er strebt nach Wohlstand und häuft so viel Gold an, dass die Preise für Silber in die Knie gehen. Daneben geht er allerlei Zeitvertreib nach und versagt sich keine Freude. Das gilt auch für das weibliche Geschlecht. Die Anzahl seiner Haupt- und Nebenfrauen wird mit 1000 angegeben. Tatsächlich lässt Salomo auf seiner Suche kaum etwas aus, und das, was er ausprobiert, macht er richtig!

Welchen bleibenden Gewinn, welchen »Benefit« hat er davon? Am Ende seines Lebens resümiert er desillusioniert: Alles ist Nichtigkeit, und Haschen nach Wind. Das, was für eine Zeit lang Ablenkung und Freude versprach, verliert schnell seinen Reiz. Dazu kommt, dass alles von der Gewissheit des Todes überschattet wird, der jeden trifft, Jung und Alt, Arm und Reich. Das, was man sich ein Leben lang erarbeitet hat, erbt jemand, der es vielleicht weder verdient noch damit umgehen kann. Und was hilft es, wenn man der Reichste auf dem Friedhof ist?

Salomo stellt fest, dass »unter der Sonne« nichts wirklich dauerhaft erfüllt. Doch damit öffnet er genau den entscheidenden Horizont: Wer das wahre, das erfüllte, ja, das überfließende, ewige Leben sucht, darf seine Suche nicht auf das Diesseits beschränken. Er muss den finden, der die Zeit durchbricht: Jesus Christus! *mm*

? Wie weit reicht Ihr Blick?

! Wer sich nur um die vergänglichen Dinge kümmert, verpasst am Ende das Wichtigste.

Philipper 3,8-21

25. Februar 20

Dienstag

**Zu jener Zeit begann Jesus und sprach:
Ich preise dich, Vater, Herr des Himmels und der Erde,
dass du dies vor den Weisen und Klugen verborgen
und es den Unmündigen geoffenbart hast!** **Matthäus 11,25**

Kann Ihnen Gott noch etwas beibringen?

Es ist mal wieder Zeit, zum Friseur zu gehen. Das ist immer sehr unterhaltsam. Mein Friseur redet gern. Die Themen reichen von Politik bis Religion. Diesmal dauert der Haarschnitt ziemlich lange, denn wenn der Friseur spricht, vergisst er manchmal das Haareschneiden. Außerdem kommt nach mir kein Kunde mehr. Das Gespräch wendet sich zu den Religionen. Islam, Buddhismus. Dann zu Christentum, Jesus, Kirche. Ich merke, wie seine Meinung darüber eher von populärer Medieninformation geprägt ist als von der Bibel. Vorsichtig versuche ich, meine Ansichten dazu mit einzubringen: »Ich glaube an Jesus. Es beeindruckt mich, wie er mit Menschen umgeht.« Der Haarschnitt ist fertig. Wir unterhalten uns noch an der Kasse weiter. »Wir können von uns aus nicht wissen, wie es mit Gott ist. Er muss es uns offenbaren ... In der Bibel tut er das ...« Ach ja, noch bezahlen. Meine Frau fragt sich schon, wo ich so lange bleibe.

Es ist immer interessant zu hören, wie Menschen denken. Im Rückblick auf das Erlebnis habe ich den Eindruck, dass mein Friseur in seinen Ansichten ziemlich festgelegt ist. Es ist schwierig, wenn ein Mensch eine vorgefertigte Meinung über Gott, den Glauben und Jesus Christus hat. Wenn jemand schon meint zu wissen, wie die Dinge zu sehen sind, dann ist er oft unbelehrbar. Jesus sagt im Tagesvers, dass Gott sich denen offenbart, die unmündig sind. Also wie Kinder, die noch lernen und unwissend sind. Wenn wir meinen, Wissende zu sein, dann hindert uns das daran, dass Gott uns etwas über sich zeigen und offenbaren kann. Und Gott ist so umfassend, gewaltig, erstaunlich, dass es für uns immer etwas zu lernen gibt. In Bezug auf Gott sollten wir die Haltung des Unmündigseins und die Bereitschaft zu lernen immer beibehalten. *ht*

?
Sind Sie bereit, zu lernen und sich von Gott lehren zu lassen?

!
Gott ist voller Überraschungen und Faszination. Ihn zu entdecken, ist befreiend.

1. Korinther 2,1-5

... und kein Geschöpf ist vor ihm unsichtbar, sondern alles bloß und aufgedeckt vor den Augen dessen, mit dem wir es zu tun haben.

Hebräer 4,13

Schluss mit der Maskerade

Gerade ist Karneval mal wieder vorbei. Nach all dem Verkleiden ist jetzt der Alltag wieder angesagt. Die närrische Zeit ist vorüber, und das Fastnachtskostüm wird für ein Jahr zurück in den Schrank gehängt. Als kleiner Junge habe ich mich immer auf diese Zeit des Karnevals gefreut. Meine Mama nähte meist selbst ein Robin-Hood- oder Cowboy-Kostüm für mich und meinen Bruder. Und ich konnte es gar nicht erwarten, mich damit draußen zu zeigen und zu schauen, was für eine Verkleidung die anderen Kinder hatten.

Mit dem Älterwerden bemerkte ich, der ich ein ziemlich ängstlicher und zurückhaltender Typ war, dass ich mich hinter meiner Verkleidung sehr gut verstecken und den Coolen mimen konnte. Allmählich ging in mir eine Verwandlung vor sich, und meine äußere Verkleidung veränderte sich zu einer inneren Maske. Ich verhielt mich nicht mehr nur an Karneval so, wie ich meinte, in der jeweiligen Situation sein zu müssen, um am meisten Anerkennung und Erfolg zu bekommen. Es funktionierte und machte Spaß. Aber immer öfter fühlte ich mich in mir selbst fremd und war einfach ausgelaugt. Mal wieder ich selbst sein, das war meine Sehnsucht.

Als ich anfing, die Bibel zu lesen, stieß ich bald auf den Tagesvers: Kein Geschöpf ist vor Gott unsichtbar, sondern alles ist bloß und aufgedeckt! Einerseits spürte ich bei diesen Worten ein Unbehagen in mir. Andererseits wurde mir aber auch bewusst: Gott sieht mich ja, wie ich wirklich bin. Ihm kann und brauche ich nichts vorzumachen. Er hat mir seine Liebe in seinem Sohn Jesus gezeigt, und er ermutigte mich, alle meine Masken abzulegen, aber auch alle meine Peinlichkeiten, Fehler und Sünden vor ihm aufzudecken, damit er sie mir vergeben konnte. Zu ihm darf ich kommen und einfach ich sein. Unmaskiert. *bgr*

? Trauen Sie sich, authentisch zu leben?

! Wenn Gott uns akzeptiert, wie wir sind, dann sollten wir das auch tun!

1. Korinther 4,1-16

Jesus aber voll Heiligen Geistes kehrte vom Jordan zurück und wurde durch den Geist in der Wüste vierzig Tage umhergeführt und von dem Teufel versucht. Er aß in jenen Tagen nichts. Lukas 4,1-2

Fastenzeit

Wenn Aschermittwoch vorbei ist, in der Zeit zwischen Karneval und Ostern, beginnt für viele die Fastenzeit, in der man ca. sechs Wochen bzw. 40 Tage lang auf bestimmte Nahrungsmittel oder andere Dinge verzichtet. Die einen essen kein Fleisch oder keine Süßigkeiten, die anderen verzichten auf das Rauchen oder den Alkohol. Manche wollen sich auch nur vom Medienkonsum enthalten.

In der Bibel lesen wir, dass Jesus auch einmal 40 Tage lang gefastet hat. Er war damals ca. 30 Jahre alt und stand am Beginn seines öffentlichen Auftretens als Wanderprediger. Der Geist Gottes führte ihn nach seiner öffentlichen Taufe im Jordan in die Wüste, wo es nichts zu essen gab. In dieser Zeit wurde er von dem großen Widersacher Gottes, Teufel oder Satan genannt, in Versuchung geführt.

Der Teufel ist der große Lügner von Beginn der Schöpfung an und stellte die Autorität von Jesus infrage: »Wenn du Gottes Sohn bist ...« Er versuchte dreimal, Jesus zur Sünde zu verführen. Es ging dabei um dafür besonders anfällige Bereiche beim Menschen: die Begierde des Körpers, die Begierde der Augen und der Hochmut des Lebens (vgl. 1. Johannes 2,16). Doch Jesus widerstand der Versuchung, antwortete mit dem Wort Gottes und verweigert sich dem, was der Teufel wollte.

Auch uns versucht der Teufel, zur Sünde zu verleiten, und er hat weit mehr Erfolg dabei als damals bei Jesus. Doch kann man durch Fasten solche Sünden wiedergutmachen? Wie viele Tage müssten es denn sein, bis unsere Sünden getilgt wären? In der Bibel wird deutlich gemacht, dass wir selbst unsere Schuld vor Gott nicht begleichen können, sondern auf jemanden angewiesen sind, der unsere Schuld auf sich nimmt und dafür bezahlt. Das tat Jesus am Kreuz für uns, weil er selbst ohne Sünde war. *uhb*

Was tun Sie, um Ihre Sünden zu tilgen?

Bitten Sie Gott um Vergebung und nehmen Sie Jesu Stellvertretung in Anspruch!

1. Petrus 1,18-19; 2,22-24

**Als Jesus diesen daliegen sah und wusste,
dass es schon lange Zeit so mit ihm steht,
spricht er zu ihm: Willst du gesund werden?**

Johannes 5,6

Jesus kennt Ihre Not!

Schon 38 Jahre lang war der Mann gehbehindert. Keine Hoffnung auf Heilung. Den ganzen Tag verbrachte er in Jerusalem, in der Säulenhalle am Teich Bethesda. Dort waren viele kranke Menschen, die voller Hoffnung warteten, durch ein Wunder geheilt zu werden.

Als Jesus sich diesem Mann näherte, wusste er genau, wie es um ihn stand. Er spürte seine Hoffnung, ja, seine Sehnsucht, endlich Heilung und Befreiung zu erfahren. Kein Mensch war da, der ihm helfen, der ihn in dieser hoffnungslosen Lage trösten konnte. Und er selber war nicht in der Lage, etwas gegen sein Elend zu tun. Nach diesen vielen Jahren schien es so, als wenn er sich innerlich längst aufgegeben hatte. Als Jesus ihn fragte, ob er denn gesund werden wollte, antwortete der Mann nur ausweichend und zögerlich. Alle Hoffnung auf ein besseres Leben waren längst dahin. Doch Jesus sah nicht nur auf die äußeren Beschwerden des Mannes, sondern erkannte vor allem seine innere Not. In seiner großen Barmherzigkeit heilte er diesen Menschen, sodass er augenblicklich wieder gehen konnte.

Viele von uns haben Sorgen, schier unlösbare Probleme, Nöte, die über den Kopf wachsen. Einiges schleppen wir schon ein gewisse Zeit mit uns herum, manches schon »38 Jahre« lang. Es zermürbt uns, macht uns hoffnungslos. Alles Menschenmögliche ist längst ausgeschöpft.

Sie können sicher sein: Jesus kennt Ihre Not! Wenden Sie sich an ihn! Lernen Sie Jesus kennen, beten Sie zu ihm! Jesus kann Ihnen helfen, wenn Sie Ihr Herz für ihn öffnen. Er begegnet Ihnen gerade in der Not. Und er hat einen Ausweg für Sie. Seien Sie geduldig; Jesus wird handeln, zu seiner Zeit und auf seine Weise. Jesus kennt Ihre Not! *schn*

? Wann haben Sie in Ihrem Leben schon vor nicht lösbaren Sorgen gestanden?

! Jesus kann uns aus aller Not und innerer Bedrängnis befreien.

Johannes 5,1-16

29. Februar 20

Samstag **Schalttag**

Vergehen soll der Tag, an dem ich geboren wurde, … /
Dies ist der Tag, den der HERR gemacht hat!
Seien wir fröhlich und freuen wir uns in ihm!
Hiob 3,3 / Psalm 118,24

Schalttag

Heute ist Schalttag. Der Unterschied zwischen Sonnenjahr und Kalenderjahr macht es nötig, etwa alle 4 Jahre den Überschuss von 5 Std., 48 Min. und 45 Sek., den die Erde zusätzlich zu den 365 Tagen zum Umlauf um die Sonne benötigt, durch Hinzufügung eines Tages im Kalender auszugleichen. So entsteht das Kuriosum, dass aktuell ca. 55 000 Menschen in Deutschland nur alle 4 Jahre an diesem Tag Geburtstag haben. Feiern dürfen sie ihn trotzdem in jedem Jahr, das ist sogar gesetzlich geregelt. Soll man es nun als Nachteil oder als Vorteil ansehen, an diesem Tag geboren zu sein? Tatsächlich besteht kein Grund, sich benachteiligt zu fühlen, denn dieser Tag zählt letztlich genauso wie jeder andere Tag im Jahr.

Unser erster Tagesvers gibt allerdings den Ausspruch eines Mannes wieder, der meinte, triftige Gründe zu haben, um den Tag seiner Geburt zu verwünschen. Es ging ihm so schlecht, weil er alles, was er sich aufgebaut hatte, in kürzester Zeit verlor – samt Familie und Gesundheit. Sein Dasein hatte seinen Sinn verloren. Und das brachte ihn dazu, seinen (Geburts-)Tag zu verfluchen (Hiob 3,1).

Gehören Sie zu denen, die sich an ihrem Geburtstag auch jedes Mal fragen, warum sie eigentlich auf der Welt sind? Hat Ihnen das Leben bisher überwiegend Enttäuschung gebracht? Haben Sie niemanden, der diesen Tag mit Ihnen feiert und Ihnen das Gefühl gibt, geliebt und wertgeschätzt zu sein? Wenn das so ist, dann sei Ihnen hier versichert, dass Gott Ihren (Geburts-)Tag kennt und Sie liebt. Er hat den Tag eines jeden Menschen gemacht. Und wie bei Hiob kann er auch jeden Ihrer zukünftigen Tage wieder hell erstrahlen lassen. Und über unsere irdischen Tage hinaus will Gott uns sogar noch unendlich viel mehr Tage schenken – in seiner himmlischen Herrlichkeit. *pj*

? Wie sehen Sie den heutigen Tag?

! Es kann der Tag sein, an dem Sie sich zu Gott wenden, um Ihre Zukunft im Himmel festzumachen.

Lukas 23,39-43

1. März 20

Sonntag

**Wenn du zu mir sprachst, verschlang ich jedes Wort.
Deine Worte haben mich mit Glück und Freude erfüllt.**

Jeremia 15,16

Vermüllt

Im März 2019 schwamm ein offensichtlich schwacher und ausgemergelter Wal vor der philippinischen Küste herum. Fischer versuchten, den kranken Riesen wieder ins Meer zu treiben. Doch einen Tag später wurde das Tier tot angeschwemmt. Woran war es gestorben? Die Obduktion ergab, dass der Wal bei vollem Magen verhungert war. Meeresbiologen fanden eine ungeheure Menge von Reissäcken, Mülltüten und Verpackungen in seinem Bauch. Mit insgesamt 40 kg Plastikmüll in seinem Innern hatte der Wal keine normale Nahrung mehr verdauen können und war deswegen elend verendet.

Ein Glück, dass man nicht sieht, wie viel Müll wir in uns aufnehmen und in unseren Gehirnen speichern! Jeden Tag lesen, sehen und hören wir jede Menge Belanglosigkeiten, Obszönitäten und Widerwärtigkeiten, nehmen klickweise Unmoral, Bosheit und Gottlosigkeit in uns auf. Ob uns dieser ganze Müll nicht auch auf Dauer schadet? Kann die menschliche Seele von so etwas leben?

Von wie ganz anderer Natur sind dagegen doch die Worte der Bibel! Jesus sagt: »Die Worte, die ich zu euch rede, sind Geist und Leben« (Johannes 6,63). Diese Worte machen uns nicht kaputt, sondern sie bringen uns Leben. Sie vergiften und schaden uns nicht, sondern sie reinigen und heilen uns. Sie sind nahrhaft, ohne bitteren Nachgeschmack. Wer nur Müll konsumiert, wird irgendwann daran kaputtgehen. Wer aber auf die Worte von Jesus hört, hat sich für wirkliche Nahrung entschieden.

Der Wal fraß das bunte, schillernde Plastik, weil er nicht wissen konnte, wie schädlich es für ihn war. Wir können es besser wissen und uns für das entscheiden, was Leben bringt. Auch wenn uns manchmal schädliche Nahrung attraktiver zu sein scheint. *eli*

Warum finden wir »Müll« oft appetitlicher als Gottes Wort?

Es ist eine Illusion zu meinen, dass es egal sei, mit was man Kopf und Herz füllt.

Psalm 119,1-24

**Petrus fiel zu den Knien Jesu nieder und sprach:
Gehe von mir hinaus,
denn ich bin ein sündiger Mensch, Herr!**
Lukas 5,8

Lauter brave Leute

Friedrich der Große wird im Volksmund »der alte Fritz« genannt. Bei einer Überprüfung der Strafanstalt Spandau fragte er die Häftlinge nach ihren Straftaten. Die Strafgefangenen versuchten wortreich, den König von ihrer Unschuld zu überzeugen. Die Haftstrafe sei völlig überzogen und unverdient. Für die ihnen zur Last gelegten Taten fanden sie Entschuldigungen und Ausreden. Nur einer gab zerknirscht zu: »Eure Majestät, ich bin unter allen Verbrechern hier der schlechteste, und die Strafe, die ich erleide, ist für mich viel zu mild.« Da rief der König: »Was macht der elende Kerl unter diesen braven Leuten? Pack er sich hinaus!« So verließ der Mann als Begnadigter das Gefängnis.

Seit Adam und Eva sind wir Meister in der Verdrängung unserer Verantwortung und Schuld. Nach dem Sündenfall versuchte Adam, seiner Frau den »Schwarzen Peter« zuzuschieben. Eva verwies in ihrer Anklage auf die Schlange. – In unserer modernen Welt haben wir unzählige Entschuldigungstheorien: Die Gesellschaft prägt uns negativ. In der Erziehung ist vieles schiefgelaufen. Das Unbewusste steuert unser Verhalten usw. Nur zu eilfertig sind wir bereit, den Ausreden zu glauben.

Der antike griechische Rhetoriker und Staatsmann Demosthenes brachte es auf den Punkt: »Nichts ist so leicht, wie sich selbst zu betrügen, denn was wir wünschen, das glauben wir bereitwillig.« Schließlich versteigen wir uns zu der Annahme, wir könnten Gott mit unseren Ausreden beeindrucken. Aber er kennt uns ganz genau. Er weiß, dass der Egoismus und die Rebellion gegen seine Herrschaft zu unserer moralischen Grundausstattung gehören. Seine Begnadigung ist daran geknüpft, dass wir uns unserer Verantwortung stellen und unsere Schuld bekennen. *ga*

? Wie gehen Sie mit Ihren Fehlern um?

! Gott kennt uns durch und durch. Er will nur, dass wir ihm unser Versagen eingestehen.

Lukas 7,36-50

3. März 20

Dienstag

Denn aus seiner Fülle haben wir alle empfangen, und zwar Gnade um Gnade.
Johannes 1,16

Das kostbarste Gemälde der Welt übermalt?

Es gibt ein Bild, über das ich mir viele Gedanken gemacht habe. Dieses Bild ist von absoluter Schönheit, es hat wundervolle Farben, und diese ergeben ein unbeschreibliches Zusammenspiel der einzelnen Pinselstriche. Dieses Bild ist mindestens schon 2000 Jahre alt. Es ist das kostbarste Gemälde der Welt, und sein Wert ist unschätzbar. Es ist das Bild von der Gnade Gottes. Dieses Bild hat Jesus in voller Liebe gemalt.

Können Sie sich vorstellen, an diesem Gemälde Verbesserungen vorzunehmen? Zum Beispiel, indem Sie einen Pinsel nehmen und alles, was Sie an diesem Kunstwerk stört, verändern? Das würde nur jemand tun, der keine Ahnung von der Gnade Gottes hat. Denn es stellt dar, was wir Menschen nie ganz begreifen können. Ich erwische mich häufig dabei, wie ich etwas zu dieser Gnade hinzufügen möchte. Ich denke zum Beispiel, dass ich etwas Gutes tun muss, damit Gott mich akzeptiert, dabei liebt er mich bedingungslos. Wenn ich das tue, pfusche ich an dem Kunstwerk Gottes herum, und es verliert sozusagen an Wert. Vielleicht ist es bei Ihnen ähnlich, oder Sie laufen vielleicht einfach an dem Bild vorbei und verstehen gar nicht dessen Sinn und Schönheit. Dann sollten Sie in der Bildbeschreibung (Bibel) nachlesen oder jemanden fragen, der Ihnen das Bild erklären kann. Es gibt Menschen, die können stundenlang vor einem Gemälde sitzen, es betrachten und über seine Schönheit staunen. Ich wünsche Ihnen und mir, dass wir über die Gnade Gottes auch so staunen können.

Nach einem solchen Bilderlebnis ist man dann ein anderer als vorher. Und das bewirkt auch die Gnade Gottes, allerdings dauerhaft und für die Ewigkeit. Wenn wir Jesus betrachten und dann verstehen und annehmen, was er für uns getan hat, fängt für uns ein neues Leben an.

Gah

Haben Sie die Gnade Gottes schon für sich entdeckt?

Wir können gar nichts an ihr verbessern, sondern müssen uns nur ihrer Wirkung aussetzen.

Titus 2,11-14; 3,4-7

**Du bildetest meine Nieren.
Du wobst mich in meiner Mutter Leib.**
Psalm 139,13

Der gefährlichste Ort auf der Erde

Wo ist es am gefährlichsten auf der Erde? Vielleicht denken wir an bestimmte Länder oder Orte, an denen die Kriminalität sehr groß ist, an Städte, in denen man sich nachts nicht allein auf die Straße trauen kann, oder an Gebiete, in denen die Mafia herrscht. Was würden Sie denken, wenn Sie erfahren, dass der gefährlichste Ort auf dieser Erde der Mutterleib (!) ist?

Nach offiziellen Angaben werden in Deutschland pro Jahr etwa 100 000 Kinder im Mutterleib getötet. Weltweit sind es jährlich etwa 50 Millionen Kinder, denen das Recht auf Leben verwehrt wird. Man hat für diesen Vorgang einen »humanen« Begriff erfunden: Abtreibung oder Schwangerschaftsabbruch. Tötung oder Mord wären die richtigen Begriffe, um zu beschreiben, was da tatsächlich geschieht. Leider empfinden dies immer weniger Menschen so. Für die Legalisierung von Abtreibungen sind 84 % der Tschechen, 81 % der Franzosen, 76 % der Deutschen, 72 % der Spanier, 70 % der Ungarn, 41 % der Polen, 94 % der Schweden usw. (nach Angaben des US-Forschungsinstituts Pew-Research in Washington). Befragt wurden hierbei 56 000 Bürger aus 34 Ländern Europas.

Die Bibel spricht unmissverständlich davon, dass der Mensch eine Schöpfung Gottes ist. Abtreibung greift aufs Massivste in Gottes schöpferisches Handeln ein. Wir dürfen nicht denken, dass der allmächtige Gott so etwas ungeahndet und auf sich beruhen lassen wird. Wenn das millionenfache Töten von Ungeborenen auch in Zukunft wahrscheinlich leider nicht verhindert werden kann, so wird Gott uns einmal fragen, wie wir darüber gedacht haben und ob wir unsere Stimme dagegen erhoben haben, um deutlich zu machen, welch großes Unrecht da geschieht.

tl

Wie stehen Sie zu dieser Frage?

Jedes Kind ist von Gott gewollt, und wir sollen es zu Gottes Ehre erziehen.

Psalm 139

5. März 20

Donnerstag

Wer Einsicht besitzt, hat eine Quelle des Lebens, aber mit ihrer Torheit strafen sich die Narren selbst.

Sprüche 16,22

Sorgen mitgekauft

Vor unserem Haus habe ich zwei Kübel mit Bäumchen aufgestellt. Richtig schön sah es aus, als ich damit fertig war. Aber in den ersten Tagen, nachdem ich die Kübel gekauft hatte, wurde ich jeden Abend unruhig. Was, wenn jemand die Bäumchen nachts stehlen würde? Leider kommt es bei uns in der Gegend immer wieder vor, dass Außendekoration gestohlen wird. Zusammen mit meinem neuen Besitz, auf den ich so stolz war, hatte ich mir die Angst eingehandelt, dass mir jemand diesen wieder wegnehmen würde.

Die Bibel ist ein uraltes Buch, und trotzdem entdecke ich immer wieder, wie aktuell sie in mein Leben spricht und dass sie mir eine gute Hilfe für meinen Alltag ist. In der Bibel geht es auch an vielen Stellen um Besitz. Der Tagesvers spricht davon, dass es gut ist, Einsicht zu besitzen. Die Einsicht ist eine Quelle des Lebens, heißt es. Aber was hat das mit meiner Sorge zu tun? In meinem Fall geht es wohl zuallererst um die Einsicht, dass ich meine beiden Kübel nicht auf Dauer bewahren kann, so wenig wie überhaupt all mein Hab und Gut. Denn nicht einmal mein eigenes Leben habe ich selbst in der Hand. Denn bei allem Bemühen passieren doch viele Dinge, die ich gar nicht beeinflussen kann.

Aber es gibt einen, der unser Leben in der Hand hat. Es ist der allmächtige Gott, der sich uns in der Bibel offenbart. Er hat nicht nur das gesamte Universum geschaffen, er hat auch mein und Ihr Leben in der Hand. Wer die Einsicht besitzt, dass dieser Gott existiert und einen wunderbaren Plan für jeden einzelnen Menschen hat, der besitzt einen außergewöhnlichen und ewigen Schatz, der das eigene Leben verändert und die Prioritäten neu ordnet. Und im Gegensatz zu meinen Kübeln kann mir den niemand rauben. *apa*

Wie wichtig ist Ihnen Ihr irdischer Besitz und wie groß ist Ihre Angst, ihn zu verlieren?

Lesen Sie, was Gott in der Bibel über Besitz sagt!

Prediger 5,9-19

Freitag **6. März 20** **Weltgebetstag (WGT)**

**In meiner Not rufe ich zum Herrn,
und er wird mich erhören!**
Psalm 120,1

In den Wind geredet – das Windtelefon

In der an der japanischen Nordostküste gelegenen Kleinstadt Otsuchi errichtete Itaru Sasaki im Garten hinter seinem Haus eine Telefonzelle, in die er ein Wählscheibentelefon stellte. Dieses Windtelefon, die »Verbindung zum Nichts« (japanisch »Kaze no denwa«), ist sichtbar nicht angeschlossen. Der Mann nutzte es, um mit seinem verstorbenen Cousin zu reden. Denn nach buddhistischer Tradition teilen viele Japaner ihre Erlebnisse und Sorgen im Gespräch mit ihren verstorbenen Angehörigen. Normalerweise pflegen sie diese »Kontakte zum Jenseits« an ihren persönlichen Hausaltären, Sasaki aber wollte dies in seinem Telefonhäuschen tun.

Kurze Zeit später zerstörte die Tsunamikatastrophe im März 2011 den Fischerort. Die Telefonzelle aber blieb unversehrt und wurde zur berühmtesten in ganz Japan, denn seither suchen sie Tausende Hinterbliebene auf, um ihre Trauer, Nöte und Sorgen in den Telefonhörer zu klagen oder um mit ihren verstorbenen Angehörigen im Gespräch zu bleiben. Obwohl die Telefonleitung ins Nichts führt und niemand am nicht vorhandenen anderen Ende antworten kann, hegen die Menschen dennoch die Hoffnung, auf diese Weise den Kontakt zu ihren Lieben nicht zu verlieren.

Abgesehen davon, dass es sinnlos ist, die Toten zu befragen (siehe Prediger 9,5: »… die Toten wissen gar nichts …«), und dass der Gott der Bibel solche Praktiken verbietet (siehe 5. Mose 18,11), ist es das Beste, das Gespräch direkt an ihn zu richten. Dies ist dann kein Reden in den Wind, sondern man darf gewiss sein, dass Gott zuhört und erhört: »Ich richte meinen Blick empor zu den Bergen – woher wird Hilfe für mich kommen? Meine Hilfe kommt vom HERRN, der Himmel und Erde geschaffen hat!« (Psalm 121,1). *dbe*

? An wen oder was wenden Sie sich als Erstes, wenn Sie Sorgen haben, trauern oder Rat brauchen?

! Versuchen Sie es mit einem Gebet! Gott wird zuhören, verstehen und helfen.

Psalm 121

Tag der gesunden Ernährung

7. März 20

Samstag

**Wirkt nicht für die Speise, die vergeht,
sondern für die Speise, die bleibt ins ewige Leben,
die der Sohn des Menschen euch geben wird.**

Johannes 6,27

Gesunde Ernährung

Sehr viele Menschen nehmen Medikamente ein, damit der erkrankte Körper Hilfestellung erhält. Ich selbst hatte durch falsche ungesunde Ernährung Übergewicht, zu hohen Blutzucker und Blutdruck sowie gelegentliche Gichtanfälle. Zur jährlichen Gesundheitsuntersuchung stellte das Labor die erhöhten Werte fest. Der Arzt verschrieb verschiedene Medikamente, um so einigermaßen ein Gleichgewicht in meinem Körper herzustellen. Trotz der Medikamente war ich auf dem besten Weg, Diabetiker zu werden.

Heute sehe ich das zurückblickend so: Ich erhielt mit dem erkrankten Körper die Abrechnung für eine oberflächliche Lebensweise. Ich bin meiner Frau sehr dankbar, dass sie mir die Augen für einen neuen Lebensstil in puncto Ernährung öffnete. Durch bewusstes Aussuchen der Lebensmittel und konsequentes Ändern der Essgewohnheiten gelang es uns, alle Medikamente wieder loszuwerden. Nach wenigen Monaten zeigte die nächste Untersuchung beim Arzt den Erfolg!

Der Ausspruch »Hauptsache gesund«, unseren Körper betreffend, ist aber zu wenig. Wem es nur um die vergänglichen Speisen und einen gesunden Körper geht, der wird eines Tages trotzdem sterben. Alles auf dieser Erde ist vergänglich. Autos rosten, Häuser verfallen, und auch unser Körper wird verwesen. Deshalb sagt Jesus Christus, dass wir eine bleibende Speise benötigen, durch die wir in Ewigkeit leben werden. Welche das ist? Diese Speise ist er selbst. Jesus erläutert: »Das Brot aber, das ich geben werde, ist mein Fleisch für das Leben der Welt« (Johannes 6,51). Er deutet damit auf sein Opfer am Kreuz hin. Dort hat er seinen Leib für unsere ewige Lebenserhaltung gegeben. Er selbst und das, was er getan hat, verbürgen uns Leben in Ewigkeit. *sew*

Was ist Ihnen wichtiger – die Speise für das Erdenleben oder die Speise, die zum ewigen Leben führt?

Diese ewig bleibende Speise essen heißt, den Herrn Jesus gläubig in uns aufzunehmen.

Johannes 6,25-42

Und als es an Wein mangelte,
spricht die Mutter Jesu zu ihm: Sie haben keinen Wein.
Johannes 2,3

Unerwarteter Mangel, verblüffende Hilfe

Kaum war es ein halbes Jahr her, dass die Dame eines schillernden Promipaares ihrem Mann in einer öffentlichen Liebeserklärung versicherte: »Du hast mir ein Leben geschenkt, von dem wahrscheinlich alle Mädchen träumen.« Er hatte wenige Monate davor hinausposaunt, mit ihr alt werden zu wollen. Nun titelten Regenbogen- und »seriöse« Presse vom Ende der Beziehung. Nicht wenigen geht es ähnlich wie einer anderen Berühmtheit, die äußerte: »Als ich geheiratet hatte, fiel ich von meiner rosaroten Wolke – ich verlor an Gewicht und konnte nur noch Babynahrung essen.«

Unser Tagesvers stammt aus einem Bericht über ein Hochzeitsfest. Unangenehm, wenn auf einer Hochzeit der Wein ausgeht. Noch verdrießlicher ist es, wenn die Liebe und Freude an der Beziehung viel zu schnell aufgebraucht sind. Der große Erfinder der lebenslangen Ehe zeigte sein erstes öffentliches Wunder auf einer Hochzeit. Merkwürdigerweise forderte er die Kellner auf, die Behälter mit Wasser zu füllen. Diese Fässer und ihr Inhalt waren für die Reinigung der Hände und Füße vorgesehen. Wahrscheinlich hielten die Bediensteten diese Idee für ziemlich abwegig. Sie brauchten dringend Wein, und jetzt sollten sie etwa 600 Liter Wasser aus dem Brunnen holen?

Sinnbildlich auf die Ehe bezogen, könnte man sagen: Weil wir in der Liebesbeziehung uns immer wieder in moralischer Hinsicht beschmutzen und schuldig an dem anderen werden, benötigen wir Reinigung, damit der Wein der Freude nicht ausgeht. Diese Art der Hygiene setzt aber voraus, dass wir uns der reinigenden Wirkung des Wortes Gottes aussetzen (vgl. Johannes 15,3), Jesus unsere Schuld bringen und auch einander unser Versagen bekennen und vergeben. *ga*

? Was tun Sie, wenn es in der Beziehung kriselt?

! Bei Jesus gibt es Wasser des Lebens und Wein der Freude.

Johannes 2,1-11

Vor dem Sturz will das Herz des Mannes hoch hinaus, aber der Ehre geht Demut voraus.

Sprüche 18,12

Ein Flugzeug, das keiner haben will

Der Airbus 380 war so etwas wie der Gipfel in der Entwicklung des Luftverkehrs. Boeing, das Konkurrenzunternehmen in den USA, setzte nichts mehr dagegen. Das wiederum machte mich nachdenklich. Es erwies sich, dass eine Menge Folgekosten für die Flughäfen entstanden und die Flugzeuge auch nicht so leicht zu füllen waren. Viele andere Aspekte kamen hinzu, und voriges Jahr stornierten zwei wichtige Airlines ihre Aufträge. Kurze Zeit später kam das offizielle Aus.

»Größer«, »höher«, »weiter« war also doch nicht der Weisheit letzter Schluss. Man kann sich des Eindrucks nicht erwehren, dass das Streben, die größte Maschine zu bauen, also größer als die Boeing 747 (der sogenannte Jumbo Jet), die Entwickler unnüchtern gemacht hat. Sind sie Opfer ihres eigenen Ehrgeizes geworden? Das ist allerdings ein zutiefst menschlicher Antrieb. Nach dem, was die Bibel vom Turmbau zu Babel erzählt, wurde damals auch ein vernünftiger (!) Zweck zum Bau des Turms von den Bauherren angegeben, nämlich die Menschheit zusammenzuhalten. Doch der Ausspruch »Machen wir uns einen Namen« (1. Mose 11,4) war wohl der eigentliche Antrieb bei diesem Unternehmen. Gott griff nun ein und zeigte den Menschen ihre Grenzen auf – weil das Unheil sonst weiter seinen Lauf genommen hätte.

Auch die Geschichte des A 380 hat etwas von einer Grenzüberschreitung an sich. Meint Fortschritt immer »größer«, »höher«, »weiter«? Ich glaube eher, dass bei so manchem »fortschrittlichen« Unternehmen eher die Einflüsterung der alten Schlange wirksam war, die da hieß: »Ihr werdet sein wie Gott!« (1. Mose 3,5). Der (unerlöste) Mensch kann offensichtlich nicht anders, als diesem Antrieb zu folgen. Das lässt ihn nicht los. Doch ohne Gott werden alle menschlichen Pläne Makulatur.

koh

Nach welcher Devise denken und handeln Sie?

Klein von sich selbst denken und groß von Gott – das bringt wahren Fortschritt.

Daniel 4,31-34

Daher, wenn jemand in Christus ist,
so ist er eine neue Schöpfung;
das Alte ist vergangen, siehe, Neues ist geworden.
2. Korinther 5,17

Außen hui und innen ...

Über 50 Jahre stand er in unserem Garten. Viele Jahre gab es eine gute Ernte. Grüne und rote Äpfel. Der Baum war einmal veredelt worden. Man hatte ihm von einem anderen Baum einen Zweig eingepfropft. Und das hatte wunderbar geklappt. Der Apfelbaum stand unweit von der Straße, und seine Äste ragten teilweise über sie hinaus. Es war Februar und Zeit, den Baum zurechtzuschneiden. Die Wassertriebe und nutzloses Holz mussten abgeschnitten werden. Doch irgendwie war der Baum anders als sonst. Deutlich sah man, dass sich eine Wurzel nach oben gearbeitet hatte. Nein, der Baum neigte sich allmählich zur Straße hin, und so war die Wurzel aus der Erde gekommen.

Da ich dienstlich sehr viel unterwegs bin, mussten wir umgehend handeln. Was, wenn der Baum auf die Straße fällt, und ich bin nicht zu Hause? Schweren Herzens gingen wir ans Werk. Ast für Ast wurde abgesägt. Dann kam der Stamm dran. Von oben nach unten fiel er Stück für Stück der Motorsäge zum Opfer. Auf halber Höhe sahen wir dann, warum der Baum so geschwächt war. Der Stamm war durch und durch hohl. Eigentlich war er nur noch ein Ring von etwa 4 Zentimetern Stärke. Unsere Entscheidung, ihn zu fällen, war richtig gewesen.

Während der Arbeit kam mir ein Gedanke, ein Bild in den Sinn. So sind auch wir Menschen oftmals, nach außen gut aussehend, aber innerlich kaputt. Doch gibt es einen großen Unterschied. Der Baum konnte nicht mehr gerettet werden, wir Menschen aber schon. Gott ist in der Lage, Menschen zu verändern, ja, sogar völlig neu zu machen. Dafür sandte er seinen Sohn, Jesus Christus. Wer bereit ist, sein Leben in die guten Hände Jesu zu geben, wird von ihm erneuert werden. Gott veredelt unser Leben nicht nur, er macht es völlig neu. *fr*

? Fühlen Sie sich auch mitunter leer und hohl und unerfüllt?

! Legen sie doch Ihr Leben vertrauensvoll in die Hände des lebendigen Gottes. Er ist nur ein Gebet von Ihnen entfernt.

Epheser 4,20-32

Denn es geziemte ihm, um dessentwillen alle Dinge und durch den alle Dinge sind, indem er viele Söhne zur Herrlichkeit brachte, den Urheber ihrer Errettung durch Leiden vollkommen zu machen. **Hebräer 2,10**

Gott ist alles möglich

Pastor Busch erzählte von den Revolutionswirren im Jahr 1920. Damals kämpften in Essen bewaffnete Arbeiter gegen Polizisten. Einer dieser Arbeiter hatte einen Sohn bei der Polizei. Als er hörte, sein Sohn sei schwer verletzt, suchte er ihn, bis er ihn unter einem Haufen Trümmern fand. Er wollte ihn nach Hause tragen, doch als ein anderer Arbeiter die Polizeiuniform sah, schoss er den Sohn tot. Der Vater hatte ihn nicht nach Hause bringen können.

Nun steht in unserem Tagesvers, dass es einen gibt, der die Ursache für alles Erschaffene ist, der also der Schöpfer des Weltalls und alles Sichtbaren und alles Unsichtbaren ist. Und von diesem einen gewaltigen Gott wird gesagt, er habe viele Söhne zur Herrlichkeit gebracht. Diese hier gemeinte Herrlichkeit aber ist das große, wunderbare Himmelreich. Daran können ihn keine Revolutionäre und keine Gewaltherrscher hindern, ja, nicht einmal der Teufel, dem es doch so sehr darum geht, alle ins Verderben zu stürzen!

Diese Heimkehr in das Vaterhaus Gottes findet nicht erst nach unserer Beerdigung statt, sondern beginnt schon während unseres Erdenlebens, wenn wir nämlich unsere Schuld und unser Versagen vor ihm bekennen und uns auf das verlassen, was sein Sohn für uns getan hat, als er unsere Schuld auf sich nahm. Von da an gehören wir zu seinem Volk und dürfen uns auf den Tag freuen, wo wir ganz befreit von aller Not in sein herrliches Reich eintreten werden. Bis dahin können wir uns seiner Bewahrung anvertrauen.

Können Sie sich in dieser turbulenten und immer unberechenbarer werdenden Welt eine bessere Versicherung für die Zukunft und einen größeren Gewinn für sich selbst vorstellen? *gr*

? Wo suchen Sie Halt und Stabilität?

! Der Schöpfer ist der Einzige, der Beides garantieren kann.

Hiob 36,5-15

**Denn das Wort vom Kreuz ist denen,
die verloren gehen, Torheit.
Uns aber, die wir gerettet werden, ist es Gottes Kraft.**
1. Korinther 1,18

Kreuzfahrt ins Glück

Haben Sie schon einmal eine Kreuzfahrt gemacht? Kreuzfahrten liegen voll im Trend. Ob eine Reise über das Mittelmeer oder entlang der norwegischen Hurtigruten, jede Tour hat ihren eigenen Charme. Selbst Weltreisen sind heute mit dem Kreuzfahrtschiff machbar. Kein Wunder, dass viele Menschen beglückt von solchen Reisen zurückkommen. Mit den Kreuzfahrten werden heute Milliarden-Umsätze gemacht. Ökologisch betrachtet sind solche Seereisen jedoch eine Katastrophe. Wurden in der Vergangenheit bis zu 70 % des an Bord angefallenen Mülls im Meer verklappt (Wikipedia), hat heute ein Umdenken hin zu mehr Naturschutz Einzug gehalten. Auch die Reduzierung von CO_2 rückt immer mehr in den Fokus. Die Ozeandampfer der »Generation Schweröl« blasen bis zu 250 kg CO_2 pro Passagier und Tag in die Luft. Neue Antriebstechniken fordern nicht nur die Verbraucher, sondern auch die Hafenbetreiber in immer mehr Ländern.

Eine »Kreuzfahrt« ganz anderer Art fand vor nahezu 2000 Jahren statt. Der Mann, der sich damals auf den Weg machte, war kein Geringerer als der Sohn Gottes selbst. Sein Auftrag: die Rettung der Welt! Wie konnte das geschehen? Die Verschmutzung der Meere ist eine Sache, die Verschmutzung unserer Seelen jedoch eine ganz andere. Aber Jesus Christus hat sich auf den Weg gemacht, das Problem der Sünde zu lösen. Dazu war es erforderlich, den Himmel zu verlassen, Mensch zu werden und am Kreuz von Golgatha den Sündenschmutz der ganzen Welt auf sich zu nehmen. »Denn so hat Gott die Welt (jeden Menschen) geliebt, dass er seinen eingeborenen Sohn gab, damit jeder, der an ihn glaubt, nicht verloren gehe, sondern ewiges Leben habe« (Johannes 3,16). Was dem Menschen überlassen bleibt, ist nicht zu retten. Wessen sich aber Gott annimmt, der ist zu retten! *bo*

? Was bedeutet Ihnen der Kreuzestod Jesu Christi?

! Der Kreuzestod Jesu kann zu Ihrer ganz persönlichen »Kreuzfahrt ins Glück« werden.

Jesaja 53

**Wenn er (der Teufel) die Lüge redet,
redet er aus seinem Eigenen,
denn er ist ein Lügner und der Vater derselben.**

Johannes 8,44

Gelogen

Er gilt als einer der unverfrorensten Betrüger der amerikanischen Geschichte: George C. Parker. Der charmant und seriös wirkende Herr verdiente sein Geld damit, dass er naiven Touristen New Yorker Sehenswürdigkeiten verkaufte. Mal stellte er sich als überarbeiteten Geschäftsmann dar, der kurzfristig ein Objekt abstoßen wollte, mal als kranken Mann, der aus gesundheitlichen Gründen etwas verkaufen musste. Immer war es das »einmalige Angebot«, das der Käufer sofort annehmen sollte. Viele taten es. Mit seinen verrückten Geschichten hatte Parker sensationellen Erfolg: Viele Jahre lang verkaufte er z. B. mehrmals pro Woche die Brooklyn Bridge, und des Öfteren musste die Polizei die neuen »Besitzer« davon abhalten, Zollstationen auf der Brücke einzurichten. 1928 wurde er schließlich zu lebenslanger Haft verurteilt.

Parker war ein sehr geschickter Betrüger. Doch Jesus sagt in unserem Tagesvers, dass es einen noch viel geschickteren Lügner gibt: Satan selbst. Wie viele Menschen sind schon auf seine Lügen hereingefallen! Mit wie vielen »sensationellen Angeboten« hat er schon Menschen gelockt, die aber nachher nicht frei, sondern abhängig und ausgebeutet zurückblieben!

»Kauf es dir, auch wenn du es dir nicht leisten kannst.« – »Such dein Glück in einer Affäre, wenn deine Ehe langweilig geworden ist.« – Lass es heimlich mitgehen, die Firma hat sowieso genug davon.« – »Genieße dein Leben, über Gott kannst du dir später immer noch Gedanken machen.« – »Nimm dir, was du willst, du hast ein Recht darauf.« Viele sind den Verlockungen des Meisterbetrügers schon auf den Leim gegangen. Jesus sagt von sich, dass er die Wahrheit ist. Nur wer an ihn glaubt, wird die Lügen erkennen, von denen er umgeben ist. *eli*

? Warum fallen Menschen auf Betrüger herein?

! Nur die Wahrheit macht frei.

1. Mose 3

Der Tor spricht in seinem Herzen: »Es ist kein Gott!«
Psalm 53,2

Stephen Hawking

Der bekannte Astrophysiker Stephen Hawking starb am 14. März 2018 im Alter von 76 Jahren in Cambridge. Wenn der an ALS erkrankte und an den Rollstuhl gefesselte Wissenschaftler etwas sagte, dann lauschte die Welt gebannt. »BILD« bezeichnete ihn als »eine Art Popstar der Wissenschaft«. Hawking war der Überzeugung, dass sich das Universum selbst erschaffen hat, an ein Leben nach dem Tod glaubte er nicht. Zu »The Guardian« sagte er: »Ich sehe das Gehirn als einen Computer an, der aufhört zu arbeiten, wenn seine Einzelteile nicht mehr funktionieren. Es gibt kein Leben nach dem Tod für kaputte Computer; das ist ein Märchen ...« Hawking glaubte nicht an Gott, und viele Atheisten sind bis heute froh, so einen gebildeten Mann auf ihrer Seite zu haben. In einem Nachruf war zu lesen: »Hawking war ein brillanter Atheist. Möge Gott ein Auge zudrücken, wenn er in dieser einen Sache falschlag.«

Wenn man durch bewundernswerten Fleiß und überragende Intelligenz viele Auszeichnungen gewonnen hat, ist es dann noch so entscheidend, wenn man in der Sache mit Gott geirrt hat? Wie wichtig ist »diese eine Sache«? Ist sie nicht vernachlässigbar?

Nein, denn die Frage nach Gott ist lebensentscheidend. Wenn Gott existiert, dann spielt es eine Rolle, ob man an ihn geglaubt hat oder nicht. Sogar der bekennende Atheist August Bebel gab zu: »Es gibt natürlich keinen Gott; aber wenn es einen gibt, dann sind wir die Lackierten ...« Die Frage, ob Gott existiert und wie man ihn finden kann, ist zu wichtig, als dass man ihr keine Beachtung schenken könnte. Ob wir bekannte Wissenschaftler oder einfache Arbeiter waren, am Ende geht es nur noch »um diese eine Sache«. Wirklich klug ist der, der nicht ruht, bis er in der Frage nach Gott die Wahrheit gefunden hat. *md*

? Gibt es Hinweise auf einen lebendigen Gott in der Natur und in Ihrem Leben?

! Wenn es Gott gibt, sollten Sie alles daransetzen, ihn zu finden.

Hebräer 11,1-6

**Er, der Gott in allem gleich war
und auf einer Stufe mit ihm stand,
nutzte seine Macht nicht zu seinem eigenen Vorteil aus.**
Philipper 2,6

Welches Programm soll Ihr Auto bekommen?

»Sie sind mit dem Auto unterwegs. Würden Sie einer Frau, die plötzlich mit einem Kinderwagen auf die Fahrbahn tritt, ausweichen – auch wenn Sie dadurch Ihr eigenes Leben gefährden?« Diese Frage stellte ein Referent in einem Vortrag einer Vielzahl von Unternehmern. Während alle nickten, fragte er weiter: »Aber was würden Sie antworten, wenn ein Autoverkäufer Sie heute fragt, wie er das intelligente Fahrzeug für so einen Fall programmieren soll?« Mit diesem Beispiel wies er auf die schwerwiegenden ethischen Fragestellungen hin, die durch die Nutzung von »künstlicher Intelligenz« aufgeworfen werden. Denn nach seiner Einschätzung würden sich die meisten Menschen in diesem Fall für den Schutz des eigenen Lebens entscheiden. Man würde ein Auto fahren wollen, das auf den Vorteil seiner Insassen programmiert ist.

An dieser Stelle schweiften meine Gedanken ab zu Jesus. Der Sohn Gottes hatte tatsächlich die Möglichkeit, sein Lebensprogramm im Voraus festzulegen. Er wusste genau, dass es ihn selbst alles kosten würde, wenn er das Leben von uns Menschen retten wollte. Er hätte sowohl das Recht als auch die Macht gehabt, sein Wohlergehen an die erste Stelle zu setzen. Doch stattdessen setzte er sein Leben ein, damit wir nicht aufgrund unserer Sünden für immer von Gott getrennt sein müssen. Statt auszuweichen, lieferte er sich selbst aus. Obwohl ein Machtwort aus seinem Mund ihn befreit hätte, ließ er sich hinrichten. Sein Tod am Kreuz war weder ein Unfall noch eine spontane Aktion. Es war eine bewusste Liebestat zu unserer Rettung. Jesus gab sich selbst als stellvertretendes Opfer hin. Alle, die an ihn glauben, erhalten dadurch Vergebung ihrer Schuld und ewiges Leben. *dr*

Was denken Sie, welchen Wert Sie in den Augen von Jesus haben, wenn er sein eigenes Leben gab, um Ihres für die Ewigkeit zu retten?

Der Name Jesus bedeutet: »Gott rettet!« Das war sein Lebensprogramm für uns.

Philipper 2,5-11

16. März 20

Montag

Betet ihr nun so:
Unser Vater, der du bist in den Himmeln,
geheiligt werde dein Name.
Matthäus 6,9

Das Smartphone-Unser

»Mein Smartphone, das du bist in meinem Besitz, ich bin dir hörig, dein schnelles Netz komme; dein Akku halte lange; ob am Tag oder in der Nacht! Unsere tägliche Dosis gib uns heute, verzeih, dass wir zwischendurch noch mit Nebensächlichkeiten wie Arbeit, Essen und Schlafen beschäftigt sind, wie das alle anderen auch tun; und führe uns nicht in Funklöcher, sondern gib uns stets die volle Dröhnung! Denn du bist überall dabei, du hast die Macht über unser Denken, und das an jedem Tag!«

Vielleicht klingt das etwas sarkastisch und übertrieben. Wenn wir jedoch ehrlich sind, müssen wir zugeben, dass in diesen Zeilen viel Wahrheit steckt. Smartphones sind mittlerweile allgegenwärtig. Überall wird gedrückt und gewischt. Von oben nach unten und von links nach rechts. Es geht nicht mehr ohne. Sogar die Waschmaschine oder die Heizung lässt sich damit ein- bzw. ausschalten. Und stellen wir uns vor! Man kann damit sogar telefonieren.

Doch Spaß beiseite: Der Eindruck verstärkt sich, dass nicht wir diese Geräte, sondern dass die Geräte uns im Griff haben. Morgens das Erste nach dem Aufstehen und am Abend das Letzte, was wir aus der Hand legen. Und das Schlimmste ist, dass sie uns fernhalten, das Wichtigste im Leben zu erkennen. Man kann mit Fug und Recht sagen, dass diese kleinen Geräte zu einem Gott-Ersatz geworden sind. Die Bibel nennt das Götzendienst. Sie nehmen die Stelle ein, die der Schöpfer-Gott in unserem Leben einnehmen sollte. Niemand hat etwas dagegen, dass wir ein Smartphone benutzen. Doch sollten wir dieses kleine Gerät nicht unser Leben beherrschen lassen. Das Lesen der Bibel, das Gebet, die Besinnung auf unseren Schöpfer und auf unsere Nächsten sind viel wichtiger. *tl*

? Welche Stelle nimmt Ihr Smartphone in Ihrem Leben ein?

! Einmal wird ein jeder ohne Smartphone vor Gott stehen!

Hesekiel 14,1-8

**Zürnt, und sündigt nicht.
Die Sonne gehe nicht unter über eurem Zorn.**

Epheser 4,26

Sonnenuntergang

Wieder einmal hatte Andi sich mit seiner Frau gestritten. Andrea hatte beim Abräumen ein Glas fallen gelassen. Unschöne Worte waren gefallen. Anstatt Besen und Kehrschaufel zu holen und seiner enttäuschten Frau zu helfen, hatte er sie angebrüllt. Die Kinder am Tisch waren eingeschüchtert, die Kleine hatte angefangen zu weinen. Abends im Bett war Andi immer noch sauer. So viel war in den letzten Jahren schon kaputtgegangen. Gut, er hatte auch zwei kleine Auffahrunfälle verursacht, aber dieses ständige Gequengel, wenn er nach Hause kam, nervte ihn nur noch. Er gab seiner Frau keinen Gutenachtkuss, drehte sich zur Seite und ging noch seine WhatsApp-Nachrichten durch. Im Laufe der Wochen und Monate wurde die Stimmung immer schlechter und gereizter, die Gespräche oberflächlicher und weniger. Das Notwendigste, mehr wurde nicht mehr geredet.

Vier Monate nach den Scherben erzählte Andi mir in seiner Not die ganze Geschichte. Seine Frau war aus dem gemeinsamen Schlafzimmer ausgezogen. Sie redeten mittlerweile gar nicht mehr miteinander. Was ich ihm raten würde?

Wir redeten und redeten, denn ich hatte viele Fragen. Andi war wirklich verzweifelt, er wollte, auch wegen der drei Kinder, für seine Ehe kämpfen. Nach langem Zuhören las ich ihm den Tagesvers vor und erzählte ihm von meiner Abmachung mit meiner Frau, genau das umzusetzen: Wir schlafen nicht ein mit Zorn, sondern versöhnen uns vorher. Wir haben dabei lernen müssen, dass wir nicht alle Probleme noch am selben Tag lösen können, aber doch mit einem »Es tut mir leid, Schatz. Ich liebe dich – immer noch!« einschlafen können. Das hat unserer Ehe wohlgetan. Deshalb bekennen wir gerne, dass Gottes Gebote gut sind, die unser Eheleben glücklich gestalten. *lü*

? Wie lösen Sie Ihre zwischenmenschlichen Probleme?

! Wir schlafen besser, wenn wir allen Ärger heute beseitigt haben!

Römer 12,9-21

So lehre uns denn zählen unsere Tage, damit wir ein weises Herz erlangen!
Psalm 90,12

Ziemlich endlich

Der Schreiber dieses uralten Liedes hatte eine ungewöhnliche Bitte: »Gott, bring mir bei, dass ich endlich bin, dass das Leben hier nur von kurzer Dauer ist!« Wie unangenehm, daran zu denken, dass sich einmal der Sargdeckel über mir schließen wird. Das ist in Zeiten von Penizillin und Krankenversicherung ein Gedanke, der sich in die Abstellkammer unseres Bewusstseins verzogen hat. Noch nie wurden so viele Menschen so alt wie heute. Werfen wir zum Vergleich einmal einen Blick zurück: Vor 500 Jahren lag die Lebenserwartung des Durchschnittsdeutschen bei 30! (Heute steht man mit 30 mitten im Leben.) Nur jedes vierte Baby erreichte damals das erste Lebensjahr. Unvorstellbar! Ein Geschichtsexperte aus Tübingen (Ewald Frie) stellt treffend fest, dass unsere Friedhöfe voller alter Menschen sind, »ein historisch ganz ungewöhnlicher Fall«.

Es ist also verständlich, dass der Tod uns nicht mehr so sehr beschäftigt wie Menschen aus anderen Zeiten. Uns geht es einfach sehr gut. Und doch steht oben in dem Bibelvers, dass es »weise« ist, über unsere Endlichkeit nachzudenken. Wer nicht über den Tod nachdenkt, vergisst den wichtigsten Faktor in seiner Lebensrechnung. Egal, was wir in unserem Leben erreichen, es wird mit einem Mal zerplatzen wie eine Seifenblase. Was bleibt dann übrig? Wie dumm ist es, wenn wir alles auf das Diesseits setzen. Denn es gibt ein Danach, ein Leben nach dem Tod. Gott hat uns darüber nicht im Ungewissen gelassen. Er hat uns durch Jesus Christus sogar einen Ausweg aus dem Todesstrudel geschaffen. Jesus hat uns den Weg zum ewigen Leben bei Gott gebahnt. Er selbst sagt: »Ich bin die Auferstehung und das Leben; wer an mich glaubt, wird leben, auch wenn er gestorben ist.« *jkl*

? Wie oft denken Sie über Ihre Endlichkeit nach?

! Wenn Jesus recht hat, dann ist es nur klug, zu ihm zu kommen und ihm zu vertrauen.

2. Korinther 5,1-10

19. März 20

Donnerstag

Sind wir aber Kinder, so sind wir auch Erben, nämlich Gottes Erben und Miterben Christi, da wir ja mit ihm leiden, damit wir auch mit ihm zur Herrlichkeit erhoben werden.

Römer 8,17

Gottes Erbschein

Wenn ein Todesfall eintritt, gibt es für die Hinterbliebenen viel zu erledigen. Manches lässt sich unbürokratisch regeln. Für einiges, z. B. das Konto des Verstorbenen, reicht vielleicht eine Vollmacht, die der Erblasser ausgestellt hat und die auch über den Tod hinaus gilt. Viele Dinge, z. B. betreffend Immobilien, lassen sich aber nur regeln, wenn man sich als Erbe legitimieren kann. Dafür kennt das deutsche Recht den Erbschein. Um einen solchen Erbschein zu erhalten, muss man beim Nachlassgericht einen Antrag stellen. Dort wird geprüft, ob der Antragsteller tatsächlich der Erbe ist. Wenn ein Testament vorliegt: Weist es ihn als Erben aus? Ist das Testament überhaupt gültig? Wenn kein Testament existiert: Gibt es weitere Hinterbliebene, evtl. engere Verwandte? Erst wenn alles passt, wird der Erbschein erteilt. Doch dann gilt der Inhaber dieses Erbscheins auch tatsächlich als der rechtmäßige Erbe.

Die Bibel kennt nun ein Erbe, dessen Umfang und Wert weit über jedes weltliche Vermögen hinausgeht. Es ist das »Erbe Gottes« (siehe Tagesvers). Das heißt nicht, dass Gott sterben könnte. Gemeint ist damit vielmehr die Möglichkeit, als ein rechtmäßiger Erbe hineingenommen zu werden in die unermessliche und ewige Herrlichkeit eines wunderbaren Gottes. Diese Chance räumt Gott uns Menschen tatsächlich ein. Allerdings setzt diese »Erbenstellung« etwas voraus: Man muss zunächst ein Kind Gottes werden. Habe ich diese Beziehung nicht, bin ich auch kein Erbe, und ich würde hierfür auch nie einen Erbschein erhalten. Wenn ich aber Gott ehrlich bitte, mich als sein Kind anzunehmen, dann wird er dies tun. Und dann haben wir mit dem Tagesvers tatsächlich den himmlischen Erbschein für den ganzen Reichtum Gottes. *mm*

? Wie groß schätzen Sie Gott ein?

! Entsprechend wird auch das Erbe sein, das man als sein Kind antreten darf.

Epheser 1,3-14

20. März 20

Freitag **Tag des Glücks**

**Gott hat den Schuldschein …
ans Kreuz genagelt und damit für immer beseitigt.**
Kolosser 2,14

Sechs Kreuze zum Glück

Im Briefkasten liegt ein Umschlag. Der Aufdruck auf dem Brief weckt mein Interesse: »Sechs Kreuze zum Glück!« Die Lotto-Gesellschaft verspricht Millionengewinne, wenn ich sechs Kreuze an der richtigen Stelle mache. Wer möchte nicht Gewinner sein und auf so einfachem Weg Glück haben: sechs (richtige) Kreuze zum Glück!? Das Problem ist, sie müssen alle an der richtigen Stelle stehen.

Laut Umfrage des Instituts für Demoskopie Allensbach spielen 7,3 Millionen Bundesbürger regelmäßig Lotto oder Toto; weit über 21 Millionen spielen immerhin gelegentlich. Mit ihrem Geldeinsatz »spülen« die Spieler Woche für Woche Millionen in die Kassen der Lotto-Gesellschaften, die davon einen Teil wieder »ausschütten«. Wie hoch stehen die Chancen auf einen Millionengewinn? Bei dem Spiel »6 Richtige plus Superzahl« liegt die Gewinnchance bei 1 zu 140 Millionen.

Als ich diese Zahl im Internet las, wurde mir klar: Der Weg zum Glück über sechs Kreuze ist so gut wie aussichtslos. Ich wurde dankbar und froh bei dem Gedanken, dass ich durch ein ganz anderes Kreuz den Weg zu Frieden und Glück finden durfte. Es ist das Kreuz auf Golgatha, an dem Jesus Christus hing. An diesem Kreuz bezahlte der Herr Jesus für meine Schuld. Gott hat ihn auferweckt und meine Schuld (Sünden) vergeben. Er hat – wie unser Tagesvers sagt – meinen Schuldschein ans Kreuz genagelt und für immer beseitigt. Niemand wird jemals eine Anklage gegen mich aufrechterhalten können, wenn ich einmal vor Gott stehen werde. Gott selbst wird mich um seines Sohnes willen in sein herrliches Himmelreich aufnehmen. Jesu triumphaler Sieg am Kreuz ist mein großes Glück! Weil ich Gottes Gnade erfahren habe, darf ich frohen Herzens singen und jubeln. *kr*

Welchen Weg zum Glück wählen Sie?

Selbst wer sechs richtige Kreuze macht, gewinnt nur etwas für die paar Jahre auf dieser Welt.

Matthäus 6,19-34

Der Engel aber sprach zu ihm: Fürchte dich nicht, Zacharias! Denn dein Flehen ist erhört, und Elisabeth, deine Frau, wird dir einen Sohn gebären, und du sollst seinen Namen Johannes nennen. Lukas 1,13

Trisomie 21

Im April letzten Jahres gab es im Bundestag eine Debatte um ein Gesetz, bei dem es darum geht, ob vorgeburtliche Bluttests auf das Down-Syndrom, auch bekannt als Trisomie 21, künftig von den gesetzlichen Krankenkassen bezahlt werden sollen. Dieser Test hat gegenüber anderen Diagnoseverfahren den Vorteil, dass er ohne Risiko ist.

Auf den ersten Blick erschien das als bloße Formalität im Rahmen einer besseren und zuverlässigen pränatalen Diagnostik. Für Eltern, die in der Frage Gewissheit haben wollen, ob ihr Kind gesund ist und ohne Geburtsfehler zur Welt kommt. Bei näherer Betrachtung erkennt man aber, worauf es eigentlich hinauslaufen wird, nämlich darüber zu entscheiden, ob man solch ein Kind haben will oder nicht, d. h., es ggf. rechtzeitig abtreiben zu lassen. Je nach Studie und Schätzung bisheriger Fälle läge die Rate dann zwischen etwa 68 und 95 %.

Wer hier ein neues Selektionszenario über unwertes Leben heraufziehen sieht, tut das sicher nicht zu Unrecht. Denn ein solches Gesetz wird vermutlich ein Türöffner für alle möglichen Fälle werden, die man sich selbst und dem evtl. geborenen Menschen nicht zumuten möchte, je nachdem, was ihm seine Gene früher oder später bescheren werden. Die Alternative, nämlich unwissend zu bleiben und das geschenkte Leben von Gott anzunehmen, auch wenn das manches im Leben erschweren könnte, haben schon viele vorgezogen – und gerade im Blick darauf, was ihnen mit einem solchen Kind dann wider Erwarten geschenkt wurde, nicht bereut. Was finden Sie schwieriger? Sein Gewissen mit einer Entscheidung zu belasten, mit der man vielleicht ein Leben lang zu kämpfen hat? Oder mit Gottes Hilfe ein Kind anzunehmen, mit dem es anders als erwartet sein wird, mit dem man aber auch gute Erfahrungen haben kann? *pj*

? Können Sie in solchen Fragen Zuflucht zu Gott nehmen?

! Die Bindung an Gott setzt Kräfte für Außergewöhnliches frei.

Hesekiel 16,3-6

**Das war das wahrhaftige Licht,
das, in die Welt kommend, jeden Menschen erleuchtet.**
Johannes 1,9

Noch bockig?

Vor einigen Jahren war im Nachbardorf ein lautes, wiederholtes Krachen zu hören. Aufmerksame Anwohner riefen die Polizei, weil sie einen Einbrecher vermuteten, der seelenruhig sein Handwerk verrichtete. Doch anstatt des erwarteten Schurken entdeckte die Polizei einen Schafbock, der immer wieder gegen eine Glastür rannte. Der Bock war ausgerissen und hatte offenbar auf seinem Streifzug sein Spiegelbild in einer Terrassentür entdeckt. Im Glauben, hier einen hässlichen Rivalen vor sich zu haben, setzte dieser Widder seine Hörner ein. Auf ihn! Leider verletzte er sich dabei sehr, da er trotz seiner zunehmenden Wunden immer weiter gegen diese Tür anrannte. Er erkannte einfach nicht, dass er selbst sein abscheuliches Gegenüber war.

Gleichen wir nicht diesem Schafbock? Wir sind nämlich vor Gott getürmt und meinen, durch unsere Macht, unsere Fähigkeiten oder unsere Überzeugungen unser Leben völlig zu beherrschen. Aber dann stoßen wir uns doch an Dingen, die wir selbst verschuldet haben. Oder wir entdecken plötzlich an uns selbst die Fehler, die wir an anderen scharf verurteilen. Die eigene Hässlichkeit erkennen wir oft erst dann, wenn uns ein beleuchteter Spiegel gnadenlos vorgehalten wird. Das können Reaktionen oder Kommentare anderer sein – oder vielleicht auch eine Wahrheit aus der Bibel.

Aber so gnadenlos hart ein Spiegel sein kann – Jesus Christus gibt uns Gnade. Er ist für uns zum »Sündenbock« geworden und und ging für uns in Gottes Gericht – stellvertretend für Sie und für mich. Wie befreiend ist das doch! Wir brauchen nicht mehr »bockig« in den Spiegel zu schauen und können jedes wütende Anstürmen dagegen unterlassen, weil Jesus unsere Schuldfrage geregelt hat. Wir müssen seine Gnade nur noch in Anspruch nehmen! *pri*

? Wann haben Sie das letzte Mal in einen Spiegel geschaut – und sich dabei erschreckt?

! Schauen Sie auf Jesus Christus und übergeben Sie sich ihm – nur dann erlangen Sie Befreiung!

Apostelgeschichte 26,9-20

Tag der Meteorologie

23. März 20

Montag

Knüpfst du die Bänder des Siebengestirns, oder löst du die Fesseln des Orion?
Hiob 38,31

Das ungeheure Ausmaß göttlicher Liebe

Im vergangenen Jahr besuchte ich mit meiner Familie in Wuppertal ein Bibelmuseum. In einem größeren Bereich des Museums waren auch Kernfragen zur Entstehung des Weltalls museal ansprechend aufbereitet. Bei der Führung wurde u. a. auf die Sternbilder des Orion und der Plejaden (auch Siebengestirn genannt) Bezug genommen, von denen schon in der Bibel die Rede ist (siehe Tagesvers). Der Referent wies darauf hin, wie dort schon vor über 4000 Jahren Kenntnisse formuliert wurden, die nur der Schöpfer selbst offenbaren konnte. So bestätigt die Wissenschaft heute den unterschiedlichen Charakter dieser beiden Sternbilder: die Sterne des einen (die Plejaden) bewegen sich gemeinsam, die des anderen (Orion) haben keinen solchen Verbund, da sie unterschiedlich weit von der Erde entfernt sind. Und hier zeigt Gott Hiob klar und deutlich, dass er allein dazu in der Lage ist, so etwas zu erschaffen.

Mir wurde in dem Moment bewusst, wie allmächtig Gott tatsächlich ist, wenn er nicht nur die Sternbilder erhält, sondern auch das gesamte Universum mit seinen Milliarden Galaxien und zig Milliarden Sternen, Planeten und Monden. Nicht weniger hat er auch das Schicksal von Milliarden Menschen »im Griff« und kann sich um jeden Einzelnen bemühen, indem er ihn zu sich zieht, damit er nicht irgendwo verlorengeht. Alle Gestirne gehorchen ihm bedingungslos, aber der Mensch muss zustimmen, von Gott gehalten und geführt zu werden. Die Kraft, die das alles bewirken kann, liegt in der unendlichen Liebe Gottes begründet, der sogar seinen Sohn auf unsere – nach dem Ausmaß des Universums bemessen – winzig kleine Erde sandte, damit er dort am Kreuz sein Leben für uns gab. Ist das nicht wahrhaft überwältigend?!

pj

? Wie weit geht Ihr Blick, wenn es um die Größe und Allmacht Gottes geht?

! Seine ganze Kraft und Liebe ist darauf ausgerichtet, uns Menschen zu retten – auch Sie und mich.

Matthäus 11,25-30

24. März 20

Dienstag

Den Demütigen aber gibt er Gnade.

1. Petrus 5,5

Karriere

Eberhard war Prokurist in einem mittelständischem Unternehmen mit 700 Mitarbeitern und beim Chef beliebt. Seine Mails kamen zu jeder Tages- und Nachtzeit. Fleißig und gut war er, sehr gut. Er nahm keine Rücksicht auf sich selbst, dachte beständig an seine Karriere. Er verdiente sehr gut, denn sein Chef wusste seinen Einsatz zu schätzen. Nur seine Mitarbeiter mochten ihn nicht.

Manchmal wird man mit diesem unangenehmen Typ Mensch konfrontiert: Er kann rigoros Kritik austeilen, sieht sich aber selbst als absolut unfehlbar. Selbstgerechte Menschen bringen das eigene Blut in Wallung, und man steht ihnen am Ende einer kräftezehrenden Diskussion oftmals fassungslos gegenüber. Selbstvertrauen ist für die Karriere scheinbar von Vorteil, wenn dieses jedoch in Arroganz und absolute Unfähigkeit, Kritik anzunehmen, mündet, wird der Umgang mit manchen Menschen ein schwieriges Unterfangen.

Der Tag kam, dass Eberhard seine Millionen-Villa beziehen konnte. Doch zum Einzug sagte seine Frau ihm: »Du kannst unten in die Einliegerwohnung ziehen, ich ziehe mit meinem Freund oben ins Haus.« Daran zerbrach der sehr gute Mitarbeiter und fiel in eine schwere Depression, die schließlich auch den Verlust seiner Arbeitsstelle nach sich zog. Sein Ansehen, seine Selbstsicherheit und Arroganz waren dahin. Wie ein Häuflein Elend stand er nun da.

Doch Eberhard kam zurecht, weil er den kennenlernte, der den Demütigen GNADE gibt. Sein Verlust, sein Zerbruch führte dazu, über die wirklich wichtigen Dinge des Lebens nachzudenken. Karriere, Gesundheit, Geld, Wohlstand, Status verlieren ihren Wert, wenn es ums Überleben geht. Die Ewigkeit nach dem Tod ist die Realität, an der all unser Tun gemessen wird.

lü

Welche Priorität haben für Sie Karriere und Erfolg im Beruf?

Im Blick auf die Ewigkeit verlieren die zeitlich begrenzten Dinge erheblich an Bedeutung.

Lukas 12,13-21

Wie wir gehört hatten, so haben wir es gesehen in der Stadt des HERRN der Heerscharen, in der Stadt unseres Gottes: Gott wird sie befestigen bis in Ewigkeit.

Psalm 48,9

Gottes Ewigkeit

In der Gegend der heute vom Krieg arg zerstörten Millionenstadt Mossul lag noch vor etwa 2600 Jahren die Hauptstadt des Großreiches Assyrien, Ninive. Die Erbauer dieser prächtigen Stadt hatten sicher geglaubt, ihre Mauern und Paläste sollten für die Ewigkeit sein. Aber dann kamen die Meder und Babylonier und zerstörten sie so gründlich, dass etwa 300 Jahre später die Heerscharen Alexanders des Großen nicht einmal ahnten, dass die sandbedeckten Hügel, über die sie schritten, die Reste dieser großartigen Stadt waren.

Erst in der Neuzeit fand man dort riesige Bibliotheken von Keilschrifttexten, für die Tonziegeltafeln benutzt wurden. Dort entdeckte man auch die Grundmauern des königlichen Palastes, der eine Fläche von 200 mal 160 Metern bedeckte. Im ganzen Nahen Osten und bis nach Europa hinein findet man Berge, die aus mehreren Städten entstanden sind, die man nacheinander übereinander gebaut hatte, wenn die jeweilige Vorgängerstadt zerstört war.

Jedes Mal wieder bauten die Leute ihre Paläste »für die Ewigkeit«; aber diese »Ewigkeiten« dauerten meist nicht lange. In unserem Tagesvers ist auch von »Ewigkeit« die Rede; doch da geht es um die Stadt, die Gott baut. Damit ist einerseits die Stadt Jerusalem gemeint, die oft zerstört, aber immer wieder aufgebaut wurde und der Gott noch eine große Zukunft verheißen hat. Dann aber ist damit auch der Himmel gemeint, von dem die Bibel sagt, dass wir da eine Wohnung haben können, wenn wir uns Gott anvertrauen, wenn wir daran glauben können, dass er uns um seines Sohnes willen gnädig ist. Die Bibel sagt uns auch, dass diese Stadt schon fertig ist und bereit ist, die Gläubigen aufzunehmen.

gr

In welche Ewigkeit investieren Sie zurzeit?

Irdische »Ewigkeiten« können morgen schon zu Ende sein.

Psalm 48

Ihr seid aus dem Vater, dem Teufel, und die Begierden eures Vaters wollt ihr tun. Jener war ein Menschenmörder von Anfang an und stand nicht in der Wahrheit … er ist ein Lügner und der Vater derselben. Johannes 8,44

Die Alibi-Agentur

Ausreden, Lügen und Alibis – in meiner Heimatstadt hat jemand daraus ein Geschäft gemacht und eine Alibi-Agentur gegründet. 19 Jahre ist dieser Unternehmer bereits schon mit maßgeschneiderten Vorwänden im Geschäft. Bei Facebook bezeichnet sich der Chef als Freiraummanager und behauptet, dass er mit seiner Agentur Menschen hilft. In den 19 Jahren des Bestehens hat die Agentur einen umfangreichen Katalog an Vorwänden zusammengestellt. Der Kunde kann sich daraus die passende Lüge oder Ausrede heraussuchen, die dann von der Agentur gegenüber dem Partner, dem Arbeitgeber oder der Familie abgesichert wird. Die vorproduzierten Lügen scheinen geglaubt zu werden, denn sonst wäre die Agentur nicht schon so lange im Geschäft.

Die Bibel klärt uns Menschen auf, wer hinter jeder Lüge steckt. So sagt Jesus vom Teufel, dass er ein Lügner ist und der Vater derselben. Gleich zu Beginn der Menschheitsgeschichte hat er mit dem Lügen begonnen. »Sollte Gott wirklich gesagt haben?«, flüsterte er in der Gestalt einer Schlange der Eva ins Ohr. »Und keineswegs werdet ihr sterben, wenn ihr von der Frucht des Baumes der Erkenntnis des Guten und Bösen esst.« Und seitdem hört der Teufel nicht auf, seine Lügen zu verbreiten. »Der Mensch, ein Sünder, ein Feind Gottes? Das war doch gestern.«

Johann Wolfgang von Goethe behauptete: »Edel sei der Mensch, hilfreich und gut!« Denn das allein unterscheide ihn von allen Wesen, die wir kennen. – Auch dieser Lüge wird nur zu gern geglaubt. Man ist doch ein guter Mensch, anständig und vielleicht sogar religiös. Aber die Menschen müssen die Lügen des Teufels nicht hinnehmen. Denn wir können die Wahrheit wissen. Durch die Bibel und durch Jesus Christus, der selbst die Wahrheit ist. *hl*

? Sind Sie an der Wahrheit interessiert?

! Jeder muss sich entscheiden, worauf er sein Leben bauen will.

1. Mose 3,1-19

27. März 20

Freitag

Was kein Auge gesehen und kein Ohr gehört hat und wovon keines Menschen Herz eine Ahnung gehabt hat, nämlich das, was Gott denen bereitet hat, die ihn lieben.

1. Korinther 2,9

Lebensqualität

Wien ist nach einer Mercer-Studie aus dem Jahr 2018 die Stadt mit der weltweit höchsten Lebensqualität. Zu den entscheidenden Kriterien gehören z. B. die Gesundheitsversorgung, die Verkehrsinfrastruktur, Bildungsangebote und Freizeitmöglichkeiten. Auch die örtliche Kriminalitätsrate spielt eine Rolle, ebenso die Luftverschmutzung. Wichtige Quelle für die Beurteilung der Lebensqualität ist dabei die Sicht von Menschen, die von ihren Arbeitgebern ins Ausland entsandt werden. Denn sie haben als Fremde einen relativ objektiven Blick für die Verhältnisse. Doch trotz der Spitzenstellung in Bezug auf Lebensqualität hat das Leben auch in Wien seine Schattenseiten. Auch dort gibt es menschliche Not und Armut. Auch in Wien kann ich überfallen werden, krank werden, enttäuscht werden. Und auch dort ist das Leben endlich. Hohe Lebensqualität ist daher auch in der lebenswertesten Stadt der Welt stets nur relativ und nicht für alle gleich. Und das gilt in den weniger lebenswerten Städten der Welt umso mehr.

Wer 100%ige und unendliche Lebensqualität erleben will, muss daher an einer anderen Stelle suchen: Perfekte Lebensqualität gibt es nur im Himmel. Die verbreitete Vorstellung, dort sitze man nur auf Wolken herum und spiele immerfort auf der Harfe, ist falsch. Vielmehr deutet der Tagesvers eine Wirklichkeit an, die unaussprechlich und unvorstellbar schön ist. Das Leben in Gottes Gegenwart ist zeitlich unbegrenzt und frei von jeder Sorge, jedem Schmerz und jeder Not. Gott selbst wird dort jede Träne abwischen, jede Angst vertreiben und jede Sehnsucht stillen. In den Genuss dieser himmlischen perfekten Welt kommen jedoch nur die, die Gott schon hier, auf der Erde, von Herzen lieben.

mm

? Interesse geweckt?

! Einen Platz im Himmel kann man sich nur hier und jetzt sichern durch die Versöhnung mit Gott.

Hebräer 12,22-29

28. März 20

Samstag

Das Leben ist mehr ...
Lukas 12,23

Fußball im Pott

Wenn man im Ruhrgebiet aufgewachsen ist, weiß man, dass Fußball hier einen extrem hohen Stellenwert hat. Hier spielt das runde Leder nicht nur eine große Rolle, hier wird Fußball gelebt! Es gibt hier schon in jungen Jahren viele Straßenfußballer. Und: Die Fußball-Bundesliga ist hier Gesprächsthema Nr. 1. Wenn man z. B. beim Bäcker in der Warteschlange steht, ist die Wahrscheinlichkeit gar nicht gering, dass man mit der Person vor einem über den aktuellen Spieltag ins Gespräch kommt. Fußball übt hier eine große Faszination aus. Und doch bleiben in dem Gebiet, wo man entweder blaue oder gelbschwarze Fahnen schwenkt, viele Herzen oft ganz leer.

Wie aber kommt wirkliche, tiefe und dauerhafte Freude in das Herz eines Menschen und auch in das eines Fußball-Fans?

Ich denke, dass man erst einmal begreifen muss, dass Fußball an sich dem Fan gar nichts weiter zu bieten hat als nur eine Ablenkung von seinen tatsächlichen Sorgen und Bedürfnissen. Zweitens muss er verstehen, dass es völlig einerlei für das, was ihn sonst noch bewegt, ist, ob »sein« Verein gewinnt oder verliert, und dass er wirkliche Helfer braucht. Wer kann ihm denn wirklich helfen, wenn er sich schäbig fühlt, weil er sein Versprechen nicht gehalten hat, oder wenn er jemanden betrogen oder verleumdet hat? Wer kann ihn denn trösten, wenn seine Freundin ihn verließ oder sein bester Freund starb? Wer sagt ihm, ob es ein Leben nach dem Tod gibt und wie es dort aussieht?

Sicher haben die meisten Leser dieses Kalenders schon von Jesus gehört; aber wir möchten von ihm verkünden, dass er als der ewige Sohn Gottes die Macht hat, alle oben genannten Fragen und noch alle anderen ebenfalls zu lösen. Wenden Sie sich an ihn! *mtz*

An wen wenden Sie sich mit dem, was Ihre Seele bewegt?

Wer aufrichtig zu Jesus kommt, wird nicht enttäuscht werden.

Lukas 18,35-42

**Daher, wenn jemand in Christus ist,
so ist er eine neue Schöpfung;
das Alte ist vergangen, siehe, Neues ist geworden.**
2. Korinther 5,17

Veredelt

Wie viel Mühe hatte diese Veredelung gemacht! Kleine Reiser wurden schon im zeitigen Frühjahr von einem alten wertvollen Apfelbaum geschnitten und korrekt aufbewahrt. Dann war der richtige Zeitpunkt gekommen, und ein älterer Apfelbaum konnte veredelt werden, dessen Äpfel nicht so wohlschmeckend waren. Ihm wurden mehrere Reiser eingesetzt. Einige Jahre dauerte es, und dann wurden daraus feste, dicke Äste, die tatsächlich die gewünschte gute Apfelsorte trugen. Es war eine Freude – die leider nicht lange anhielt. Letztes Jahr musste ich den gesamten Baum absägen. Wir hatten bei der Veredelung übersehen, dass der Stamm innen krank war.

Wir können auch in unserem Leben viel Neues einsetzen, ähnlich einer Veredelung. Der eine versucht es mit einem neuen Wohnort oder mit einem neuen Partner, andere mit neuen Freunden. Doch alles bleibt nur äußerlich, wenn nicht unser Inneres verändert wird. Sonst bricht schließlich alles zusammen, wie bei dem Apfelbaum in meinem Garten. Vielleicht nach einem schwerwiegenden Erlebnis? Vielleicht auch im Alter? Das Problem besteht darin, dass wir unseren ursprünglichen Charakter und unsere Schwächen immer mitnehmen. Wir können vielleicht die Umstände verbessern und damit auch die Gefahr vermindern, in alte Muster zurückzufallen. Aber irgendwann passiert es, und die guten Vorsätze sind zerbrochen.

Manche geben auf, weil sie schon oft derartige Neuanfänge begannen und scheiterten. Jesus Christus bietet aber eine völlig neue Qualität an: Er will uns von innen erneuern. Dadurch verändert sich dann das Äußere von selbst. Diese wunderbare Lebensveränderung ist dauerhaft, fängt klein an und wächst stetig weiter, bis wir im Himmel und dort vollendet, d. h. vollkommen gemacht sind. *mn*

? Was hindert Sie, einen derartigen Neubeginn mit Jesus Christus zu wagen?

! Nehmen Sie nur das Beste – eine innere Neuschöpfung durch Jesus Christus.

Römer 8,1-11

Den HERRN werde ich preisen, der mich beraten hat;
sogar bei Nacht unterweisen mich meine Nieren.
Psalm 16,7

Nierensteine

Die Nieren sind für unseren Körper existenziell wichtig: Sie regulieren den Wasserhaushalt und den pH-Wert des Blutes, und sie bilden Hormone. Sie dienen aber insbesondere als eine Art Filter. Sie sorgen für die Ausscheidung giftiger Substanzen über den Urin und tragen damit zur Selbstreinigung des Organismus bei. Ohne diese Funktion würden sich Schadstoffe zusehends im Körper anreichern. Nierenerkrankungen sind daher für den Menschen stets ernst zu nehmen und zuweilen sehr schmerzhaft, z. B. dann, wenn durch Nierensteine Koliken verursacht werden. Für die Bildung solcher Steine werden viele Ursachen diskutiert. Eine davon ist Flüssigkeitsmangel, einhergehend mit einer erhöhten Konzentration von schwer löslichen Harnbestandteilen, aus denen sich Kristalle bilden. Ab einer bestimmten Größe passen solche Steine nicht mehr durch die Harnwege und müssen zur Not operativ entfernt werden, um ein Nierenversagen zu verhindern.

Es erstaunt nicht, dass in der Bibel die Nieren häufig als Bild für das menschliche Gewissen herangezogen werden. Es dient ebenfalls als eine Art Filter für schädliche Einflüsse, nämlich die Sünde. Gedanken und Motive sollen durch das Gewissen geprüft und bei Bedarf ausgeschieden werden. Hilfreich ist dabei, viel zu trinken. Damit ist kein Wasser gemeint, sondern die Beschäftigung mit der Bibel. Kommt das zu kurz, kann sich die Sünde im Menschen zusehends anreichern. Es bilden sich auch Steine, »Gewissenssteine«, die sehr wehtun können. Manche kleineren Steine kann man vielleicht noch ausscheiden. Doch wenn sie zu groß werden, hilft nur eines: ein »operativer Eingriff« durch den einzigen Arzt, der das Gewissen wieder dauerhaft zu entlasten vermag: Jesus Christus. *mm*

Was hat bei Ihnen schon Koliken im Gewissen verursacht?

Bei dem HERRN ist Vergebung und Ratschluss, um so etwas zu vermeiden.

1. Timotheus 1,5-11.18-19

Ich bin dazu geboren und dazu in die Welt gekommen, dass ich der Wahrheit Zeugnis gebe.
Johannes 18,37

Wahrheit oder Toleranz?

Einer meiner Freunde ist begeisterter Bergsteiger und Jugendmitarbeiter beim Österreichischen Alpenverein. Wie sein Leben zu einem großen Teil von der richtigen Wahl des Kletterseiles abhängt, zeigte er an einem Beispiel mit drei verschiedenen Seilen. Auf den ersten Blick sahen alle drei vertrauenserweckend aus. Aber bald stellte sich heraus, dass nur ein wirklich tragfähiges dabei war. Eines war spröde, eines war zu dünn, das dritte war reißfest bis zu einem Gewicht von 2 Tonnen. Er fragte uns, ob wir bei der Wahl des Seiles tolerant sein könnten. Die Antwort, welches Seil wir für die nächste Klettertour wählen würden, erübrigte sich. Natürlich das Seil, an das man sogar einen Kleinwagen hätte hängen können, ohne dass es zerriss. Das war das wirklich sichere.

In unseren Tagen wird viel von Toleranz geredet. Ganz besonders im religiösen Bereich. Gibt es die eine Wahrheit über Gott und über unser Menschsein? Oder ist alles gleich gültig? Hat jede oder hat keine Religion recht? In Meinungsfragen ist Toleranz wichtig. Da bedeutet Toleranz, dass wir die Person achten, obwohl sie anderer Meinung ist. Aber in Wissensfragen ist Toleranz unsinnig. Da geht es nicht um Meinungen, sondern um Fakten, auf die man sich verlassen kann. Wahrheit ist und bleibt die Grundlage für unser Leben in Gegenwart und Zukunft.

Der Bergsteiger kann sich keine Toleranz leisten, wenn es bei der Wahl des Seiles um Leben und Tod geht. Auch für unser Überleben ist es nicht egal, worauf wir uns stützen. Jesus kam, um der Wahrheit Zeugnis zu geben. Und tatsächlich hat sich alles bewahrheitet, was ihn und seine Worte betraf. Wer sich an ihn hält, ist in Sicherheit, weil das »Seil«, an dem er dann hängt, niemals zerreißt. *sew*

? Warum kann man Jesus vertrauen?

! Weil das Wort der Wahrheit aus seinem Mund von Gott kommt!

Johannes 5,30-47

Mittwoch

1. April 20

Tag der älteren Generation in Deutschland

Ehre deinen Vater und deine Mutter,
wie der HERR, dein Gott, es dir geboten hat,
damit deine Tage lange währen und damit es dir gut geht.

5. Mose 5,16

»Oldtimer!«

Meine Frau erzählte vom Arztbesuch: Ich saß im Wartezimmer. Mir gegenüber gab es einen Zeitschriftenständer. Die Schlagzeile der obersten Zeitschrift lautete: »Oldtimer – was macht man gegen Rost?« Und die Illustrierte direkt darunter trug den Titel: »Was tun, wenn Eltern älter werden?« – Gibt es für beide Situationen einen vergleichbaren Tipp? Ich denke, bei beiden Gegebenheiten heißt die Empfehlung: Pflege!

Als Besitzer eines 20 Jahre alten Autos weiß ich, was das bedeutet. Der Rost muss entfernt und Schutzfarbe aufgetragen werden. Erst dann kann lackiert werden. Der Vorgang ist von Zeit zu Zeit zu wiederholen. Auch muss ich ab und zu in die Werkstatt fahren, weil irgendetwas ersetzt werden muss. Die Pflege kostet Zeit, Mühe und Geduld, die sich aber lohnen.

Das Gleiche gilt, wenn z. B. die Gelenke der Eltern »einrosten« und das Laufen schwieriger wird; dann ist die Zeit der Pflege gekommen. Das kostet ebenfalls Zeit, Mühe und Geduld; aber es lohnt sich auch. Gottes Gedanken dazu finden wir nicht nur im Alten Testament, sondern auch im Neuen. Jeder von uns verdankt den Eltern sein Dasein. Ohne sie gäbe es uns gar nicht. Hinzu kommen all die tausend Hilfen und Liebesbeweise während unserer Kinder- und Jugendjahre. Auch wenn alte Leute oft Mühe machen, sollten wir immer an alles Gute denken, was wir von ihnen empfangen haben.

Auch wir selbst werden einmal alt. Wäre es dann nicht schön, wenn wir uns wegen unseres Verhaltens den bedürftigen Eltern gegenüber nicht zu schämen brauchten? Wie unser Tagesvers sagt, liegt auch Gottes Segen auf solchem Verhalten, das eigentlich selbstverständlich ist. Und dass es uns gut gehen soll, möchte doch jeder erleben! *kr*

? Wo hätten Sie in dieser Sache Nachholbedarf?

! Den Eltern Empfangenes zu vergelten, ist Gottes Plan und steht unter seinem Segen.

Johannes 19,25-30

2. April 20

Donnerstag

**Jesus spricht zu ihm:
Ich bin der Weg und die Wahrheit und das Leben;
niemand kommt zum Vater als nur durch mich!**

Johannes 14,6

Die Jagd nach der Wahrheit

Im April letzten Jahres veröffentlichte eine Agentur das Leica-Werbevideo »The Hunt«, das international für Aufsehen sorgte. Es zeigte Journalisten, die, natürlich mit einer Leica-Kamera bewaffnet, auf die Jagd nach Bildern gingen. Dabei setzen sie ihr Leben ein, um die Wahrheit über Kriegssituationen oder Krisenherde auf der ganzen Welt zu dokumentieren. So zeigt ein Handlungsstrang auch einen Journalisten, der die Studentenproteste auf dem Platz des Himmlischen Friedens im Jahr 1989 in Peking fotografiert. Bei der gewaltsamen Niederschlagung der Proteste durch das chinesische Militär kamen dabei Schätzungen zufolge mehrere Hundert, vielleicht auch Tausende Demonstranten zu Tode. Wer allerdings in China nach dem Video googelte, bekam eine Fehlermeldung. Dort ist das Thema nämlich tabu. Seit über 30 Jahren versucht das kommunistische Regime, die Erinnerung an die Geschehnisse aus den Köpfen der Menschen zu verbannen. So, als wäre das Ganze nie passiert. Die Wahrheit ist unbequem, und man will sich ihr nicht stellen.

Gerade in Zeiten von Fake News bastelt sich mancher seine eigene Wahrheit zusammen, auch in unserer Gesellschaft. Und dann treffen wir in der Bibel auf Jesus Christus, der sich selbst als »die Wahrheit« bezeichnet. Sein ganzes Wesen ist von Wahrheit, Zuverlässigkeit und Ehrlichkeit geprägt. Seine Versprechen sind bis heute ungebrochen. Im Gegensatz zu uns Menschen, für die Wahrheit oft ein dehnbarer Begriff ist oder subjektiv interpretiert wird. Wir beurteilen Situationen immer wieder neu und halten vieles für relativ. Jesus nicht. In Zeiten, wo Fake News immer schwieriger zu enttarnen sind, sehnen wir uns nach Verlässlichkeit, Wahrheit und Treue. Jesus ist die Antwort auf unsere Suche.

tcb

? Wo suchen Sie Wahrheit und Verlässlichkeit?

! Die Bibel verbreitet keine Fake News.

Jakobus 3,13-18

»Wenn ich die Wahrheit sage, warum glaubt ihr mir nicht?«
Johannes 8,46

»Sooo dick ist sie doch gar nicht!«

Eltern von übergewichtigen Kindern sehen ihre Kinder oft nicht als zu dick an. Das zeigt eine neue Meta-Untersuchung, die auf dem europäischen Kongress für Adipositas (Fettsucht) im April 2019 in Glasgow vorgestellt wurde. Der Studie zufolge unterschätzen viele Eltern das Gewicht ihrer oft deutlich übergewichtigen Kinder. Sie denken, dass sich das alles noch auswachsen würde, obwohl von medizinischer Seite aus gesehen bereits dringend eine Ernährungsumstellung oder ein Bewegungsprogramm geboten wäre, um den Kindern zu helfen. Dass die betroffenen Eltern ihr eigenes Gewicht ebenfalls oft falsch beurteilen, überrascht nicht.

Auch in anderen Bereichen fällt es uns Eltern schwer, den Tatsachen ins Auge zu sehen. Fehlverhalten unserer Kinder reden wir uns nur zu gerne schön oder entschuldigen es. »Das meint er aber gar nicht so!«, beteuerte eine Mutter, die achselzuckend zusah, wie ihr kleiner Sohn auf dem Spielplatz einen anderen ziemlich brutal mit seiner Schaufel attackierte. Ob es uns deswegen so schwerfällt, uns die Sündhaftigkeit unserer Kinder einzugestehen, weil wir auch unsere eigenen Schwächen und Fehler nicht wahrhaben wollen?

Der Schritt auf die Waage bringt die Wahrheit über unser Gewicht ans Licht. Der Blick in die Bibel offenbart uns, wie sündig wir sind. Aber während die Waage keine weitere Hilfe parat hat, zeigt die Bibel einen Ausweg aus der Misere.

Wer dringend eine Diät braucht, dem ist nicht geholfen, wenn er das Problem ignoriert und einfach so weitermacht wie bisher. Wer unter seiner eigenen Sünde leidet, der sollte nicht die Augen verschließen, sondern in der Bibel nach dem Ausweg forschen, den Gott verlorenen Menschen anbietet. *eli*

? Warum scheuen wir uns davor, uns unangenehme Tatsachen über uns selbst oder unsere Kinder einzugestehen?

! Nur die Akzeptanz der Wahrheit ermöglicht Veränderung.

Jakobus 1,21-25

Und ebenso wie es den Menschen gesetzt ist, einmal zu sterben, danach aber das Gericht …
Hebräer 9,27

Den Tod akzeptieren?!

Sie galten als Ausnahme-Bergsteiger, zählten zu den besten Alpinisten der Welt. Im April 2019 wollten sie gemeinsam den 3295 Meter hohen Berg Howse Peak in den kanadischen Rocky Mountains erklimmen. Eine extreme Herausforderung, selbst für Profis wie sie. Hansjörg Auer, David Lama und Jess Rosskelley kehrten nie zurück. Eine Lawine hatte die drei Bergsteiger erfasst und in den Tod gerissen. Kurz vor seiner Abreise nach Kanada gab Hansjörg Auer noch ein Interview für die Zeitschrift *National Geographic*. Auf die Frage, wie er mit der konstanten Todesgefahr beim Klettern umgehe, antwortete er: »Sterben will ich natürlich nicht. Aber ich würde den Tod in gewisser Weise akzeptieren.«

Diese markante Aussage schaffte es bis in die Schlagzeilen. Durch den unverhofften Tod des Bergsteigers war sie plötzlich real geworden und für jeden Leser greifbar. Dabei hatte Auer letztlich nur das ausgedrückt, was eigentlich jeder Mensch denkt. Sterben möchte niemand, aber der Tod wird als immer vorhandenes Risiko akzeptiert. Klar, für Extrembergsteiger ist das Risiko höher als für andere. Was bleibt also anderes übrig, als den Tod als ungeliebten Spielverderber zu akzeptieren? Früher oder später wird ja jeder sterben müssen.

Die Bibel bestätigt diese offensichtliche Tatsache: »Und ebenso wie es dem Menschen gesetzt ist zu sterben …« Der Tod ist gesetzt, er steht unverrückbar fest. Das müssen wir selbstverständlich akzeptieren. Aber die Bibel gibt auch Aufschluss über das Danach: »… danach aber das Gericht.« Nach dem Tod erwartet jeden Menschen das Gericht Gottes, wo er sich für sein Leben vor Gott verantworten muss. Ebenso unausweichlich wie der Tod steht uns dieses endgültige Gericht bevor. Akzeptieren wir das ebenso selbstverständlich? *kaa*

? Haben Sie schon darüber nachgedacht, was Sie nach dem Tod erwartet?

! Wer mit Gott im Reinen ist, braucht das Gericht nicht fürchten.

Offenbarung 2,8-11

»Und Gott, der HERR, bildete aus dem Erdboden alle Tiere des Feldes und alle Vögel des Himmels, und er brachte sie zu dem Menschen ...«

1. Mose 2,19

Gottes Freude – unsere Freude!

Unsere Schwiegertochter arbeitet in ihrer Kirche bei der Kinderbetreuung mit. Während des Gottesdienstes ist sie abwechselnd mit anderen Müttern für die Betreuung der Kleinsten verantwortlich. Eine besondere Herausforderung dabei war es, ein biblisches Thema zu finden, das für Kinder im Alter von 1-3 Jahren wenigstens einigermaßen verständlich ist. Sie wurden fündig!

Nachdem sie zu Beginn der Kinderstunde einige Lieder über die Liebe Gottes zu uns Menschen mit den Kindern singen, wird anschließend ein Tier vorgestellt, das Gott geschaffen hat, um sich und uns Menschen eine Freude zu machen. Dieses Tier, dessen Name erklärt wird, wird als Stoff- oder Weichtier, wenn möglich sogar als lebendiges Tier mitgebracht, damit die Kinder es anfassen und dadurch ganz praktisch erfahren können, wie wunderbar Gott ganz besonders dieses Tier geschaffen hat. Die Kinder sind beeindruckt und wollen es oft gar nicht mehr hergeben. Sie finden es toll, dass Gott es so perfekt gemacht hat, und ihre Freude ist echt.

Während ich diese Zeilen schreibe, muss ich selbst über diese Kinder lächeln, die sich ohne Wenn und Aber freuen, dass Gott die Tiere erschaffen hat. Wie schwierig ist es doch oft für uns Erwachsene, Gottes Wirken und Handeln nachzuempfinden, uns von der Freude Gottes an seiner Schöpfung anstecken zu lassen und ... zu staunen wie die Kinder. Unsere Köpfe sind nicht mehr frei von manchen Zweifeln oder Querschlägern, die aus anderen Anschauungen in unser Weltbild hineinplatzen. Das Schutzschild hat an mancher Stelle Löcher bekommen. Was kann man tun? Gott hat uns die Bibel gegeben, an ihr können wir uns immer wieder neu orientieren und ausrichten. Kindliches Vertrauen ist hier nicht falsch, sondern heilsam. *bgr*

? Ist der Glaube an die Schöpfung zu naiv?

! Gott nimmt uns durch sein Wort immer wieder mit hinein in seine Freude und sein Schöpfungswerk.

1. Mose 2

6. April 20

Montag

... auch hat er die Ewigkeit in ihr Herz gelegt.
Prediger 3,11

Für die Ewigkeit erschaffen

In der Stadt Celle fand ich an den Hauptbalken dreier Fachwerkhäuser folgenden Spruch: »Wir sind auf Erden Gäste / und bauen hier doch feste; / aber wo die ewigen Wohnungen sein, / da bauen wir nur wenig ein.«

Die Bauherren hatten damals noch ein Bewusstsein davon, dass wir Menschen nicht nur für diese Erde erschaffen wurden, sondern dass Gott uns hier für den Himmel vorbereiten will. Sie merkten aber auch, dass die Dinge des Diesseits ihnen viel wichtiger waren und ihre Zeit und ihre Interessen weit mehr beanspruchten als die Ewigkeit bei Gott. Wir wollen hoffen, dass sie aus ihrer Einsicht die richtigen Konsequenzen gezogen haben.

Heute ist das Bewusstsein dieser alten Bauherren ziemlich selten geworden und wird von den meisten Mitmenschen als Zeichen von Rückständigkeit und Einfalt angesehen. Und die daran festhalten, werden oft belächelt oder gar verspottet. Das ist allerdings kein Wunder, weil überall gelehrt wird, wir Menschen stammten aus dem Tierreich, und mit dem Tod sei alles aus. Himmel und Hölle werden als überholte Vorstellungen aus dem Mittelalter betrachtet.

Doch unser Tagesvers sagt uns, dass Gott in das Herz der Menschen zumindest eine Ahnung davon gelegt hat, dass diese Welt tatsächlich nicht alles ist. Man hat diese Ahnung nur sehr erfolgreich verdrängt. Was aber, wenn wir Menschen doch früher oder später dem allmächtigen Gott gegenüberstehen werden? Sollte man nicht doch lieber mit dem Gott rechnen, von dem es in Apostelgeschichte 14,17 heißt, er habe sich nicht unbezeugt gelassen, indem er Gutes tat und vom Himmel Regen und fruchtbare Zeiten gab und unsere Herzen mit Speise und Fröhlichkeit erfüllte?

gr

Was hilft der Materialismus vor dem Richterthron Gottes?

Gott sprach nicht nur das erste Wort; er wird auch das letzte sprechen.

Offenbarung 4

Neigt eure Ohren und kommt her zu mir;
hört, so wird eure Seele leben!
Jesaja 55,3

Gesund leben

Gesund sein und bleiben ist für Menschen heute ein wichtiges Ziel. Sie achten auf gesunde Ernährung und wählen sorgfältig aus, welche Lebensmittel sie kaufen. Man gibt dafür auch gern mehr aus. Es gibt unzählige Ideen und Ratschläge, was man essen oder nicht essen soll. Der Wunsch, bezüglich Ernährung alles richtig zu machen, und die vielen Meinungen, was gesund ist und was nicht, verwirren und bieten Raum für allerhand extreme Ansichten.

Sicher, vollwertige Ernährung und körperliche Aktivität sind für Gesundheit und Wohlbefinden wesentlich. Aber bedeutet gesund leben nicht mehr? Menschen leben ungesund, weil ihr Inneres, ihre Seele unversorgt, leer, belastet und krank ist. Wie sieht es in mir aus? Habe ich ein gesundes Selbstwertgefühl, oder versuche ich, meinen Wert immer von dem abhängig zu machen, was andere über mich denken? Bin ich innerlich ausgeglichen, oder stellt mich Kritik und schlechtes Verhalten anderer immer infrage? Bin ich fähig, in gesunden Beziehungen mit Menschen zu leben, oder fällt es mir schwer, mit anderen klarzukommen? Wo bin ich innerlich unsicher, irritiert, entmutigt, voller Selbstzweifel?

Was unsere Seele satt und still macht, kann nur Gott geben, kann nur er selbst sein. Er möchte uns innerlich gesund machen. Zuerst vermittelt er uns bedingungslose Liebe und Annahme. Er gibt uns Wert und Bedeutung, die nicht von unserem Tun, unserer Leistung, unserem Können abhängig sind. Er liebt uns um unserer selbst willen. Er wirbt um unser Herz, damit wir uns auf ihn einlassen und uns mit ihm verbinden. So werden und bleiben wir auch innerlich gesund. Das bekannte Zitat von Augustinus bleibt aktuell: »Unruhig ist unser Herz, bis es Ruhe findet in dir.« Ab da beginnt gesundes Leben wirklich. *ht*

? Ist Ihr Inneres gefüllt oder noch unruhig?

! Den Durst Ihrer Seele kann nur Gott stillen.

Psalm 84

8. April 20

Mittwoch

Und alle Volksmengen, die zu diesem Schauspiel zusammengekommen waren, schlugen sich, als sie sahen, was geschehen war, an die Brust, und kehrten zurück.

Lukas 23,48

Ein Spektakel besonderer Art

Lukas, der Evangelist, vergleicht das Geschehen auf dem Hügel Golgatha mit einem Schauspiel. Im griechischen Text steht das Wort »theoria«, die lateinische Übersetzung lautet »spectaculum«. Ein Schauspiel ist eine Dichtung, eine Theorie: Viele Ereignisse verdichten sich in einer kurzen Zeitspanne. So ist es auch an diesem Frühlingstag vor den Toren Jerusalems. Drei Männer werden auf grauenvolle Weise hingerichtet – zwei Schwerkriminelle und ein Mann, von dem sein Richter dreimal sagte: »Er ist unschuldig!« Mitten am Tag wird es stockdunkel. Der Mann am mittleren Kreuz stirbt zuerst. Aber er stirbt nicht aus Schwäche. Im Gegenteil: Er scheidet mit einem lauten Todesschrei aus dem Leben.

Die vielen Zuschauer werden nicht nur emotional erschüttert, sondern auch körperlich durch ein starkes Erdbeben. Der römische Schriftsteller Phlegon, der sich damals im Gebiet der heutigen Türkei aufhielt, beschreibt die Naturphänomene: »Es war eine große und bemerkenswerte Sonnenfinsternis. Die dunkelste, die je geschehen war.« Er benennt sogar die »sechste Stunde des Tages« als den Ausbruch der Finsternis und erwähnt »ein großes Erdbeben«. Wenn auch die vielen dramatischen Ereignisse an ein Schauspiel erinnern, so gibt es doch einen wesentlichen Unterschied zu einem Schauspiel: Was dort passierte, war kein Theater, keine bloße Theorie. Es war bitterer Ernst. Die Zuschauer schlagen sich als Zeichen der Rührung an die Brust. Den meisten geht es wie nach einem anrührenden Hollywood-Film. Man geht aus dem Kinosaal, von Emotionen aufgewühlt. Aber bald verblassen die Gefühle.

Was bedeutet uns dieser Mann am Kreuz? Bewegt er unsere Emotionen nur flüchtig wie eine Theatervorstellung, oder ist er unser Herr und Erlöser, an dem wir unser Leben ausrichten? *ga*

? Wie beantworten Sie die Fragen am Schluss des obigen Textes?

! Ein damals anwesender Hauptmann sagte dazu: »Wahrhaftig, dieser war Gottes Sohn!« (Matthäus 27,54)

Matthäus 27,45-56

9. April 20

Donnerstag

Und als sie ihn hinführten, ergriffen sie einen gewissen Simon von Kyrene, der vom Feld kam, und legten ihm das Kreuz auf, damit er es Jesus nachtrage.

Lukas 23,26

Kreuzweg

Simon von Kyrene stammte wohl aus Nordafrika, lebte in oder bei Jerusalem und kam gerade von der Arbeit. Es muss noch recht früh gewesen sein, kurz vor Mittag. In jedem Fall wurde er allem Anschein nach von dem Hinrichtungszug überrascht. Im Markusevangelium wird gesagt, er sei einer von den »Vorübergehenden« gewesen, ein Passant, der in anderen Dingen unterwegs war und nur zufällig vorbeikam. Möglicherweise war er in Gedanken ganz woanders: bei seiner Familie (im Markusevangelium werden seine Söhne namentlich genannt) oder bei Plänen für die nächste Woche.

Mitten hinein in sein alltägliches Leben platzt dieser Zug. An dessen Spitze ein Mann, Jesus von Nazareth, dem man noch knapp eine Woche zuvor einen triumphalen Einzug in Jerusalem bereitet hatte. Doch nun ist er offenbar von der Folter so stark geschwächt, dass er sein Kreuz, an dem er hingerichtet werden soll, nicht mehr selbst tragen kann. Deshalb ergreifen die römischen Soldaten, die alles überwachen, kurzerhand den Simon und zwingen ihn, anstelle von Jesus das Kreuz zu tragen.

Welche Gedanken mögen Simon bewegt haben? Vielleicht war das Kreuz schon blutverschmiert. Vielleicht bekam er Angst, selbst als ein Gefolgsmann von diesem Jesus zu gelten und gleich mit hingerichtet zu werden. Welche Erleichterung muss er empfunden haben, als er am Hinrichtungsplatz das Kreuz wieder ablegen durfte und frei ausgehen konnte, weil Jesus an dieses Kreuz geschlagen würde. Vielleicht hat er genau in diesem Moment realisiert, was es bedeutet, wenn ein anderer an seiner Stelle für ihn stirbt. Dann hätte er allerdings verstanden, was bei der Kreuzigung Jesu tatsächlich geschehen ist: ein sühnendes Opfer für jeden, der das in Anspruch nehmen will! *mm*

? Ist Ihnen klar, dass Sie als Sünder unter einem Todesurteil stehen?

! Den Vollzug kann man nur abwenden, wenn man bei Jesus seine Schuld abgibt.

Lukas 23,26-43

Denn so hoch die Himmel über der Erde sind, so übermächtig ist seine Gnade über denen, die ihn fürchten.

Psalm 103,11

Das Finsternis-Fenster

Ein Erdkunde-Lehrer stellte seinen Schülern folgende Hausaufgabe: »Wie hoch ist der Himmel über uns?« Ein pfiffiger Achtklässler gliederte die Aufgabe für seine Antwort in zwei Fragestellungen:

A. Wie hoch ist der sichtbare Wolkenhimmel über uns?

B. Wie hoch ist der sichtbare Nachthimmel über uns?

Antwort A: Wir sehen bei klarer Sicht nur etwa 12 Kilometer hoch. Die höheren Schichten der Atmosphäre kann unser Auge bei Tag nicht durchdringen. Durch Lichtreflektionen bildet die Ozonsicht eine Blickschranke. Mit Ausnahme der gleißend hellen Sonne sehen wir nichts hinter dem Firmament.

Antwort B: Paradoxerweise sehen wir am Nachthimmel in die Unendlichkeit! Da tut sich uns eine geheimnisvolle Grenzenlosigkeit auf. Lichtjahre entfernte Galaxien werden erkennbar.

Ganz Ähnliches trifft auch auf die Hinrichtung des Herrn Jesus Christus zu: Vordergründig hing er am Kreuz wie die anderen beiden Todeskandidaten. Das Auge der Zuschauer sah nur die Grausamkeiten der Menschen. Doch das Wesentliche darüber blieb dem Betrachter verborgen. Dazu musste es Nacht werden. Erst als die Sonne sich verfinsterte, wurde die tragischste Tiefe erkennbar. Erst beim Blick hinter die Kulisse zeigte sich die Ungeheuerlichkeit: In den drei Stunden der Finsternis ruft die Tiefe der Tiefe (Psalm 42,8). Da schweigt die Menge. Da erstirbt ihr Spott. Denn da richtet Gott. Da kommt der Aufschrei: »Mein Gott, mein Gott, warum hast du mich verlassen?« Und genau da zerreißt der Blickfang, der Vorhang zum Allerheiligsten hin (Markus 15,38). Da erlitt Jesus Christus die Gottverlassenheit, die wir ohne sein stellvertretendes Opfer in alle Ewigkeit hätten erleiden müssen. *fe*

Haben Sie je über diese drei Finsternis-Stunden nachgedacht?

Nun gehören unsre Herzen / ganz dem Mann von Golgatha, / der in bittern Todesschmerzen / das Geheimnis Gottes sah.

Markus 15,21-38

**Als der Hauptmann, der vor dem Kreuz stand,
Jesus so sterben sah, sagte er:
»Dieser Mann war wirklich Gottes Sohn.«**

Markus 15,39

Ostern – wie es mir gefällt?

Familienfest, Kinder-Event oder Kurzurlaub. Jeder macht sich heute sein eigenes Ostern. Die Reaktionen auf das, was mit Jesus geschah, waren schon damals sehr unterschiedlich: Pilatus, der römische Statthalter, sagte dreimal, dass er keinerlei Schuld an Jesus findet. Trotzdem ließ er Jesus kreuzigen, weil die Volksmenge es forderte. Er ist ein Bild für alle Menschen, die genau wissen: Das mit Jesus wäre der richtige Weg. Aber die Meinung anderer ist ihnen wichtiger. »Was würde denn Tante Anni von mir denken, wenn ich wirklich an Jesus glaube?« – Die Soldaten, die Jesus kreuzigen, sind routinemäßig mit ihrer Arbeit beschäftigt. Sie entsprechen Menschen, die tagaus, tagein ihre alltäglichen Pflichten erfüllen und ihre Freizeit gestalten und es versäumen, sich intensiver mit Jesus und seinem Werk am Kreuz auseinanderzusetzen. – Die religiösen Führer sind selbstgerecht und sehen keinen Grund, weshalb sie Vergebung ihrer Schuld nötig hätten. Sie meinen, den Weg zu Gott zu kennen, und Jesus Christus gehört für sie nicht zu diesem Weg. – Die Zuschauer wollen einfach eine Show erleben. Hinrichtungen waren schon immer gerne gesehene Schauspiele. Sie gleichen Menschen, die zu Weihnachten und Ostern in die Kirche gehen, der frommen Show wegen: sehen und gesehen werden.

Aber dann war da noch der Hauptmann. Er hat schon viele Schlachten geschlagen, Menschen sterben sehen und Hinrichtungen geleitet. Er erkannte, dass Jesus wirklich Gottes Sohn ist. Was unterschied ihn von all den anderen? Er nahm wahr, was dort am Kreuz geschah, er erkannte, dass Jesus anders war als alle anderen. Dieser Jesus fluchte nicht, sondern segnete. Er klagte nicht, sondern ertrug still das Leid. Er hasste nicht, sondern vergab. Das überwältigte ihn. *sh*

Zu welcher der oben beschriebenen Gruppen bzw. Personen gehören Sie?

Lesen Sie die Leidensgeschichte von Jesus und betrachten Sie ihn am Kreuz! Er starb dort auch für Sie.

Markus 15,39

12. April 20

Ostersonntag **Sonntag**

Und es geschah, während sie sich unterhielten und miteinander überlegten, dass sich Jesus selbst nahte und mit ihnen ging; aber ihre Augen wurden gehalten, sodass sie ihn nicht erkannten. Lukas 24,15-16

Sehend – und doch nicht sehen?

Kennen Sie das? In bestimmten Situationen hat man einfach kein Auge z. B. für die Schönheit der Natur. Da fährt man im Zug durchs Gebirge und lässt sich durch ein spannendes Buch von der herrlichen Bergwelt draußen ablenken. Da ist man mit dem Fahrrad unterwegs und hadert mit einer defekten Gangschaltung – und bekommt nichts mit von den reifen Feldern und sonnigen Auen, durch die man radelt. Da ist man zu Fuß unterwegs und so sehr in Gedanken vertieft und mit Sorgen beschäftigt, dass man gar nicht merkt, wo man überhaupt unterwegs ist.

So erging es auch den zwei Jüngern im Tagesvers, von denen gesagt wird, dass ihre Augen gehalten wurden. Die Folge war, dass sie nicht merkten, wer sich da plötzlich zu ihnen gesellte: Jesus Christus, der Auferstandene! Wie gut, dass sie mit ihm ins Gespräch kamen und ihn am Ende doch noch erkannten!

Auch von uns, den heute Lebenden, könnte man sagen: Unsere Augen werden gehalten. Denn was stellt sich nicht alles an Eindrücken, Gedanken und Sorgen und Nöten zwischen uns und der göttlichen Herrlichkeit in der Person von Jesus, die so überwältigend ist, dass sie alle unsere Sorgen und Nöte in nur einem Augenblick hinwegfegen könnte. Wie oft haben wir es schon erlebt, dass er sich uns nahte und mit uns ging und wir ihn nicht oder erst nach einer ganzen Weile erkannten? Dabei könnten wir ihn täglich erleben und über seine Wunder und Belehrungen staunen, wenn wir ihm nur unsere ganze Aufmerksamkeit schenken würden.

Die Jünger jedenfalls waren, nachdem ihre Augen geöffnet wurden, so voller Freude und neuer Energie, dass sie unmittelbar losliefen und den gleichen langen Weg wieder zurückeilten, um ihren Freunden zu sagen, dass ER tatsächlich auferstanden ist und lebt. *pj*

? Wie sehend sind Sie im Blick auf Jesus?

! Rechnen Sie damit, dass er auch Ihnen begegnen und Sie heute und in Ihrem ganzen Leben begleiten will.

Lukas 24,15-35

13. April 20

Montag **Ostermontag**

Wenn ich nicht in seinen Händen das Mal der Nägel sehe und meinen Finger in das Mal der Nägel lege und meine Hand in seine Seite lege, so werde ich nicht glauben.

Johannes 20,25

Narben

Wer bis 1970 geboren ist, trägt sie noch: die Oberarmnarbe von der Pockenschutzimpfung. Doch es gibt viele Arten von Narben: Operationsnarben z. B. oder die Spuren von Unfällen und Gewalt. Ob diese Narben nun groß oder klein sind, sichtbar oder verdeckt, gut verheilt oder nicht, sie dokumentieren eine echte Verletzung. Und sie bleiben meistens ein Leben lang sichtbar. Dabei erinnern sie ihren Träger oft sehr genau an die Situation, in der die Verletzung geschehen ist. Ich kann fast zu jeder Narbe an meinem Körper eine Geschichte erzählen: Wie ich im Kindergartenalter mit der Ferse, auf dem Gepäckträger meines Vaters sitzend, in die Fahrradspeichen gekommen bin. Oder wie mein rechter Zeigefinger Anfang der 80er-Jahre von der Autotür eines R 4, mit dem der ältere Bruder eines Klassenkameraden mich von der Schule abholte, eingeklemmt worden ist; die Schnittwunde vom Taschenmesser eines Freundes, dem ich nicht glauben wollte, wie scharf dessen Klinge tatsächlich ist, usw.

Der Tagesvers erzählt von einem Mann, der erst dann an die Auferstehung Jesu glauben wollte, wenn er die Male – oder Narben – an den Händen und der Seite des Gekreuzigten sehen könnte. Sie erst wären der sichtbare Beweis dafür, dass der Mensch Jesus tatsächlich lebt. Jesus geht diesem Ansinnen später nach, um auch den letzten Zweifler von der Tatsache seiner Auferstehung zu überzeugen. Ihn selbst, der nun als Mensch bei Gott im Himmel ist, erinnern sie stets daran, dass er sein Leben für uns Menschen in einer bestimmten Situation gegeben hat. Und sie erinnern Gott, seinen Vater, daran, dass sein Sohn für jeden, der an ihn glaubt, aus den vernarbten Wunden sein Blut zur Vergebung der Schuld vergossen hat. *mm*

? Welche Fragen haben Sie in Bezug auf die Glaubwürdigkeit der Bibel?

! Lassen Sie nicht locker! Gott wird ehrliche Zweifler zu Glaubenden machen.

Johannes 20,19-29

14. April 20

Dienstag

**Ich habe Vollmacht, es (das Leben) zu lassen,
und habe Vollmacht, es wiederzunehmen.**
Johannes 10,18

Neustart oder Endpunkt?

Der Tod ist ja wohl das Letzte. Der absolute Endpunkt. Hier ist man irreversibel abgestürzt. Da kommt keiner mehr raus. – So denken manche nicht nur über den Tod, sondern auch über gewisse Lebensschicksale, Erlebnisse, Erfahrungen oder Tiefschläge. Vielleicht sind sie abgestürzt in der Liebe, der Partnerschaft, im Beruf, haben sich verkalkuliert, Verluste erlebt – sind einfach am Ende, d. h. ganz unten angekommen. Vielleicht haben sie auch Neustarts versucht – vergeblich. Die innere Stimme sagt: Es hat keinen Sinn mehr, es bringt nichts mehr. Ein Endpunkt ist erreicht.

Und jetzt wirft Jesus Christus einen solch gewaltigen Satz in den Raum: Er hat die Freiheit, sein Leben zu lassen, und die Möglichkeit, es wiederzunehmen. Das sagt doch nicht weniger aus, als dass er alles hinwerfen und in jeder beliebigen Situation neu starten kann. Weil er die Kraft dazu hat, weil er es eben vermag. Er kann sogar im Tod neu starten. Als viele glaubten, mit Jesus sei es vorbei, das Kreuz sei der Endpunkt, da startete er neu, und zwar in einer gewaltigen ungeahnten neuen Qualität und Quantität. Aus wenigen Anhängern vor seinem Tod wurden Milliarden Christen bis heute. Und das sind alles Leute, die erlebten, dass dieser Jesus Christus ihr Leben nicht nur neu gestartet, sondern unglaublich gestärkt, gefördert, geführt und aufgewertet hat – in einer neuen Qualität und Quantität.

Ostern ist der Inbegriff dafür, dass es für Jesus Christus keine Endpunkte gibt. Sie sind für ihn Übergänge zu einem neuen Anfang, in ein neues Leben. Diese Hoffnung und diese Tatsache bietet er uns allen an. Daran habe ich mich geklammert, dem habe ich vertraut und dann genau das erlebt. Und Sie? *mn*

Welche »Endpunkte« kennen Sie persönlich?

Erleben Sie den lebendigen Jesus Christus!

Matthäus 28

**Und werft so alle eure Sorgen auf ihn,
denn er sorgt sich um alles, was euch betrifft.**

1. Petrus 5,7

Entsorger

Bei meinem vorherigen Arbeitgeber waren wir im Maschinen- und Anlagenbau tätig. Dieser Markt, insbesondere der Bereich Abwassertechnik, war heiß umkämpft. Erst recht, als die neuen Bundesländer hinzukamen und sich jeder etwas von dem großen Kuchen ergattern wollte. Jeder versuchte, die Marktbegleiter im Preis zu unterbieten und irgendwie an Aufträge zu kommen.

So sehr man sich über einen neuen Großauftrag freute, das Ganze blieb nicht ohne Folgen: Der Auftrag schwemmte mit 30 % Anzahlung zwar Geld aufs Konto, aber je länger, je mehr stopfte man damit bloß noch die Löcher der Vergangenheit – statt mit dem Geld den neuen Auftrag anzuarbeiten.

Als Kaufmann schafft man es zwar eine ganze Weile, das zur Verfügung Stehende so geschickt zu jonglieren, dass möglichst nichts anbrennt. Aber die immer dünner werdende Finanzdecke sowie die steigende Nervosität der Gesellschafter einer- und die nächste Mitarbeiter-Entlohnung andererseits treiben einen um! Die Sorgen nagen dann irgendwann auch an der gesundheitlichen Substanz.

Kennen Sie das auch, dass man mit sorgenvollen Gedanken abends zu Bett geht ... und sie, wenn man denn überhaupt schlafen kann, morgens bald schon wieder präsent hat? Zeug, das einem lästig ist, das man nicht braucht, gibt man heute schnell zum Entsorger. Aber wie ist das mit lästigen Gedanken, mit Dingen, die einen belasten und die man auch »nicht braucht«? Wie geht man mit SORGEN um? Am besten bringt man auch diese direkt zum kompetenten »Entsorger«. Zu Jesus, bei dem man – im Gegensatz zu unseren herkömmlichen Entsorgern – ALLES abliefern darf! Ohne Vorsortierung. Oft ist's leichter gesagt als getan, aber man muss NICHTS davon wieder mitnehmen. *md*

Was treibt Ihnen Sorgenfalten auf die Stirn?

Laden Sie Ihre Sorgen bei *dem* kompetenten »Entsorger«, bei Jesus, ab! Er kümmert sich darum. (Nicht wieder mitnehmen!)

Philipper 4,4-7

**Wer solch ein Kind um meinetwillen aufnimmt,
der nimmt mich auf.**
Matthäus 18,5

Adoptivkinder

Ich bewundere Paare, die durch ein Adoptivkind zu Eltern werden. Welch ein langer Weg liegt hinter ihnen, bis es endlich so weit ist, dass sie ihr neues Familienmitglied glücklich in die Arme schließen dürfen. Doch dann geht die Arbeit ja erst richtig los! Meist haben Kinder, die zur Adoption freigegeben wurden, schon traumatische Erfahrungen gemacht. Sie benötigen besondere Aufmerksamkeit, um evtl. vorhandene Defizite aufzufangen. In der Regel ist ihr Leben von Ablehnung geprägt, die bereits vor deren Geburt begann. Nicht selten wären solche Kinder abgetrieben worden, hätte die Mutter die Schwangerschaft nicht zu spät bemerkt. Leider kommt oft hinzu, dass Mütter, die ihr Kind abgeben müssen, aufgrund verschiedener negativer Lebensumstände unfähig oder überfordert sind, ihr Kind aufzuziehen. Auch das prägt diese Kinder körperlich und seelisch negativ. Umso größer ist das Glück, wenn sie nicht im Heim aufwachsen müssen, sondern bei fürsorglichen Pflege- oder Adoptiveltern Annahme und vor allem Liebe finden.

Gott, unser Vater im Himmel, handelte ganz ähnlich. Die Bibel nennt uns alle »Kinder des Teufels« (1. Johannes 3,10). Wir dürfen uns nur deshalb zu Gottes Kindern rechnen, weil er uns nicht nur durch die Wiedergeburt, sondern auch wie Adoptivkinder angenommen hat. Im Römerbrief erklärt Paulus: »Gerade dort, wo zu ihnen gesagt wurde: ›Ihr seid nicht Gottes Volk!‹ werden sie ›Söhne und Töchter des lebendigen Gottes‹ genannt werden« (Römer 9,26). Möglich wurde das durch die Hinwendung im Glauben zu Jesus Christus. Wie angenommene Kinder, die ihre ganze Hoffnung auf die neuen Eltern setzten, liegt es nun an uns, Gottes Zuneigung mit kindlichem Vertrauen zu erwidern und dieses Gnadengeschenk dankbar anzunehmen. *dbe*

? Haben Sie sich schon »adoptieren« lassen?

! Dann dürfen Sie sich zu Gottes Familie rechnen, denn »jeder, der den Namen des Herrn anruft, wird gerettet werden« (Römer 10,13).

1. Johannes 4,7-16

Und sie sprachen: Auf, wir wollen uns eine Stadt und einen Turm bauen, und seine Spitze bis an den Himmel! So wollen wir uns einen Namen machen ...

1. Mose 11,4

Die Erfindung der Dampfmaschine

Mein Bruder besaß eine große elektrische Eisenbahn. Groß wurde sie allerdings erst im Laufe der Jahre. Da wurde hinzugekauft, wenn mal wieder ein Scheinchen frei war. So füllte die Bahn schließlich einen ganzen Speicherraum. Doch fertig wurde sie nie. Wie bei vielen anderen Leuten zeigt die Geschichte, wie tief das Erlebnis der Eisenbahn die früheren Generationen geprägt hat. Doch diese Entwicklung hat längst ihren Höhepunkt überschritten. Heute ist die Eisenbahn nur noch ein Verkehrsmittel unter vielen.

Dabei hatte sie ohnehin nicht im Zentrum ihres Erfinders gestanden, jenes James Watt in England. Erfindungen haben es auch meistens an sich, dass sie nicht mit einem Knipser in die Menschenwelt gesetzt werden, sondern meist eine Vorgeschichte haben. So war es auch bei der Dampfmaschine Watts. Er sollte eine Maschine reparieren und ggf. verbessern. Am Ende eines langen Weges stand dann ein offizielles Patent der Regierung für eine Dampfmaschine.

Als dann ein weiterer Erfinder in England diese Dampfmaschine auf Gleise setzte und fahren ließ, war der Startschuss gegeben für eine industrielle Revolution, die in Windeseile die Welt veränderte. Die Menschheit wurde vom Energiehunger erfasst und gräbt seitdem auf der Suche nach neuen Ressourcen die Erde um. Doch damit ist sie auf dem besten Weg, eines Tages die Fundamente zu zerstören, die Gott dem Menschen für das Leben auf der Erde gegeben hat. Unter der Knechtschaft der Sünde wird eben das Paradies nicht errichtet, sondern eher alles ruiniert, was Gott dem Menschen anvertraut hat. Deshalb wird Gott wie damals beim Turmbau zu Babel erneut eingreifen und eine Wendung der Dinge bewirken. Das Problem ist der Mensch, er muss verändert werden. *koh*

Wo führt bei Ihnen Maßlosigkeit zum Niedergang?

Gott bleibt Gott, und der Mensch bleibt Mensch, welcher der Erlösung bedarf.

Römer 1,18-32

Dein Wort ist nichts als Wahrheit.
Psalm 119,160

Die 6-Tage-Schöpfung (1)

Die Bibel lässt uns nicht im Unklaren darüber, wie Gott die Welt und alles Leben geschaffen hat, d. h., nach welchen generellen Prinzipien dieses geschah. Eine immer wieder gestellte Frage betrifft die benötigte Zeit der Erschaffung von allem. Auch darüber informiert uns Gott sehr eindeutig und klar.

Alle Evolutionstheorien brauchen zu ihrer Begründung sehr lange Zeiträume, denn die Entwicklung soll so langsam vor sich gegangen sein, dass keine Generation etwas davon spürte. Wenn die Bibel hingegen von Schöpfung spricht, dann werden dort immer spontan eintretende Ereignisse geschildert. Gottes Wort und Befehl haben augenblickliche Erfüllung zur Folge. So lesen wir es beispielsweise in Psalm 33,9: »Denn er sprach: da geschah's; er gebot: da stand es da« (Menge). Auch gemäß Psalm 148,5 folgt dem Schöpfungshandeln sofort das fertige Ergebnis auf den gebieterischen Ruf Gottes hin: »Denn er gebot, und sie waren geschaffen« (Elberfelder, 2006).

In den Geboten Gottes wird die große Klammer um alles Geschaffene gelegt, und Gott informiert uns, dass er sechs Tage für alle seine Werke veranschlagt hat. »Denn in sechs Tagen hat der Herr Himmel und Erde gemacht und das Meer und alles, was darinnen ist, und ruhte am siebenten Tage« (2. Mose 20,11). Gelegentlich wird der Einwand gebracht: Die Sonne wurde erst am vierten Tag geschaffen. Wie kann man auch davor schon von Tagen reden? Die Definition des Tages und die der Tageslänge hängen nicht unbedingt von der Sonne ab, sondern von zwei Bedingungen: (1) dem Vorhandensein einer Lichtquelle, und diese existierte bereits seit dem ersten Schöpfungstag; (2) der Drehbewegung der Erde. Die geschaffene Erde führte demzufolge bereits von Anfang an eine Umdrehung in 24 Stunden aus. *gi*

Haben Sie die ganze Bibel als Wort der Wahrheit angenommen?

Weil Jesus die Wahrheit in Person ist und er die ganze Bibel autorisiert hat, gibt es nichts Unwahres in der ganzen Bibel.

Johannes 14,6; 17,17

19. April 20

Sonntag

Dein Wort ist die Wahrheit.
Johannes 17,17

Die 6-Tage-Schöpfung (2)

Die Zeitfrage der Schöpfung können wir uns auch logisch erschließen: Stellen wir uns zwei Studenten vor, denen wir eine schwierige Aufgabe zur Lösung vorlegen. Der eine ist hochintelligent, der andere hat mit Mühe und Not seinen Schulabschluss geschafft. Wer wird schneller fertig sein? Natürlich der Intelligente! Wir erkennen mühelos: Mit zunehmender Intelligenz y braucht man weniger Zeit T zur Lösung. Mathematisch ausgedrückt ist die Gleichung y = f(T) eine Hyperbelfunktion der Art y proportional zu 1/T. Diese Hyperbelkurve läuft asymptotisch gegen die Abszisse T und auch asymptotisch gegen die Ordinate y. Daraus ergeben sich zwei Folgerungen:

1. Schöpfung: Wenn jemand unendlich intelligent ist (y = ?), dann braucht er zur Lösung der Aufgabe gar keine Zeit mehr (T = 0). Die Bibel bezeugt mehrfach, dass Gott allmächtig und allwissend ist. Nach diesem leicht einsichtigen Hyperbelgesetz brauchte Gott somit zur Erschaffung der gesamten Schöpfung überhaupt keine Zeit. Gott hat sich jedoch viel Zeit genommen, nämlich sechs Tage, um eine Analogie zu dem uns gegebenen Gebot zu bewirken: »Sechs Tage sollst du arbeiten und alle deine Werke tun. Aber am siebenten Tage, … da sollst du keine Arbeit tun« (2. Mose 20,9-10). Wenn manche Zeitgenossen die 6-Tage-Schöpfung ablehnen, dann sind sie damit mathematisch unlogisch und zudem auch biblisch unkorrekt, weil sie Gott damit unterstellen, er habe nur eine begrenzte Macht.

2. Evolution: Der Hyperbelverlauf der Kurve zeigt noch etwas Wichtiges an. Da die Materie über keinerlei kreative Intelligenz verfügt (y = 0), dauert es unendlich lange (T = ?), bis etwas Neues entstehen könnte. Die Hyperbel lehrt uns gleichzeitig die Unmöglichkeit eines Evolutionsprozesses. *gi*

Was hindert Sie noch daran, an eine 6-Tage-Schöpfung zu glauben?

Um die Welt zu verstehen, ist es nicht nur hilfreich, sondern notwendig, dem Wort Gottes in allem zu glauben.

Psalm 119,105

20. April 20

Montag

... indem ihr wisst, dass ihr nicht mit vergänglichen Dingen, mit Silber oder Gold, erlöst worden seid von eurem eitlen, von den Vätern überlieferten Wandel ...

1. Petrus 1,18

April 1519: Hernando Cortés landet in Mexiko

Die Römer schon hatten eine Redewendung, die gut zu unserem fragwürdigen Helden passt: *sacra aura fames,* verfluchter Hunger nach Gold. Cortés' Name ist in besonderer Weise mit einem der unrühmlichsten Kapitel der europäischen Geschichte verbunden, der Entdeckung und Eroberung Amerikas. Ströme von Blut sind geflossen. Menschen wurden auf unvorstellbare Weise gequält und geschunden, sodass manche Völker sich sogar entschlossen, keine Kinder mehr zu haben und einfach auszusterben. Sie konnten das Leben unter der spanischen Herrschaft nicht mehr ertragen.

Es war ebendieser Hunger nach Gold, der die Eroberer antrieb. Einer von ihnen war Cortés, dem es gelungen war, eine führende Stellung unter den Spaniern zu erlangen. Er stellte eine kleine Armee zusammen, mit der es ihm gelang, das Aztekenreich samt seiner Hauptstadt Tenochtitlan zu erobern. Unermessliche Mengen an Gold fielen ihm in die Hände. Eigentlich war er damit am Ziel. Aber das Herz des Menschen ist unersättlich. Das Unglück der Einwohner nahm kein Ende und sollte sich auch nach dem Tode von Cortés in Spanien fortsetzen.

Was aber nützt all dieses Gold, wenn es um viel Wichtigeres geht, als Reichtum, Ehre und Macht?! Unser Tagesvers spricht von einer Erlösung, d. h. davon, von einem Leben erlöst zu werden, das im Nichts endet. Diese Erlösung ist mit keinem Gold dieser Welt zu erwerben. Im Gegenteil, wer sein ganzes Leben nur nach irdischen Werten giert, wird das ewige Leben versäumen. Das gilt für den Eroberer Cortés, der mit all diesem Gold auch schrecklich viel Schuld anhäufte, indem er Unzählige tötete, genauso wie für jeden Menschen heute, der achtlos an dem vorbeigeht, was Gott in Jesus Christus allen anbietet. *koh*

Was nimmt Sie gefangen?

Gold und Besitz können blenden, aber auf Gott zu schauen, klärt den Blick für das Wesentliche.

Psalm 62

21. April 20

Dienstag **Kindergartentag**

**Wenn ich anschaue deinen Himmel, deiner Finger Werk,
den Mond und die Sterne, die du bereitet hast …**
Psalm 8,4

Himmelsbilder

Wie wohl die meisten Mütter habe ich einen Ordner, in dem ich die Bilder meiner Kinder sammle. Die Sammlung beginnt mit Wachsmalkritzeleien, als sie zwei Jahre alt waren. Irgendwann erscheinen dann Männchen mit unglaublich großen Köpfen und Augen auf den Bildern. Bald bekommen diese Männchen Arme und Beine, Gesichter und Haare. Schließlich kommen Häuser, Bäume und Tiere dazu. Ein Kinderarzt könnte von diesen »Kunstwerken« wahrscheinlich ziemlich genau Rückschluss auf das Alter und den Reifegrad der kleinen Künstler schließen: Kleinkind, Kindergartenkind, Grundschulkind.

Während die Werke meiner Kinder in einem Ordner verstaut sind, steht uns ein anderes Kunstwerk jeden Tag vor Augen: der Himmel. Mal türmen sich weiße Wolken zu fantastischen Gebilden auf, mal spannt er sich azurblau über unseren Köpfen. Manchmal raubt uns die Schönheit eines glühenden Sonnenuntergangs den Atem, dann wieder lässt uns der Blick in den unendlichen Sternenhimmel unsere eigene Kleinheit erkennen. Der Himmel, ein einzigartiges Kunstwerk! Man muss kein Experte sein, um zu wissen, wer als Einziger hinter diesem Werk stehen kann: Gott, der allmächtige und herrliche Schöpfer. In der Bibel bezeichnet er den Himmel als sein Werk, als eine Arbeit, die seine Herrlichkeit erzählt.

Wie enttäuscht wären meine Kinder, wenn ich ihren kleinen Kunstwerken keine Beachtung schenken würde! Und ob Gott nicht auch traurig darüber ist, wenn wir die Schönheit seines Himmels ignorieren und stattdessen lieber nach unten auf die flimmernden Pixel unserer Handys starren? Dabei sollte uns die Betrachtung dieses einzigartigen Kunstwerkes dahin bringen, seinem Urheber die verdiente Ehre und Anbetung zu geben!

eli

? Was machen Sie mit dem Kunstwerk »Himmel«, das Gott Ihnen jeden Tag zeigt?

! Jedes Kunstwerk offenbart etwas über seinen Schöpfer.

Psalm 19

22. April 20

Mittwoch

**Alle sind abgewichen, sie sind alle verdorben;
da ist keiner, der Gutes tut, auch nicht einer.**
Psalm 14,3

Makellose Äpfel?

»Ich will einen makellosen Apfel, einen ohne Druckstellen und ohne Schorf. Und wenn man hineinbeißt, soll er so richtig knacken und natürlich supergut schmecken! Ich will einen Apfel aus dem Supermarkt und keinen aus unserem Garten, denn die haben alle Flecken!«, so die Begründung meiner 12-jährigen Tochter zur Ablehnung des ihr angebotenen Apfelstücks. Wie soll man dem Kind klarmachen, dass die Äpfel aus dem Garten die besseren und gesünderen sind, mit keinerlei Pestizidrückständen und einer tadellosen Umweltbilanz? Am besten fände sie es, wenn wir unsere Äpfel auch spritzen würden, damit sie schöner aussehen. Ich kläre sie auf, dass auch an Bäumen, die mit Spritzmitteln behandelt sind, Äpfel wachsen, die aussortiert werden und es nicht in die Supermarktauslage schaffen. Bestenfalls macht man daraus Apfelsaft, schlechtestenfalls werden sie weggeworfen.

So ist es mit allem, angefangen bei Äpfeln bis hin zu Menschen. Eigentlich nichts, was wir in der Natur sehen, ist wirklich vollkommen makellos. Pflanzen, Tiere und Menschen sind von Krankheiten, Schädlingen und Verfall bis hin zum Tod bedroht. Wir können diesen negativen Dingen vorbeugen oder ihnen mit geeigneten Mitteln entgegenwirken, doch das Grundproblem, nämlich die »gefallene Schöpfung«, können wir nicht rückgängig machen. Weil wir Menschen ausnahmslos schuldig sind und mit unserer Rebellion gegen Gott die gesamte Schöpfung in Mitleidenschaft gezogen haben, ist nichts mehr »sehr gut« (siehe 1. Mose 1,31), so wie es Gott anfangs erschaffen hatte. Gut, dass Gott gnädig ist und durch das Schuldeingeständnis eines jeden reuigen Sünders diesen vollkommen neu macht, frei spricht und ewiges Leben schenkt.

dbe

? Mit welchem Typ Apfel würden Sie sich am ehesten vergleichen?

! Laut der Bibel wird einmal die gesamte Erde ganz neu gemacht.

Offenbarung 21,1-8

Ich bin die Tür. Wenn jemand durch mich hineingeht, wird er gerettet werden und wird ein- und ausgehen und Weide finden.

Johannes 10,9

Die Tür

In meiner Jugendzeit las ich viele Bücher. »Der geheime Garten« von Frances Hodgson Burnett war mein Lieblingsbuch: Mary Lennox verliert ihre Eltern mit 9 Jahren und wird zu ihrem Onkel nach Schloss Misselthwaite gebracht. Sie ist ein verwöhntes und mürrisches Kind, dessen Onkel keine Zeit für sie hat. So verbringt Mary ihre Zeit meist allein in dem riesigen Schloss, ohne Spielzeuge, ohne Spielkameraden. Da erzählt ihr Kindermädchen eines Tages von einem geheimen Garten, der schon seit 10 Jahren verschlossen und seitdem nie wieder betreten worden ist. Das macht Mary neugierig, und sie nimmt sich vor, diesen geheimnisvollen Garten zu finden.

Beim Herumstreifen um das Schloss findet das kleine Mädchen eines Tages eine Mauer ohne Tür. Dahinter muss der verschlossene Garten sein! Aber wie kann sie da hineinkommen? Sie kann mit niemandem über den Garten reden, weil es verboten ist. So muss sie selbst eine Lösung finden. »Es muss doch irgendwo eine Tür geben!«, sagt Mary sich immer wieder. Nach vielen Versuchen findet sie schließlich die von Efeu umrankte Tür und auch den passenden Schlüssel. Nun wird der »geheime Garten« zum Paradies ihrer Kindheit.

In den verschlossenen Garten des Buches führte nur diese eine Tür. Genauso gibt es nur eine Tür, die zum ewigen Leben führt: Jesus Christus. Es lohnt sich, diese Tür zu suchen. Anders als in dem Jugendbuch ist sie nicht versperrt. Viele Menschen sind schon durch diese Tür gegangen, haben durch Jesus Vergebung ihrer Schuld und ewiges Leben gefunden. Sie erzählen nun gerne auch anderen davon, wie man diese Tür findet und damit Zutritt zu Gottes Reich bekommt. Es ist kein Geheimnis: Jesus ist die Tür, und wer an ihn glaubt, der bekommt Zutritt zu einem ewigen Paradies. *bwe*

? Kennen Sie Christen, die Ihnen den Weg zu Gott zeigen können?

! Die Schönheit des Gartens ist die Suche wert.

Johannes 10,1-15

Den Urheber des Lebens aber habt ihr getötet!
Apostelgeschichte 3,15

Fatale Fehlinformation

In einem indischen Dorf sprechen 2018 einige durchreisende Männer ein Mädchen an, weil sie durstig sind. Sofort sind alle Dorfbewohner auf den Beinen. Wütend gehen die Einwohner auf die Männer los. Kurzerhand werden die Fremden ergriffen und erschlagen. Innerhalb weniger Monate kommen in verschiedenen Dörfern Indiens auf ähnliche Weise 23 Menschen zu Tode.

Die Ursache? Ein Gerücht, das über WhatsApp rasende Verbreitung fand: In einem Video werden Entführerbanden gezeigt, die durch die Dörfer ziehen, um Kinder zu verschleppen. Aufgrund dieses Videos sehen viele Menschen in Indien sofort in jedem Ortsfremden, der ein Kind anspricht, eine reale Gefahr. Doch dieses Gerücht entbehrte jeder Grundlage. Nach einem Bericht von *Spiegel Online* stammte das Video gar nicht aus Indien, sondern aus Pakistan. Und es dokumentiert auch keine reale Entführung, sondern einen Ausschnitt aus der Kampagne einer Hilfsorganisation, die Eltern davor warnen soll, ihre Kinder unbeaufsichtigt zu lassen. Ein Irrtum mit dramatischen Folgen: Er kostete viele unschuldige Menschen das Leben!

Um das Jahr 33 n. Chr. unterlagen viele Menschen in Judäa ebenfalls einem fatalen Irrtum, weil sie Informationen falsch einschätzten: Da lebte ein Mann in ihrer Mitte, der erklärte, Gottes Sohn zu sein. Er unterstrich dies, indem er Menschen heilte und sogar Tote auferweckte. Dennoch glaubte man ihm nicht, sondern brachte ihn durch falsche Anschuldigungen zu Tode. Was für ein katastrophaler Irrtum, den Urheber des Lebens zu töten!

Doch Gott hat einen Ausweg: Sogar für solche Menschen, die seinen Sohn getötet haben, bietet er Gnade an, eben weil sein Sohn durch seinen Tod sogar für die größte Schuld bezahlt hat. *mm*

? Welchem Gerücht sind Sie schon zum Opfer gefallen?

! Keines hat so weitreichende Folgen wie eine Fehlinformation über Jesus Christus, den Erlöser der Welt.

Apostelgeschichte 3,12-26

**Was aus dem Fleisch geboren ist, ist Fleisch,
und was aus dem Geist geboren ist, ist Geist.**
Johannes 3,6

Kleine Pflanzen, ein Baby und noch mehr

Im Ruhrgebiet ist es weit verbreitet: das Gärtnern. Entweder hat man einen Schrebergarten oder einen Garten am Haus bzw. in der Nähe. So hatten meine Eltern, beide Großeltern sowie weitere Verwandte einen Obst- und Gemüsegarten. Wie freute ich mich, als ich als Kind ein kleines Stück Garten für mich bekam! Im März und April stehen auch dieses Jahr wieder viele Töpfe und Kästen in unserem Treppenhaus – gefüllt mit Erde und Samen zum Vorziehen (z. B. Stangenbohnen, Gurken, Rote Beete). Wie groß ist die Freude, wenn nach Tagen, ja, teilweise Wochen des Wartens die kleinen Pflänzchen aus dem Boden kommen!

Vor Kurzem kam unser viertes Baby zur Welt. Wie groß ist auch hier die Freude, wenn auf einmal ein neuer Erdenbürger da ist, ein echter, funktionierender kleiner Mensch! Die Bibel spricht ebenso von einem geistlichen neuen Leben. Im Tagesvers ist davon die Rede. Es wird von Gott in Menschen hervorgebracht, die ihm ihre Sünden bekannt haben und seinem Sohn Jesus Christus glauben. So kann ein Mensch zum zweiten Mal geboren werden, wie der Herr Jesus dem Pharisäer Nikodemus erklärte, als dieser ihn nachts besuchte, um ihn einige brennende Fragen zu stellen. Der Apostel Petrus schreibt später in einem seiner Briefe so darüber: »... die ihr nicht wiedergeboren seid aus verweslichem Samen, sondern aus unverweslichem, durch das lebendige und bleibende Wort Gottes« (1. Petrus 1,23).

Wenn man Gottes Wort hört und diesem Wort Glauben schenkt, dann wird ihm das zu einem Samenkorn, das in seinen Herzensboden gelegt wird. Es geht dann auf und wächst, d. h., ein Mensch wird zum Christusnachfolger mit einer neuen göttlichen Natur, die niemals mehr vergeht, sondern ewig bestehen bleibt, auch wenn der Mensch mit seinem natürlichen Leib stirbt. *mtz*

Wussten Sie schon von diesem neuen Leben aus Gott?

Freude an Pflanzen und an einem Baby ist gut. Aber neues geistliches Leben ist noch weit besser.

Johannes 3,1-17

**Sterben müssen alle Menschen;
aber sie sterben nur einmal,
und darauf folgt das Gericht.**

Hebräer 9,27

Warnung in den Wind geschlagen?!

Während unserer Hochzeitsreise in Israel hatten meine Frau und ich die tolle Gelegenheit, das beim Toten Meer gelegene Wadi En Boqeq zu durchwandern und die atemberaubende Natur zu bestaunen. Wadis nennt man die trockenen Flussbetten, die sich bei starken Regenfällen in reißende Sturzbäche verwandeln – das Gefährliche ist, dass man vor Ort den schönsten Sonnenschein haben und doch von den Fluten tödlich überrascht werden kann: Wenn es in entfernten, höher gelegenen Gegenden regnet, sammelt sich das Wasser und schießt mit gewaltiger Kraft durch das Tal. Nichts ahnende Wanderer werden mitgerissen.

So erging es am 26. April 2018, zwei Tage nach unserer Wanderung, einer Gruppe von 25 Schülern, die trotz Unwetterwarnung einen Ausflug in das Wadi Zafit unternommen hatten. Zehn von ihnen, die in der Mitte des Flussbettes liefen, wurden von der Sturzflut fortgerissen und starben. Der Tour-Guide der Gruppe wurde später festgenommen. Warum hatte er nicht auf die Unwetterwarnungen gehört? Er vertraute auf den strahlend blauen Himmel über der Arava-Wüste; weiter reichte sein Blick nicht. Er hätte den Warnungen vor dem Unwetter Glauben schenken sollen, verließ sich aber auf sein eigenes Urteilsvermögen.

In diesem Kalender werden auch Sie immer wieder davor gewarnt, dass Ihnen ohne Jesus Christus ein Gericht droht. Vielleicht ist Ihr Lebenshimmel ungetrübt und Sie können sich nicht vorstellen, dass sich das jemals ändern könnte. Doch der Tod kommt gewiss und mit ihm das Gericht. Gott wird Rechenschaft von Ihnen fordern. Können Sie dann als sündiger Mensch vor ihm bestehen? – Lassen Sie sich versöhnen mit Gott! Bitten Sie Jesus Christus um Vergebung Ihrer Sünden und vertrauen Sie ihm Ihr Leben an! Nur dann bleiben Sie vor dem Gericht verschont.

Jam

? Wie bewusst gehen Sie mit dieser Gefahr um?

! Nehmen Sie die Warnung ernst, und rufen Sie im Gebet den an, der Sie rechtzeitig retten kann.

Johannes 5,20-29

Und er fragte ihn mancherlei.
Er antwortete ihm aber nichts.
Lukas 23,9

Kein Netz

Wenn ich morgens mit dem Hund gehe, denke ich über viele Dinge nach, z. B. über die Bibel. Manchmal will ich dann eine Bibelstelle nachlesen. Wenn ich keine Bibel dabeihabe, zücke ich mein Smartphone und rufe eine im Internet zugängliche Bibelübersetzung auf. Eines Morgens wollte ich es genauso machen – allerdings konnte der Browser die Seite nicht öffnen. Der Grund: »kein Netz«. Das verwunderte mich, denn eigentlich ist meine Wohnumgebung bestens abgedeckt. Später stellte sich heraus, dass ein flächendeckender Stromausfall für die zeitweise fehlende Verbindung verantwortlich war. Dieses Problem war schnell behoben.

Allerdings hat mir dieser kurze Moment der »Netzlosigkeit« etwas vor Augen geführt: Was wäre, wenn ich von jetzt auf gleich keinen Zugriff mehr auf die Bibel hätte? Was wäre, wenn Gott von jetzt auf gleich sein Reden in meinem Leben einstellte? Was wäre, wenn Gottes »Netz« für mich nicht mehr verfügbar wäre?

Der oben zitierte Bibelvers beschreibt eine solche Situation: Jesus Christus steht dem Fürsten Herodes gegenüber. Dieser freut sich, ihn zu sehen. Er hat viele Fragen, und vielleicht bewirkt dieser Jesus, von dem er schon so viel gehört hat, in seiner Gegenwart ein Wunder, irgendetwas Beeindruckendes. Er redet auf ihn ein, bedrängt ihn. Doch dieser Jesus, der zuvor stets freimütig mit Menschen im Gespräch war, sagt kein Wort mehr. Die Zeit seines Redens ist für ihn vorbei. Herodes hätte in früheren Tagen viel Gelegenheit gehabt, etwas von Jesu Worten zu hören. Doch da hatte er keine Zeit. Er war mit anderem beschäftigt, hatte andere Prioritäten. Darüber hatte er jedoch seine persönliche Chance verpasst, mit Jesus, dem Sohn Gottes, ins Gespräch zu kommen. *mm*

Haben Sie immer eine Bibel in erreichbarer Nähe?

Sie ist die Grundlage, um die Worte von Jesus zu vernehmen und mit ihm ins Gespräch zu kommen.

Matthäus 7,24-29

Denn von innen, aus dem Herzen des Menschen, kommen die bösen Gedanken hervor, Ehebruch, Unzucht, Mord, Diebstahl, Geiz, Bosheit, Betrug, Zügellosigkeit, Neid, Lästerung, Hochmut, Unvernunft. Markus 7,21-22

»Es ist mir nur so herausgerutscht«

Norbert sieht eine Flasche dastehen. »Rotwein« verkündet das Etikett. Ein Glas Wein wäre jetzt am Feierabend ganz recht. Er füllt etwas in ein Weinglas und nimmt einen Schluck. Der Geschmack lässt ihn zusammenfahren. Es schüttelt ihn. In der Flasche ist kein Wein. »Pah! Was ist das für'n Zeug in dieser Weinflasche?«, ruft er nach seiner Frau. »Es ist der selbst gemachte Johannisbeersaft meiner Mutter. Sie hat ihn heute vorbeigebracht.« Die Flasche hatte noch das alte Etikett. Sie konnte aber nur das hergeben, was wirklich drin war.

In menschlichen Beziehungen gibt es so etwas auch. Jemand reagiert abweisend und verächtlich auf die Frage eines anderen. Danach entschuldigt er sich und sagt: »Es tut mir leid. Ich wollte das nicht. Es ist mir so herausgerutscht.« Bei unseren Reaktionen im Unmut, Zorn oder Ärger kommen oft Ausdrucksweisen, Vorwürfe, Anschuldigen usw. zum Vorschein, die den anderen verletzen. Meist ist uns das peinlich. Wir entschuldigen uns dann für unser Verhalten und sind evtl. selbst überrascht, was aus uns herauskam. Aber das, was herauskam, war vorher schon drin. So muss man wohl anerkennen, dass in unserem Inneren einiger Unrat zu finden ist. Und das ist nicht verwunderlich, denn wir sind Sünder. Jesus weist im Tagesvers darauf hin, dass aus dem Herzen der Menschen alle schlechten Dinge hervorkommen. Sie sind dort bereits vorhanden, und das ist oft täglich festzustellen.

Wenn wir verhindern wollen, dass uns ab und an etwas von diesem Unrat herausrutscht, dann muss die Maßnahme dagegen innerlich stattfinden. Das heißt, nicht nur unser Verhalten muss sich ändern, sondern unser Inneres muss erneuert werden, es muss etwas in uns hineingelegt werden, was uns zu einem anderen Denken und Handeln befähigt. *ht*

Woher kann man so etwas wohl bekommen?

»Daher, wenn jemand in Christus ist, so ist er eine neue Schöpfung; das Alte ist vergangen, siehe, Neues ist geworden.« (2. Korinther 5,17)

1. Korinther 6,9-11

**Und er warf die Silberstücke in den Tempel
und machte sich davon und ging hin und erhängte sich.**
Matthäus 27,5

Gott will uns helfen

Kennen Sie die höchste Talbrücke Deutschlands? Sie überspannt das Kochertal im Hohenloher Land und verbindet so die Städte Heilbronn und Nürnberg durch die A6. Mit einer Höhe von 185 m über Grund hätte der Kölner Dom locker Platz unter der Brücke. Errichtet wurde das imposante Bauwerk von 1976 bis 1979 und konnte somit im vergangenen Jahr sein 40-jähriges Bestehen feiern. Der Planer und Konstrukteur der Brücke war der bekannte Bauingenieur Prof. Dr. Ing. Fritz Leonhardt, der auch den Fernsehturm von Stuttgart plante und baute.

Die Brücke wurde unter anderem gebaut, um Menschen einander näherzubringen. Doch leider hat diese Brücke auch viele Menschen voneinander getrennt. Seit Grundsteinlegung der Brücke im Jahr 1976 haben sich bis heute weit über 100 Menschen von der Brücke in den Tod gestürzt. Wie schwer muss es einem Menschen ums Herz sein, wenn er keinen anderen Ausweg mehr sieht als nur noch diese Möglichkeit! Schuldgefühle, Entwurzelung, Verzweiflung, Einsamkeit – was treibt Menschen an, (un)freiwillig aus dem Leben zu scheiden?

Judas, der Jünger Jesu, der Mann aus unserem Tagesvers, wählte auch den Selbstmord. Er sah keinen Ausweg mehr, nachdem er Jesus verraten hatte und dieser zum Tod verurteilt wurde. Für billige 30 Silberlinge! Mehrere Jahre war er mit Jesus unterwegs gewesen, er war sein Freund. Verraten, verkauft, verleugnet! Maximal furchtbar fühlte sich das an!

Dabei hatte Jesus ihm so manche »Brücke« angeboten, um seine Habsucht aufzugeben. Doch Judas wollte nicht und endete schließlich in finsterer Verzweiflung. Er dachte, er könne sich mit Jesus nicht mehr versöhnen. Doch gerade dafür ist Jesus in den Tod gegangen, damit wir mit Gott und Menschen Versöhnung erleben können. *bo*

? Wie gehen Sie mit Ihren Schwierigkeiten um?

! Jesus spricht: »Ich bin der Weg und die Wahrheit und das Leben!« (Johannes 14,6)

Psalm 20

**Der HERR macht zunichte den Ratschluss der Nationen,
er vereitelt die Gedanken der Völker.**

Psalm 33,10

Fortschritt – aber wohin?

Trotz einer gewissen Skepsis hatte ich mir doch ein Smartphone zugelegt. Schnell fand ich heraus, was man außer Telefonieren und WhatsApp-Nachrichten noch alles damit machen kann. Schließlich entdeckte ich den Kalender, in dem man seine Termine eintragen und sich daran erinnern lassen kann. Ich war begeistert ... bis Folgendes passierte: Durch einen Eingabefehler waren plötzlich alle mühsam eingegebenen Termine weg! Zum Glück hatte ich die Termine noch im Computer gespeichert, sodass ich darauf zugreifen konnte. Aber auf dem Smartphone tauchten sie nicht mehr auf. Das dämpfte meine Begeisterung erst einmal gewaltig.

Und es brachte mich zum Nachdenken: Was ist, wenn Terroristen ein Anschlag auf eine Schaltzentrale der Telekommunikation gelingt? Oder wenn einfach nur über längere Zeit der Strom ausfällt? Mir wurde bewusst, dass wir mit zunehmender Digitalisierung in bedrohlichem Ausmaß von der digitalen Technik abhängig werden. Und nicht nur das, trotz aller Anstrengungen in Bezug auf Datenschutz werden die Möglichkeiten einer totalen Überwachung durch den Staat immer größer. Und wer weiß, wie lange wir noch in einer Demokratie leben dürfen?

Ich will nicht schwarzmalen, aber wir sollten uns bewusst machen, dass wir im Blick auf unsere Zukunft lieber auf Gott vertrauen sollten, der eigentlich nur Gutes mit uns Menschen im Sinn hat. Er kennt all unsere Geheimnisse, aber er will uns nicht kontrollieren, sondern in eine sichere Zukunft führen. Er lädt uns ein, eine vertrauensvolle Beziehung zu ihm aufzubauen. Ich habe immer wieder erlebt, dass er sich um meine Probleme kümmert, wenn ich ihn darum bitte. So habe ich schließlich auch meine verschwundenen Termine auf dem Smartphone wiedergefunden. *sg*

Auf wen oder was vertrauen Sie?

Lassen Sie sich einladen zu einer Beziehung mit Gott!

Psalm 33

Als ich euch ohne Börse und Tasche und Sandalen sandte, mangelte euch wohl etwas? Sie aber sagten: Nichts.
Lukas 22,35

Himmlisches Arbeitsrecht

1. Mai – Tag der Arbeit! Sein Ursprung findet sich in den USA des 19. Jahrhunderts wegen damals schlechter Arbeitsbedingungen und niedriger Löhne. Die Gewerkschaften kämpften um die Verkürzung der Arbeitszeit auf acht Stunden täglich. Später wurde der 1. Mai in vielen Ländern als Feiertag eingeführt. Heute verbindet man ihn unweigerlich mit Kundgebungen, Demonstrationen und leider auch Krawallen.

Übrigens, können Sie sich Jesus als Arbeitgeber vorstellen? Er hatte eine dringliche Mission und dazu brauchte er Außendienstmitarbeiter, die für ihn unterwegs waren. Dieses Vorhaben verglich er mit einem landwirtschaftlichen Projekt. Händeringend wurden Erntehelfer gesucht bei rekordverdächtiger Ernteerwartung. Die Konditionen waren professionell, passten aber aus heutiger Sicht in keinen Tarifvertrag. Es gab eine klare Risikodefinition: vergleichbar damit, wenn wehrlose Lämmer auf hungrige Wölfe losgelassen werden. Keine Ausstattung mit einer Firmenausrüstung, keine Reisespesen, keine Pausenregelung. Der Auftrag musste dennoch hochkonzentriert und zielorientiert durchgeführt werden, und klare Verfahrensbeschreibungen wurden an die Hand gegeben, wie in welcher Situation vorzugehen sei. Und die Vergütung? Es gab weder Gehaltsstufen noch Leistungszulagen, lediglich das Versprechen, dass der Arbeiter seines Lohnes wert ist.

Als dann die ersten zwölf Männer von ihrer Dienstreise zurückkommen, sind sie hellauf begeistert. Einstimmig bestätigen sie, dass bei Jesus als Dienstherrn nie echte Nachteile oder Mangelsituationen erlebt wurden. Auch heute gilt: Wer bei Jesus im Glauben einsteigt und für seine Sache arbeitet, um dessen Belange kümmert Jesus sich persönlich – und Lohn ist ihm garantiert. *ap*

? Warum ist man oft mit seinen Arbeitsbedingungen unzufrieden?

! Jesus möchte in Ihrer Arbeitswelt Ihr übergeordneter »Chef« sein. Besprechen Sie alles mit ihm!

Lukas 10,1-12.17-24

Denn dieser ist größerer Herrlichkeit für würdig erachtet worden als Mose ...
Hebräer 3,3

Ein würdiger Meister

»Ein würdiger Meister« – so urteilte Fußballexperte Günter Netzer vor ein paar Jahren über den damals neuen Fußballmeister in der Bundesliga. Gemeint war, dass eine Mannschaft nicht durch Zufälle oder glückliche Umstände Erster der Abschlusstabelle geworden war, sondern dies mit Würde erreicht hat, z. B. durch viele Siege, wenige Gegentore, mitreißenden Fußball usw.

Szenenwechel: In der Bibelstunde unserer Gemeinde lasen wir vor einiger Zeit das Markusevangelium durch. Beim ersten Kapitel hatten wir uns auch über »Würde« Gedanken gemacht. Denn da sagt Johannes der Täufer: »Es kommt nach mir, der stärker ist als ich, dessen ich nicht würdig bin, ihm gebückt den Riemen seiner Sandalen zu lösen.« Da sagt also jemand, dass er unwürdig ist, selbst diese Sklavenarbeit an Jesus auszuüben. Dabei sagt Jesus später von Johannes dem Täufer, er sei der Größte von allen, die bis zu seiner Zeit jemals auf Erden gelebt hatten.

Wenn der aber selbst sagt, er sei nicht würdig genug, für Jesus Christus den geringsten Sklavendienst zu tun, dann muss Johannes entweder an hochgradig krankhafter Selbst-Geringschätzung gelitten haben, oder aber dieser Jesus Christus ist das, was er immer wieder von sich selbst sagte: der aus dem Himmel gekommene Sohn Gottes, des Höchsten. Und das hat er während seines gesamten Erdenlebens immer wieder unter Beweis gestellt. Er öffnete Blinden die Augen, heilte Gelähmte, trieb bei übel geplagten Menschen böse Geister aus, weckte Tote auf und führte bei allem ein so vollkommenes Leben, dass er sagen durfte, keiner könne ihm auch nur eine Sünde nachsagen.

Tatsächlich: Er ist aller denkbaren Würde wert! *mtz*

? Wen kennen Sie, den Sie seines Amtes für würdig halten?

! Würde hängt nicht von der Höhe einer Position ab, sondern davon, wie man diese ausfüllt.

2. Könige 2,1-14

3. Mai 20

Sonntag

Damit dein Vertrauen auf den HERRN sei, habe ich heute dich, ja dich belehrt. Habe ich dir nicht Vortreffliches aufgeschrieben an Ratschlägen und Erkenntnis, um dir die Richtschnur der Worte der Wahrheit mitzuteilen … **Sprüche 22,19-21**

Die wichtigste Information meines Lebens

In Deutschland gibt es eine Fülle von regionalen und überregionalen Tageszeitungen. Einer von Wikipedia erstellten Auflistung zufolge liegt der aktuelle Stand (Mai 2019) bei 511 Tageszeitungen zuzüglich 34 Wochen- oder Sonntagszeitungen. Seit meinen frühen Jugendjahren bin ich es gewohnt, täglich in die Zeitung zu schauen und möglichst viele Nachrichten darin wenigstens zur Kenntnis zu nehmen oder ggf. ausführlicher zu lesen. Darüber hinaus erhalte ich online einen von Google nach meinen Prioritäten zusammengestellten Nachrichtenüberblick, über den ich ggf. Artikel mit detaillierten Informationen aufrufen kann.

Als ich den oben zitierten Bibelvers las, wurde mir bewusst, dass es eine noch viel wichtigere Nachrichtenquelle gibt, die Gott persönlich für uns alle zusammengestellt hat: die Bibel. Anders als bei den Tageszeitungen sind die Nachrichten darin nicht schon nach einem Tag überholt, sondern behalten nun schon über viele Jahrhunderte hinweg ihre Gültigkeit. Und sie alle wurden mit dem Zweck übermittelt, dass ich (täglich) mein Vertrauen auf den HERRN setze, der mich beraten und mir Erkenntnisse schenken will, die zu guten Entscheidungen führen.

Die wohl wichtigste Nachricht für uns Menschen darin ist, dass Gott uns seinen Sohn gesandt hat, damit wir ihn kennenlernen, mit ihm versöhnt werden und Gemeinschaft mit ihm haben können. Jeder kann seine Schuld vor Gott ein für alle Mal klären und bereinigen. Das ist dann der Startpunkt in ein neues Leben, in dem es Heilung in Bezug auf Vergangenes, Segen und Erfüllung im Blick auf die Gegenwart und Hoffnung auf eine ewig sichere und herrliche Zukunft gibt. Durch Jesus gibt es für mich jeden Tag jede Menge gute Nachrichten, die mich immer wieder froh und erwartungsvoll machen. *pj*

? Wie viel Zeit verwenden Sie täglich, um sich zu informieren?

! Verpassen Sie nicht die wichtigste Nachricht Ihres Lebens und die Veränderung, die dadurch geschieht.

Hebräer 1,1-3; 2,1-4

**Irrt euch nicht, Gott lässt sich nicht verspotten!
Denn was ein Mensch sät, das wird er auch ernten.**

Galater 6,7

Ganz schön sparsam

Ein ehemaliger Kollege hatte sich vorgenommen, sein Wohnzimmer mit einer neuen Holzdecke zu verschönern. Nachdem er alles Nötige besorgt hatte, machte er sich an die Arbeit. Leider war er aber beim Befestigungsmaterial etwas zu sparsam. Hinzu kam auch, dass er nicht allzu weit entfernt von einem Steinbruch wohnt, in dem immer wieder einmal gesprengt wurde. Beides blieb nicht ohne Folgen, denn in der folgenden Nacht war die neue Decke heruntergestürzt. Ganz bestimmt musste er seine Pläne für die nächsten Tage ändern. Ihm war sicher auch klar, dass er das Befestigungsmaterial wesentlich großzügiger kalkulieren musste als beim ersten missglückten Versuch.

Es gibt Lebenssituationen und -fragen, in denen wir uns oft ähnlich verhalten. Ganz naiv glauben wir, dass unsere Schludrigkeit, Bequemlichkeit, unser Geiz oder unser Desinteresse keine nachteiligen Konsequenzen haben werden. Wie ärgerlich ist es dann, wenn wir eines Besseren belehrt werden, häufig auch noch teures Lehrgeld bezahlen müssen. Wie leicht hätte sich der ganze Schaden verhindern lassen!

Der Zusammenhang zwischen Ursache und Wirkung als grundlegendes, von Gott bestimmtes Lebensprinzip wird uns im oben angeführten Bibelvers aufgezeigt. Saat und Ernte hängen zusammen. Bei dem wichtigsten Thema unseres Daseins ist diese Kausalität zwischen Saat und Ernte am brisantesten. Es geht um den Preis unserer Seele! Vielleicht glauben Sie weder an einen allmächtigen Gott noch an ein Leben nach dem Tod. Aber wenn Sie sich den Glauben an Gott »einsparen« und sein Erlösungswerk aus Liebe zu uns Sündern ignorieren, dann werden Sie Gottes Gericht für alle Ewigkeit auf sich bringen. Sie sind dann ewig verloren!

Aber: Gott bietet Ihnen heute noch seine Gnade an! *pri*

? Was ist, wenn es keine Gelegenheit mehr gibt nachzubessern?

! Mein Kollege konnte ein zweites Mal alles richtig machen. Tun Sie es auch rechtzeitig!

Hebräer 2,1-4

5. Mai 20

Dienstag

**Ehre deinen Vater und deine Mutter,
damit deine Tage verlängert werden in dem Land,
das der HERR, dein Gott, dir gibt.**

2. Mose 20,12

Erziehungsrecht und Erziehungspflicht

Außer dem Sabbatgebot, das vor allem dem Volk Israel als Bundeszeichen gilt, gibt es nur noch ein Gebot, das als direkter Befehl ausgedrückt ist, und außerdem ist es das erste Gebot, das eine Verheißung enthält, wie unser Tagesvers zeigt. Die anderen acht der sogenannten Zehn Gebote lauten wörtlich so: Nicht mordest du! Nicht ehebrichst du! Nicht stiehlst du!, usw. Es ist, als ob Gott damit sagen will: Meine Leute werden doch solche Bosheiten nicht ausüben. Weil wir es aber doch massenweise tun, haben unsere Bibelübersetzer diese Gebote gleich als Befehle übersetzt: Du sollst nicht töten, du sollst nicht ehebrechen, stehlen, usw. Schlimm, dass wir so sind!

Ich glaube, der Befehl ist bei dem Gebot in unserem Tagesvers deshalb so deutlich, weil Gott weiß, dass wir Eltern uns sehr oft höchst wenig ehrenwert verhalten; und doch müssen uns alle Kinder unbedingt ehren, wenn sie die angekündigte Verheißung erhalten wollen. Damit ist allerdings nicht jedem Einzelnen ein langes Leben versprochen, vielmehr ist das Gebot jedem Volk in seiner Gesamtheit gesagt. Es wird nur auf die Dauer Bestand haben, wenn Kinder die Eltern ehren, also ihnen gehorchen und dadurch aus deren Lebenserfahrungen effektiven Nutzen ziehen.

Heute glauben viele Menschen, sie könnten ihre Erziehungspflicht so gestalten, dass sie die Kinder entweder sich selbst überlassen oder anderen, die ihnen diese Last abnehmen. Darum fehlt es Kindern oft an Bezugspersonen, bei denen sie Liebe und gleichzeitig Autorität erfahren, sodass sie den Nutzen erkennen, wenn sie sich unterordnen. Nach Gottes Ordnung stehen die Eltern immer über den Kindern, nicht neben oder gar unter ihnen. Sie sind gefordert, ihnen den rechten Weg zu Gott und zu ihrem Glück zu zeigen. *gr*

Wodurch machen Sie es Ihren Kindern schwer, gehorsam zu sein?

Eltern dürfen nicht machen, was sie wollen. Sie stehen unter weit höherer Autorität.

3. Mose 26,3-13

Das Land eines reichen Menschen trug viel ein. … Und er sprach: … Ich will meine Scheunen niederreißen und größere bauen und will dahin all mein Korn und meine Güter einsammeln. Lukas 12,16-18

Die Geschichte vom Truthahn

Es war einmal ein Truthahn, der lebte auf einem großen Hof. So lange er denken konnte, erschien jeden Tag ein Mensch und schüttete Futter in die Tröge. Es konnte eigentlich nicht besser sein. So blieb es, bis eines Tages der Mensch sich den Truthahn schnappte und ihn kurzerhand schlachtete, denn das Erntedankfest stand vor der Tür, und Truthahnessen war angesagt. Das hatte der Truthahn nicht gewusst.

Der reiche Mann in dem Gleichnis Jesu und der Truthahn haben eines gemeinsam. Beide rechnen damit, dass alles so weitergeht wie bisher, und sie bauen darauf ihre Zukunftsplanungen. So ergeht es auch heute immer wieder Menschen an den Finanzplätzen der Welt. Nachdem sie gestern noch Milliardensummen von einem Ort zum anderen schoben, packen sie manchmal schon am nächsten Tag ihre Habseligkeiten in einen Pappkarton und machen sich auf den Heimweg. Ihre Bank ging über Nacht bankrott.

So vergeht der Ruhm der Welt. Doch Schadenfreude ist nicht angebracht. Wir alle müssen uns fragen, wie weit wir unsere Lebensplanungen mit Zukunftshoffnungen unterfüttern, von denen absolut nicht feststeht, dass sie eintreffen. Wie stehen wir da, wenn es anders kommt? Was ist dann mit unserem Lebensplan? Verlieren wir den Boden unter den Füßen? Wir sollten uns der Gebrechlichkeit alles Irdischen stets bewusst sein.

Ein Mensch, der sich in guten wie in bösen Tagen in der Hand Gottes geborgen weiß, hat ein Fundament, das seinesgleichen nicht findet. Das Leben in der Hand Gottes geborgen zu wissen, ist kein Talisman, der vor den Widrigkeiten des Lebens schützt, aber eine Kraftquelle, aus der wir immer wieder neu schöpfen dürfen, um die Tage unseres Lebens zu bestehen.

koh

Welche Rolle spielt Gott in Ihrer Lebensplanung?

Nur er überblickt alles und vermag alles. Deshalb sollte man ihm stets alles anbefehlen.

Matthäus 6,24-34

**Denn der Lohn der Sünde ist der Tod,
die Gnadengabe Gottes aber ewiges Leben
in Christus Jesus, unserem Herrn.**

Römer 6,23

Haifischattacken und Kokosnüsse

Der Tourismus hat einen großen Feind: schlechte Nachrichten! Wenn z. B. in einem Land ein Terroranschlag verübt wird, muss viel Zeit vergehen, bis sich Reisende wieder dorthin trauen. Touristik-Experten haben dabei eine wichtige Beobachtung gemacht: Es kommt nicht in erster Linie auf die tatsächliche Wahrscheinlichkeit an, mit der eine bestimmte Gefahr sich realisieren könnte, sondern darauf, wie öffentlichkeitswirksam darüber berichtet wird. So ist – statistisch gesehen – die Gefahr, auf Reisen Opfer eines Diebstahls oder einfach eines Unfalls zu werden, weitaus größer als diejenige, durch einen Terrorakt verletzt zu werden. Gleichwohl sind die Folgen eines Attentats, medienwirksam aufbereitet, wesentlich präsenter. Ähnlich ist es mit Haifischattacken: Jährlich sterben weltweit (nur) rund 100 Menschen daran. Dennoch erregen solche Fälle oft weltweit Aufsehen, und man geht von einer großen Bedrohung aus. Dabei ist – wiederum statistisch gesehen – allein die Gefahr, im Urlaub von einer herabfallenden Kokosnuss getötet zu werden, deutlich größer.

Diese Fakten verdeutlichen, dass wir Menschen Risiken oft falsch einschätzen, einfach, weil über die echten, gravierenden Gefahren nicht hinreichend klar berichtet wird und wir diese deshalb nicht ernst nehmen.

Die Bibel schildert uns auch eine ganz reale Gefahr für unser (ewiges) Leben: Sünde. Sie macht deutlich, dass die Folge der Sünde der Tod ist. Und während wir noch über die Risiken von falscher Ernährung oder zu wenig Sport grübeln, die uns täglich vor Augen geführt werden, verlieren wir leicht unser ewiges Schicksal aus den Augen. Dabei wäre diese Gefahr endgültig gebannt, wenn wir an Jesus Christus glaubten und ihm unser Leben anvertrauten!

mm

? Was tun Sie, um die Gefährlichkeit einer Aktion richtig zu bewerten?

! Das ewige Getrenntsein von Gott ist die weitaus schlimmste Gefahr.

Johannes 3,1-21

**Da wir nun gerecht geworden sind durch den Glauben,
haben wir Frieden mit Gott
durch unseren Herrn Jesus Christus.**
Römer 5,1

8. Mai 1945: Kriegsende

Im Nachlass meiner verstorbenen Mutter fand ich eine Schachtel mit alten Briefen, darunter Feldpostbriefe meines Vaters aus dem Zweiten Weltkrieg und ein Liebesbrief einer Frau aus Australien an ihren Ehemann, der irgendwo in Europa gegen die Deutschen kämpfte. Wie kam dieser englische Brief in den Besitz meines Vaters? Hatte er im Krieg diesen eigentlich feindlichen Soldaten kennengelernt? Oder den Brief auf einem Schlachtfeld gefunden und aufbewahrt?

Meine Neugier war geweckt. Ich kontaktierte die Behörden der Stadt, die im Absender verzeichnet war. Ja, die Familie habe hier gewohnt, sei aber verzogen, kam die freundliche Antwort. Ich könne im Telefonbuch Australiens nach dem Namen suchen. Einen ganzen Kontinent nach einer einzigen Familie zu durchsuchen, erschien mir wenig sinnvoll, dennoch schrieb ich drei Briefe an Adressen, die ich dort fand, und bekam prompt Antwort: Der 75-jährige Sohn der Briefschreiberin meldete sich. Einen 80 Jahre alten Liebesbrief der eigenen Mutter an den Vater lesen zu können, versetzte seine ganze Familie in Aufregung. Es entwickelte sich ein reger Briefwechsel. Unsere Väter müssen sich in Kreta getroffen haben, so viel wissen wir jetzt. Beide überlebten den Krieg und starben im hohen Alter.

Wie ist es möglich, dass wir heute freundschaftlichen Umgang miteinander pflegen können? Unsere Väter mussten in einem schrecklichen Krieg als Feinde gegeneinander kämpfen, weil sich ihre Länder im Kriegszustand befanden. Heute vor genau 75 Jahren endete nach fast 6 Jahren Dauer endlich der Zweite Weltkrieg. Nur in Friedenszeiten ist Kommunikation möglich, gedeihen Beziehungen und entstehen Freundschaften. Ich bin Gott so dankbar, dass wir schon seit vielen Jahren in Frieden leben dürfen! *si*

Gibt es einen Krieg in meinem Leben, den ich beenden sollte, damit eine Beziehung wieder möglich wird?

Friede mit Gott gibt es nur durch Jesus Christus.

Römer 5,1-11

Samstag

9. Mai 20

Ihre Füße sind schnell, Blut zu vergießen;
Verwüstung und Elend ist auf ihren Wegen,
und den Weg des Friedens haben sie nicht erkannt.
Römer 3,15-17

Es war das Grauen

Gestern vor 75 Jahren wurde in Berlin-Karlshorst die bedingungslose Kapitulation der deutschen Wehrmacht unterzeichnet. Damit endete in Europa der Zweite Weltkrieg, die bisher blutigste militärische Auseinandersetzung in der Geschichte der Menschheit. Schätzungsweise 65 Millionen Menschen mussten in diesem Krieg ihr Leben lassen. Bedingungslos kapitulieren heißt, dass die besiegte Wehrmacht keinen Verhandlungsspielraum mehr hatte. Die Bedingungen der Siegermächte mussten akzeptiert werden. Doch das Elend war mit der Kapitulation nicht zu Ende. Noch 1950 waren über drei Millionen Vermisstenschicksale nicht geklärt. Viele Frauen, Mütter und Kinder warteten in diesen Jahren auf die Heimkehr eines Vermissten aus sowjetischer Kriegsgefangenschaft. Auch mein Vater ist erst 1949 aus russischer Gefangenschaft nach Hause gekommen. Als Koffer hatte er eine Munitionskiste dabei, die ich bis heute aufbewahre.

Obwohl seit 1901 jedes Jahr der Friedensnobelpreis verliehen wird, hat es auf der Erde noch nie dauerhaften Frieden gegeben. Irgendwo ist immer Krieg. Länder kämpfen um Macht. Terrorgruppen versetzen die Menschen in Angst und Schrecken.

Auch gegenüber Gott sind die Menschen durch die Sünde in einen Krieg geraten. Die Menschen sind zu Feinden Gottes geworden. Gegenüber Gott bleibt dem Menschen ebenfalls nur die bedingungslose Kapitulation. Doch erstaunlicherweise hat Gott den ersten Schritt auf uns zu getan. Aus Liebe zu uns. Er hat Jesus in unseren Krieg geschickt. Damit er durch seinen Tod die Grundlage für unseren Frieden mit Gott schaffen konnte. Wer deshalb heute seinem Friedensangebot zustimmt, kann durch den Glauben an Jesus Christus für alle Zeit die bedingungslose Liebe Gottes erleben. *hl*

? Warum ist es sinnvoll, einen Krieg endlich zu beenden?

! Weil sonst am Ende allen der Untergang droht.

Epheser 2,11-22

10. Mai 20

Muttertag **Sonntag**

Verachte deine Mutter nicht,
wenn sie alt geworden ist!
Sprüche 23,22

Ausdruck der Liebe

Der Zehnjährige schaut mich hilflos an, als ich ihn frage: »Was ist Sonntag für ein Tag?« – »Wir feiern Muttertag!« – »Hast du schon ein Idee, womit du deiner Mutter an dem Tag eine besondere Freude machen kannst?«

Woher kommt der Muttertag? In Deutschland wurde er 1922/23 etabliert; er ist nicht gesetzlich verankert. Als Begründerin gilt die Methodistin Anna Marie Jarvis. Sie veranstaltete am 12. Mai 1907, dem Sonntag nach dem zweiten Todestag ihrer Mutter, ein Treffen mit einer Andacht. 500 weiße Nelken ließ sie zum Ausdruck ihrer Liebe zu ihrer verstorbenen Mutter vor der örtlichen Kirche an andere Mütter austeilen. Sie setzte sich für einen offiziellen Muttertag ein. 1914 wurde in Amerika zum ersten Mal der Muttertag als nationaler Feiertag begangen.

Auch dieser Tag ist vom Handel als hervorragende Geldquelle erkannt worden. Der Blumenhandel macht an diesem Tag die größten Umsätze des Jahres. Mit steigender Verbreitung und Kommerzialisierung des Muttertages wandte sich die Begründerin des Feiertages von der Bewegung ab, bereute, diesen ins Leben gerufen zu haben, und kämpfte fortan erfolglos für die Abschaffung des Feiertages.

Gott will, dass wir unsere Mütter ehren, ihnen Achtung entgegenbringen, aber das nicht nur an einem bestimmten Tag im Jahr. Doch vielleicht hilft ja so ein Gedenktag, unsere Wertschätzung für ihren Einsatz und ihre Liebe zu würdigen und in besonderem Maße zu erwidern. Gott will, dass alt gewordene Mütter, wenn sie bereits ihren Mann verloren haben und wenn sie schwach und hilflos sind, besonders beachtet und in Liebe umsorgt werden. Das ist ein Gottesdienst, der Gott gefällt, denn er ist ein Vater der Waisen und Witwen (Jakobus 1,27).

kr

?
Womit werden Sie am Muttertag Ihre Mutter ehren und ihr Liebe erweisen?

!
Der beste Beweis für unsere Liebe ist, wenn wir unser Leben (Freud und Leid) mit der Mutter teilen und für sie da sind.

Ruth 1,15-22

11. Mai 20

Montag

Zu diesem allen aber zieht die Liebe an,
die das Band der Vollkommenheit ist!
Und der Friede des Christus regiere in euren Herzen!
Kolosser 3,14-15

Friedenslinde

Auf der Anhöhe in Zundelbach steht ein majestätisch großer Baum, der viele Spaziergänger anzieht. Was viele nicht wissen: Es ist eine »Friedenslinde«. Am Ende des Deutsch-Französischen Krieges wurden nach dem Frieden am 10. Mai 1871 – gestern vor 149 Jahren – viele Lindenbäume gepflanzt. Sie sollten an den Sieg erinnern und die Freude über den wiederhergestellten Frieden ausdrücken.

Wenn man an die Zundelbacher Linde näher herantritt, stellt man überrascht fest, dass ihr Stamm einen klaffenden Riss hat. Die Linde war aufgrund des Gewichts ihrer ausladenden Äste bei einem Sturm auseinandergebrochen. Mithilfe von Stahlseilen, welche die gegenüberliegenden Äste miteinander über die Baumkrone verbinden, wurde der Baum wieder zusammengebunden. Etliche Jahre hatte der Baum auch einen Ringgurt, der den aufgerissenen Stamm wieder zusammenpresste.

Mich erinnert dieser Riss daran, wie zerbrechlich Friede sein kann. Durch eine scheinbar unbedeutend »kleine« Sünde war im Paradies die vertraute Beziehung zwischen Gott und Mensch kaputtgegangen. In einer ersten Reaktion versteckten sich Adam und Eva vor Gott, und bis heute wenden sich Menschen von Gott ab, weil sie ihm ihr Vertrauen aufgekündigt haben oder dieses erst gar nicht gefunden haben. Doch Gott hat sich damit nicht zufriedengegeben. Er sandte Jesus Christus, seinen Sohn, als Zeichen seines Versöhnungswillens. Aus Liebe nahm dieser sogar unsere Schuld auf sich und ist dafür am Kreuz gestorben. Jetzt kann Gott uns vergeben. Durch »Seile der Liebe« (Hosea 11,4) hat er den Frieden wiederhergestellt: »Da wir nun gerechtfertigt worden sind aus Glauben, so haben wir Frieden mit Gott durch unseren Herrn Jesus Christus« (Römer 5,1). *tp*

Ist in Ihrem Leben die Beziehung zu Gott schon heil geworden?

Durch den Glauben an Jesus Christus findet man Frieden mit Gott.

Kolosser 1,15-23

12. Mai 20

Dienstag

Zum Dummkopf passt kein glänzender Spruch;
und eine Lüge nicht zum geachteten Mann.
Sprüche 17,7

Der Lügenbaron

Gestern vor 300 Jahren wurde in der niedersächsischen Kleinstadt Bodenwerder Hieronymus Carl Friedrich von Münchhausen geboren. Als Spross eines Adelsgeschlechts schickte man ihn mit 13 Jahren an den braunschweigischen Hof. 1737 zog es ihn nach Russland, wo er im Russisch-Österreichischen Türkenkrieg diente. Er hatte Hoffnungen auf eine steile Karriere, die sich allerdings nicht erfüllten. Viele Jahre musste er auf eine Beförderung zum Rittmeister warten. In dieser Zeit heiratete er, quittierte schließlich den Dienst und kehrte 1750 zurück in seine Geburtsstadt. Nach dem Tod seiner Frau heiratete er 1794 die erst 20-jährige Bernhardine Brunsig von Brunn. Diese zweite Ehe verlief nicht glücklich. Das Scheidungsverfahren dauerte drei Jahre und brachte den Baron an den Rand des Ruins. Am 22. Februar 1797 verstarb er.

Weit bekannter als seine Biografie sind allerdings die Geschichten, die dem Baron Münchhausen zugeschrieben werden: Wie er angeblich auf einer Kanonenkugel ritt, um eine feindliche Festung auszuspionieren. Oder wie er sich samt seinem Pferd am eigenen Haarschopf aus dem Sumpf gezogen haben will. Diese und viele andere Geschichten zeichnen sich durch fantastische Details aus, was sicherlich zu ihrer Popularität beigetragen hat. Aber seinem Adelsstand waren sie sicher nicht würdig.

Heutzutage tragen Fantasy-Geschichten mit magischem Touch zur Unterhaltung vieler Menschen bei. Aber was vermögen sie uns an wirklichen Werten zu vermitteln? Das Leben ist zu kurz und zu kostbar, um es mit Lüge und Flunkerei zu füllen, und sei es nur zum Zweck der Unterhaltung. Die Worte der Bibel haben ein ganz anderes Kaliber; wer sich nach ihnen richtet und sie weitergibt, der wird sich als wahrhaftig, ehrlich und verlässlich erweisen. *mm*

? Warum begeistern sich wohl so viele an Münchhausens haarsträubenden Geschichten?

! Sie sind ein Spiegel unserer selbst und unserer maßlosen Selbstüberschätzung.

Philipper 4,8-9

Mittwoch

13. Mai 20

Denn es gibt keine bleibende Erinnerung an den Weisen, so wenig wie an den Toren, weil in den kommenden Tagen alles längst vergessen sein wird.

Prediger 2,16

Leben mit Bestand

Erinnerungen an meine Urgroßeltern habe ich keine. Ich habe sie nie kennengelernt. Noch vor 50 Jahren haben sie gelebt. Jetzt sind sie längst von dieser Erde geschieden. Ich kenne sie nur von zwei alten Fotos. Das ist der normale Lauf der Dinge.

So, wie ich meine Urgroßeltern nicht kenne, so werden wohl auch meine Urenkel einmal nicht wissen, wer ich war. Vielleicht sehen sie alte Bilder von »damals« und sagen: So sah mein Uropa also aus. Aber mehr wird auch nicht geschehen.

So geraten im Lauf der Zeit alle Generationen in Vergessenheit. In unserem Tagesvers zeigt der König Salomo, dass er das begriffen hatte. Auch wir sollen das begreifen und daraus die richtigen Schlüsse ziehen, nämlich für die Ewigkeit und nicht für das Diesseits zu leben. Wie sieht es damit in Ihrem Leben aus? Leben Sie nur diesseitsorientiert? Sind Sie nur auf irdische Dinge bedacht? Oder führen Sie ein Leben, das auch in der Ewigkeit Bestand haben wird?

Folgen wir Jesus Christus nach, der den Tod besiegt und Unvergänglichkeit ans Licht gebracht hat, dann werden wir alles, was wir in diesem Leben für Gott getan haben, in der Ewigkeit wiederfinden. Mit ihm im Zentrum unseres gesamten Seins, wird unser Leben nicht in Vergessenheit geraten. Und darüber hinaus werden wir auch alle dort wiederfinden, die im Glauben an Jesus schon gestorben und vor uns dorthin gegangen sind. Und es werden nach uns alle die folgen, die ebenso Jesus um Vergebung ihrer Sünden gebeten haben. Alle gemeinsam werden wir für alle Ewigkeit bei Jesus Christus sein. Keine von all diesen Generationen wird mehr in Vergessenheit geraten. Welche wunderbare Hoffnung! *tl*

? Wie groß ist Ihre Hoffnung auf diese wunderbare Ewigkeit?

! In die »Himmelsbank« zu investieren, bringt die bei Weitem höchste Rendite, die sogar niemals verfällt.

Offenbarung 19,6-10

**So viele ihn aber aufnahmen,
denen gab er das Recht, Kinder Gottes zu werden.**
Johannes 1,12

Wieder Kind sein

Heute stehen wieder einige Besprechungen bei der Arbeit an. Schwierige und richtungsweisende Probleme sind zu lösen. Hellwach zu sein, ist gefordert, und es wird erwartet, dass klare, durchdachte und lösungsorientierte Entscheidungen gefällt werden. – Mein Beruf macht mir Spaß, und ich liebe es, die Dinge zu durchdenken und analytisch vorzugehen, um dann die (hoffentlich) perfekte Lösung zu entwickeln und umzusetzen.

Doch dann gibt es diese Tage, an denen ich müde bin, mich all den Herausforderungen stellen zu müssen, die auf mich niederprasseln. Tage, an denen ich, ohne mit Problemen konfrontiert zu werden, einfach nur meine Arbeit erledigen möchte. Dann kommen oft diese Momente, in denen ich mit Sehnsucht an meine Kinderzeit zurückdenke. An die Zeit, als meine Eltern die Problemlöser waren, als das Leben unbeschwert war und ich die Geborgenheit spüren konnte, die mich umgab. – Das sind aber immer auch die Momente, in denen ich durchatme und Kraft bekomme, weil mir wieder bewusst wird, dass ich ja durch Jesus Christus ein Kind Gottes geworden und einen Vater im Himmel habe, der mich über alles liebt. Ihm darf ich alles anvertrauen, was mir Mühe macht. Nicht immer unbeschwert, aber mit seiner Hilfe kann ich mich dann den Herausforderungen des Alltags wieder stellen.

Jesus Christus hat uns seinen himmlischen Vater gezeigt, als er auf dieser Erde lebte. Er hat seine Jünger gelehrt, zu ihm zu beten (Matthäus 6,9-13), auf ihn zu vertrauen (Matthäus 6,25-34), und sogar am Kreuz, als es ganz schlimm für ihn kam um unseretwillen, hat er sich sterbend seinem Vater im Himmel anbefohlen (Lukas 23,46). Diesem Vater darf ich vertrauen, was immer auch kommen mag. *bgr*

? Haben Sie schon eine Beziehung zum Vater im Himmel?

! Jesus Christus hat uns den Weg dazu gezeigt und gebahnt (Johannes 14,6).

Matthäus 6,1-15

15. Mai 20

Freitag **Tag der Familie**

Darum, wer meint, er stehe,
der sehe zu, dass er nicht falle!
1. Korinther 10,12

»Ich kann besser Fahrrad fahren als du!«

Mein Sohn Mathis hat gerade das Fahrradfahren gelernt. An einem Samstag gehen wir gemeinsam nach draußen: Mathis mit seinem kleinen roten Fahrrad und ich. Er setzt sich darauf und startet einige Versuche. Ich laufe hinterher und halte ihn fest. Und siehe da: Es klappt! Nach einigen Versuchen kann ich loslassen, und Mathis macht seine ersten »Gehversuche« – alleine auf dem Rad! Die Mama schaut aus dem Fenster zu. Alle freuen sich, und noch am selben Tag landet ein Video von Mathis auf dem Fahrrad in der Familien-Whatsapp-Gruppe.

Auch seine vier Jahre ältere Schwester ist mit uns draußen. Sie hat bereits einige Jahre »Fahrrad-Erfahrung« auf dem Buckel. Dann ereignet sich Folgendes: Mathis sagt zu seiner älteren Schwester: »Ich kann besser Fahrrad fahren als du!« Bitte? Mathis ist vor wenigen Minuten zum ersten Mal alleine gefahren. Bei der leichten Steigung auf dem Weg, den wir fahren, muss ich noch nachhelfen. Auch das Losfahren klappt noch nicht alleine ... All das hält Mathis nicht davon ab, es großspurig mit seiner Schwester aufzunehmen.

Was für den Moment amüsant klingt, zeigt eher eines unserer Grundprobleme: der Hang zur Selbstüberschätzung! Immer wieder lässt sich dieses Phänomen beobachten. Der Grad zwischen »Selbstbewusstsein« und »Selbstüberschätzung« scheint ziemlich schmal zu sein. Was als »sicheres Auftreten« verkauft wird, ist manchmal pure »Großspurigkeit«.

Inzwischen hat Mathis den einen oder anderen kleinen Unfall mit dem Fahrrad hinter sich, selbstverständlich – und es gab auch mal Tränen. Eine kleine Portion Bescheidenheit würde ihm guttun. Und mir auch! Bin ich nicht oft genauso großspurig wie der kleine Mathis? *wd*

? Inwiefern können Sie sich mit Mathis identifizieren?

! Das Eingeständnis eigener Unzulänglichkeit macht mich barmherziger meinen Mitmenschen gegenüber.

Matthäus 18,1-5

16. Mai 20

Samstag

Denn ihr habt nicht einen Geist der Knechtschaft empfangen, dass ihr euch wiederum fürchten müsstet, sondern ihr habt den Geist der Sohnschaft empfangen, in dem wir rufen: Abba, Vater! **Römer 8,15**

Wo sind die Papas? (1)

»Wenn der leibliche Vater aus dem Leben eines Mädchens oder eines Jungen verschwindet, hinterlässt er eine Wunde, die niemand schließen kann und die zeitlebens blutet«, so resümiert die betroffene Autorin Jeanette Hagen in ihrem Buch »Die verletzte Tochter«.

Kinder brauchen Mutter und Vater gleichermaßen für eine gesunde seelische Entwicklung. Dies ist durch Studien wissenschaftlich erwiesen. Leider spricht man in Deutschland von einer »vaterlosen Gesellschaft«. Dieses Dilemma liegt aber nicht nur an unverbindlichen Partnerschaften und hohen Scheidungsraten, die einen großen Anteil von meist weiblichen Alleinerziehenden hinterlassen. Die geistigen Wurzeln der heutigen Generation, die immer weniger Verantwortung übernehmen will und die Ehe als stabilsten Schutzraum für Kinder der Verwässerung durch Beliebigkeit preisgibt, gehen weit zurück. Schon in den letzten 100 Jahren fehlten funktionale Vaterbilder. Dafür sorgte nicht nur der Krieg, in dem viele Väter starben, auch übertriebene Autorität schürte falsche, von Furcht geprägte Vaterbilder. Dieser Mangel an guten Vätern verursachte fehlende Identifikationsfiguren für die heranwachsenden Söhne. Zudem war es häufig so, dass die Väter ihre Aufgaben in der Familie vernachlässigten, sich in erster Linie ihrem Beruf widmeten und die Erziehung der Kinder komplett ihren Frauen überließen.

Ganz anders stellt Jesus uns den vollkommenen himmlischen Vater vor. Dieser Vater ist weder unnahbar noch abwesend. Er kümmert sich, umsorgt, beschützt und erzieht seine Kinder. Wenn Sie Jesu stellvertretenden Opfertod für sich in Anspruch genommen haben und somit Kind Gottes sind, dürfen auch Sie »Papa« (Abba) zu ihm sagen. Was für ein Privileg! *dbe*

? Denken Sie auch, dass niemand die Wunde schließen kann, die ein verschwundener Vater bei seinem Kind hinterlässt?

! Ein falsches Vaterbild führt zu einem falschen Gottesbild.

Epheser 3,14-21

Seht doch, wie groß die Liebe ist, die uns der Vater erwiesen hat: Kinder Gottes dürfen wir uns nennen, und wir sind es tatsächlich!

1. Johannes 3,1

Wo sind die Papas? (2)

Lange Zeit wurde die Rolle des Vaters für die Kindesentwicklung unterschätzt. Laut des US-Psychologen Ronald Rohner, der bereits Anfang der 70er-Jahre Studien zu diesem Thema machte, fördern gerade die Väter das spätere Durchhaltevermögen, die Risikobereitschaft, die Sozialkompetenz und die Entwicklung des kindlichen Selbstwertgefühls, während Mütter eher kommunikative Fähigkeiten und Empathie vermitteln. Mütter und Väter haben demnach unterschiedlichen, aber gleich wichtigen Einfluss auf das Kind. Man spricht bereits vom Vater-Faktor, der denen fehlt, die ohne Vater aufgewachsen sind und deshalb statistisch im Leben oft unsicherer sind, eher zu Aggressivität neigen und suchtanfälliger sind. Denn bereits der frischgebackene Papa stabilisiert von Anfang an die Beziehung zwischen Mutter und Neugeborenem und unterstützt die Mutter, die dadurch ihre volle Aufmerksamkeit dem Säugling widmen kann.

Gott, der sich uns als liebender himmlischer Vater vorstellt, sollte allen irdischen Vätern als Vorbild dienen. Er erwartet Gehorsam von seinen Kindern, bietet aber bedingungslose Treue, Führung und Schutz an. Er liebt es, Zeit mit seinen Kindern zu verbringen, steht ihnen immer mit Rat und Tat zur Seite, vergibt, versorgt, tröstet und schenkt Geborgenheit. Auf ihn ist immer Verlass. Er geht selbst untreuen Kindern unermüdlich und geduldig nach, um sie von ihren falschen Wegen abzubringen. Er handelt stets gerecht, niemals mit böser Absicht oder selbstherrlich. Er ist die Liebe in Person. Jedes Kind würde sich so einen Vater wünschen, doch da Gott weiß, dass ein menschlicher Vater weit von diesem Ideal entfernt ist, bietet er sich an, diesen Mangel auszufüllen. *dbe*

? Welches Verhältnis haben Sie zu Ihrem eigenen Vater?

! Wenn Sie Vater sind, stellen Sie sich der großen Verantwortung, die Sie Ihren Kindern gegenüber haben!

Sprüche 4

Alles hat er so eingerichtet, dass es schön ist zu seiner Zeit. ... Aber das Werk Gottes vom Anfang bis zum Ende kann ein Mensch nicht begreifen. ... Gott hat es so gemacht, dass man in Ehrfurcht zu ihm aufschaut. **Prediger 3,11.14**

Klötzlebauer

Wir besuchten die Ausstellung von Fans eines großen dänischen Spielwarenherstellers. Diese bauen aus den Bauelementen, die es zu kaufen gibt, nicht nur die vorgeschlagenen Modelle, sondern auch eigene Kreationen. Da gibt es Städte und Landschaften, Nachbildungen von Fahrzeugen, von Ereignissen und Landschaften, aber auch Fantasiewelten. Wenn ein Exponat auf den ersten Blick verwirrend wirkte, so stellte man beim näheren Betrachten viele sinnvolle Szenen fest. Da gab es im »Urwald« Schlangen und Spinnen, Ureinwohner schleppten reiche Fischbeute nach Hause. Wie in einem Wimmelbuch konnte man sich an dem Ideenreichtum der Erbauer erfreuen.

In allen Räumen war das so, nur ein Raum machte die Ausnahme! Auf den Tischen lagen haufenweise ungeordnete Steine. Keine erkennbare Struktur war vorhanden. Allen war klar: Die Steine waren da, um eine eigene Kreation herzustellen. Davon wurde reger Gebrauch gemacht!

Wenn wir mit wachen Augen nicht nur durch eine solche Ausstellung, sondern durchs Leben gehen, entdecken wir, dass diese Welt viel mehr zu bestaunende Einzelheiten aufzuweisen hat. Der Grad an Ordnung und Vernetzung ist dabei immer um ein Vielfaches höher als bei einem Modell, doch das ist uns oft nicht bewusst. Wie in der Ausstellung ist uns unbewusst klar, so komplexe Dinge wie Mensch und Tier, ja, die ganze Schöpfung, so etwas entsteht nicht aus Zufall, nicht einfach so! Hier hat ein Erbauer, ein Schöpfer seine Hand im Spiel. Je erstaunlicher das geschaffene Gebilde ist, je größer ist normalerweise unsere Bewunderung für den Erbauer. Das ist bei Modelllandschaften so, es sollte aber bei unserem Schöpfer erst recht der Fall sein. Er hat die Welt so schön gemacht, damit wir IHN bewundern! *kim*

? Lassen Sie Ihrem Schöpfer die Ehre zukommen, die IHM zusteht?

! Gehen Sie mit wachen Augen durch die herrliche Ausstellung, die unser Schöpfer uns hier mit dieser Erde bereitet hat!

Hiob 39

... es hat auch mir gut geschienen, der ich allem von Anfang an genau gefolgt bin, es dir, vortrefflichster Theophilus, der Reihe nach zu schreiben, damit du die Zuverlässigkeit der Dinge erkennst, in denen du unterrichtet worden bist. Lukas 1,1-4

Wie wichtig ist Zuverlässigkeit?

Bei großen technischen Systemen, wie beispielsweise Flugzeugen oder Raketen, sprechen Fachleute von Systemzuverlässigkeit, wenn es darum geht, ihr Ausfallrisiko zu bewerten. Natürlich erwartet man von solchen Systemen, dass sie extrem zuverlässig funktionieren, schließlich vertrauen viele Menschen ihnen ihr Leben an. Damit ein solch hohes Maß an Zuverlässigkeit gewährleistet werden kann, verwenden die Hersteller sehr viel Energie darauf, jedes einzelne Bauteil auf seine Belastbarkeit zu prüfen und alle möglichen Fehlerquellen auszuschließen. Aufwändige Tests werden durchgeführt und detaillierte Prüfberichte geschrieben.

Als Lukas sein Evangelium schrieb, war es ihm wichtig, die Zuverlässigkeit der Dinge zu betonen, über die er berichtete. Er wollte, dass sein Freund Theophilus einen überprüfbaren, authentischen Bericht erhielt und seinen Glauben nicht auf vage Aussagen gründen musste. Deswegen verwandte er viel Zeit und Energie darauf, die Geschichte von Jesus Christus genau zu erforschen und der Reihe nach aufzuschreiben. In seinem Prüfbericht finden wir viele Details, die eindrucksvoll bestätigen, dass die Aussagen über Jesus absolut zuverlässig sind und dass er tatsächlich der angekündigte Retter ist. Diese Szenen aus seinem Leben bezeugen seine göttliche Macht und seine grenzenlose Liebe. Schon damals haben Menschen ihn als zuverlässig erkannt und ihm bedingungslos vertraut. Und bis heute gibt es Menschen, die sich auf seine Zuverlässigkeit verlassen und nicht enttäuscht wurden.

Lesen Sie selbst den Bericht des Lukas, damit auch Sie von der Zuverlässigkeit Jesu Christi überzeugt werden! *kaa*

Wann fangen Sie mit der Prüfung an?

An unserer Faulheit darf es nicht liegen, dass wir unentschieden blieben.

Johannes 20,24-29

20. Mai 20

Mittwoch

**Denn der Gewinn aus der Sünde ist nur der Tod;
das Gnadengeschenk Gottes aber ist das ewige Leben
in Jesus Christus, unserem Herrn.**

Römer 6,23

»Rennfahrer kommen in die Hölle ...«

... äußerte der dreifache Formel-1-Weltmeister Niki Lauda 2014 in einem »Zeit«-Interview. Fünf Jahre später, am 20. Mai 2019, ist Niki Lauda mit 70 Jahren gestorben. Seinen spektakulären Feuerunfall auf dem Nürburgring hatte er 1976 nur ganz knapp überlebt. Wegen Spätfolgen hatte er sich zwei Nieren- und 2018 noch einer Lungentransplantation unterziehen müssen. Niki Lauda war ein weltweit bekannter Champion, erfolgreicher Unternehmer und sehr geschätzter Berater, dessen Urteil in der Rennbranche großes Gewicht hatte.

Wie ernst seine Äußerung tatsächlich gemeint war, wissen wir nicht, aber Lauda ergänzte damals: »... mit EINER Ausnahme: Ayrton Senna, der vor den Rennen in der Bibel las, ist jetzt im Himmel.«

Von Senna, der mit nur 34 Jahren in Imola tödlich verunglückte, ist bekannt, dass er einen bibelfesten Glauben und eine persönliche Beziehung zu Jesus Christus hatte. Seine Schwester Viviane: »Am Morgen seines Todes hat Ayrton in der Bibel gelesen und Gott um ein ›großes Geschenk‹ gebeten. Die Bibelstelle sagte ihm, dass Gott ihm tatsächlich etwas schenken will, und zwar das Größte, was ein Mensch bekommen kann: Gott selbst.« Auf Sennas Grabstein steht: »Nichts kann mich trennen von der Liebe Gottes.«

So unpopulär es heute vielleicht klingen mag, genau diese zwei Wege nennt die Bibel: Den schmalen Weg der konsequenten Nachfolge Jesu und den breiten Weg, wo man seine »Ruhe« hat. Jesus verdeutlicht, dass diese Wege aber völlig unterschiedliche Ziele haben: Der breite Weg führt in die Hölle, der schmale Weg in den Himmel! Echtes Christsein ist eine lohnende Herausforderung, denn am Ende wartet der Himmel. Den Weg dorthin – Jesus Christus – muss man allerdings sehr bewusst wählen. *md*

Welche Wahl haben Sie für das Danach getroffen?

NICHTS zu tun, KEINE bewusste Entscheidung zu treffen, bedeutet keinesfalls, dass alles schon irgendwie gut gehen wird!

Johannes 8,12.51-59

Im Haus meines Vaters sind viele Wohnungen; wenn nicht, so hätte ich es euch gesagt. Ich gehe hin, um euch eine Stätte zu bereiten.

Johannes 14,2

Ein himmlischer Vatertag

Heute ist Feiertag – Vatertag! Fröhliche Menschenmengen, die mit Bollerwagen, Bierkasten und lauter Musik über die Straßen ziehen, wird man heute in ganz Deutschland antreffen. Auf die Frage, welcher Tag heute ist, würden die meisten sicherlich mit Vatertag antworten. Von Leuten, die etwas älteren Jahrgangs sind, oder von denen, die im Religionsunterricht nicht nur geschlafen haben, würde man vielleicht die seltsame Antwort bekommen, dass heute eigentlich Christi Himmelfahrt gefeiert wird. Aber das ist ja nur eine nette Geschichte von früher, das hat doch mit uns heute nichts mehr zu tun, oder?

Ganz unspektakulär berichtet die Bibel davon, dass Jesus sich nach seiner Auferstehung noch 40 Tage vielen Menschen zeigte und dann in den Himmel auffuhr. Wenn man ein bisschen mehr darüber nachdenkt, merkt man, dass Himmelfahrt gar nicht so wenig mit Vatertag zu tun hat. Für Jesus war tatsächlich Vatertag, weil er an diesem Tag zu seinem Vater zurückkehrte. Wie in dem heutigen Vers zu lesen ist, sprach Jesus mit seinen Jüngern schon vorher darüber. Der Grund seines Kommens und Gehens ist sein Vaterhaus, das auch unser Vaterhaus werden kann.

Er ist jetzt dabei, Wohnungen herzurichten für diejenigen, die an ihn glauben. Er hat den Weg zu seinem Vater frei gemacht, und für diejenigen, die Jesus vertrauen, kann der heutige Tag wirklich ein Vatertag werden – sogar mehr als das, er kann den heutigen Tag als himmlischen Vatertag bezeichnen. Er darf gemeinsam mit Gott durch das Leben gehen, als ein Kind Gottes, und sich täglich der Liebe und Fürsorge seines himmlischen Vaters gewiss sein. Vielleicht wird der heutige Tag ja auch Ihr himmlischer Vatertag. *dkl*

? Was müssen Sie tun, damit heute Ihr himmlischer Vatertag werden kann?

! Lesen Sie doch mal im Johannesevangelium das erste Kapitel!

Johannes 1

In jener Zeit wird man Jerusalem den Thron des HERRN nennen, und alle Nationen werden sich zu ihr versammeln wegen des Namens des HERRN in Jerusalem ... und ... nicht mehr der Verstocktheit ihres bösen Herzens folgen. Jeremia 3,17

Jom Jeruschalajim – Jerusalemtag

Einmal im Jahr feiern die Juden in Israel den Jerusalemtag. Sie gedenken dabei der Eroberung Ostjerusalems im 6-Tage-Krieg von 1967. Seitdem ist die Stadt wieder unter jüdischer Herrschaft vereint. Wirklich? Jerusalem mag zwar unter jüdischer Herrschaft stehen, aber die Menschen, die dort wohnen, sind noch längst nicht »vereint«. Vielmehr empfinden die dort ebenfalls ansässigen Palästinenser diesen Feiertag als Provokation, erheben sie doch ebenso Anspruch auf den Besitz der Stadt.

Hat diese Stadt unter solchen Bedingungen trotzdem eine Zukunft? Nach unserem Tagesvers schon. Er gibt nämlich eine uralte göttliche Verheißung wieder, von der man annehmen muss, dass sie – wie schon hunderte andere zuvor – in Erfüllung gehen wird. Ist das vorstellbar? Wenn man davon ausgeht, dass Gott selbst in dieser Stadt herrschen wird, wie es der Vers sagt, dann mit ziemlicher Sicherheit schon. Aber auch die Juden müssen genauso zu Gott umkehren wie alle anderen Völker der Welt. Einige Verse vorher sagt der Prophet: »Kehrt um, ihr abtrünnigen Kinder!, spricht der HERR. Denn ich bin euer Herr« (Vers 14).

Es gibt schon heute einen »Ort«, an dem sich alle versammeln können, die Gottes Herrschaft in ihrem Leben anerkennen und ihm dienen und gehorchen wollen. Dieser »Ort« ist mit einer Person verbunden, Jesus, Gottes Sohn, der vor 2000 Jahren in Jerusalem für die Sünden der ganzen Welt am Kreuz starb. Überall, wo sich Christen in seinem Namen versammeln, ist er in ihrer Mitte. Er hat Frieden gemacht durch das Blut seines Kreuzes. Menschen jeglicher Abstammung, unterschiedlicher Rasse und sozialen Standes geht es nicht um eine Stadt, sondern um den, der sie von ihren Sünden erlöst und zu einem Volk, zu einer Gemeinde für immer vereint hat. *pj*

? Wem räumen Sie das Herrschaftsrecht in Ihrem Leben ein? Sich selbst oder Ihrem Schöpfer?

! Frieden hängt untrennbar mit gerechter und legitimer Herrschaft zusammen.

Jeremia 3,11-18

Darum bist du nicht zu entschuldigen, o Mensch, wer du auch seist, der du richtest! Denn worin du den anderen richtest, verurteilst du dich selbst; denn du, der du richtest, verübst ja dasselbe! **Römer 2,1**

Hasskommentare

»Um den ist es nicht schade!« Das ist das Urteil, das man im Internet über einen bekannten Intensivtäter fällte, der im September 2018 in Berlin erschossen wurde. Immer häufiger lese ich solche Kommentare über Vorfälle, bei denen Menschen schwer verletzt oder getötet werden. Einem Menschen, der etwas Unrechtes getan hat und dabei Unbeteiligten Schaden zugefügt hat, zieht den Hass der Menschen auf sich. Die Kommentatoren ergehen sich teilweise in Gewaltfantasien und erzählen in ausschmückenden Worten, was sie diesem Menschen, der sowieso schon tot ist, am liebsten noch alles antun würden. Manchmal frage ich mich, ob ich die Einzige bin, die diese Kommentare genauso erschrecken wie das, was der erschossene Intensivtäter angerichtet hat. Wir leben in einer Zeit der wachsenden Egomanie: Nur meine Realität zählt, und deshalb nehme ich mir das Recht heraus, andere wüst zu beschimpfen.

Woher kommt das? Ich denke, die Hauptursache liegt darin, dass die Gottesfurcht abgeschafft wurde. Dadurch gibt es kein höheres Wesen mehr, dem wir Rechenschaft schuldig wären. Wenn wir glauben würden, dass Gott der Schöpfer allen Lebens ist, dann würden wir es nicht wagen, ihn dadurch zu entehren, dass wir so mit seinen Geschöpfen umgehen. Bei all der verständlichen Wut, die wir empfinden, wenn Menschen schlimme Dinge passieren, sollten wir nicht vergessen, dass diese Hasskommentare im Internet eines sehr deutlich machen: Viele von uns würden zu Mördern werden, wenn uns die Tat gerechtfertigt erscheint. Deshalb sollten wir sehr vorsichtig sein mit so harten Urteilen. Sie offenbaren nur, welches Potenzial in uns selbst steckt, für das uns Gott genauso zur Rechenschaft zieht wie die, die wir anklagen.

apa

? Warum fällt es uns leicht, harte Urteile über andere zu fällen?

! Lesen Sie den Tagesvers im Zusammenhang und fragen Sie sich, wie Gott über Sie denkt!

Römer 3,10-19

**Du bist mein Fels und meine Burg,
und um deines Namens willen
wollest du mich leiten und führen.**
Psalm 31,4

Trostloser Trost?

Ein Junge von 13 Jahren sollte sich für seine evangelische Konfirmation einen Konfirmationsvers aussuchen. Sein Pfarrer legte eine Liste von verschiedenen Versen vor, doch keiner der Verse hatte dem Jungen etwas zu sagen. Er wählte schließlich einen Vers der für ihn am wenigsten nichtssagend war. Psalm 31,4: »Du bist mein Fels und meine Burg und um deines Namens willen wollest du mich leiten und führen.« Diesen Vers wollte der Junge sich für schlechte Tage aufheben. Wenn es ihm mal so richtig elend ging, würde er diesen Vers als Trost und Zuflucht hervorholen. Denn es ist ja immerhin gut, einen Fels und eine Burg zu haben, dachte er sich.

Acht Jahre später war der Zeitpunkt für diesen Vers gekommen. Der Junge war inzwischen ein junger Mann geworden, und wie es so im Leben geht, lief auch bei ihm nicht immer alles so, wie er es sich vorgestellt hatte. Verschiedene Ereignisse entmutigten ihn sehr stark, zudem fühlte er sich sehr einsam, trotz vieler netter Freunde. Er holte nun seine Konfirmationsbibel hervor und schlug den Vers nach. Er las ihn. Aber er spürte weder Trost noch Geborgenheit. Er las ihn nochmals ... »Du bist mein Fels und meine Burg, und um deines Namens willen wollest du mich leiten und führen.« Er verspürte wieder nichts. Aber plötzlich dämmerte ihm: Ich möchte sehr wohl, dass Gott mein Fels und meine Burg ist – aber ich will mich nicht von ihm leiten und führen lassen.

Von diesem Augenblick an fasste der junge Mann einen Entschluss, sich führen zu lassen, weil ihm Trost und Geborgenheit bei Gott so wichtig waren. Daher versprach er Gott, dass er sich von ihm in Zukunft leiten lassen möchte. Das war ein wichtiger Schritt bei seiner Umkehr zu Gott.

db

Inwieweit wollen Sie sich von Gott leiten und führen lassen?

Lassen Sie sich von Gott leiten, indem Sie die Bibel lesen und das Verstandene umsetzen.

Psalm 31

**Denn des HERRN Augen durchlaufen die ganze Erde,
um denen treu beizustehen,
deren Herz ungeteilt auf ihn gerichtet ist.**

2. Chronik 16,9

Vater sucht Sohn

Ein typisches Szenario: Ein Kind kommt nicht wie erwartet nach Hause, und die Eltern liegen schlaflos im Bett. So ähnlich geht es Tony Lethbridge, als sein Sohn Samuel nicht wie geplant von einem Ausflug zurückkehrt. Bei der Polizei wird ihm gesagt: »Wahrscheinlich ist er ausgerissen.« Aber der Vater weiß: »So ist Samuel nicht! Wenn er nicht nach Hause kommt oder anruft, dann gibt es dafür einen ernsten Grund.« Und so heuert er für eintausend australische Dollar einen Hubschrauberpiloten an. Tatsächlich entdeckt der schon bald das Auto des Jugendlichen, das zwanzig Kilometer vom Wohnhaus der Familie von der Straße abgekommen ist. »Vom Boden aus hätte man es kaum entdeckt, weil es unterhalb der Fahrbahn lag«, erklärt der Direktor der Fluggesellschaft. Rettungskräfte befreien Samuel Lethbridge schließlich aus dem Wrack und bringen ihn ins Krankenhaus. Rund dreißig Stunden hat er schwer verletzt in seinem kaputten Auto gelegen. Dass er heute lebt, hat er seinem Vater zu verdanken.

Tony Lethbridges Einsatz für seinen Sohn erinnert mich an Jesus Christus. In Lukas 19,10 fasst er seine Mission auf Erden mit den Worten zusammen: »Der Sohn des Menschen ist gekommen, zu suchen und zu retten, was verloren ist.« Jesus ist wie der Hirte, der neunundneunzig Schafe zurücklässt, um einem verlorenen Tier so lange nachzugehen, bis er es findet (vgl. Lukas 15,4).

Vielleicht sind auch Sie »von der Straße abgekommen«. Ihr Leben gleicht einem »Wrack«, und Sie sind an Gott und Menschen schuldig geworden. Dann dürfen Sie wissen: Jesus sucht Sie und will Ihnen Ihre Sündenlast abnehmen. Er kann es, denn die Strafe für Ihre Vergehen »lag auf ihm zu unserm Frieden, und durch seine Striemen ist uns Heilung geworden« (Jesaja 53,5). *pg*

? Wollen Sie sich retten lassen?

! Wenn ja, dann bitten Sie ihn: »Jesus, erbarme dich meiner« (Markus 10,47)!

Lukas 15,1-10

National Sorry Day | **26. Mai 20** | **Dienstag**

**Wenn wir aber unsre Sünden bekennen,
so ist er treu und gerecht, dass er uns die Sünden vergibt
und reinigt uns von aller Ungerechtigkeit**

1. Johannes 1,9

National Sorry Day

Heute, am 26. Mai, wird in Australien der »National Sorry Day« – der nationale Tag der Entschuldigung begangen. Dieser Tag ist dort kein amtlicher Feiertag. Der Hintergrund dieses Gedächtnistages ist ein eher unschönes Kapitel der australischen Geschichte: In der Zeit zwischen 1920 und 1969 wurden ca. 35 000 Kinder von Aborigines, den Ureinwohnern Australiens, zwangsweise adoptiert. Man spricht heute von »gestohlenen Generationen« *(Stolen Generations)*, und es ist leicht vorstellbar, wie viel Leid die Trennung all dieser Menschen von ihren leiblichen Eltern, ihre Herauslösung aus der eigenen Umgebung und Identität sowie die Unterbringung bei völlig Fremden ausgelöst hat.

Es erscheint durchaus nachvollziehbar, dass dieses Unrecht einer ernsten Entschuldigung bedarf. Dennoch verging lange Zeit, bis man sich überhaupt offiziell mit diesem Thema befasste. Erst 1997 wurde es zum Gegenstand eines Berichtes der australischen Menschenrechtskommission. Die Idee eines Gedenktages kam auf, wurde allerdings zunächst nicht von allen Politikern unterstützt. Und obwohl dieser Gedenktag trotz aller Widerstände ab 1998 begangen wird, dauerte es noch zehn weitere Jahre, bis der Premierminister endlich eine offizielle Entschuldigung im australischen Parlament formulierte.

Dieser Umgang mit Schuld ist, so fürchte ich, bei Menschen sehr verbreitet. Es erscheint oft viel leichter, Fehltritte zu verschweigen und zu verdrängen. Doch mit zunehmendem zeitlichen Abstand zum begangenen Fehler wird ein Eingestehen immer schwieriger. Und es ist ein Irrglaube zu denken, dass mit der Zeit die Schuld einfach verschwindet. Was allein hilft, ist ein offenes Bekenntnis und die Bitte um Entschuldigung.

mm

Was schleppen Sie noch mit sich herum?

Ein aufrichtiges Eingeständnis kann große Schwierigkeiten bringen, erleichtert aber das Gewissen.

Psalm 32

Mittwoch

27. Mai 20

Sei mir gnädig, Gott, nach deiner Gnade;
tilge meine Vergehen
nach der Größe deiner Barmherzigkeit!
Psalm 51,3

Ein echter Tilger!

Den Begriff der Tilgung kennt man normalerweise aus dem Finanzwesen. Dort werden Schulden getilgt, das heißt, sie werden ausgelöscht, sodass der Schuldner schuldenfrei ist. Voraussetzung ist allerdings, dass jemand die finanzielle Belastung trägt und die Schulden zahlt.

Auch in der Technik spricht man von Tilgung. Dort setzt man sogenannte Tilger ein, um unerwünschte Schwingungen zu reduzieren. Das sind Zusatzbauteile, die man an schwingende Maschinen oder an schwingungsanfälligen Bauwerken wie Brücken anbringt. Wenn ein solcher Tilger richtig ausgelegt ist, kann er die ungewollte Schwingung – zum Beispiel einer Brücke – vollständig auslöschen. Diese Brücke befindet sich dann in absoluter Ruhelage, die gesamte Schwingungsenergie wird vom Tilger aufgenommen. Allerdings schwingt dieser dann ziemlich stark und muss entsprechend robust sein, um nicht zu versagen. Das Prinzip ist hier besonders eindrücklich: Tilgung ist nur möglich, wenn etwas oder jemand die Belastung auf sich nimmt.

Wenn in der Bibel davon die Rede ist, dass Gott persönliche Schuld tilgt, dann gilt das gleiche Prinzip: Jemand muss die Belastung auf sich nehmen, nur dann kann Schuld wirklich ausgelöscht werden. Genau das tat Jesus Christus, als er am Kreuz starb. Ganz persönlich trug Gottes Sohn dort die Konsequenzen meiner Schuld. Er litt unter der Last meines Stolzes, meines Egoismus, meiner Lieblosigkeit und meiner Rebellion. Wer das verstanden hat, kann Gott um Tilgung seiner Schuld bitten, wird das aber nicht leichtfertig tun, denn er weiß, was Jesus dafür erleiden musste. Aber er wird erfahren, dass er durch Jesu Tod absolut in Ruhe sein und ewigen Frieden erleben kann. Was für ein Tilger! *kaa*

? Wer tritt für Sie vor Gott als Tilger ein?

! Wer Jesus Christus seine Schuld bekennt, kann echte Tilgung erleben.

Psalm 51

Welcher Mensch ist unter euch, der hundert Schafe hat und, wenn er eines von ihnen verliert, nicht die neunundneunzig in der Wüste lässt und geht dem verlorenen nach, bis er's findet? Lukas 15,4

Gesucht – gefunden

Kinder lieben es, Verstecken zu spielen. Immer und immer wieder wollen sie sich verstecken und können es kaum erwarten, gefunden zu werden. Suchen ist weniger beliebt, doch braucht es auch immer einen, der sucht, sonst kann das Spiel ja nicht stattfinden. Wenn Erwachsene mit kleinen Kindern Verstecken spielen, werden sie manchmal so tun, als ob sie suchen, obwohl sie das Versteck längst kennen. Dann, wenn sie schließlich den kleinen Kameraden »entdeckt« haben, ist die Freude groß auf beiden Seiten. In diesem Spiel, das bestimmt so alt ist wie die Menschheit selbst und das von Kindern unterschiedlichster Kulturen gespielt wird, offenbart sich ein menschliches Grundbedürfnis: Wir möchten alle gerne gesucht werden, wenn wir verloren gegangen sind. Und wir möchten, dass der Suchende sich freut, wenn er uns findet.

In unserem Tagesvers sehen wir, dass Gott sich mit einem Hirten vergleicht, der das eine Schaf sucht, obwohl er ja noch neunundneunzig in seinem Stall hat. Nun ist ein suchender Gott eigentlich unlogisch. Denn wenn Gott allwissend ist, hat er das Suchen ja gar nicht nötig. Er weiß sowieso, wo wir sind. Doch gleicht er vielleicht dem Erwachsenen in unserem Beispiel. Gott sucht, um uns seine Liebe zu zeigen. Er sucht, damit wir erkennen, dass wir im Zentrum seines Interesses stehen.

Wer sucht, kann nicht gleichzeitig etwas anderes tun. Und so überlässt der Hirte im Gleichnis die anderen Schafe erst einmal sich selbst. Im Text heißt es dann weiter: »Und wenn er's gefunden hat, so legt er sich's auf die Schultern voller Freude« (Lukas 15,5). Die Freude ist auf beiden Seiten: Gott, der uns letztlich uns zuliebe gesucht hat, freut sich mit uns, gefunden worden zu sein. *si*

Haben Sie sich schon von Gott finden lassen?

Wer beim Hirten ist, dem geht es gut.

Johannes 10,11-18

... die wir Zuflucht genommen haben zum Ergreifen der vor uns liegenden Hoffnung, die wir als einen sicheren und festen Anker der Seele haben.

Hebräer 6,18-19

Rettungsanker »Hoffnung«

Viele Menschen fühlen sich heutzutage einsam und verlassen. Sie sind von ihren Mitmenschen enttäuscht und meinen, nur noch auf sich selbst vertrauen zu können. Wenn wir unseren Tagesvers betrachten, ist es so, als wollten solche Menschen den Anker der Hoffnung ins eigene Boot werfen. Dass er dort nichts für sie tun kann, ist allen Zuschauern sofort klar.

Andere wieder sind so verbittert oder enttäuscht, dass sie auf gar nichts mehr hoffen. Sie lassen sich einfach treiben und versuchen, sich von den Unterhaltungsmedien über Wasser halten zu lassen, einerlei in welche Richtung diese sie auch bringen mögen. Sie gleichen Menschen, die ihre Verbindung zu dem Anker der Hoffnung gelöst und ihn einfach über Bord geworfen haben. Sie halten ihn für unnütz, und außerdem wollen sie durch ihn nicht an frühere Überzeugungen oder an die Mahnungen besorgter Beobachter erinnert werden.

Beiden Gruppen möchten wir raten, den Tagesvers doch einmal genau anzusehen, weil schon viele Millionen die besten Erfahrungen mit diesem Anker der Seele gemacht haben. Sie haben ihn in schwierigen Lebenslagen »ausgeworfen« und sicheren Halt gefunden. Denn der Felsengrund, an dem er sich festhakt, besteht nicht aus Gestein, sondern aus den Verheißungen, die Gott unter Eid denen gegeben hat, die ihr Vertrauen auf ihn setzen.

Denken Sie doch bitte nicht, Ihre Lage sei zu hoffnungslos und vielleicht auch zu sehr selbst verschuldet. Gerade für solche Menschen hat Gott Rettung in Aussicht gestellt. Versuchen Sie es einfach mal! Wenn Sei es ehrlich tun, werden auch Sie bald zu denen gehören, die unseren Tagesvers anderen als Hilfe weiterempfehlen werden. *gr*

Was könnten Sie verlieren, als höchstens Ihre Not?

In einem Lied heißt es: »Größer als der Helfer ist die Not ja nicht.«

Psalm 46

30. Mai 20

Samstag

Denn ich fürchtete einen Schrecken, und er traf mich, und wovor mir bangte, das kam über mich.
Hiob 3,25

Ajax und die »Totenstille« …

… so überschrieb der Journalist Frank van der Velden seinen Artikel, als im vergangenen Jahr die Fußballmannschaft von Ajax Amsterdam doch noch den Einzug ins Finale der Champions League verpasste. Erst in der 6. Minute der Nachspielzeit fiel der entscheidende Treffer, der das Aus brachte. Wie tragisch! So ein Erleben gibt es im Fußball immer wieder. Die Spieler waren so geschockt über das vorzeitige Ausscheiden, dass sie ihre Gesichter im Rasen vergruben und nichts mehr sehen und hören wollten. Der Kapitän berichtete von einer »Totenstille in der Kabine. Es fühlt sich an, als habe uns jemand den Boden unter den Füßen weggezogen. Das Spiel hat fünf Sekunden zu lange gedauert.« Die Unerbittlichkeit des Ausscheidens wurde zu einem emotionalen Schockerlebnis, das noch lange nachwirkte.

Eine solche Erfahrung ist nicht nur im Sport möglich, wo die Folgen in der Regel nicht wirklich dramatisch sind. Aber im Leben kann zum Beispiel die Diagnose einer tödlichen Krankheit oder die Nachricht vom Verlust des Partners durch Unfall zu einem ähnlichen Schock führen. Das war nicht einkalkuliert, aber so kann es kommen, und – was den Tod angeht – so wird er für uns alle kommen.

Zum Glück ist das Leben kein Spiel mit unkalkulierbaren Ausgang, und man kann sich auf das vorbereiten, was kommt. Der Tod kann seinen Schrecken verlieren, wenn wir uns dem übergeben, der ihn vor 2000 Jahre am Kreuz besiegt hat und auferstanden ist. Für die, die das glauben, gibt es nämlich ein Danach, das alles übertrifft, was sie im Leben an Freude, Erfolg und Glück jemals gefunden haben. Sie wissen: Das Eigentliche kommt noch, und weil sie ihre Hoffnung darauf setzen, können Sie von den Unwägbarkeiten im Leben nicht mehr nachhaltig enttäuscht werden.

pj

Was fürchten Sie, was auf Sie zukommen könnte?

Machen Sie Gott zu Ihrer Zuflucht, damit Sie dann nicht ohne Halt und Rettung sind!

Hebräer 2,14-18

31. Mai 20

Sonntag **Pfingstsonntag**

Jeder, der den Namen des Herrn (Jesus) anruft, wird gerettet werden.
Apostelgeschichte 2,21

Was geschah Pfingsten?

Eine Umfrage von Emnid ergab: Die Hälfte der Deutschen weiß nicht, was Pfingsten gefeiert wird. Aber wenn für dieses Fest sogar *zwei* Feiertage festgelegt wurden, dann sollten wir wissen, was an Pfingsten geschah.

Wir fragen daher den Zeitzeugen Lukas, der die Apostelgeschichte geschrieben hat: Da lesen wir, dass fünfzig Tage nach der Auferstehung Jesu Christi von den Toten der Heilige Geist über die versammelten Nachfolger Christi ausgegossen wurde. Das bedeutet: Die bis dahin ängstlichen Jünger Christi wurden mit Mut und großer Freudigkeit ausgestattet, um von da an tapfer die gute Botschaft von der Vergebung der Sünden allen Menschen zu verkünden.

Als der Heilige Geist, der Geist Gottes, auf die Jünger kam, konnten sie plötzlich in vielen verschiedenen Sprachen reden, ohne es gelernt zu haben. So waren sie in der Lage, allen Menschen in Jerusalem die wunderbare Botschaft zu verkünden, dass es jetzt einen Weg gibt, Frieden mit Gott zu finden, weil Christus für die Sünden der Welt gestorben und nun als Sieger wieder lebendig geworden war.

Der Heilige Geist ist eine der drei göttlichen Personen: Gott der Vater, Gott der Sohn und Gott der Heilige Geist. Wer nun aufrichtig um Vergebung seiner Sünden bittet, dem gibt der Heilige Geist den Glauben, dass Gott ihm vergeben hat und dass er von nun an zu den Kindern Gottes gehört.

In Jerusalem hörten damals sehr viele Menschen die Predigten der von Gottes Geist erfüllten Apostel. Sie begriffen, dass sie sich an dem Tod Jesu Christi mitschuldig gemacht hatten und bereuten das zutiefst, und etwa 3000 Leute wurden gläubig, ließen sich taufen und bildeten so die erste Christengemeinde der Welt. *kr*

Wie gehen Sie mit dieser Pfingstbotschaft um?

Als Antwort auf unseren Glauben schenkt Gott die Gabe des Heiligen Geistes, der dann in uns wohnt.

Apostelgeschichte 2

**Denn so spricht der Hohe und Erhabene,
der in Ewigkeit wohnt und dessen Name der Heilige ist:
Ich wohne in der Höhe und im Heiligtum …**
Jesaja 57,15

Wo wohnt Gott?

Die Antwort auf diese vielleicht etwas merkwürdige Frage erscheint angesichts des Tagesverses recht einfach: Gott wohnt in der Höhe. Damit ist aber nicht der sichtbare Himmel oder das Weltall gemeint. Dort suchten schon Kosmonauten vergeblich nach Gott. Zudem ist alles Sichtbare vergänglich und nicht ewig. Gott aber ist nach dem Zeugnis der Bibel ewig. Er bewohnt also eine Sphäre ewiger Unvergänglichkeit. Deswegen spricht das Neue Testament zuweilen auch – wörtlich aus dem Griechischen übersetzt – von »über«-himmlischen Dingen (z. B. in Johannes 3,12). Dieser Wohnsitz Gottes ist für den Menschen aber nicht zugänglich. Denn Gott ist auch der Heilige, der Erhabene, der im Heiligtum wohnt. Wir Menschen hingegen sind weder heilig noch ewig. So, wie wir sind, sind wir nicht für die Gegenwart Gottes geeignet. Das ist zunächst einmal eine desillusionierende Tatsache, und vielleicht passt sie zu den Vorstellungen vieler Menschen von dem fernen Gott, der an einer Beziehung zu uns Menschen kein Interesse hätte.

Doch der Tagesvers endet nicht mit dieser Aussage, sondern es heißt dort weiter: »Ich wohne in der Höhe und im Heiligtum … und bei dem, der zerschlagenen und gebeugten Geistes ist, um zu beleben den Geist der Gebeugten und zu beleben das Herz der Zerschlagenen.«

Welch ein Gegensatz! Auf der einen Seite der hohe und erhabene Gott und auf der anderen Seite der schwache und vergängliche Mensch. Vielleicht könnte man sich noch vorstellen, dass Gott, wenn er sich schon für Menschen interessiert, die strahlenden Sieger aussucht. Doch der Gott der Bibel sucht Menschen, die unter ihrer Lebenslast, unter ihrer Schuld leiden und deren Herz zerschlagen und gebeugt ist. Bei einem solchen Menschen will er wohnen und ihm neues ewiges Leben geben! *mm*

? Ist Ihnen Gott nahe oder fern?

! Das hängt davon ab, welche innere Haltung Sie ihm gegenüber einnehmen.

Jesaja 57,15-21

**Wacht also … damit er nicht,
wenn er plötzlich kommt, euch schlafend finde.**
Markus 13,35-36

Und plötzlich ist es zu spät!

Wir lieben es, unser Biotop mit Wasserfall, Quellteich und Bachlauf samt aller Flora und Fauna zu beobachten. Da sind die Schwalben und Fledermäuse, die den Teich überfliegen und dabei kurz Wasser aufnehmen. Dann gibt es die Libellenlarven, die eines Tages bei einsetzender Sonnenwärme aus ihrer Hülle kriechen, die Flügel entfalten und ihren Jungfernflug starten. Auch brüten zahlreiche Vögel im Uferbereich in Bäumen und Sträuchern sowie in Nistkästen.

Das Idyll trügt jedoch. Leicht erkennt man das Fressen und Gefressen werden. Ob die Echse beim Sonnen auf dem Stein oder die Frösche bei der Paarung, alle müssen aufpassen, dass nicht das plötzliche Verderben über sie kommt. So erging es einem unserer Frösche. Wir sahen, wie sich die Ringelnatter unauffällig, aber doch elegant durch den Teich schob und dann plötzlich mit einem Vorstoß ihres Kopfes die Zähne in einen Frosch bohrte. Dieser gab noch einen Laut von sich und verlor dann schnell den Todeskampf, indem er langsam im Leib der Schlange verschwand.

Vor einem plötzlichen Verderben warnt Gott auch uns Menschen. Jeder kann jederzeit sterben. Wer dann sein Leben nicht rechtzeitig Gott übergeben hat, steht ihm dann als seinem Richter gegenüber. Unzählige Menschen werden sogar gleichzeitig in diese Lage geraten, wenn Jesus Christus wiederkommt, um alle auf ihn wartenden Christen zu sich in den Himmel zu holen. Satan, den Gott in der Bibel mit einer Schlange vergleicht, versucht, die Menschen abzulenken, bis es plötzlich zu spät ist. Dann wartet Gottes Gericht statt des Himmels auf alle Zurückgebliebenen. Und wer in dieser schweren Zeit dann noch umkehren kann, ist völlig ungewiss. *hu*

Wie reagieren Sie auf die Botschaft dieses Blattes?

Seien Sie wachsam! Jeder Tag kann der letzte sein.

Matthäus 24,32-44

Europäischer
Tag des Fahrrads

3. Juni 20

Mittwoch

Auch füllt niemand neuen Wein in alte Schläuche; sonst wird der Wein die Schläuche zerreißen, und der Wein und die Schläuche verderben; sondern neuen Wein füllt man in neue Schläuche. Markus 2,22

Alte Schläuche

Ich fahre gern Fahrrad. In meinem Leben habe ich schon etliche Bikes verbraucht. Momentan benutze ich fast täglich ein City-Bike, um zur Arbeit zu fahren. Die Strecke ist nicht übermäßig lang, aber es sind ein paar Rampen und Steigungen dabei, die einem schon ein paar »Körner« abverlangen. Die Branche hat seit einigen Jahren durch die E-Bikes enormen Aufschwung genommen. Manchmal saust so ein E-Biker an mir vorbei. Doppelte Geschwindigkeit bei gleichem Krafteinsatz, denke ich mir dann. Aber mir kommt's auf die verbrauchten »Körner« an, nicht auf die Geschwindigkeit.

Neulich musste ich eine längere Reparaturphase verkraften und habe dabei den Grundsatz neu gelernt, dass man Neues nicht mit Altem vermischen sollte. Es war ein einfacher »Platten«, der durch den abgenutzten Mantel zustande kam. Also habe ich den Schlauch geflickt und den Mantel erneuert. Gleich am nächsten Tag war der Reifen erneut platt. Nun war an einer anderen Stelle des Schlauches Luft entwichen. Ich tat, was ich schon gleich hätte tun sollen: Ich kaufte einen neuen Schlauch zum neuen Mantel. Seitdem ist Ruhe.

Alles muss neu werden! Das war auch der Grundsatz, den Jesus verkündete. Friede und Freude im Heiligen Geist, Befreiung von Sünde und ewiges Leben, das alles passte nicht zu der alten Hülle des jüdischen Glaubens, der in ritueller Förmlichkeit erstarrt war und den Menschen viel Mühe mit immer mehr selbst ersonnen Regeln und Pflichten machte, die sie dennoch nicht zu Gott führten. Aber mit Jesus war Letzteres möglich geworden. Er bahnte einen Weg zu Gott, der solche, die ihm nachfolgten, in die Freiheit der Gotteskindschaft führte. Da hatte das Alte keinen Platz mehr. Davon konnte man sich nun getrost trennen. *pj*

Sind Sie in einer traditionsbeladenen Frömmigkeit gefangen und haben nur noch Mühe damit?

Lassen Sie sich von Jesus in die Freiheit der Gotteskindschaft führen (Römer 8,21)!

Lukas 4,14-30

Denn nicht das Gute, das ich will, übe ich aus, sondern das Böse, das ich nicht will, das tue ich. (…) Ich elender Mensch! Wer wird mich retten von diesem Leib des Todes?

Römer 7,19.24

Aus dem Schlimmsten gerettet

Der junge Mann hatte früh angefangen: mit etwa neun Jahren die erste Zigarette, mit elf Jahren Alkohol. Dann kam es, wie es kommen musste: Mit 16 nahm er Drogen, erst Cannabis, dann Speed, schließlich Koks und Heroin. Um den Konsum zu finanzieren, reichte die »Stütze« nicht aus. Das fehlende Geld kam aus Diebstählen und dem Handel mit Betäubungsmitteln. Dabei war er nicht zimperlich, streckte seine Ware und nutzte die Not anderer Abhängiger aus. Die Quittung kam bald: Er wurde mehrfach verurteilt. Berufsausbildungen wurden abgebrochen, die Gesundheit war ruiniert, Beziehungen zerbrachen. Er wurde obdachlos und reiste, auf der Flucht vor sich selbst und der Realität, mit seinen wenigen Habseligkeiten durch Europa. Nach seiner Rückkehr versuchte er, in Deutschland wieder Fuß zu fassen. Es gelang ihm, eine Wohnung zu finden. Aber die Sucht und all ihre Zwänge blieben: ein Teufelskreis aus Substitution und Rückfällen.

Eines Tages begegnete er auf der Straße einem Mann, der ihm von Jesus erzählte. Er ließ sich zu einem Vortrag einladen, dann zu einem Glaubensgrundkurs. Erst tat er sich schwer mit den vielen fremden Menschen, die ihm dort begegneten. Doch er kam immer wieder und fing an, in der Bibel zu lesen. Dabei stieß er irgendwann auf die Passage im Römerbrief, in der die Tagesverse zu finden sind. Betroffen stellte er fest: Dieser Paulus versteht offenbar genau, wie es mir in meiner Sucht geht! Er drückt meine Not aus! Dann verstand er, dass Jesus auch ihn, den elenden Menschen, retten kann und will. Er bekehrte sich und ließ sich taufen. – So schlimm ein Mensch auch dran ist, Jesus Christus will allen Rettung und Befreiung schenken – und er hat wirklich die Kraft dazu!

mm

? Wenn Gott diesen jungen Mann retten konnte, wen dann nicht?

! Gott ist mächtiger als die mächtigsten Zwänge, denen wir ausgesetzt sind.

Römer 7,14–8,1

**Wer hat das Meer mit Schleusen verschlossen,
als es hervorbrach,
heraustrat wie aus dem Mutterschoß ...?**

Hiob 38,8-10

Klimawandel

Zweifellos verändern sich die klimatischen Verhältnisse auf unserer Erde. Mit zunehmender Erderwärmung gehen zum Teil extreme Wetterereignisse einher: einerorts mehr Niederschläge, was zu Überschwemmungen führt, andernorts Hitzewellen und Dürre. Wenn das Eis in den Polarregionen und den Hochgebirgsgletschern schmilzt, wird nicht nur der Lebensraum von Tieren, wie z. B. des Eisbären, knapp, es können auch Inseln und Küstenregionen im Meer verschwinden, weil der Meeresspiegel ansteigt. Inwieweit der Klimawandel menschengemacht ist, ist umstritten. Doch in jedem Fall ist es gut und richtig, pfleglich mit der Schöpfung umzugehen und umweltschädliche Emissionen zu vermeiden bzw. zu reduzieren.

Leider gibt es auch Geschäftemacherei mit dem Klimawandel, beispielsweise von Versicherungen, die mit der Furcht der Menschen Profit machen. Angstmacherei und Hysterie sind trotz realer Gefahren fehl am Platz. Manchmal werden Szenarien an die Wand gemalt, die völlig spekulativ sind. Die niederländische Hauptstadt Amsterdam z. B. dürfte demnach bald nur noch von Meerestieren bewohnt werden, da sie unter dem Meeresspiegel liegt. Obwohl ich dort Verwandtschaft habe, bin ich dennoch gelassen, weil ich auf Gott und sein Wort vertraue.

Der Schöpfer hält nicht nur jedes Menschenleben in seinen Händen, sondern hat auch die Hoheit über die Ozeane und alle Naturgewalten. Wenn ich in meiner Bibel lese, schenkt mir mein Gott, der die Erde, das Meer, ja, die ganze Welt erschaffen hat, Zuversicht, trotz der warnenden »Klimapropheten«. Gott gibt mir durch sein Wort Hoffnung, Zuspruch und die Gewissheit, dass er einen Plan hat. So kann ich unbesorgt sein, ohne die Augen vor der Wirklichkeit zu verschließen. *dbe*

Welche Befürchtungen haben Sie wegen des Klimawandels?

Sie können mit Gott über alles reden und auch Ängste und Sorgen bei ihm abladen.

Hiob 38,1-13

6. Juni 20

Samstag

**Ich preise dich darüber,
dass ich auf eine erstaunliche,
ausgezeichnete Weise gemacht bin.**
Psalm 139,14

Urheberrecht

Auf dem Computer kann man sehr leicht ein Bild kopieren und in ein anderes Dokument wieder einfügen. Dabei verstößt man aber möglicherweise gegen das Urheberrecht. Eigentlich kopiert man nur ein bestimmtes Muster von Pixeln auf dem Bildschirm. Das ist ja bestimmt nichts Wertvolles. Allerdings steckt hinter diesem Muster ein kreativer Kopf, der sich zur Entstehung dieses Bildes Gedanken gemacht hat, sei es nun eine Karikatur, ein Gemälde oder eine schöne Fotografie. Der Wert des Bildes wird nicht durch die Pixel bestimmt, sondern von der Kreativität dessen, der es gestaltet hat. Jemand hat darüber nachgedacht, eine Idee entwickelt und dann kreativ umgesetzt. Daher hat er auch einen Anspruch auf sein Werk. Es gehört ihm, und er hat das Urheberrecht daran.

Unser Erbgut, die DNA, ist auch nur ein bestimmtes Muster von Nukleobasen. Eigentlich alles reine Chemie. Allerdings ist die Anordnung der Nukleobasen von entscheidender Bedeutung, denn sie bilden unsere Gene und sind damit für die Eigenschaften unseres Körpers verantwortlich. Auch da finden wir viel Kreativität. Menschen sind schön, und jeder ist ein Individuum, eine Sonderanfertigung. Dabei ist alles sehr funktionell und weise gestaltet. Jemand hat darüber nachgedacht, eine Idee entwickelt und dann kreativ umgesetzt.

Gott hat jeden Menschen geschaffen. Er ist unser Urheber, und er hat die Rechte an uns. Gott will, dass wir das anerkennen und dass wir seine Rechte respektieren. Aber vielleicht ist das genau die große Hemmschwelle – anzuerkennen, dass jemand anders ein Recht an mir hat. Doch wenn wir uns dem versperren, stellen wir uns gegen den Urheber und verpassen seine guten Absichten mit uns, seinen Geschöpfen. Wollen wir das wirklich?

vb

? Was bedeutet es für Sie, tatsächlich einzigartig zu sein?

! Niemand ist sein eigener Schöpfer. Das vergessen wir oft. Aber Gott spricht Sie heute darauf an. Räumen Sie ihm sein Recht auf Sie ein!

Lukas 12,22-34

7. Juni 20

Sonntag

Denn was hilft es dem Menschen,
die ganze Welt zu gewinnen
und Schaden zu nehmen an seiner Seele?
Markus 8,36

Vermögensaufbau

Die Familie Rothschild zählt zu den reichsten der Welt. Ihre gewinnbringenden Geschäftspraktiken sind gut belegt. Stefan Zweig beschreibt in »Sternstunden der Menschheit«, wie Nathan Rothschild innerhalb kurzer Zeit ein riesiges Vermögen gewann. Im Juni des Jahres 1815 tobte die Schlacht bei Waterloo. Napoleon war aus der Verbannung in Elba zurückgekehrt und hatte seine Truppen neu aufgestellt. In Belgien traf er auf die englische Armee unter Wellington. Als die Schlacht auf des Messers Schneide stand, trafen die preußischen Soldaten unter der Führung von Blücher ein und besiegelten den Untergang Napoleons. Als sich der Sieg der Engländer und Preußens abzeichnete, eilte ein Beobachter nach London. Bevor die Siegesnachricht London erreichte, kaufte Rothschild massenweise britische Staatsanleihen auf, die angesichts der Unsicherheit des Krieges billig waren, danach aber im Wert deutlich stiegen. Durch einen Wissensvorsprung konnte er die Kursentwicklung voraussehen und gewann dadurch nach heutigem Wert nahezu eine Milliarde Euro.

Es ist sehr hilfreich, die Zukunft zu kennen. Da weiß man, in welche Aktien man erfolgreich investieren kann. In der Bibel steht viel über die Zukunft. Etwa ein Drittel des Inhalts ist prophetisch. Ein zentrales Thema der Prophetie ist: Der Herr Jesus wird in Macht und großer Herrlichkeit aus dem Himmel zurückkehren. Jeder Mensch wird sich vor ihm verantworten müssen. Entscheidend wird dann sein, ob wir unser Leben für ihn investiert haben. Seine Empfehlung für Vermögensaufbau lautet: »Es ist niemand, der Haus oder Brüder oder Schwestern oder Mutter oder Vater oder Kinder oder Äcker verlassen hat um meinet- und um des Evangeliums willen, der nicht hundertfach empfängt« (Markus 10,29).

ga

? Wo legen Sie Ihr Kapital an?

! Die Bibel verspricht ewig bleibende Dividenden. Alles andere gilt bestenfalls für wenige Jahre.

Matthäus 19,23-30

**Jesus spricht …: Ich bin die Auferstehung und das Leben.
Wer an mich glaubt, wird leben, auch wenn er stirbt.**
Johannes 11,25

Leben nach dem Tod

Wir standen mit einer kleinen Gruppe von Menschen am Grab von Angelika. Sie hatte in ihrem Leben viele Leiden und Schmerzen mitgemacht. Nachdem ihr Mann früh gestorben war, lebte sie einige Jahre in Altenheimen und verbrachte immer wieder längere Zeiten im Krankenhaus. Doch wenn es ihr gesundheitlich möglich war, besuchte sie gerne die Gottesdienste und Gebetsstunden in unserer Gemeinde. Es war ihr wichtig, dass wir für sie beteten und dass sie den Segen Gottes empfing. Obwohl sie kaum etwas besaß, machte es ihr große Freude, andere zu beschenken und sie glücklich zu sehen. Sie war eine sehr zufriedene Frau, die trotz ihrer Krankheit nicht klagte, sondern sich ihrem Herrn und Retter Jesus Christus anvertraute.

Zwei Wochen vor ihrem Heimgang haben wir sie noch im Krankenhaus besucht und gesehen, dass sie genau wusste, wo sie nach diesem Leben hingehen würde. Die Menschen, die sie umgaben, staunten über ihren friedvollen Blick. In diesem Frieden und Glauben hat sie sich in aller Stille verabschiedet.

Am Grab haben wir noch zwei Lieder gesungen, die sie mochte, und ich durfte über den obigen Bibelvers einige Trostworte sagen: »Da steht Jesus auch an einem Grab, dem seines Freundes Lazarus, und er weinte. Die Schwester des Verstorbenen sagte zu ihm: Wenn du hier gewesen wärst, dann wäre mein Bruder nicht gestorben. Daraufhin antwortet Jesus: Dein Bruder wird auferstehen. Martha dachte, er meinte die Auferstehung am letzten Tag. Dann bezeugt Jesus, dass er selbst die Auferstehung ist und dass jeder, der an ihn glaubt, das ewige Leben bekommt. Das durfte auch unsere Angelika wissen, und das darf jeder erfahren, der an Jesus als den Sohn Gottes glaubt. Es gibt ein Leben nach dem Tod.« *uhb*

? Wo werden Sie die Ewigkeit verbringen?

! Auch für Sie kann gelten: Wer an Jesus glaubt, wird leben, auch wenn er stirbt.

Johannes 11,1-45

**Ich war tot, und siehe,
ich lebe von Ewigkeit zu Ewigkeit, Amen!
Und ich habe die Schlüssel des Totenreiches und des Todes.**
Offenbarung 1,18

Die dunkle Seite des Mondes

Die erdabgewandte Seite des Mondes galt seit Menschengedenken als Mysterium. Von der Erde aus ist sie nie sichtbar, auch wenn auf Pink Floyds legendärem Rockalbum von 1973 die »dunkle Seite des Mondes« besungen wird. Dauerhaft dunkel ist die Rückseite des Mondes aber deshalb noch lange nicht. Die Sonne bescheint sie dennoch.

Fakt ist: Der Mond dreht sich so um die Erde, dass er uns immer nur dieselbe Seite zuwendet. Eine Umrundung dauert bekanntlich einen Monat – rund vier Wochen. In diesem Zyklus bestrahlt die Sonne den Mond von allen Seiten. Bei Vollmond wird die der Erde zugewandte Seite erhellt, bei Neumond die abgewandte. Die ersten Bilder von der Rückseite des Mondes lieferte 1959 die sowjetische Sonde »Lunik 3«. Die ersten Menschen, die seine erdabgewandte Seite mit bloßem Augen zu sehen bekamen, waren 1968 die Astronauten von »Apollo 8«. Was konnte man zuvor mit Sicherheit über die erdabgewandte Seite des Mondes sagen? Nichts! Sie war jedem irdischen Betrachter völlig unzugänglich und verborgen. Aber dann gab es »Lunik 3« und »Apollo 8«, die Aufschluss gaben. Satelliten sandten Daten. Menschen waren dort! Ihre Bilder und Berichte sind unsere einzigen Erkenntnisquellen.

Was können wir über die Weiterexistenz nach dem Tod sagen? Nichts! Der Bereich hinter der Todeslinie liegt im Kernschatten unserer Erkenntnis – für uns Menschen völlig unzugänglich und verborgen. Aber es gibt einen, der uns Aufschluss geben kann. Er war dort! Jesus Christus überschritt die Todeslinie und kehrte zurück: »Ich bin der Erste und der Letzte und der Lebende; und ich war tot, und siehe, ich lebe von Ewigkeit zu Ewigkeit, Amen! Und ich habe die Schlüssel des Totenreiches und des Todes« (Offenbarung 1,18). *fe*

? Fürchten Sie sich vor dem Tod?

! Die Schlüsselfigur in Leben und Tod ist der Auferstandene; wer an ihn glaubt, braucht den Tod nicht zu fürchten.

1. Korinther 15,20-28

Mittwoch **10. Juni 20**

Besser das Ende einer Sache als ihr Anfang, besser langmütig als hochmütig.

Prediger 7,8

Durchhalten und Ankommen

Die Spieler unseres lokalen Fußballoberligisten malten neulich einen Motivationsspruch in den Kabinentrakt des Stadions: »Ein guter Anfang braucht Begeisterung, ein gutes Ende Disziplin!« Da ist viel Wahres dran. Auf das Ende kommt es an, und dazu benötigt es Ausdauer und Selbstüberwindung.

Sicher kennen Sie das: Man nimmt sich etwas vor, steckt sich für ein bestimmtes Vorhaben ein Ziel, erreicht es aber nie. Manches Bauprojekt wird mit einem pressewirksamen Spatenstich angefangen und später in unvollendetem Zustand wieder abgerissen. Manch einer startet seine Berufsausbildung mit hoher Motivation, um sie nach wenigen Wochen enttäuscht abzubrechen. Manch ein guter Neujahrsvorsatz verliert nach kurzer Zeit seinen Reiz und wird nie weiter verfolgt.

Der 10 000-Meter-Läufer hat am Start 25 Stadionrunden vor sich. Die Weltspitze schafft diese Distanz mittlerweile in etwa 27 Minuten mit einer Durchschnittsgeschwindigkeit von 22 Stundenkilometern. Die Kunst besteht darin, das Tempo je nach Laufphase verschärfen zu können und dennoch seine Kräfte so einzuteilen, dass man am Schluss noch Kraft für die letzten Runden hat.

Der Glaube an Gott hat auch etwas mit Ausdauer zu tun. Zunächst wird einem, der glaubt, Vergebung und ein neues Leben von Gott geschenkt, damit er überhaupt am Ziel ankommen kann. Und nur die göttliche Kraft dieses neuen Lebens vermag ihm dazu zu helfen. Trotzdem ist dieses Leben kein »Selbstläufer«, sondern erfordert seine ganze Hingabe und totalen Einsatz. Es geht nämlich um die Belohnung, die man nach Erreichen des Ziels empfängt. Ob Bronze, Silber oder Gold auf uns wartet, das hängt davon ab, wie wir uns angestrengt und ob wir nicht nachgelassen haben. *ap*

Neigen Sie zu frühem Aufgeben?

Jesus kann und will uns »einen langen Atem« schenken.

Philipper 3,1-16

11. Juni 20

Fronleichnam **Donnerstag**

Seid aber zueinander gütig, mitleidig und vergebt einander, wie auch Gott in Christus euch vergeben hat.

Epheser 4,32

Die Kraft der Versöhnung

Die alt gewordene Missionarin Elisabeth Seiler (1889–1974) erzählte: In China feierte man eine Aussöhnung zwischen zwei Menschen so: Man plante ein gemeinsames Essen. Elisabeth Seiler erkundigte sich daraufhin nach den Regeln dafür. Die Frau, die es ihr erklärte, lachte und antwortete: »Beim Versöhnungsmahl gibt es Nudeln in einer Brühe. Nach der Versöhnung kommt diejenige, die um Verzeihung gebeten wurde, zur anderen zum Abendbrot; dann essen beide aus der gleichen Schüssel, bis sie leer ist.« Eine beeindruckende Geste, auch wenn sie in unseren europäischen Ohren eher kindlich klingt.

Drei Besonderheiten fallen mir dazu ein: 1. So ein Versöhnungsmahl setzt ein uneingeschränktes Vergeben voraus. Der beidseitige Wille, das Trennende endgültig aus der Welt zu schaffen, wird gestärkt. 2. Beide Kontrahenten reden wieder miteinander. 3. Eine praktische Folge der Versöhnung kann konstruktive Zusammenarbeit sein. Denn es gibt keinen Grund mehr, wegen der anderen Person die Straßenseite zu wechseln.

Ob so ein Versöhnungsmahl in China noch heute so praktiziert wird, weiß ich nicht. Aber irgendwie beneide ich an dieser Stelle jene Kultur. Nicht, weil ich mit anderen unbedingt aus einer Schüssel essen möchte, sondern weil Versöhnung zum Fundament für etwas ganz Neues werden kann. Von mir bisher für schlecht gehaltene Menschen werden wieder liebenswert. Das schafft Vertrauen. Das eigene Anspruchsdenken sinkt. Das Eingestehen von Versagen beraubt uns nicht, sondern gibt etwas. Allerdings wissen wir aus der Bibel, dass wirkliches, dauerhaftes Vergeben nur möglich ist, wenn wir Gottes Vergebung durch seinen Sohn selbst erfahren haben. *md*

? Mit welcher Person sollten Sie sich demnächst zum Abendessen treffen?

! Versöhnung auf die »lange Bank« zu schieben, ist nicht nur ungeschickt, sondern auch gefährlich, weil man nie weiß, ob es eine spätere Gelegenheit geben wird.

1. Mose 21,22-32

**Denn ihr seid teuer erkauft;
darum verherrlichet Gott mit eurem Leibe!**
1. Korinther 6,20

Teuer erkauft

Wenn man die Preise der Fußballprofis in den letzten 10–20 Jahren verfolgt, so kann man sich schon einmal die Frage stellen, ob dies noch gerechtfertigt ist und ob es da überhaupt noch eine Grenze nach oben gibt. Es ist ja keine Seltenheit, dass so ein Fußballspieler über 100 Millionen Euro kostet, gar nicht zu reden von Messi, Ronaldo, Neymar usw., diese werden noch weit höher gehandelt. Um diesen Summen gerecht zu werden, wird eine fast unmenschliche Leistung von ihnen erwartet, um nicht zu sagen gefordert. Wenn sie diese Leistung nicht erbringen, werden sie von den Fans beschimpft und ausgepfiffen.

Auch Christen – so sagt es die Bibel – sind teuer erkauft worden, jedoch nicht mit Unsummen an Geld, oder wie es die Bibel sagt: »nicht mit vergänglichem Silber oder Gold«, sondern mit dem Blut Jesu Christi! Er hat uns nicht erkauft, weil wir so erfolgreich sind, auch nicht, weil wir so gut aussehen oder sonst irgendwelche Vorzüge haben. Er hat für uns teuer bezahlt, weil er uns liebt, ohne Wenn und Aber, damit wir ihm gehören.

Dazu muss man wissen, dass wir Menschen seit Adam unter der Herrschaft der Sünde stehen, weil wir uns von Gott abgewandt haben. Dadurch hat der Teufel einen Besitzanspruch auf uns. Daraus können wir nur befreit werden, wenn wir uns zu Gott zurückwenden und uns durch das Opfer seines Sohnes loskaufen lassen. Unsere Schuld und Sünde wurde gesühnt, das Lösegeld wurde bezahlt, wir stehen nicht unter Druck, dies selbst aufbringen zu müssen. Es werden keine Leistungen von uns gefordert, um diesen hohen Kaufpreis zu rechtfertigen. Wir müssen diesem Loskauf nur zustimmen und unser Unvermögen und unsere Schuld vor Gott ehrlich eingestehen. Dann sind wir frei zu einem Leben mit Gott und gehören für immer ihm. *rr*

Was ist Ihr Leben wert?

Für Gott unendlich viel!

1. Mose 3,1-7.14-19

Der Dieb kommt nur, um zu stehlen und zu schlachten und zu verderben. Ich bin gekommen, damit sie Leben haben und es in Überfluss haben.

Johannes 10,10

Der Coach

Mir ist aufgefallen, dass sich eine Berufsgruppe ganz besonders etabliert hat, eine, deren Berufsbezeichnung es früher gar nicht gab, wenn sie auch schon immer im persönlichen Bereich hier und da ihre vorteilhafte Tätigkeit betrieb. Ich meine den »Coach«. Es gibt heutzutage tatsächlich für alles einen Coach: einen Ernährungs-Coach, einen Bewegungs-Coach, einen Lebens-Coach, einen Management-Coach, einen Finanz-Coach usw. Offenbar hat sich unser Leben so rasant weiterentwickelt, insbesondere durch Multitasking und die ganze moderne Technik, die doch eigentlich das Leben erleichtern sollte, dass wir alleine nicht mehr klarkommen und uns Hilfe bei einem Coach suchen.

Ich muss gestehen, auch ich habe einen Coach. Einen ganz persönlichen, einen, den ich nicht einmal für seine Dienste bezahlen muss. Im Gegenteil, er hat für mich bezahlt. Er hat für mich sein Leben eingesetzt, damit ich nicht nur jetzt, in diesem Leben, alle Sorgen an ihn abgeben kann, sondern darüber hinaus in alle Ewigkeit bei ihm sein darf. Mein Coach hat immer für mich Zeit, und ich muss nicht einmal einen Termin vereinbaren. Ich kann ihn anrufen und habe ihn sofort »an der Strippe«, ohne stundenlang erst in der Warteschleife zu stehen. Er ist Tag und Nacht erreichbar. Sein Name ist Jesus. Und ein Anleitungsbuch für mein Leben hat er mir auch noch geschenkt, das ist die Bibel.

Jesus ist in meinen Augen der beste Coach der Welt, er ist ein Coach für wirklich alle Fälle, den ich wärmstens weiterempfehlen kann. Warum nehmen aber so viele Menschen diesen Coach nicht in Anspruch? Das liegt daran, dass er als einzige Forderung an uns unsere völlige Bankrotterklärung erwartet.

sst

Weshalb wollen Sie noch ohne diesen Couch im Leben zurechtkommen?

Zur Sanierung unserer Lebensfirma gehört es, dem Coach die Durchführung zu überlassen.

Psalm 27,1-11

14. Juni 20

Sonntag

So ist auch die Zunge ein kleines Glied und rühmt sich großer Dinge. Siehe, welch kleines Feuer, welch einen großen Wald zündet es an!

Jakobus 3,5

Ein gefährlicher Brandherd

Heute vor drei Jahren wütete in dem 24-geschossigem Wohnhochhaus im Westen Londons – dem Grenfell Tower – ein fürchterliches Feuer. Der Brand, der sich über die vorgehängte hinterlüftete Fassade innerhalb weniger Minuten ausbreitete, zerstörte das Gebäude weitgehend, und über 70 Menschen kamen ums Leben. Untersuchungen ergaben, dass der Auslöser für diese schockierende Brandkatastrophe ein Kühlschrank in einer Wohnung des 4. Stocks war, der aufgrund eines Defekts in Brand geriet. Die große Katastrophe konnte also auf einen eigentlich kleinen Auslöser zurückgeführt werden.

In unserem Tagesvers wird solch ein schreckliches Szenario als Bild für eine menschliche Schwäche benutzt. Es geht darum, dass auch schon wenige, aber eben unüberlegt ausgesprochene Worte einen wahren »Flächenbrand« auslösen können. Wie oft wurde z. B. nur mit ein paar wenigen Parolen gegen Minderheiten gehetzt, was dann ausreichte, um Verfolgung, Diskriminierung und Ausrottung in Gang zu bringen. Auch im zwischenmenschlichen Bereich können wenige verletzende Worte ausreichen, um z. B. dem Selbstwertgefühl eines bekümmerten Menschen den Todesstoß zu versetzen.

Und doch gibt es noch eine andere Seite der Zunge: Wohltuende Worte können niedergeschlagene Menschen wiederaufrichten und für sie regelrecht die Sonne aufgehen lassen. Ermutigungen können Leben spendend sein, Worte der Vergebung können zerstörte Beziehungen heilen. Gott möchte uns helfen, damit wir unser Sprachvermögen in solch einer positiven Weise einsetzen. Dazu müssen wir fähig werden, uns zu disziplinieren, und die Ehrfurcht vor Gott bringt uns darin einen großen Schritt weiter. *sn*

? Wo sind Ihnen schon Worte herausgerutscht, die Sie nachher bereut haben?

! Denken Sie stets darüber nach, was Ihre Worte auslösen könnten.

Jakobus 3,2-12

15. Juni 20

Montag

Der, der uns einst verfolgte,
verkündigt jetzt den Glauben,
den er einst zu vernichten suchte.
Galater 1,23

180°-Wende

Paulus hatte auf der Straße nach Damaskus seine Begegnung mit dem Sohn Gottes. Der erschien ihm vom Himmel her in einem dermaßen strahlenden Licht, dass Paulus danach drei Tage nicht sehen konnte. Das führte bei dem fanatischen Pharisäer Paulus zu einer vollkommenen Lebenswende. Zuvor brannte er darauf, die Christen zu verfolgen, gefangen zu nehmen und sogar zu töten. Er war zu allem bereit. Doch nun griff Gott selbst in sein Leben ein. Jesus selbst gab sich ihm zu erkennen. Paulus erkannte in dieser Lebenskrise mit zeitweiliger Erblindung sein falsches Handeln, kehrte um und folgte von da an Jesus Christus nach. Wie ein Lauffeuer verbreitete sich die Nachricht, dass dieser Christenverfolger selbst zum Christen geworden war und nun die Nachricht von Jesus verbreitete, die er einst so bitter bekämpft hatte. Diese radikale Veränderung im Leben dieses Mannes kann menschlich nicht erklärt werden. Hier war etwas Außergewöhnliches geschehen.

In der Tat ist die Hinwendung eines Menschen zu Gott ein Wunder. Umkehr und Buße sind immer eine Kehrtwende um 180°! Das bisherige Weltbild, in dem Gott außen vor blieb, kehrt sich ins Gegenteil: Gott rückt ins Zentrum, und mit ihm bekommen plötzlich Dinge einen Sinn, die vorher ein Rätsel und Anlass zum Zweifel waren.

Ob man Paulus, Rainer, Elisabeth oder Kurt heißt – das Prinzip ist immer das Gleiche: Es ist die Umkehr von den bisher selbst bestimmten Wegen und Gedanken hin zum Schöpfer und Retter Jesus Christus. Und das Schöne ist, dass Jesus uns nicht hängen lässt, wenn unsere Welt zusammenbricht, sondern etwas ganz Neues in uns aufbaut, ein völlig neues Leben mit ihm, in dem er die Hauptrolle spielt. Paulus hat das nie bereut, und auch Sie werden es nicht bereuen! *tl*

? Welche Einstellung haben Sie zum christlichen Glauben?

! Durch die Begegnung mit Jesus und den Glauben an ihn verändert sich alles.

Apostelgeschichte 9,1-21

Und wie es den Menschen bestimmt ist, einmal zu sterben, danach aber das Gericht, so wird auch der Christus … zum zweiten Male ohne Beziehung zur Sünde denen zum Heil erscheinen, die ihn erwarten. Hebräer 9,27-28

Industrie 4.0

»Industrie 4.0« ist die Herausforderung unserer Zeit und bedeutet radikale Veränderung. Je nach persönlichem Blickwinkel steht der Begriff für ungeahnte Chancen oder schlimme Bedrohungen. Die erste industrielle Revolution begann Ende des 18. Jahrhunderts. Die Industriegesellschaft funktionierte mit Wasser- und Dampfkraft. Das zweite Industriezeitalter führte ab Ende des 19. Jahrhunderts mittels Elektrotechnik zu Massenproduktion und Fließbandarbeit. Die ab den 1970er-Jahren einsetzende dritte Phase weiterer, von IT-gestützter Automatisierung. Derzeit befinden wir uns in der vierten Phase, die von zunehmender Digitalisierung gekennzeichnet ist. Just-in-time-Strategien erfordern die vollständige digitale Vernetzung und Überwachung von Fertigung, Logistik, Dienstleistungen und Personal. Dies verändert unser berufliches und privates Umfeld rasant.

Auch die von Gott für uns Menschen vorgesehenen Zeiträume können in Zeitalter unterteilt werden. Vom Sündenfall Adams und Evas bis zur Sintflut gab es einen moralischen Verfall, weshalb Gott fast die ganze Menschheit wegraffte und einen Neuanfang einleitete. Dann folgte in der Zeit der Patriarchen und des Volkes Israel erneut moralischer Verfall. Diesmal raffte Gott nicht die Menschheit weg, sondern sandte seinen Sohn, der das Gericht für alle an ihn Glaubenden auf sich nahm. Seit damals leben wir nun in der Zeit der Gnade, die jedoch bald enden wird. Dann kommt »Gottes Zeitalter 4.0«: Jesus Christus wird seine Gemeinde zu sich in den Himmel holen, und in rasanter Folge wird es für die zurückbleibenden Menschen zu radikalen Gerichten kommen. Wie bei »Industrie 4.0« wird man nur dann zurechtkommen, wenn man sich rechtzeitig darauf einstellt. *hu*

? Auf welcher »Ebene« in Bezug auf Gottes Rettungsplan befinden Sie sich?

! Sie können noch heute dafür sorgen, dass Sie zu denen gehören, die Jesus Christus rechtzeitig zu sich holt.

Matthäus 24,32-44

… aber du hast mir zu schaffen gemacht mit deinen Sünden und mir Mühe gemacht mit deinen Missetaten!

Jesaja 43,24

Unbroken (1) – Ein hoffnungsloser Fall?

Das Leben von Louis Zamperini (1917–2014) hat es in sich. Es ist so packend, dass die bekannte Schauspielerin Angelina Jolie einen Film darüber drehte, der Ende 2014 in die Kinos kam.

Louis wurde in Olean, New York, als Kind italienischer Einwanderer geboren. Die Familie hatte es schwer. Ausgrenzung und der Kampf ums Überleben prägten den Alltag. Louis wurde in der Schule schikaniert und oft verprügelt. Dabei fiel auf, dass er große »Einstecker-Qualitäten« hatte. Mobbing und Ausgrenzung standen für ihn auf der Tagesordnung. Doch es gab einen Punkt, wo er vom Opfer zum Täter wurde. Einmal brach er einem Jungen das Nasenbein, häufiger lief er von zu Hause weg und hatte Probleme mit der Polizei. Seine Zeugnisse waren eine Katastrophe. Seine Eltern beteten für ihn und bestraften ihn, doch nichts schien zu helfen, bis sie ihm androhten, dass er in eine Erziehungsanstalt muss. Die Angst vor der »Psychiatrie« motivierte ihn, sich zu bessern. In dieser Zeit wurde der Sport zu seinem Anker. Sein Bruder war der beste Läufer der Highschool, und er fing an, Louis zu trainieren. Anfangs hasste Louis das Laufen, doch Anerkennung und Aufmerksamkeit ließen seine Motivation wachsen. 1934 stellte er einen Highschool-Weltrekord auf, und eine Woche später gewann er die Meisterschaft und ein Stipendium an der Universität. Mit 19 Jahren wurde er ins Leichtathletikteam der USA berufen und qualifizierte sich damit für die Teilnahme an den Olympischen Sommerspielen 1936 in Berlin.

Louis war in jungen Jahren ein »hoffnungsloser« Fall, würden wir sagen. Doch es gab jemanden, nämlich Gott, der mit Louis ein größeres Ziel verfolgte, als nur »Olympionike« zu werden. Lesen Sie morgen, wie es mit Louis weiterging. *za*

Kennen Sie solche »hoffnungslosen« Fälle, die nicht nur Menschen, sondern auch Gott Mühe machen mit ihren Sünden?

Gott möchte solche »hoffnungslosen« Fälle gerne zu »Himmelsstürmern« machen.

1. Timotheus 1,12-17

Donnerstag

18. Juni 20

Und rufe mich an am Tag der Not,
so will ich dich erretten, und du sollst mich ehren!
Psalm 50,15

Unbroken (2) – Not lehrt beten!

Der Traum von Olympia wurde wahr. Beim 5000-Meter-Lauf war Zamperini jüngster Teilnehmer und lief seine letzte Runde in sehr guten 56 Sekunden. – 1941 trat Zamperini den United States Army Air Forces bei. Am 27. Mai 1943 stürzte er bei einem Rettungsflug für eine vermisste Maschine ab – acht Crewmitglieder starben. Er und zwei andere Überlebende konnten sich in einem Schlauchboot retten. Insgesamt war er 47 dramatische Tage auf dem Meer unter Haien, Stürmen etc. Er hatte so gut wie nichts zu essen und zu trinken. Louis und seine Kameraden ernährten sich von selbst gefangenen Fischen und Vögeln und tranken in Behältern gesammeltes Regenwasser. Die Qualen auf See wurden immer größer, dazu kamen Halluzinationen, Wahnvorstellungen und pure Verzweiflung. Auch wurden sie von einem japanischen Flugzeug beschossen, das ihr Boot stark beschädigte. Am 33. Tag starb Francis McNamara. Am 47. Tag erreichten Zamperini und sein Leidensgenosse das Atoll Wotje der Marshallinseln, wo sie sofort von den Japanern gefangen genommen wurden.

Man könnte denken, dass es nach so einem Martyrium nicht schlimmer kommen kann, doch es kam noch deutlich schlimmer. Doch etwas hielt Louis Zamperini aufrecht. Als sie am 6. Tag ohne Wasser auf See waren, den Tod vor Augen, hatte Louis ein Gebet gesprochen: »Gott, wenn es dich gibt und du unseren Durst stillen wirst, dann möchte ich dir mein weiteres Leben weihen, dann soll es dir gehören!« Am nächsten Tag hatte es dann angefangen, in Strömen zu regnen! – Über viele Jahre hinweg vergaß Louis sein Versprechen, es hatte lange Zeit keine Bedeutung für ihn. Doch dann trat Gott erneut in sein Leben, denn er möchte mehr erreichen, als dass wir erst an Gott denken, wenn uns das Wasser bis zum Hals steht. *za*

? Wer oder was trägt Sie in Ihrem Leben, wenn es wirklich hart kommt?

! Es ist gut, wenn man sich dann an Gott erinnert, der jedem, der ihn demütig bittet, gerne hilft – aber nicht nur als »Notstopfen«!

Matthäus 14,22-33

Er errettete sie oftmals; aber sie widerstrebten ihm mit ihren Plänen, und sie sanken immer tiefer durch ihre Ungerechtigkeit. Aber er sah ihre Not an, als er ihr Schreien hörte. Psalm 106,43-44

Unbroken (3) – Gefangen – äußerlich und innerlich

Nach der Gefangennahme durch die Japaner wurde Louis Zamperini in verschiedene Arbeitslager verschleppt. Immer wieder wurde er gefoltert, misshandelt und gedemütigt. Besonders der Lagerkommandant Watanabe, der Louis oft übel zurichtete, hatte es auf ihn abgesehen. – Zamperini blieb bis zum Kriegsende in japanischer Kriegsgefangenschaft. Im September 1945 wurde bekannt, dass er noch lebte. Nach Presseberichten in der »New York Times« und der »Los Angeles Times« kehrte er als Kriegsheld in die Vereinigten Staaten zurück. Der Versuch, seine Sportlerkarriere fortzusetzen, scheiterte wegen einer in der japanischen Kriegsgefangenschaft erlittenen Verletzung. 1946 heiratete er und blieb bis ans Lebensende mit seiner Frau zusammen.

Doch dunkle Wolken zogen auf. Louis litt an einer posttraumatischen Belastungsstörung. Sehr viele ehemalige Soldaten litten an so einer Störung. Die Auswirkungen waren Angstzustände, Panikattacken und Wutanfälle. Louis wurde extrem reizbar. Er rauchte viel und war abends oft so betrunken, dass er das Bewusstsein verlor. Unbändige Wut erfüllte ihn. Oft war er in Kneipenschlägereien verwickelt. Er war sich sicher, dass, wenn er jemals nach Japan zurückkehren sollte, er seine Aufseher umbrächte! Louis war am Ende. Er war versunken in Hass, Sucht und Rachegedanken. Es schien kein Ausweg in Sicht.

Vielleicht ist es nicht bei jedem so extrem wie bei Louis Zamperini, aber viele Menschen kennen das aus ganz unterschiedlichen Gründen in ihrem Leben, dass sie verzweifeln, mit Ängsten kämpfen, in Alkohol und Drogen flüchten oder der Hass sie gefangen hält. Jesus Christus kam zu uns, um uns von alldem und auch von unserer Schuld zu befreien. Er kann uns retten, gerade dann, wenn wir am Ende sind. *za*

? Was hält Sie gefangen?

! Wenden Sie sich an Jesus. Sein Name bedeutet: Retter.

Johannes 5,1-10.13-15

20. Juni 20

Samstag

Und sonst gibt es keinen anderen Gott, einen gerechten Gott und Erretter; außer mir gibt es keinen! Wendet euch zu mir, so werdet ihr gerettet, all ihr Enden der Erde; denn ich bin Gott und keiner sonst! Jesaja 45,21-22

Unbroken (4) – Endlich frei!

Wie gestern schon erwähnt, stand Louis Zamperini in seinem Leben am Abgrund. In dieser Phase kam es zu einem einschneidenden Erlebnis. Seine Frau, die ihn zwischenzeitlich verlassen hatte, weil sie es nicht mehr mit ihm aushielt, lud ihn zu einer Veranstaltung von Billy Graham ein, dem bekannten christlichen Prediger. Louis ließ sich überreden mitzukommen. Während der Veranstaltung wollte er schon wieder aus dem Zelt hinausgehen, doch dann erinnerte er sich an das Versprechen, das er Gott gegeben hatte, als er auf See als Schiffbrüchiger in so großer Not war. Er hörte den Redner sagen: »Gott kennt dein Leben von Geburt an bis zu deinem Tod. Und es wird ein Tag kommen, wo Gott richten wird ... doch Jesus ist gekommen, um allen ihre Schuld zu vergeben ...« Louis begriff plötzlich, dass er ein total kaputter und verlorener Mensch war. Er fühlte sich von diesem Jesus, der vergibt, angezogen. An diesem Abend übergab er sein Leben Jesus und bekannte ihm alle seine Sünden. Er schüttete sein Herz vor Gott aus. Am gleichen Abend entsorgte er sämtlichen Alkohol, den er noch im Haus hatte. Die Albträume und Hassträume endeten schlagartig – er konnte wieder schlafen. Seine Frau sagte über diesen Abend und die Zeit danach: »In einem einzigen Augenblick waren seine Wut, seine Erniedrigung und Hilflosigkeit von ihm abgefallen – er war ein neuer Mensch.«

Louis setzte ab diesem Moment sein Leben für Gott ein, er sprach auf Veranstaltungen über sein früheres Leben und darüber, wie Jesus ihn gerettet hatte. Später gründete er das *Victory Boys Camp*, eine Oase für gefährdete Jugendliche. Louis ging mit den Jungen fischen, schwimmen und reiten und erzählte ihnen abends beim Lagerfeuer seine Geschichte – von Ruhm, Krieg und Hass und der Vergebung und vor allem von »Jesus«. *za*

? An was oder wen wenden Sie sich, wenn nichts mehr geht?

! Jesus macht wirklich frei. Kommen Sie zu Ihm!

Matthäus 8,28-34

**Wenn euch nun der Sohn frei machen wird,
so seid ihr wirklich frei.**
Johannes 8,36

Unbroken (5) – Vergebung befreit

Louis setzte nach seiner Hinwendung zu Jesus sein Leben für Gott ein. Er sprach auf Veranstaltungen über sein Leben und darüber, wie Jesus ihn gerettet hat. In seinen Reden machte er insbesondere das Vergeben-Können zu seinem Thema. Lange Jahre war er gefangen in Rache- und Mordgedanken. Doch er erlebte, wie Jesus ihn davon befreite. Als er später zahlreiche Wärter aus dem Kriegsgefangenenlager traf, in dem er während des Zweiten Weltkriegs inhaftiert war, vergab er ihnen! Louis berichtet: »Die Albträume nach dem Krieg machten mir das Leben zur Hölle, doch dank einer Begegnung mit Gott durch den Prediger Billy Graham konnte ich mein Leben Jesus Christus übergeben. Liebe trat an die Stelle des Hasses, den ich gegen sie empfand, denn Jesus sagte mir: ›Vergib deinen Feinden und bete für sie.‹« Das setzte Louis in die Tat um und erlebte einen Frieden und eine Freiheit, die er vorher nicht kannte.

Auch in unserem Leben gibt es die eine oder andere Erfahrung, die Vergebung nötig macht. Zum Beispiel dann, wenn Menschen an uns schuldig geworden sind. Wenn ein guter Freund uns im Stich gelassen hat. Wenn sich Eltern nicht um uns gekümmert haben. Wenn andere mich schikaniert und ausgegrenzt haben. Wenn die Wut uns gefangen hält ... Es gibt leider viele, die aufgrund solcher Erfahrungen ihr Leben lang in einem Gefängnis der Unversöhnlichkeit sitzen und verbittern. Kennen Sie solche Menschen? Sind Sie selbst einer davon? Die gute Nachricht ist, dass dies nicht so bleiben muss. Denn der, der gesagt hat: »Vater vergib ihnen, denn sie wissen nicht, was sie tun«, ist gekommen, um auch Sie frei zu machen. Jesus ist gekommen, um für unsere Schuld zu sterben und uns zu vergeben. Wer das in Anspruch nimmt, kann auch anderen vergeben.

za

Welche Situationen oder Dinge in Ihrem Leben setzen Ihnen so hart zu, dass Sie sie nicht loslassen können?

Echte Freiheit gibt es nur durch den, der wirklich frei macht – Jesus!

Matthäus 18,21-35

**Dies ist die Deutung der Sache:
Mene – Gott hat dein Königtum gezählt
und macht ihm ein Ende.**

Daniel 5,26

22. Juni 1815: Napoleon Bonaparte tritt ab

Im Winter 2018/19 hatten wir in Deutschland wieder einmal einen schweren Sturm. Solchen Stürmen werden vom Meteorologischen Institut der FU Berlin in alphabetischer Reihenfolge Namen gegeben. Auch in der Geschichte der Menschheit gibt es häufig Sturmzeiten, die den Namen einzelner Menschen tragen und mit denen sich meistens üble Erfahrungen verbinden. Kaiser Napoleon war ein solcher Sturm. Er fuhr über Europa hinweg und hinterließ drei Millionen Tote.

Wer hatte das dem kleinen Korsen zugetraut? Aus seiner Heimat fort zur Armee, in den Wirren der Französischen Revolution zum jüngsten General Frankreichs aufgestiegen. Nach der Rettung des Direktoriums mit Waffengewalt finanzierte er es und war in kürzester Zeit der starke Mann Frankreichs. Das Glück, vor allem das militärische, blieb ihm lange treu und machte ihn zum Herrn Europas. Aber der Krieg war auch die Falle, aus der er nicht mehr herausfand. Die entscheidende letzte Schlacht verlor er. Für Napoleon war das Waterloo. Als er von der Weltbühne abtrat, war Europa ein anderer Kontinent geworden. Der Orkan »Napoleon« hatte die Welt verändert.

Seitdem ist noch mancher »Sturm« über die Welt hinweggefegt, und nach der Bibel wird am Ende mit dem Antichrist der größte noch kommen. Doch dann wird Jesus Christus wiederkehren und sein 1000-jähriges Reich aufrichten, in dem die Erde endlich zur Ruhe kommen wird. Erst sein Königtum wird der Welt Frieden bringen. Aber in seinem Reich werden nur solche Aufnahme finden, die sich seiner Herrschaft unterstellen. Und auch schon jetzt hängt für uns alles davon ab, wie wir uns zu Jesus Christus stellen, denn er ist der Einzige, der uns von unserer Sünde retten und uns ewiges Leben schenken kann. *koh*

Was wäre unsere Welt und allen Menschen darauf zu wünschen?

Man kann den von Gott vorgesehenen zukünftigen König, seinen Sohn Jesus Christus, schon jetzt anerkennen und ihm dienen.

Lukas 21,20-28

23. Juni 20

Dienstag

Nur ein Schritt ist zwischen mir und dem Tod!

1. Samuel 20,3

Gefangen in der Höhle!

Heute vor zwei Jahren ging die Nachricht eines dramatischen Höhlenunglücks um den Globus: 12 Jungen eines thailändischen Fußballvereins hatten mit ihrem Trainer eine Erkundungstour in die weitverzweigte Höhle Tham-Luang unternommen. Dort waren sie von den Wassermassen des Monsuns überrascht worden, sodass sie sich immer tiefer ins Höhleninnere zurückziehen mussten. Es dauerte neun Tage, sie zu finden; und erst nach über zwei Wochen konnten alle befreit werden. Was wird diesen Jungen in der nassen, finsteren Höhle durch den Kopf gegangen sein?

Ursprünglich sollte es nur eine kleine Unternehmung nach dem Training werden. Ihre Fahrräder und Rucksäcke hatten sie am Eingang der Höhle zurückgelassen – sie wollten ja bald wieder zurück sein. Sicher hatte keiner von ihnen damit gerechnet, dem Tod so nahe zu kommen. Wer denkt schon mit 16 Jahren an den Tod? Der Kopf ist doch voll mit Schule, Chillen, Instagram, YouTube, Zukunftsplänen etc. Aber für diese Jungs spielte das alles auf einmal keine Rolle mehr. Sie mussten dem Tod ins Auge sehen, und das jeden Tag etwas mehr. Mit jedem Schritt tiefer in die Höhle hinein hatte sich ihre Aussicht auf Rettung verschlechtert.

Im Grunde müssen auch wir uns klar darüber sein, dass der Tod uns immer umgibt. Wir mögen diesen Gedanken nicht, verdrängen ihn. Und doch kann es jederzeit vorbei sein, auch ohne Höhlenunglück: ein Verkehrsunfall, eine unheilbare Krankheit ... Sind wir vorbereitet? Die Bibel spricht sehr deutlich davon, dass mit dem Tod nicht alles aus ist. Wenn wir uns in diesem Leben Jesus Christus anvertrauen, werden wir gerettet und die Ewigkeit mit ihm im Himmel verbringen. Tun wir das nicht, werden wir getrennt von ihm ewig in der Hölle sein. *Jam*

Wo werden Sie nach Ihrem Tod »die Augen aufschlagen«?

Lassen Sie sich von Jesus Christus retten, ehe es zu spät ist!

Lukas 16,19-31

24. Juni 20

Mittwoch

... danach aber das Gericht.
Hebräer 9,27

Wann sind Sie an der Reihe?

Es ist eine unumstößliche Tatsache, dass jeder Mensch einmal sterben muss. Keiner ist davon ausgenommen. Die Bibel sagt uns, dass nach dem Tod nicht alles aus ist, sondern dass der Tod vielmehr ein Übergang in eine andere Welt ist. Wenn ein Mensch von dieser Welt abscheidet, wird er letztlich in eine von diesen beiden Richtungen gehen: entweder in den Himmel zu seinem Schöpfergott oder aber an den Ort, den die Bibel Hölle nennt.

Woher kann man wissen, wo man nach seinem Ableben einmal sein wird? Gott lässt uns darüber nicht im Unklaren. Er teilt uns in der Bibel mit, dass man dem Gericht entfliehen kann. Zu Letzterem sind wir alle von Geburt an unterwegs. Wir alle wurden in Sünden geboren. Das heißt, dass bei jedem Menschen, wenn er zur Welt kommt, die Lebensader zu seinem Schöpfer durchtrennt ist. Doch sie kann wiederhergestellt werden. Dazu kam der Sohn Gottes auf diese Erde. Er kam, um zu suchen und zu retten, was verloren ist. Und weil wir alle Rettung brauchen, ist er genau für Sie und mich gekommen. Er möchte die Verbindung zwischen uns und unserem Schöpfergott wiederherstellen. Die Brücke über diese unendlich weite Kluft ist das Kreuz, an dem Jesus Christus starb. Dort nahm er unsere Sünde auf sich und zahlte dafür. Wenn Sie dies glauben und erkennen, dass Sie verloren sind und auf dem Weg in die Hölle sind, kommen Sie bitte jetzt zu Jesus Christus und bitten Sue ihn um Vergebung. Sie werden dazu nicht unbegrenzt die Gelegenheit haben. Gott ruft Sie vielleicht ein paarmal. Wenn Sie diese Gelegenheiten verstreichen lassen, gibt es für Sie kein Entkommen vor dem Gericht. Mit Gott ist nicht zu spaßen. Er ist gnädig, aber wenn man sein Rettungsangebot ablehnt, muss man nach dem Sterben sein Zorngericht erfahren. *tl*

? Glauben Sie, was im Tagesvers steht?

! Dann entscheiden Sie sich jetzt, Gottes Angebot anzunehmen – bevor Sie an der Reihe sind!

Hebräer 4,6-13

25. Juni 20

Donnerstag

**Die Frucht des Geistes aber ist:
Liebe, Freude, Friede, Langmut, Freundlichkeit,
Gütigkeit, Treue, Sanftmut, Enthaltsamkeit …**

Galater 5,22-23

Enthaltsamkeit

Wenn alle hier aufgeführten Tugenden als Früchte des göttlichen Geistes bezeichnet werden, wundert man sich, dass das Wort »Frucht« in der Einzahl dasteht. Wenn man diese Tugenden aber als ein Miteinander und nicht Nacheinander versteht, passt das. Trotzdem ist die Liebe die Größte und steht deshalb am Anfang. Last but not least wird die Enthaltsamkeit aufgeführt. Sie ist sozusagen die Klammer um das Ganze, denn ohne sie wären die anderen Tugenden kaum von Beständigkeit.

Gewöhnlich verstehen wir Enthaltsamkeit als Verzicht auf zu viel Essen und Trinken, auf Alkohol, Tabak usw.; aber die Bibel meint damit nicht nur die Vermeidung von Schädlichem, sondern auch die durch die Liebe zu Gott entstandene innere Kraft, sich nicht zu verzetteln. Die heutige Welt wirkt auf die Menschen mehr denn je wie ein sich immer schneller drehender Kreisel, der uns durch die so entstehenden Fliehkräfte alles entreißen will, was unsere Vorfahren noch als wichtig und unentbehrlich festhalten konnten. »Innere Haltekraft« wäre eine umfassendere Bezeichnung für »Enthaltsamkeit«. Andere übersetzen das Wort mit »Selbstbeherrschung«.

Diese innere Haltekraft haben wir nicht von uns aus, jedenfalls nicht ausreichend, um der »Zerstreuung« durch die Medien und die »Propheten« der Postmoderne widerstehen zu können. Deshalb sind viele Menschen innerlich ganz leer und versuchen nun, diese Leere mit all dem Kram zu füllen, den die Unterhaltungsindustrie ihnen liefert, was die Sache unaufhörlich komplizierter und unlösbarer und die Menschen immer abhängiger von den Profis der Verführungskünste aller Art macht. Gott aber bietet uns noch heute freundlich seine Hilfe an. Machen wir doch Gebrauch davon! Am besten sofort! *gr*

Was müssten Sie ändern, um den Fliehkräften der Gegenwart zu widerstehen?

Gott hat allen Glaubenden Ruhe, innere Kraft und Geborgenheit versprochen.

Psalm 46

**Barmherzig und gnädig ist der HERR,
langsam zum Zorn und groß an Gnade.**
Psalm 103,8

Ist Gott barmherzig?

Vor einem Jahr litten weltweit 821 Millionen Menschen unter Hunger. Bei einer Weltbevölkerung von ca. 7,5 Milliarden bedeutet das: Jeder neunte Mensch hatte nicht genug zu essen. Die Zahl der Menschen, die vor Krieg, Konflikten und Verfolgung fliehen, war noch nie so hoch wie heute. Mitte 2018 waren 68,8 Millionen Menschen weltweit auf der Flucht. Im Jahr 2006 waren es noch 37,5 Millionen. 2018 gab es weltweit etwa 28 Kriege und bewaffnete Konflikte. Über 20 Millionen Menschen mussten ihr Zuhause wegen Gewalt und Krieg verlassen.

Das alles hat nicht Gott verursacht, sondern der Mensch. Und er muss es ausbaden, wenn auch Gott aus Barmherzigkeit manches mildert und manchmal sogar wunderbar aus allem Elend rettet. Gott macht in der Bibel klar, warum er jetzt noch nicht alles grundlegend ändert. Dafür hat er einen noch zukünftigen Zeitpunkt festgelegt. Und dann wird das auch ganz sicher geschehen. Bis dahin lässt er die Menschen die Folgen ihres Handelns schmerzlich spüren, damit sich möglichst viele besinnen und auf seine Gnade hoffen. In seinem Sohn Jesus hat Gott sich klar und deutlich als barmherzig erwiesen.

Barmherzigkeit bedeutet, »ein Herz zu haben für die Not anderer«. Jesus hat, als er hier auf Erden als Mensch war, täglich seine Liebe und Barmherzigkeit gegenüber den Menschen gezeigt. Die Barmherzigkeit Jesu äußert sich nun darin, dass er jedem Menschen die Hand reicht, damit diese im Glauben an ihn ewiges Leben haben, über das irdische Leben mit seinen täglichen Bedürfnissen hinaus. Jesus hat ein Herz für unsere Not! Man kann ihn bitten, von seinen Sünden gerettet zu werden; man kann ihn aber auch darum bitten, in den alltäglichen Nöten und Problemen seine Hilfe und Rettung zu erleben. *schn*

Würden Sie lieber auf Gottes Hilfe verzichten?

Wenn sich 821 Millionen an Gott wenden würden, dann würde er jeden Einzelnen davon retten. Seien Sie schon mal einer davon!

5. Mose 4,29-40

Niemand hat Gott jemals gesehen.
Der eingeborene Sohn, der in des Vaters Schoß ist,
der hat ihn kundgemacht.
Johannes 1,18

Sichtbar gemacht

Bewundernd gehen die Besucher durch den Palazzo Pallavicini Rospigliosi, der eine der größten privaten Kunstsammlungen Roms beherbergt. Sie staunen über die vielen Büsten, Gemälde und Fresken. Der Höhepunkt ist für viele Kunstliebhaber das bekannte Deckenfresko »Der Zug der Aurora« von Guido Reni. Alle recken die Hälse und schauen nach oben, um das Kunstwerk in allen Einzelheiten studieren zu können. Doch das Zimmer ist sehr hoch und das Fresko so weit entfernt, dass man schnell einen steifen Hals bekommt. Es ist gar nicht möglich, die ganze Schönheit des Gemäldes von unten wahrzunehmen, geschweige denn Einzelheiten genauer zu studieren. Der Besitzer des Palazzos ist diesem Umstand entgegengekommen und hat in Bodennähe große, leicht gekippte Spiegel angebracht, die es erlauben, das herrliche Gemälde aus der Nähe zu betrachten.

Noch viel weiter entfernt und zugleich ungleich herrlicher als dieses beeindruckende Deckenfresko ist Gott. Es ist uns Menschen gar nicht möglich, ihn anzuschauen. Aber zum Glück gibt es Jesus Christus. Er hat »in Bodennähe«, also auf unserer Ebene, als Mensch unter Menschen auf dieser Erde gelebt und dabei die Schönheit und Vollkommenheit Gottes widergespiegelt. »Wer mich gesehen hat, hat den Vater gesehen«, konnte er sagen (Johannes 14,9).

Viele Menschen schauen suchend nach oben und verzweifeln an der Unnahbarkeit Gottes. Aber blicken wir doch auf Jesus und studieren in den Evangelien sein Leben! Sein Charakter, seine Taten und sein vollkommenes Leben offenbaren, wie Gott wirklich ist. Jesus Christus hat den unsichtbaren Gott sichtbar und den unnahbaren Gott nahbar gemacht.

eli

? Warum sind menschliche Vorstellungen von Gott fehlerhaft?

! Ohne Jesus wird Gott immer fern bleiben.

Kolosser 1,15-20

Und ich sah einen großen weißen Thron und den, der darauf saß, vor dessen Angesicht die Erde entfloh und der Himmel, und keine Stätte wurde für sie gefunden.

Offenbarung 20,11

Ausgeschieden!

Deutschland in der Gruppenphase der Fußballweltmeisterschaft 2018 ausgeschieden. Das gab es noch nie! Alle Vorrundenspiele vermasselt! Ein Aufschrei ging durch das Land. Schuldige wurden gesucht, und gefunden. Viele forderten den Rücktritt von Funktionären und Spielern. Vielleicht haben wir auch in das Gegröle mit eingestimmt. Doch welche Bedeutung hat der Fußball? Er ist doch nur ein Sport. Da muss man doch einkalkulieren, zu verlieren oder in der Gruppenphase auszuscheiden. Nun gut. Spätestens in vier Jahren besteht erneut die Chance zu zeigen, was die Mannschaft draufhat. Da heißt es: neues Spiel, neue Chance.

Viel wichtiger ist jedoch die Frage, ob wir die größte Chance unseres Lebens nicht verstreichen lassen. Konkret: Wir sind verloren. Hierbei geht es nicht um ein verlorenes Fußballspiel. Verloren sein bedeutet, auf dem Weg ins Verderben zu sein. Diese Welt geht auf ein großes Finale zu. An diesem Final-Tag spricht Gott das Urteil über alle Menschen, die ihm zu Lebzeiten ihre Sünden nicht bekannt haben.

Für jeden, der vor Gottes Thron zum Gericht erscheinen wird, könnte es tragischer nicht sein. An diesem Tag wird es kein Entrinnen geben vor dem Zorn Gottes. Da geht es nicht um gelbe oder rote Karten. Da geht es darum, ob wir den Sohn Gottes abgelehnt und die Vergebung unserer Schuld nicht angenommen haben. Deshalb sollten und müssen wir uns fragen: Bin ich mit meinem Schöpfer versöhnt? Habe ich Frieden mit Gott? Diese Fragen sind wichtiger, als zu erleben, wer Fußballweltmeister wird. Es geht um unsere Seele. Gott ruft uns auf, umzukehren und seinen Sohn Jesus Christus als Retter und Herrn unseres Lebens anzuerkennen. Nur so werden wir dem Gericht Gottes entfliehen. *tl*

Was halten Sie für die wichtigste Entscheidung Ihres Lebens?

Die Größe eines Ereignisses ermisst man am besten daran, wie stark es sich auf unser gesamtes Dasein auswirkt.

Offenbarung 20,11-15

29. Juni 20

Montag

**Der geschmäht, nicht wieder schmähte,
leidend, nicht drohte,
sondern sich dem übergab, der gerecht richtet.**

1. Petrus 2,23

Bloß weg hier!

Vor einigen Jahren geschah in einer norddeutschen Stadt ein furchtbares Verbrechen. Ein kleines Mädchen wurde brutal ermordet und anschließend in einem Parkhaus abgelegt. Eine Überwachungskamera zeigte ein undeutliches Bild von dem möglichen Täter, der einen auffälligen Gang hatte. Zahlreiche Hinweise gingen daraufhin aus der Bevölkerung bei der Polizei ein. Durch den Hinweis eines Jugendlichen wurde der Verdacht zunächst auf einen Siebzehnjährigen gelenkt. Dutzende Menschen, die vor dem Polizeipräsidium versammelt waren, hätten den Verdächtigen am liebsten gelyncht. Auf einer Kondolenzseite für das tote Mädchen wurde der junge Mann im Internet schlimm beschimpft, sogar die Todesstrafe wurde gefordert. Später wurden die Indizien, die gegen ihn gesprochen hatten, durch Fakten widerlegt: Fakten, die eine Täterschaft völlig ausschlossen. Kurz darauf wurde der tatsächliche Täter verhaftet. Der erste Verdächtigte aber wollte und konnte nicht mehr in dieser Stadt wohnen bleiben. ›Bloß weg hier!‹, mag er gedacht haben. Er konnte die einmal gegen ihn geäußerten Feindseligkeiten einfach nicht mehr ertragen und zog weit weg.

Vor 2000 Jahren wurde Jesus Christus von der religiösen und politischen Obrigkeit und der aufgehetzten Volksmenge angefeindet und unschuldig zum Tode verurteilt. Er ließ seine Widersacher gewähren, und obwohl er wusste, was alles auf ihn zukam, ging er diesen Weg bis zum Ende. Für ihn kam ein »Bloß weg hier!« nicht infrage. Warum nicht? Weil Jesus für uns alle die Schuld tragen wollte – für Sie und auch für mich! Er stellte sich dem Gericht Gottes über die Sünde, damit das Sündenproblem des Menschen ein für alle Mal gelöst werden konnte. Erst danach ist er von Gott durch seine Auferstehung rehabilitiert worden.

pri

Was empfinden Sie, wenn Sie zu Unrecht beschuldigt werden?

Jesus empfand dabei eine überaus große Liebe für uns alle! Erwidern Sie doch einfach seine Liebe!

Lukas 23,33-49

Die Geldliebe ist eine Wurzel alles Bösen.
1. Timotheus 6,10

Jeder ist bestechlich

»Jeder ist bestechlich, es ist nur eine Frage des Preises«, lautet eine gängige Redewendung. In einer anonymen Befragung zur Korruption (SZ) äußerte ein Teilnehmer: »Vor zwei Wochen auf der Autobahn: Geschwindigkeitsbegrenzung 120 km/h. Egal, ich habe es eilig, also mit 210 km/h weiter. Hinter mir ein BMW. Nach 2 Kilometern Blaulicht. Siehe da, mein Freund und Helfer, die Autobahnpolizei! Na ja, Shit happens. Videobeweis etc. Komme auf 4 Punkte und 3 Monate ›Urlaub‹ sowie 600 € Bußgeld. Ein Geistesblitz: Ein 500ter für beide Beamte zusammen. Videobeweis nicht verwertbar und ›Gute Fahrt‹! Das sind wirkliche Freunde und Helfer!« Den Wahrheitsgehalt der Geschichte können wir natürlich nicht verbürgen. Tatsache ist jedoch, dass Korruption sehr verbreitet ist. Für einen persönlichen Vorteil sind wir nur zu leicht bereit, Recht, Gesetz und Anstand zu verletzen oder, um mit dem heutigen Bibelvers zu formulieren, Böses zu tun. Es gibt kaum ein Fehlverhalten, das nicht schon durch Geldliebe motiviert wurde: Steuerhinterziehung, Raub, Drogenhandel, Prostitution, Mord – um nur einiges zu nennen. Familien sind wegen Erbstreitigkeiten auseinandergebrochen. Auch in manchen Ehen gilt: Beim Geld hört die Freundschaft auf.

Der verhängnisvollste Fall von Geldliebe ist wohl der von Judas, einem Jünger Jesu. Er ging zum Hohen Rat mit der Frage: »Was wollt ihr mir geben, und ich werde ihn euch überliefern« (Matthäus 26,15). Für dreißig Silberstücke – wahrscheinlich Silberdrachmen mit einer heutigen Kaufkraft von etwa vier- bis fünftausend Euro – verriet er den Erlöser. Damit hatte er zwar die Taschen voller Geld, aber ein gutes Gewissen verloren und im Letzten das ewige Heil eingebüßt. Ein schlechter Deal für so ein hohes Gut. *ga*

? Wodurch lassen Sie sich »bestechen«, um den Erlöser abzuweisen?

! Der Teufel gaukelt uns alles Mögliche vor, was uns dann wertvoller erscheint als Gottes höchste Gabe.

Markus 10,17-31

**Wer aber von dem Wasser trinken wird,
das ich ihm geben werde,
den wird nicht dürsten in Ewigkeit.**
Johannes 4,14

Acht Urlaube in einem Sommer!

In einem Sommer erreichte meine Suche nach Erfüllung ihren Höhepunkt: Dazu gehörte das Mountainbiken am Gardasee. Dann half ich einem Senner (Almbauer) in der Schweiz bei seiner interessanten Arbeit. Darauf folgte ein Umwelt-Praktikum in den Tiroler Bergen und die Durchquerung der Julischen Alpen. Aber auch ein Städte-Trip in Polen und ein Badeurlaub in Kroatien gehörten zu meiner unersättliche Gier nach dem Außergewöhnlichen – genauso wie das Bergsteigen in Südtirol und ein Paragleiter-Grundkurs. Gewaltige Erlebnisse! Meinen »Lebensdurst« konnten all diese Erlebnisse aber leider nicht stillen. Mein Durst nach Leben quälte mich kurze Zeit danach wieder, und das stärker als je zuvor.

Ein paar Monate später wiesen mich Freunde auf den heutigen Tagesvers hin. Dieses Versprechen von Jesus hat mich sehr berührt. Und dann sagt er an anderer Stelle auch noch: »Ich bin gekommen, damit sie Leben haben und es im Überfluss haben« (Johannes 10,10). Das war genau das, was ich suchte: Leben im Überfluss! Nachdem alle meine Versuche, Erfüllung zu finden, bisher gescheitert waren, beschloss ich, Jesus beim Wort zu nehmen. Ich begann in den Evangelien der Bibel zu lesen mit dem Ziel, diesen Jesus persönlich kennenzulernen.

Nun sind es schon über zwölf Jahre, dass diese rastlose Sinnsuche und innere Leere für mich Geschichte sind. Ich habe genau das erlebt, was der berühmte Physiker und Mathematiker Blaise Pascal so formuliert hat: »Im Herzen eines jeden Menschen befindet sich ein Vakuum, das nur Gott füllen kann.« Gott hat die Leere in meinem Herzen gefüllt und mir durch die Beziehung zu ihm eine echte Lebensqualität und Lebensfreude geschenkt, die ich nie für möglich gehalten hätte. *sh*

? Was haben Sie schon alles probiert, um Erfüllung zu finden?

! Jesus wird auch Ihnen gegenüber sein Versprechen halten.

Prediger 2,1-11

Donnerstag

2. Juli 20

Und ich sprach: O dass ich Flügel hätte wie die Taube!
Ich wollte hinfliegen und ruhen.
Psalm 55,7

Geburt eines Märchens, der Zeppelin

Die Sehnsucht nach der Ferne durch Fliegen zu stillen, hat die Menschen stets erfüllt. Deswegen war es, wie man heute sagen würde, ein riesiges Event, als sich heute vor 120 Jahren bei Friedrichshafen unter den Augen von etwa 12 000 Zuschauern erstmals ein »Zeppelin« in die Luft erhob. An diesem Sommertag am Bodensee begann ein großes Abenteuer der Technikgeschichte. Die Faszination, die von diesen Luftschiffen ausging, war so gewaltig, dass Spenden (!) aus der begeisterten deutschen Bevölkerung dem Grafen Zeppelin die technische Weiterentwicklung ermöglichten.

Schließlich stellten sich – übrigens nach zahllosen großen und kleinen Unglücken – echte Erfolge ein, und die Deutschen jubelten, wenn sie diese Giganten am Horizont entdeckten. Im Ersten Weltkrieg hatten diese auch schon eine Rolle gespielt. Doch unter dem Strich war der Einsatz wenig ermutigend gewesen. Als dann aber die Luftschiffe anfingen, den Atlantik zu überqueren, mit 50 und mehr Personen an Bord, waren auch die Amerikaner ganz aus dem Häuschen. Zu Tausenden sammelten sie sich in Lakehurst, wenn eines dieser majestätischen Gebilde am Horizont erschien.

Ja, – und dann kam das Unglück von Lakehurst, und LZ-129 ging in Flammen auf. Es gab sehr viele Tote. Das Ende dieser Riesen war gekommen. In den Stürmen der Kriegs- und Nachkriegszeit löste sich der Mythos dieser Technik auf wie Rauch im Wind. Wie manches andere Großunternehmen der Menschheit wurde es eingereiht unter der Rubrik: Tand, Tand ist das Gebilde von Menschenhand. Sie muss immer wieder akzeptieren, dass ihr Grenzen gesetzt sind. Es gibt nur einen, dem keine Grenzen gesetzt sind: Gott, unserem Schöpfer. Sein Schöpfungswerk besteht länger als alles, was Menschen je geschaffen haben. *koh*

Wofür lassen Sie sich begeistern?

Den Weg zu Gott, unserem Schöpfer, kann man ganz ohne technischen Aufwand finden.

Hebräer 1,1-10

3. Juli 20

Freitag

Herr, ich danke dir dafür, dass du mich so wunderbar und einzigartig gemacht hast! Großartig ist alles, was du geschaffen hast – das erkenne ich!

Psalm 139,14

Einheitlich oder einzigartig?

In meiner Kindheit hat meine Großmutter für mich jeden Sommer neue Holzpantoffel mit Lederband anfertigen lassen. Ich habe mich immer sehr darüber gefreut, da sie genau auf mich angepasst wurden. Das Lederband durfte ich sogar selbst aussuchen. Diese Holzpantoffel waren wertvolle Einzelstücke. Genauso wie wir Menschen auch »Einzelstücke« sind. In der heutigen Zeit wird überall über Einheitlichkeit und Gleichheit gesprochen. Die Modeindustrie produziert jährlich Millionen gleiche Jeans, Millionen gleiche Schuhe und andere gleiche Kleidungsstücke. Viele wollen genauso aussehen wie die Stars, sie lassen sogar ihre Gesichter »neu schneiden« und vergrößern oder verkleinern ihre Körperteile, um das Mode-Ideal zu erfüllen. Man kann alles gleichmachen.

Die Gentechnik ermöglicht mittlerweile, dass genetisch identische Tiere geboren werden. Das erste erfolgreich geklonte Tier war das Hausschaf »Dolly« im Jahr 1996. In den folgenden Jahren wurden noch weitere Tierarten geklont wie Hausrind, Hausziege, Hausschwein und viele andere. Im Jahr 2017 gelang es schließlich, Javaneraffen zu klonen. Wie wir wissen, sind die Affen dem Menschen anatomisch sehr ähnlich. Da scheint es nur noch eine Frage der Zeit zu sein, wann der Mensch so etwas auch mit Menschen macht.

Wie aber stellte Gott sich das vor? In 1. Mose 1,27 steht: »So schuf Gott den Menschen als sein Abbild, ja, als Gottes Ebenbild; und er schuf sie als Mann und Frau.« Also nicht gleich, sondern unterschiedlich. Gott hat nie die Absicht gehabt, gleiche Menschen zu erschaffen. Jeder Mensch ist von seinem Schöpfer für etwas anderes geplant, deshalb sehen wir auch alle anders aus und haben unterschiedliche Talente und Gaben.

bwe

? Welche Einzigartigkeiten haben Sie?

! Nehmen Sie Ihre Talente und Gaben von Gott an und setzen Sie diese für ihn ein.

1. Mose 2,18-25

Samstag

4. Juli 20

Es ist dir gesagt, o Mensch, was gut ist und was der HERR von dir fordert: Was anders als Recht tun, Liebe üben und demütig wandeln mit deinem Gott?

Micha 6,8

Es ist dir gesagt, Mensch, was gut ist!

Der heutige Tagesvers ist einer meiner Lieblingsverse in der Bibel. Denn er gibt eine ganz einfache Gebrauchsanweisung, nach der menschliches Zusammenleben gut funktioniert.

Ich glaube, Sie stimmen mir zu, dass wir eine tolle Gesellschaft hätten, wenn sich alle daran hielten, Recht zu tun und Liebe zu üben. Was wäre es für eine wunderbare Welt, in der alle Menschen immer das Richtige täten und liebevoll miteinander umgingen. Aber Moment! Was steht da noch? Demütig wandeln mit meinem Gott? Da regt sich Widerspruch. Demut ist keine Eigenschaft, die wir fördern wollen. Das hat doch etwas mit Unterwerfung zu tun. Unterwürfig sein und duckmäuserisch den Kopf einziehen – das ist etwas Schlechtes.

Wenn man etwas gelten will, muss man die Ellenbogen gebrauchen. Sehen Sie, ich glaube, genau da liegt unser Denkfehler. Denn wenn man in der Welt etwas gelten will, dann steht man allzu leicht in der Versuchung, nicht mehr Recht zu tun und Liebe zu üben.

Wenn uns in dem Tagesvers gesagt wird, dass wir demütig mit Gott wandeln sollen, dann gehört dazu, dass wir danach trachten, seinen Geboten zu folgen, und das wiederum bedeutet, Gott und unseren Nächsten zu lieben. Dann halten wir uns nicht mehr für den Mittelpunkt der Welt. Dann geht es uns darum, Gott die ihm zukommende Ehre zu erweisen und das Wohl unserer Nächsten sogar über unsere eigenen Interessen zu stellen.

Mancher mag jetzt denken, dass so leben zu wollen, reine Utopie ist und dass es in dieser Welt einfach nicht ohne Selbstbehauptung geht. Aber hier setzt der Glaube ein, dass Gott alles in der Hand hat und dass er hier und in Ewigkeit nur unser Bestes will und es uns auch schenken wird, wenn wir uns ihm überlassen.

apa

? Wie sähe unsere Welt aus, wenn wir alle das glauben könnten?

! Wir können nicht alle Welt umkrempeln, wir können aber bei uns anfangen.

Psalm 145

**Der Geist aber sprach zu Philippus:
Tritt herzu und schließe dich diesem Wagen an.**
Apostelgeschichte 8,29

Echte Hilfe?

Endlich wurde es geliefert. Schon vor Monaten hatte ich das Fahrrad für meine Tochter bestellt. Ich hatte Zweifel, ob es überhaupt kommt. Und nun stand diese Riesenkiste vor der Tür! Einfach auspacken und losfahren. Aber diese Riesenkiste beinhaltete gefühlte 1000 Einzelteile und eine fremdsprachige, kurz gehaltene Aufbauanleitung. Das erzeugte echten Frust! Wie sollte ich zum Beispiel diese Gangschaltung auseinander- und zusammenbauen, sodass sie funktionierte? Ich hätte mir jetzt einen Monteur von dieser Fahrradfirma an meiner Seite gewünscht.

Genauso empfinden manche die Bibel: als eine oft unverständliche, stellenweise bizarre und erst recht nicht hilfreiche Lektüre. Es erscheint derart kompliziert, sie zu lesen, und der Erfolg ist ja nicht greifbar wie bei meinem Fahrrad. Dies nahm allmählich Gestalt an. Aber das Bibellesen? Das Wunderbare an der Bibel ist: Es gibt einen unsichtbaren Mentor, wenn man sie liest. In dem oben zitierten Bibeltext geht es auch um jemanden, der versucht, in der Bibel zu lesen, und nicht klarkommt. Doch Gott schickte ihm einen Helfer, der ihm alles erklärte. Auch ich erlebe das immer wieder! Der Geist Gottes ist der unsichtbare Mentor, der uns hilft, die Bibel zu verstehen. Nicht immer auf die gleiche Art und Weise. Aber schon öfter dachte ich während einer Predigt im Gottesdienst: Das ist ja genau die Antwort auf meine Frage! So benutzt er auch heute immer wieder Menschen, die sein Wort erklären können, sodass ich es verstehen kann.

Und wenn ich alleine in der Bibel lese? Dann werde ich auch immer mehr davon verstehen, wenn ich Gott darum bitte. Denn er kann durch seinen Geist auch selbst zu meinem Herzen reden, sodass mir klar wird, was er mir sagen möchte. *mn*

? Was hält Sie vom Bibellesen ab?

! Lesen Sie und bitten Sie Gott um das richtige Verständnis!

Apostelgeschichte 8,26-40

Jesus aber sprach zu ihm: Judas, verrätst du den Menschensohn mit einem Kuss?
Lukas 22,48

Der Verräterkuss

Der 6. Juli ist internationaler Tag des Kusses. Ein Grund, um diese Art des Körperkontakts einmal näher zu betrachten. Fakt ist: Küssen ist gesund. Beim Küssen steigt nachweislich die Pulsfrequenz, der Stoffwechsel wird angekurbelt, und Gesichtsfalten wird vorgebeugt. Forscher fanden heraus, dass Vielküsser im Schnitt fünf Jahre länger leben als Wenigküsser. Küssen erzeugt einen Wohlfühleffekt, ähnlich wie Schokolade – ohne allerdings dick zu machen. Das Zusammenspiel mehrerer Hormone, die vor und während des Küssens ausgeschüttet werden, können Schmerzempfindungen reduzieren, Hirnnerven aktivieren, Stress abbauen, für Entspannung sorgen sowie die Durchblutung und den Energieverbrauch steigern. Es gibt verschiedene, kulturell unterschiedlich ausgeprägte Arten des Küssens. Angefangen vom »Begrüßungsbussi« auf die Wange über Bruderküsse, die Zusammengehörigkeit ausdrücken, bis hin zu Politikerküssen, die friedliche Absichten unterstreichen.

Dass Judas ausgerechnet einen Kuss als Zeichen des Verrats wählte, erscheint deshalb besonders dreist, denn ein Kuss ist doch eigentlich ein Ausdruck von Freundschaft, Wohlwollen, Zuneigung oder Liebe. In diesem Fall aber sorgte Judas damit für Jesu Auslieferung an die Römer, die ihn wenig später brutal hinrichteten. Wie muss es Jesus geschmerzt haben, dass Judas ihn gerade mit dieser Geste verriet! Doch er wehrte den Kuss nicht ab und demonstrierte damit seine unerschütterliche Liebe selbst für seinen Verräter und für alle anderen, die für seinen Tod verantwortlich waren. Jesu Frage »Verrätst du mich mit einem Kuss?« war vielleicht die letzte Möglichkeit für Judas, die Bosheit seines Herzens zu erkennen und um Vergebung zu bitten. *dbe*

Warum hat Jesus sich nicht abgewendet, als er Judas auf sich zukommen sah?

Wir wissen nie, wann uns Jesus die letzte Möglichkeit zur Umkehr gibt.

Johannes 13,21-30

Globaler Tag der Vergebung

7. Juli 20

Dienstag

Der unsere Sünden an seinem Leib selbst an das Holz hinaufgetragen hat.

1. Petrus 2,24

Vergebung – wie geht das?

Der Umstand, dass wir heute den Welttag der Vergebung begehen, zeigt uns, wie bedeutsam das Thema Vergebung für die Menschheit ist. Tagtäglich gibt es weltweit Zorn, Streit, Verletzungen, sogar Hass zwischen Menschen, sei es zwischen Kindern, die sich um ein Spielzeug streiten, sei es zwischen Ehepartnern, zwischen Nachbarn oder Arbeitskollegen; immer nehmen dabei Beziehungen Schaden. Es entstehen tiefe Gräben, und Vertrautheit geht kaputt.

Wie kann man wieder zurückfinden zum Miteinander? Das Geschehene oder Gesagte kann nicht mehr rückgängig gemacht werden, selbst wenn es einem leidtut. Der Weg zur Versöhnung heißt Vergebung! Vergebung bedeutet, dass ich die Schuld des anderen nicht mehr berücksichtige. Ich will es ihm nicht mehr anrechnen. Das ist natürlich nicht so einfach, besonders, wenn wir uns tief verletzt fühlen. Ein christlicher Psychologe einer psychiatrischen Klinik hat einmal gesagt: »Die Schuld des anderen ist wie eine große Eisenkugel, die mir ans Bein gekettet ist. Ich schleife sie ständig mit. Wenn ich ihm vergebe, wird diese Kette durchtrennt, und ich kann mich wieder frei bewegen.«

Wir müssen uns bewusst sein, dass Gott bereit ist, auch uns bedingungslos zu vergeben. Er hat seinen Sohn Jesus in die Welt gesandt und dann am Kreuz sterben lassen als eine Sühnung für unsere Schuld. Jesus starb stellvertretend für uns, für unsere Sünden und unser Versagen. Damit ist alle Schuld gesühnt, und Gott kann uns vergeben. Wenn wir das begreifen, dann können wir auch anderen vergeben. Wenn mir bewusst wird, wie viel ich schon falsch gemacht habe und dass mir das alles von Gott vergeben wurde, werde ich frei, auch auf den anderen zuzugehen und einen Neuanfang zu wagen. *vb*

? Warum fällt das restlose Vergeben so schwer?

! Erst wenn wir Gottes Vergebung erfahren haben, können auch wir vorbehaltlos vergeben.

Matthäus 18,21-35

Die Unheil pflügen und Mühsal säen, die ernten es.
Hiob 4,8

Niccolò Machiavelli sollte man kennen

Der Name Niccolò Machiavelli wird den Menschen von heute kaum geläufig sein. Dabei ist er allgegenwärtig im Denken und Handeln der modernen Menschen, erst recht in dem der sogenannten Eliten in Politik, Wirtschaft und Kultur. Ich habe den Namen zum ersten Mal in der Schule gehört. Da führte uns unser Geschichtslehrer in die Renaissance ein und verband den Namen Machiavelli mit einem Satz, der mir seitdem im Gedächtnis geblieben ist: »Beim Kampf um die Macht ist jedes Mittel recht!« Aha, dachte ich, der kennt also keine Hemmungen! Ich kam aus einer Familie, in der zwischen Gut und Böse sorgfältig unterschieden wurde, und jetzt war hier ein Mann, der offensichtlich Moral als Maßstab rigoros ablehnte.

Tatsächlich war es so. Geboren 1469 in Florenz wurde er Zeuge der fortwährenden, höchst brutalen Kämpfe adliger Familien in der Stadt. Daraus zog er die Lehre, dass nur der Erfolg haben könne, der alle denkbaren Machtmittel gewissenlos und rücksichtslos einsetzte. Das war die vorherrschende Denkweise derer, die in Florenz und dem übrigen Italien die Politik bestimmten. Ein bedeutender deutscher Historiker nennt deshalb auch diese Epoche »den zweiten und wahren Sündenfall der Menschheit«. Der weltliche Adel lebte nach der Devise, alle weltlichen Dinge leichtzunehmen, und stellte niemals die Frage: »Was sagt Gott dazu?«

Es mag sein, dass man auf diese Weise eine Zeit lang erfolgreich sein und sich behaupten kann. Aber am Ende wird das auf uns zurückschlagen, was wir gesät haben. Das ist sozusagen ein Grundgesetz Gottes, der uns mit seinen Geboten deshalb einen Maßstab gegeben hat, an dem wir unser Handeln messen können. Wer das versäumt, wird unweigerlich ernten, was er gesät hat. *koh*

Nach welchem Maßstab leben Sie?

An Gott, dem Richter aller Menschen, kommt keiner vorbei. Deshalb ist es gut, sich nach seinem Maßstab zu richten.

Hosea 10,12-13

Wie man des Himmels Heer nicht zählen noch den Sand am Meer messen kann …
Jeremia 33,22

Der Urknall kommt zu Fall (1)

Bezüglich der Herkunft des Universums ist die Urknalltheorie die heute weitgehend akzeptierte Theorie der säkularen Wissenschaft. Ob es den Urknall je gegeben hat, lässt sich an den sechs Annahmen prüfen, auf denen diese Theorie basiert. Erweisen sich die Annahmen als nicht tragfähig, ist nach einer Alternative zu suchen.

Annahme 1: Die Naturgesetze sind universell gültig. Diese Annahme hat sich durch zahlreiche wissenschaftliche Experimente und Beobachtungen als korrekt erwiesen. Die Annahme 1 ist richtig.

Annahme 2: Das kosmologische Prinzip fordert für das Universum die räumliche Homogenität. Schon der Blick zum Sternenhimmel mit bloßem Auge zeigt sofort, dass das Universum in der näheren Umgebung der Erde weder homogen noch isotrop ist, denn die Sterne sind unregelmäßig verteilt. Wir beobachten nicht gleichverteilte Materie, sondern geordnete und hierarchische Strukturen: Unser Sonnensystem mit den Planeten ist ein höchst geordnetes System mit sehr ungleich verteilter Materie. Weiterhin sind die einzelnen Sterne in Galaxien zusammengefasst. Die nächste hierarchische Ordnungsstruktur sind die Galaxienhaufen. Mit unserer Milchstraße gehören wir zur Lokalen Gruppe, die einen Durchmesser von 5 bis 8 Millionen Lichtjahren aufweist und über 60 einzelne Galaxien aufweist. Die nächsthöhere Hierarchie bilden die Supercluster mit einem Durchmesser von etwa 500 Millionen Lichtjahren. All diese Ordnungsstrukturen zeigen uns an, dass die Materie in unserem Universum höchst ungleich verteilt ist. Wäre das Universum durch einen Urknall entstanden, dann müsste es amorph und völlig strukturlos sein. Das Gegenteil ist der Fall. Die Annahme 2 erweist sich als falsch. *gi*

? Was würden Kritiker sagen, wenn der Schöpfer nur 100 Sterne gemacht hätte?

! Nur der Schöpfer kennt die immense Zahl der Sterne und hat sie alle mit unterschiedlichen Namen versehen.

Psalm 147,4

Er aber hat die Erde durch seine Kraft gemacht ...
Jeremia 10,12

Der Urknall kommt zu Fall (2)

Heute wollen wir drei weitere Annahmen der Urknalltheorie betrachten:

Annahme 3: Die heutige Beobachtung, dass das Universum sich ausdehnt, wird rückextrapoliert bis zu einem singulären Punkt, wo man sich Masse und Energie in einem Punkt vereinigt denkt. Wer aber sagt, dass das, was heute beobachtet wird, immer so war? Dafür gibt es keine wissenschaftliche Begründung! Nach der von dem US-amerikanischen Astronom Edwin Hubble entwickelten Formel sollten sich alle Galaxien von uns entfernen. Das ist aber nicht immer der Fall: Der Andromedanebel ist eine unserer nächsten Galaxien; er entfernt sich nicht von uns, sondern bewegt sich mit einer Geschwindigkeit von 410 000 km/h auf uns zu. Die Annahme 3 ist nicht gerechtfertigt.

Annahme 4: Die Urknalltheorie behauptet, die Energie des Weltalls ist von alleine entstanden. Das kann jedoch nicht sein, denn ein Naturgesetz der Physik, der Satz von der Erhaltung der Energie, verbietet die Erzeugung von Energie aus dem Nichts. Die Annahme 4 ist falsch!

Annahme 5: Der philosophische Materialismus besagt: Es gibt nur Materie und Energie. Alles, was man in dieser Welt vorfindet, muss demzufolge aus Masse und Energie entstanden sein. Nach der Urknalltheorie hat dieses Universum auch das Leben hervorgebracht. Jedes Lebewesen enthält riesige Mengen an Information. Leben und Information sind nicht-materielle Größen, die nach den Naturgesetzen der Information (ausführlich erläutert in: W. Gitt: Information, »Der Schlüssel zum Leben«, CLV-Verlag Bielefeld, 6. Auflage 2018) nicht aus der Materie entstanden sein können. Die Annahme 5 ist falsch! *gi*

?
Ist Ihnen bewusst, dass am Anfang eines jeden Werkes der Wille dazu nötig ist?

!
Die gesamte Schöpfung beruht auf dem Willen des Schöpfers!

Offenbarung 4,11

**Die Toren sprechen in ihrem Herzen: »Es ist kein Gott.«
Sie taugen nichts; ihr Treiben ist ein Gräuel;
da ist keiner, der Gutes tut.**

Psalm 14,1-2

Der Urknall kommt zu Fall (3)

Heute wollen wir die sechste Annahme der Urknalltheorie betrachten:

Annahme 6 der Urknalltheorie: Anwendung des methodischen Atheismus, wonach Gott nicht vorkommen darf. Ist Gott beweisbar? Der Philosoph Immanuel Kant wird von vielen als der große Zerschmetterer der Gottesbeweise angesehen. Neben Gotthold Ephraim Lessing ist er zum Inbegriff der Aufklärung geworden. Kant kannte jedoch nicht den Unterschied zwischen harten und weichen Beweisen. Harte Beweise kennen wir von der Mathematik und von den Naturgesetzen her. So ist z. B. das Naturgesetz, dass Wärme niemals vom kälteren zum wärmeren Körper hinüberfließen kann, unwiderlegbar. Auch der mathematische Satz des Pythagoras ist ebenso unwiderlegbar. Weiche Beweise sind z. B. juristische oder historische Beweise, die dank treffender Quellen prinzipiell widerlegbar sind. Weil Gottes Gedanken die unseren bei Weitem überragen (Jesaja 55,8-9), kann Gott zwar nicht in seiner ganzen Fülle beweisbar gemacht werden. Mithilfe der Naturgesetze der Information können wir jedoch einige seiner Merkmale in harter, d. h. in nicht widerlegbarer Form, nachgewiesen werden. Dazu gehören seine Existenz, seine Allwissenheit, sein ewiges Wesen und seine Allmacht (ausführlich in W. Gitt: Information, »Der Schlüssel zum Leben«, 6. Auflage 2018, S. 471-482).

Die Annahme 6 ist damit auch falsch!

Von den sechs Annahmen der Urknalltheorie ist nur eine einzige wissenschaftlich korrekt, fünf sind nachweislich falsch. Dann ist damit das wissenschaftliche AUS dieser Theorie angesagt. Der Urknall ist somit zu Fall gekommen!

gi

Ist Ihnen bewusst, dass die Bibel uns vor falschen Denkweisen bewahren will?

Weil alle Schrift von Gott eingegeben ist, ist sie ein guter und unverzichtbarer Lehrmeister.

2. Timotheus 3,16

**Durch den Glauben erkennen wir,
dass die Welt durch Gottes Wort geschaffen ist,
dass alles, was man sieht, aus nichts geworden ist.**

Hebräer 11,3

Der Urknall kommt zu Fall (4)

Nachdem wir festgestellt haben, dass es den Urknall niemals gegeben hat, suchen wir nach einer tragfähigen Alternative.

Welche Alternative gibt es? Es gehört zu den besonderen naturwissenschaftlichen Erkenntnissen, dass das Leben auf der Erde grundlegend von den Naturgesetzen und den speziellen Werten für die Naturkonstanten abhängt. In der Fachliteratur spricht man vom »Anthropischen Prinzip« oder der »Feinabstimmung der Naturkonstanten« und meint damit, dass nur die uns bekannte Konstellation der Konstanten das Leben auf der Erde überhaupt erst ermöglicht. Der bekannte britische Astronom und Mathematiker Sir Fred Hoyle bekannte von sich: »Nichts hat meinen Atheismus so sehr erschüttert wie die Feinabstimmung der Naturkonstanten.« Dass der notwendige »Große Planer« der dreieine Gott der Bibel ist, kann aus naturwissenschaftlicher Sicht nicht gefolgert werden. Nachdem sich die atheistische und materialistische Deutung als nicht tragfähig erwiesen hat, steht dem biblischen Glauben jedoch nichts mehr im Wege. Es ist der Gott der Bibel, der seinen Sohn Jesus Christus »eingesetzt hat zum Erben über alles, durch ihn hat er auch die Welt gemacht« (Hebräer 1,2). In gleicher Weise bezeugt das Johannesevangelium (Kapitel 1,1-3) Jesus als den Urheber des Universums und allen Lebens: »Im Anfang war das Wort (= Jesus), und das Wort war bei Gott, und Gott war das Wort. Dasselbe war im Anfang bei Gott. Alle Dinge sind durch dasselbe gemacht, und ohne dasselbe ist nichts gemacht, was gemacht ist.«

Kann man diesen Urheber aller Dinge kennenlernen? Römer 10,13 gibt die klare Antwort: »Wer den Namen des Herrn (= Jesus) anrufen wird, soll gerettet werden.« Das ermöglicht uns die Gemeinschaft mit Gott.

gi

? Ist Ihnen der Erfinderreichtum in den Schöpfungswerken bewusst?

! Die unzähligen komplexen Details in der Schöpfung erfordern zwingend einen genialen Urheber!

Römer 1,20-21

13. Juli 20

Montag

Jesus aber wandte sich um und sah sie nachfolgen und spricht zu ihnen: Was sucht ihr? Sie aber sagten zu ihm: Rabbi – was übersetzt heißt: Lehrer – wo hältst du dich auf?

Johannes 1,38

Etwas oder jemand?

Es gibt zwei Arten von Freunden. Die einen sind »unsere Freunde«, weil sie gewisse Dinge von uns brauchen: unsere Hilfe, unsere Geräte, unsere Kontakte oder unser Geld. Ihnen liegt nicht wirklich etwas an uns. Den echten Freunden aber geht es nicht um das, was sie durch uns erhalten, sondern um uns als Person.

Als zwei Jünger von Johannes dem Täufer Jesus nachgingen, stellte er eine interessante Frage: »Was sucht ihr?« Jesus wollte wissen, ob sie ETWAS oder IHN SELBST suchten. Die Jünger antworteten: »Wo hältst du dich auf«, das bedeutet so viel wie: Wo wohnst du? Wir möchten dich in deinem gewohnten Umfeld handeln und mit den Menschen umgehen sehen. Wir möchten gern von dir lernen. – Sie hatten also ein aufrichtiges Interesse an der Person Jesu. Sie suchten IHN und nicht ETWAS. Darum antwortete Jesus ihnen: »Kommt, und ihr werdet sehen!« (Johannes 1,39). Das ist Jesu Einladung an jeden Menschen, der ihn wirklich kennenlernen möchte: Komm und mach dir selbst ein Bild von mir! – Kurze Zeit später waren die Jünger überzeugt: »Wir haben den Messias gefunden – was übersetzt ist: Christus« (Johannes 1,41).

Wie waren sie zu dieser Gewissheit gekommen? Sie hatten die Einladung von Jesus angenommen und sich selbst ein Bild gemacht. Sie hatten den Tag mit Jesus verbracht, seine Predigten und sein Handeln an den Kranken, aber auch seine deutlichen Worte den Heuchlern und und Böswilligen gegenüber gesehen und gehört.

Wir können heute dasselbe tun, indem wir in der Bibel das Leben und die Worte von Jesus betrachten. Darum hat uns Gott die Bibel bis zum heutigen Tag erhalten, damit wir uns ein »Bild« von ihm machen und uns davon überzeugen können, wie gut, gnädig und barmherzig er tatsächlich ist.

sh

Was würden Sie auf die Frage von Jesus »Was sucht ihr?« antworten?

Machen Sie sich doch selbst ein Bild von ihm und lesen Sie in den Evangelien!

Johannes 1,1-18

Rufe mich an am Tag der Bedrängnis:
Ich will dich erretten, und du wirst mich verherrlichen!
Psalm 50,15

Gott durchschaut uns auch beim Beten!

Man hat von diesem Tagesvers gesagt, er trage die Telefonnummer des Himmels nämlich 5015 (Psalm 50, Vers 15). Aber viele Menschen haben sich darauf eingelassen und immer wieder die Erfahrung gemacht, dass offensichtlich kein Anschluss zustande kam. Woran mag das gelegen haben? Stimmt etwa die Telefonnummer nicht, oder stimmt die Aussage dieser Bibelstelle nicht?

Die Schreiber dieses Kalenders glauben ganz sicher, dass Gott jedes Gebet hört, so wie er alles überall und immer wahrnimmt, was in seinem von ihm erschaffenen Weltall geschieht. Er hört aber nicht nur das, was wir sagen. Er sieht auch, was wir mit unserem Gebet erreichen wollen. Da offenbart sich ihm immer wieder, dass wir oft nur aus einer augenblicklichen Klemme befreit werden wollen, in die wir uns oft selbst hinein manövriert hatten, um dann unseren Willen und unsere oft schlechten Absichten weiterhin durchzusetzen. Aus welchem Grund sollte er uns dann erhören? Gott meint es immer gut mit uns, und er schickt die Schwierigkeiten, um uns zum Nachdenken zu bringen, nicht um uns zu ärgern oder gar zu quälen.

Er hat uns in der Bibel sogar versprochen, alle unsere Bitten zu erhören, wenn sie mit seinen Absichten übereinstimmen, die er mit uns hat. So hat der große Prediger Spurgeon sinngemäß gesagt: »Wenn wir wollen, was Gott will, tut er alles, was wir wollen!« Es kommt also nur darauf an zu erfahren, was Gott will. Wenn wir ihn darum bitten, werden wir gewiss erhört. Das hat dann langfristig die Wirkung, dass sich die Wünsche unseres Herzens verändern und bald immer mehr darauf gerichtet sind, was auch für andere gut wäre und nicht nur für uns selbst. Und wir werden fähig, um anderer willen sogar Widrigkeiten so lange wie nötig zu erdulden. *gr*

Wer weiß besser, was gut für uns ist – wir oder Gott?

Wir zeigen durch anhaltendes Gebet am besten, worum es uns wirklich geht.

Psalm 123

15. Juli 20

Mittwoch

Die Ehrfurcht vor dem HERRN ist der Anfang der Erkenntnis. Nur Narren verachten Weisheit und Selbstbeherrschung.

Sprüche 1,7

Ein kostbarer Silberschatz

Wenn Sie sich in Ihrem Bekannten-, Familien- oder Kollegenkreis umschauen: Wie viele Menschen gibt es, die auf ihr Recht pochen, ihre Sicht der Dinge als die einzig richtige akzeptieren und weder Kritik noch einen guten Rat annehmen möchten? In meinem Umfeld weisen einige Menschen solche Charakterzüge auf, die ich als unangenehm erlebe und bei denen man im wahrsten Sinne des Wortes auf Granit beißt.

Die Bibel geht sogar noch einen Schritt weiter: Menschen, die sich lediglich um sich selbst und die Erfüllung ihrer eigenen Bedürfnisse drehen, werden als Narren bezeichnet. Um sich persönlich weiterzuentwickeln und seinen Charakter zu schulen, ist es wichtig, sich Korrektur von außen anzunehmen und selbst an manchen Stellen zurückzustecken. Dazu gehört allerdings eine Bereitschaft, sich für die Worte anderer zu öffnen. Noch besser ist es, die Bibel zu lesen, denn sie hält uns an vielen Stellen einen Spiegel vor, in dem wir unser wahres Wesen erkennen können.

Woran erkennt man gut gemeinte und vor allem weise Worte, um sich diese anzunehmen? Die Einsicht zu haben, dass wir als Menschen in unserem Denken und Handeln begrenzt sind und dass Gott größer ist als wir, führt zu Weisheit. Folglich finden wir in den Worten unseres Herrn Jesus Christus den besten Ratgeber. Seine Worte sind Worte des Lebens, die uns auferbauen und ermutigen, aber auch ermahnen und wieder auf den richtigen Weg bringen. Gott ruft uns sogar dazu auf, nach Verstand und Einsicht zu suchen wie nach Silber (Sprüche 2,4-5). Gottes Weisheit zu erlangen, ist folglich ein kostbarer und wertvoller Schatz. Diesen »Silberschatz« immer wieder in Gottes Wort neu zu suchen und zu entdecken, wünsche ich Ihnen und mir von ganzem Herzen. *ahe*

Wie viel liegt Ihnen daran, in Bezug auf Weisheit und Selbstbeherrschung zu wachsen?

Gott als Ihr Schöpfer kennt Sie durch und durch. Vertrauen Sie auf seine weisen Worte, die Sie zum Leben führen.

Sprüche 2,1-22

16. Juli 20

Donnerstag

Unser Leben währt siebzig Jahre, und wenn es hoch kommt, so sind's achtzig Jahre; und worauf man stolz ist, das war Mühsal und Nichtigkeit, denn schnell enteilt es, und wir fliegen dahin. Psalm 90,10

Leben – und was kommt danach?

Er ist enttäuscht. Zu seinem 91. Geburtstag hat sein ehemaliger Chef nicht gratuliert. In den letzten Jahrzehnten kam Jahr für Jahr der Anruf mit den Glückwünschen. Was war passiert? Der 86-Jährige lag auf der Pflegestation der Seniorenresidenz, und wegen seines schlechten Gesundheitszustandes konnte er nicht telefonieren. Er wurde ins Krankenhaus verlegt. Wenig später endete sein Leben. Nicht nur, wenn so eine bekannte und anerkannte Führungskraft von der Bühne des Lebens abtritt, auch sonst stellt sich angesichts des Todes die Frage: »Was kommt danach?«

Viele sind der Meinung, mit dem Tod sei alles aus. Nach dem Tod käme nichts mehr. Dann gibt es Menschen, die nehmen an, sie würden noch einmal auf die Erde kommen, um die Dinge zu meistern, die sie im ersten Leben nicht geschafft haben. Wir informieren uns am besten aus erster, sicherer Quelle, der Bibel, in der der Schöpfer allen Lebens zu uns spricht und wo wir in Hebräer 9,27 eine Antwort auf die oben gestellte Frage finden: »Es ist den Menschen bestimmt, einmal zu sterben, danach aber das Gericht.«

Das klingt zunächst mal ziemlich ernüchternd. Da hat man sich ein Leben lang bemüht, redlich zu sein, und dann kommt man vor ein Gericht? Was kommt da auf einen zu? Die gute Nachricht ist, dass man sich vor diesem Gericht nicht fürchten muss, wenn man in diesem Leben seine Schuld vor Gott in Ordnung gebracht hat. Dazu braucht man keine Bedingungen erfüllen oder Leistungen zu bringen, sondern muss nur das eine tun: seine Schuld vor Gott eingestehen und seine Vergebung in Anspruch nehmen. Die ist möglich, weil Jesus für uns ins Gericht ans Kreuz gegangen ist. Der Unschuldige starb für die Schuldigen. *kr*

? Können Sie das glauben?

! Gott selbst bezeugt uns in der Bibel, dass dieses Opfer gültig ist, für den, der glaubt (siehe Johannes 3,16-18).

2. Petrus 2,4-9

Gott schuf den Menschen nach seinem Bild,
nach dem Bild Gottes schuf er ihn;
als Mann und Frau schuf er sie.
1. Mose 1,27

Alles »Gender« oder was?

Während die einen mit dem Gender-Mainstreaming (»Gender« meint das kulturell geprägte Geschlecht) die Befreiung von angeblich überholten, starren Geschlechterrollen propagieren, sehen andere hierin eine Ideologie, die letztlich auf eine neue Leibesfeindlichkeit hinausläuft.

Abgesehen von den unter 0,1 % der Menschen, die an einer biologischen Sexualdifferenzierungsstörung leiden, ist es offensichtlich, dass der Schöpfer zwei gegensätzliche Geschlechter geschaffen hat, die auf gegenseitige Ergänzung und spannungsreiche Gemeinschaft angelegt sind. Es ist einerseits nachvollziehbar, dass Frauen nach jahrhundertelanger Unterdrückung durch die Vorherrschaft des Mannes Gleichberechtigung und Geschlechtergerechtigkeit einfordern. Doch auf der anderen Seite läuft diese Entwicklung ad absurdum, wenn gerade Feministinnen die eigene Weiblichkeit zu »vermännlichen« suchen.

Doch »Gender« bedeutet noch viel mehr: Jeder Mensch soll seine Geschlechtszugehörigkeit und seine sexuelle Orientierung selbst bestimmen können. Und das ohne Rücksicht auf das eigene, biologische Geschlecht – eine Befreiung vom eigenen Körper also. Die gesunde Polarität der Geschlechter wird immer mehr zur frei verfügbaren Neutralität und Beliebigkeit. Durch »Gender« wird die heterosexuelle Norm aufgelöst. Homosexualität und andere sexuelle Neigungen werden als optionale Ausdrucksform der Vielfalt angesehen, gleichzeitig aber die natürlichen Unterschiede von Frau und Mann verleugnet. Dies ist jedoch ein aussichtsloser Kampf gegen die Natur und letztlich gegen Gott, der uns als Männer und Frauen erschaffen hat. Wäre es da nicht viel erfüllender, statt Gleichmacherei der Geschlechter die vom Schöpfer gewollten Unterschiede wertzuschätzen? *dbe*

Was verlieren wir, wenn Männer und Frauen nicht mehr unterschiedlich sein dürfen?

Losgelöst von Gott sucht der Mensch vergeblich nach seiner Identität.

1. Mose 2,18-25

18. Juli 20

Samstag

Und sie waren beide nackt, der Mensch und seine Frau, und sie schämten sich nicht.

1. Mose 2,25

Schamgefühl

Sie schämten sich nicht. Bei der ersten Menschenbeziehung, von der die Bibel berichtet, war das der Fall. Es gab nichts, wofür sie sich schämen mussten. Alles lag klar und offen voreinander. Bis der Ungehorsam gegenüber Gott alles veränderte. Die Menschen handelten nicht nur falsch gegenüber Gott, sondern auch gegeneinander. Jetzt war das »Nacktsein« – innerlich wie äußerlich – plötzlich peinlich, sie schämten sich voreinander und vor Gott. Sie versuchten nun, ihre Scham zu verbergen, und versteckten sich. Gott handelte in liebevoller und gnädiger Weise. Er verhüllt ihre Scham, indem er beide Menschen bekleidete und ihre Nacktheit bedeckte. Und er kündigte ihnen eine Lösung dafür an, dass ihre Schuld weggenommen werden konnte.

Bis heute empfinden wir Menschen Scham. Von klein an sind wir mit Scham vertraut. Scham wegen unserer Unzulänglichkeit, unserer Schwächen, unserer Schuld, unserer Versäumnisse, unserer Herkunft, unserer Vergangenheit ... Vieles von uns möchten wir nicht preisgeben, um uns nicht vor anderen schämen zu müssen.

Es ist nicht einfach, mit Scham umzugehen. Aber Gottes Ankündigung ist erfüllt worden, nämlich, dass er uns helfen will, mit unserer Schuld und Scham fertigzuwerden. Er möchte uns durch Jesus von unserer Schuld befreien. Denn dadurch kann er uns als seine Kinder annehmen. Wenn wir zu ihm kommen, sagt er: »Ich weiß alles, ich kenne dich durch und durch. Ich liebe dich dennoch. Dir ist alles vergeben. Nimm an, was ich für dich getan habe.« Jede Anklage und jede Beschämung finden bei Jesus am Kreuz ein Ende. Bei ihm darfst du aufatmen. Du darfst leben. Du darfst sein. Ohne dich schämen zu müssen. Und wenn dir doch wieder etwas »danebengerät«, darfst du zu ihm kommen und ihn um Vergebung bitten. *ht*

? Wohin gehen Sie mit dem, wofür Sie sich schämen?

! Bei Gott kann man durch Jesus völlige Annahme finden.

Johannes 4,1-26

19. Juli 20

Sonntag

**Und Gott sah an alles, was er gemacht hatte,
und siehe, es war sehr gut.**

1. Mose 1,31

Die Libelle – Königin der Lüfte

In puncto Konstruktion und Effektivität sind Libellen mit ihren unübertrefflichen Flugkünsten Hightech-Fliegerinnen der Superlative. Für Bioniker sind die grazilen Insekten ausgesprochen interessante Forschungsobjekte, da die Forscher ständig auf der Suche nach alternativen Antriebskonzepten für die Luft- und Raumfahrttechnik sind. Die beeindruckende Stabilität der hauchdünnen, flexiblen und extrem leichten Flügel versetzen die Wissenschaftler ins Staunen. Die Flugmembranen der Libelle mit ihrem dreidimensionalen Aderwerk sind allen menschlichen Nachbildungen haushoch überlegen. Während ein Eurofighter mit der 9-fachen Erdbeschleunigung (9 g) abdüst, gelingt dies einer Libelle mit katapultartigen 30 g. Sie vollbringt dies aus dem Stillstand in der Luft. Außerdem ist sie in der Lage, Loopings zu machen, pfeilschnell die Richtung zu ändern und rückwärts zu fliegen. Eine große Edellibelle bringt es auf eine Fluggeschwindigkeit von mehr als 50 km/h.

Diese außergewöhnlichen Flugleistungen machen wiederum besondere Körpereigenschaften notwendig. Jeder Pilot würde nämlich bei diesen brachialen Beschleunigungswerten bewusstlos werden, da sein Blut von Kopf und Oberkörper in die Beine gedrückt würde. Libellen jedoch verfügen über einen offenen Blutkreislauf, was die Blutversorgung trotz immenser Fliehkräfte sichert. Der vergleichsweise schwere Kopf kann vom Insekt durch ein sogenanntes »head arresting system« am Körper fixiert werden, damit er bei den spektakulären Flugmanövern nicht abfällt.

Wenn man einen genauen Blick in die Details der Natur tut, kann man nur ins Staunen geraten. Die Schönheit, Komplexität und Feinabstimmung in der Schöpfung zeigt uns etwas über den Charakter des Schöpfers, der das alles ins Dasein gerufen hat. *dbe*

? Wer mag anhand dieser durchdachten Kreatur noch ernsthaft an eine Evolution nach Darwins Theorie glauben?

! Ehre sei dem Schöpfer!

Psalm 104

20. Juli 20

Montag

Hier wird nicht ein Stein auf dem anderen gelassen werden.
Markus 13,2

Die Zerstörung des Tempels 70 n. Chr.

»Wer den Tempel nicht gesehen hat, hat in seinem Leben kein schönes Gebäude gesehen«, heißt es im Talmud. Der Geschichtsschreiber Josephus schreibt: »Auf allen Seiten mit schweren goldenen Platten bekleidet, schimmerte der Tempel bei Sonnenaufgang im hellsten Feuerglanz und blendete das Auge gleich den Strahlen des Tagesgestirns ... Fremden, die nach Jerusalem pilgerten, erschien der Tempel von fern wie ein schneebedeckter Hügel; denn wo er nicht vergoldet war, leuchtete er in blendender Weiße.« Auch die Jünger waren beeindruckt von seiner Stabilität und Pracht: »Lehrer, siehe, was für Steine und was für Gebäude« (Markus 13,1). Wahrscheinlich dachten sie, das Bauwerk mit den gewaltigen Steinen von bis zu 2,50 m Höhe und 12 m Länge würde nie demontiert werden. Aber Jesus sagte die völlige Zerstörung voraus.

Etwa 40 Jahre später wurde Jerusalem durch die Römer erobert. Die letzten Verteidiger hatten sich im Tempel verschanzt. Der Feldherr Titus ordnete laut Josephus an, seine Soldaten sollten »unter keinen Umständen ein so herrliches Bauwerk niederbrennen«. Dennoch »ergriff einer der Soldaten, ohne einen Befehl abzuwarten oder die schweren Folgen seiner Tat zu bedenken, wie auf höheren Antrieb einen brennenden Holzscheit« und steckte den Tempel in Brand. Obwohl Titus seine Legionäre anwies, das Feuer zu löschen, brannte das Gebäude völlig aus. Durch die Hitze schmolz teilweise das Gold, sodass die Soldaten später die Steine einzeln entfernten, um das Gold aus den Fugen zu kratzen. So erfüllte sich die Voraussage von Jesus bis ins Detail. Die Zerstörung des Tempels ist bis zum heutigen Tag ein unübersehbarer Beweis dafür, wie zuverlässig Prophezeiungen Jesu sind.

ga

Wie vertrauenswürdig ist Jesus für Sie?

Erfüllte Prophetie ist ein klarer Hinweis auf Vertrauenswürdigkeit.

Markus 13,1-23

Denn die Gnade Gottes ist erschienen, heilbringend für alle Menschen.

Titus 2,11

Fußspuren

Am 21. Juli 1969 um 3.56 Uhr MEZ betrat der Astronaut Neil Armstrong, Kommandant der Raumfahrtmission Apollo 11, als erster Mensch den Mond. Weltbekannt sind die Worte, die er bei dieser Gelegenheit per Funk an die Erde sandte: »Ein kleiner Schritt für einen Menschen, aber ein riesiger Sprung für die Menschheit!« Rund 600 Millionen sahen die Übertragung dieses historischen Momentes, bei dem zum ersten Mal menschliche Fußspuren auf dem Erdnachbarn hinterlassen wurden. Mit dem erfolgreichen Abschluss dieser Mission wurde zugleich ein Versprechen eingelöst, das der US-Präsident John F. Kennedy bereits zu Beginn der 60er-Jahre dem amerikanischen Volk gegeben hatte: Noch in diesem Jahrzehnt würde eine bemannte Mission der NASA Menschen zum Mond bringen.

Einige Jahre später landeten dort erneut US-amerikanische Astronauten. Mit der Mission Apollo 15 betrat James B. Irwin den Erdtrabanten. Auch von ihm stammt ein Ausspruch, der um die Welt gegangen ist: »Mir ist auf dem Mond bewusst geworden, dass es wichtiger ist, dass Jesus Christus seinen Fuß auf die Erde setzte, als der Mensch den seinen auf den Mond!«

In der Tat sind die Auswirkungen dieser beiden Ereignisse grundlegend verschieden. Armstrongs Schritt hat sicherlich viele Menschen beeindruckt und die Weltraumforschung beflügelt. Doch dieser Mondbesuch bleibt für die allermeisten Menschen ohne echte Auswirkungen auf ihr Leben. Die Entscheidung des Gottessohnes, Gottes Versprechen an die Menschheit einzulösen und vom Himmel herab auf die Erde zu kommen, um hier als Mensch seine Fußspuren zu hinterlassen, hat hingegen globale Auswirkungen: ewiges Heil für alle Menschen, die bereit sind, ihm ihr Leben anzuvertrauen. *mm*

Welches Ereignis ist für Sie wichtiger?

Jesus will auch in Ihrem Leben Spuren hinterlassen. Laden Sie ihn dazu ein!

Titus 2,11-14

22. Juli 20

Mittwoch

Denn der Sohn des Menschen ist gekommen, zu suchen und zu retten, was verloren ist.
Lukas 19,10

Ein aufregendes Erlebnis

Es war ein herrlicher Sommertag. Badewetter. So fuhren wir zu einem der vielen Baggerseen in unserer Region, um einen schönen und erholsamen Nachmittag zu genießen. Auf die Idee waren noch einige Hundert andere Menschen gekommen. Jubel, Trubel, Heiterkeit. Jeder genoss die Sonne und das erfrischende Nass. Wasser spritzte, Spaß pur. Ein wenig schwimmen und dann gemütlich auf der Decke in der Sonne liegen. Das hatten wir uns verdient. Nach einer harten Arbeitswoche nun ein schönes Wochenende. Erquickend.

Unsere Kinder waren noch jung und bereits gute Schwimmer. Um sie brauchten wir uns keine großen Sorgen zu machen. Natürlich behielten wir sie im Auge. Ich war eine Runde geschwommen und wollte gerade aus dem Wasser, als ein kleines Kind auf mich zurannte. Es war vielleicht zwei Jahre alt und plumpste direkt vor mir ins Wasser. Mit einer Reflexbewegung fasste ich es an der Hand und zog es heraus. Da kam auch schon die aufgeregte Mutter. Kurz sah sie mich an und riss mir das Kind aus den Armen. Fast konnte man meinen, sie dachte, ich hätte ihr Kind ins Wasser gestoßen. Nun, ich konnte sie verstehen, sie war aufgeregt, eben eine besorgte Mutter.

Ähnlich gehen manche Menschen mit Gott um. Gott sandte seinen Sohn auf diese Erde, um uns aus unserer todbringenden Schuld und Sünde zu erretten. Aus dem Sumpf der Verlorenheit und Hoffnungslosigkeit möchte uns Jesus Christus herausziehen. Er hat für die Rettung unserer Seele alles getan. Die meisten Menschen ignorieren das, nur wenige danken ihm dafür. Dabei geht es hier um mehr als um einen Badeunfall, es geht um die Ewigkeit und wo wir sie zubringen. Gottes Rettungsplan geht eben viel weiter, als manch einer denkt und erkennt.

fr

? Wissen Sie schon, wo und wie Sie Ihre Ewigkeit verbringen werden?

! Gott möchte Sie gerne ewig bei sich haben. Nehmen Sie doch das Geschenk der Errettung an!

Apostelgeschichte 3,17-22.26

HERR, ich hadere mit dir und möchte mit dir über die Art und Weise reden, wie du Recht übst: Warum ist der Weg der Gesetzlosen glücklich?

Jeremia 12,1

Ein Mann sieht scheel

Der Nobelpreisträger Saul Bellow (1915–2005) hat das lesenswerte Buch »Die Abenteuer des Augie March« geschrieben. Augie March verbringt sein gesamtes, verheißungsvolles Leben damit, den Rest der Welt zu beneiden und mit seinem Schicksal zu hadern. Irgendwann erreicht er den Punkt, an dem er sich eingestehen muss: »Ich hatte die Vorstellung, jeder war mehr als ich und besaß etwas, was ich nicht hatte.« Da er im neidvollen Vergleichen hängen bleibt, ist er am Ende des Buches nicht viel weiter als am Anfang.

Jeremia ist Gott gegenüber ehrlich und fragt ganz offen, warum es den Gottfernen besser geht als den Kindern Gottes. Offenbar aber richtet sich Jeremias Beurteilungsmaßstab nur auf das, was er als zeitgebundener Mensch vor Augen hat (Jeremia 12,2). Man kann wohl sagen, der Seher Jeremia sieht, um das althochdeutsche Wort für »neidisch« zu benutzen, »scheel«, also »schief«. Er hat in seiner temporären Umnachtung nur das materiell sichtbare Wohlergehen der Ungläubigen vor Augen, die vielfältigen Segnungen Gottes für sein Volk zu allen Zeiten aber scheint er ausgeblendet zu haben. Indem er die Augen auf die Mitmenschen (und damit weg von Gott) richtet, gerät sein Urteilsvermögen in eine ungute Schieflage.

Die Bewertung von Lebensumständen hängt mit dem Maßstab zusammen. Das äußerlich negativ Empfundene, z. B. ein Unfall oder eine Krankheit, kann nämlich eigentlich positiv sein, wenn es z. B. zu einer Kurskorrektur führt, die dem weiteren Leben eine neue Perspektive eröffnet oder mich dazu bringt, endlich nach Gott zu fragen und zukünftig auf ihn zu hören. Das erschließt dann Gutes oder Segen, wie die Bibel es nennt, der viel nachhaltiger und reicher erfüllt, als es äußeres Wohlergehen vermag.

vdm

? Wo hadern Sie mit sich selbst, mit anderen Menschen und mit Gott, weil Sie sich benachteiligt fühlen?

! Die Bibel zeigt uns immer wieder, was wirklich für uns wichtig ist.

Psalm 73

24. Juli 20

Freitag

Lieber ist mir das Gesetz deines Mundes
als Tausende von Gold- und Silberstücken.
Psalm 119,72

Ein Goldschatz zwischen zwei Buchdeckeln

Eigentlich sieht es aus wie ein ganz normales Buch. Na ja, fast. Nicht jedes Buch hat so einen schicken, braunen Ledereinband. Aber sonst ist es ein ziemlich normales Buch. Weißes Papier, schwarze Buchstaben. So liegt es hier gerade vor mir. Und doch ist dieses Buch alles andere als normal. Das fängt schon damit an, dass es gar nicht *ein* Buch ist, sondern eine Bibliothek mit insgesamt 66 Büchern. Über 40 verschiedene Autoren haben an dieser Bibliothek mitgearbeitet, und zwar über einen Zeitraum von mehr als 1000 Jahren. Die meisten der Schreiber kannten sich also nicht einmal. In dieser Bibliothek findet man Geschichten großer Völker, bewegende Biografien, wunderschöne Gedichte, tiefgründige philosophische Abhandlungen, aber auch Praxis für den Alltag. Manche Bücher sind sehr lang, manche auch nur sehr kurz. Das Buch, von dem ich rede, ist die Bibel.

Im heutigen Vers steht, dass die Bibel sogar noch mehr ist als ein außergewöhnliches Buch. Sie ist wertvoller »als Tausende von Gold- und Silberstücken«. Ist das nicht doch etwas übertrieben? Was macht dieses außergewöhnliche Buch denn jetzt *so* wertvoll? Die Bibel hat diesen Wert, weil sie von Gott kommt. Das ist das Spektakuläre. Gott selbst schrieb durch Menschen sein Buch, seinen Bestseller.

Stellen Sie sich das einmal vor: Der Gott, der alles erschaffen hat, was Sie gerade um sich herum erblicken können, dieser geniale Gott hat ein Buch schreiben lassen, damit wir ihn kennenlernen können! Alles, was wir tun müssen, ist aufschlagen und lesen. Heute passt die Bibel als Smartphone-App sogar in jede Hosentasche. Gott will sich uns offenbaren. Können Sie jetzt erahnen, warum die Bibel so wertvoll ist? Fangen Sie an, diesen Goldschatz zu entdecken! Ich kann Ihnen aus eigener Erfahrung versichern: Es lohnt sich. *jkl*

? Wann haben Sie das letzte Mal dieses »alte Buch« aufgeschlagen? Im Religionsunterricht?

! Fangen Sie am besten bei »Teil 2«, also im Neuen Testament, an, mit den Geschichten über Jesus.

Psalm 119,97-104

Glaube an den Herrn Jesus, und du wirst gerettet werden!
Apostelgeschichte 16,31

Vertrauenssache

Es war ein erschütternder Rückschlag für den Fortschritt und Technikglauben der Menschheit, als heute vor 20 Jahren eine Concorde kurz nach dem Start abstürzte. Das Überschall-Flugzeug brauchte nur gut drei Stunden von Paris nach New York und war damit doppelt so schnell als herkömmliche Passagierflugzeuge. Bei dem Unglück kamen jedoch alle Passagiere ums Leben. Das Vertrauen in das mit bis zweifacher Schallgeschwindigkeit fliegende Flugzeug konnte trotz technischer Verbesserungen nicht wieder zurückgewonnen werden. Obwohl der Absturz am 25. Juli 2000 das einzige Unglück einer Concorde war, hat sich die Katastrophe viel stärker in die Erinnerung der Menschen eingeprägt, als sonst bei ähnlichen Abstürzen. Maßgeblich für das Aus der Concorde waren allerdings auch der stolze Flugpreis und die Beeinträchtigungen durch hohe Geräuscheinwirkungen während des Fluges. Im Jahr 2003 wurde der Betrieb eingestellt.

Die Menschen, die sich diesem Flugzeug anvertraut haben, kamen tragischerweise ums Leben. Was aber bewahrt uns vor dem endgültigen Absturz, wenn wir in die Ewigkeit eintreten? Wem können wir vertrauen im Blick darauf, was dann aus uns wird? Unser Tagesvers verweist auf Jesus Christus, von dem gesagt wird, dass er uns retten kann. Er ist dazu befähigt, weil er den Tod überwunden hat und auferstanden ist. Nun kann er auch andere zu einem ewigen Leben retten. Man muss nur glauben, dass er tatsächlich alle unsere Schuld in Ordnung gebracht hat, für die wir den Tod verdienen, der nicht nur ein Unglück, sondern unser aller gerechte Strafe ist. Und man muss sich eingestehen, dass Jesu Opfer für unsere Sünden tatsächlich nötig war – für jeden von uns! *tp*

? Wem vertrauen Sie sich an, um in den Himmel zu kommen?

! Nur Jesus kann uns retten. Und er hat tatsächlich alles dafür getan. Vertrauen Sie sich ihm an!

Markus 5,35-43

Sonntag

Dieser aber hat nichts Unrechtes getan!
Lukas 23,41

Das ist der Falsche!

Ein Raubüberfall wird vor Gericht verhandelt: Der Täter soll Waren entwendet und mit seinem Pkw auf die verfolgenden Verkäufer gezielt zugefahren sein. Der Angeklagte hat die Tat als solche gestanden. Nur die Umstände der Gewaltanwendung schildert er anders, nämlich harmloser als in der Anklageschrift beschrieben. Daher werden die Zeugen nicht mehr zur Identität des Täters befragt, sondern nur noch zum Tatgeschehen. Nach ihrer Vernehmung verfolgen die Zeugen den Rest der Verhandlung als Zuschauer. Es folgen Plädoyers und das letzte Wort des Angeklagten. Danach zieht sich das Gericht zur Urteilsberatung zurück.

Doch die Zeugen verstehen nicht: Derjenige, der auf der Anklagebank sitzt, war doch gar nicht der Täter! Auf der Anklagebank sitzt der Falsche! Sie informieren den Staatsanwalt, dieser das Gericht. Und in der Tat: Konfrontiert mit den Angaben der Zeugen gesteht der Mann, er habe die Schuld auf sich nehmen wollen, um den wahren Täter zu decken. Warum er das tat, sagt er allerdings nicht. Seine Motivation bleibt verborgen.

Jesus Christus ist auch zu Unrecht angeklagt worden. Sein Richter musste bekennen: Ich finde keine Schuld an ihm. Trotzdem wird er von ebendiesem Richter, Pilatus, auf politischen Druck hin zu Unrecht zum Tode verurteilt, für Taten, die er nicht begangen hatte. Doch auch Jesus Christus hat ganz bewusst die Schuld anderer auf sich genommen. Nicht, um die wahren Täter zu decken und deren Schuld zu vertuschen, sondern um diese Schuld ans Licht zu bringen und einer endgültigen Bestrafung zuzuführen. Sein Motiv ist allerdings nicht unbekannt geblieben. Er handelte aus Liebe für eine Menschheit, die ohne sein stellvertretendes Opfer endgültig verloren wäre. *mm*

? Haben Sie schon mal darüber nachgedacht, was das für Sie bedeutet?

! Sie können frei von aller Schuld vor Gott werden, wenn Sie sein Opfer für sich in Anspruch nehmen.

1. Petrus 2,21-25

Es geschah ein großes Erdbeben; und die Sonne wurde schwarz wie ein härener Sack, und der ganze Mond wurde wie Blut, und die Sterne des Himmels fielen auf die Erde, ...

Offenbarung 6,12-13

Blutmond

Am 27. Juli 2018 war es so weit. Am Nachthimmel gab es eine spektakuläre Mondfinsternis zu beobachten. Kurz erklärt standen Sonne, Erde und Mond in einer Linie. Als sich der Mond im Kernschatten der Erde befand, sah man ihn auf der Erdhalbkugel, auf der gerade Nacht war, als große dunkelrote Kugel am Himmel. Doch wie kam es dazu? Die Sonne strahlte auf der Erdseite, auf der es gerade Tag war in gewohnter Manier. Jedoch wurden die roten Strahlen des Sonnenspektrums dabei in der Erdatmosphäre so gebrochen, dass sie den Mond anstrahlten, obwohl er sich im Kernschatten der Erdkugel und damit in völliger Dunkelheit befand. Das Ergebnis war ein sogenannter Blutmond.

In der Offenbarung der Bibel begegnet uns dieses Phänomen als das sechste Siegelgericht, das vom Himmel her neben vielen weiteren über diese Erde gebracht wird. Damit verbunden ist bei den Menschen auf der Erde die Erkenntnis, dass nun der Tag des Zorns gekommen ist. »Und wer vermag zu bestehen?«, ist dann die bange Frage, die sich die Menschen stellen. Früher wurden solche Himmelszeichen dann auch meist als bedrohliche Anzeichen von schlimmen Ereignissen interpretiert. Noch aber ist es nicht so weit, sondern bis heute steht über uns die Tatsache, dass der Sohn Gottes für uns das Gericht getragen hat: Vor etwa 2000 Jahren gab der lebendige Gott seinen geliebten Sohn an ein raues und schändliches Holzkreuz. Angenagelt hing er dort, ohne selbst irgendetwas Böses getan zu haben. Die Bibel berichtet, dass Jesus am Kreuz unsere Sünden mit seinem Blut bezahlte. Ein äußerlich scheinbar unscheinbares Ereignis, aber mit einer gewaltigen Auswirkung für uns Menschen, nämlich Sünder vom ewigen Tod zu retten und sie mit dem gerechten und heiligen Gott zu versöhnen. *tl*

? Möchte Gott uns mit solchen Naturphänomenen etwas sagen?

! Das Geschehen am Kreuz von 2000 Jahren verdient höhere Aufmerksamkeit als das erstaunlichste Naturphänomen der Gegenwart.

Matthäus 27,45-54

Denn das Wort Gottes ist lebendig und wirksam.
Hebräer 4,12

Dynamit?

Wer meint, die Bibel sei ein antiquiertes Buch, das man heutzutage nur noch als Briefbeschwerer nutzen könne, der täuscht sich gewaltig. John Stott erzählt die Geschichte eines Wanderpredigers, der auf einem Flughafen durch die Sicherheitsschleuse ging. Dies war vor der Zeit des elektronischen Abtastens, und der Sicherheitsbeamte wühlte in dessen Tasche. Er stieß auf eine schwarze Pappkartonschachtel, in der die Bibel des Predigers steckte, und war neugierig, deren Inhalt herauszufinden. »Was ist in dieser Schachtel?«, fragte er misstrauisch und erhielt die verblüffende Antwort: »Dynamit!«

Welch eine passende Beschreibung von Gottes Wort – eine Kraft, eine explosive Kraft, die alte Gewohnheiten »explodieren« lassen kann, die falsche Glaubenssätze sprengt, neue Hingabe entzünden und genug Energie freisetzen kann, um unser Leben zu heilen. Das kommt daher, weil die Bibel uns von Gott selbst gegeben wurde. Sie zeigt uns, wer Gott ist und wer wir sind und weist uns den Weg der Erlösung. Sie ist das Buch der Geschichte des Menschen. Darin finden wir auch Gottes Gedanken über das, was er mit uns vorhat. Wer die Bibel mit bereitwilligem Herzen liest, wird darin erkennen, dass sie zu ihm persönlich spricht. Sie hat das Potenzial, uns völlig zu verändern und sogar ein ganz und gar außer Rand und Band geratenes Leben in geordnete Bahnen zu lenken.

Das leistet sie aber nicht durch schlaue Psycho-Tricks, sondern weil sie uns von Jesus Christus, dem Sohn Gottes, berichtet, der am Kreuz für unsere Sünden bezahlt hat. Darum ist die Bibel ein so wundervolles, einzigartiges Buch. Wäre das nicht ein überzeugender Grund, die Bibel zu lesen, um dadurch verändert zu werden? *tl*

? Wann haben Sie denn das letzte Mal in der Bibel gelesen?

! Machen Sie es sich zur Gewohnheit, aufrichtig darin zu forschen. Die positive Wirkung wird nicht ausbleiben.

Kolosser 3,12-17

29. Juli 20

Mittwoch

**Ihr seid um einen Preis erkauft worden;
werdet nicht Sklaven von Menschen.**

1. Korinther 7,23

FANG – ein Kürzel, das man sich merken sollte

Wenn Sie nicht wissen, was »FANG« bedeutet, ist das keine Schande. Das Kürzel gibt es noch nicht allzu lange. Wahrscheinlich ist es in Amerika entstanden. »FANG« ist die Abkürzung von Facebook, Amazon, Netflix und Google. Diese vier Firmen kennen inzwischen die meisten von uns, und das ist das Problem. Es macht nämlich den Einfluss erkennbar, den diese Firmen heute erreicht haben. Ich selber benutze natürlich auch einen Computer, das Schreiben ist ja dadurch viel komfortabler geworden. Und auch andere Angebote nehme ich wahr. Doch ziehe ich mich aus großen Teilen der digitalen Welt zurück, weil ich zur Kenntnis nehmen muss, dass selbst die wenigen Daten, die ich »im Netz« hinterlasse, in die Verfügungsgewalt von Institutionen geraten, die ich gar nicht kenne und auch nicht kennenlernen möchte.

Inzwischen gibt es auch in unserem Land hoch kompetente Menschen, die vor den allgemeinen, politischen und gesellschaftlichen Folgen warnen, die von den wachsenden Digitalfirmen ausgehen. Was alles geschehen kann, wenn man seine eigenen Daten leichtfertig ausliefert! Das fängt schon an bei der Kasse im Supermarkt, und wahrhaft apokalyptische Ausmaße drohen. Es gibt heute Kenner der Verhältnisse, die vor der Gefahr einer digitalen Weltherrschaft durch die »FANG«-Firmen intensiv warnen. Europa ist diesen Firmen schon ziemlich ausgeliefert, während China mit »Alibaba« schon eine digitale chinesische Mauer dagegen aufgebaut hat.

Abgesehen von diesen Entwicklungen ist es wichtig zu wissen, dass ein großer Gott über allem steht. Von ihm geht ein guter Einfluss auf uns Menschen aus. Er hat mit Jesus Christus, seinem Sohn, einen hohen Preis dafür gezahlt, dass er uns von aller Fremdherrschaft befreien kann. Bei ihm kann man wahre Freiheit finden. *koh*

Woran kann man erkennen, ob jemand gute Absichten hat?

Absolute Transparenz ist ein Kennzeichen von Vertrauenswürdigkeit.

Apostelgeschichte 17,22-31

**Bittet, und es wird euch gegeben,
sucht, und ihr werdet finden!**
Matthäus 7,7

247 verschiedene Nicoles – und der eine Gott

Dieses Ereignis hat es im Sommer 2018 bis in die Nachrichten geschafft: Ein Student an der Universität von Calgary in Kanada hatte sich Hals über Kopf in eine Frau verliebt, der er abends in einer Bar begegnet war. Doch leider kannte er nur ihren Vornamen. Um sie wiederzufinden, sandte er 247 E-Mails an alle Frauen seiner Universität, die den Vornamen »Nicole« trugen. Die gesuchte Herzdame war zwar nicht dabei, doch einige Studentinnen leiteten die Anfrage weiter, sodass der suchende Student schließlich den Kontakt zu »seiner« Nicole herstellen konnte.

Die romantische Begebenheit erinnert mich daran, dass viele Menschen auf der Suche nach einem festen Halt, nach Liebe und Geborgenheit sind. Die Bibel sagt uns, dass das alles nur bei Gott zu finden ist. Doch die Bezeichnung »Gott« ist zu einem Sammelbegriff geworden, der viele Suchende verwirrt. Es sind unzählige Angebote auf dem Markt, die uns angeblich mit Gottheiten, unerschöpflichen Kraftquellen oder Wegen zur Glückseligkeit in Kontakt bringen wollen. Wie soll ein Mensch angesichts dieser unübersichtlichen Vielfalt die richtige Adresse finden? Muss man alle Wege ausprobieren, um den zu finden, dem ich wirklich mein Leben ganz im Sinne einer Eheschließung »anvertrauen« kann? Nein, denn die gute Nachricht ist: Der Gott, der uns geschaffen hat, hat uns bereits zuerst geliebt und hat bereits alles getan, was zu unserem ewigen Heil nötig ist. Er ist in der Person des Herrn Jesus Christus zu uns auf die Erde gekommen. Jesus ist in seinem ganzen Wesen Gott. Doch er ist Mensch geworden, damit wir ihn kennenlernen können. Er hat versprochen: Wer ihn von ganzem Herzen sucht, von dem will er sich finden lassen! *dr*

? Wo sind Sie bei Ihrer Suche noch unterwegs?

! Es gibt nur einen Gott, und der will sich von aufrichtigen Suchern finden lassen.

Psalm 40,1-5

31. Juli 20

Freitag

Durch Glauben verstehen wir …
Hebräer 11,3

Gedankensplitter zur Evolutionstheorie

Wenn wir den Massenmedien der Gegenwart begegnen, können wir immer wieder auf Äußerungen stoßen, in denen von der Evolution als der selbstverständlichsten Tatsache der Welt gesprochen wird. Viele Menschen nehmen das so hin nach dem Grundsatz: Wenn alle dasselbe sagen, muss es wohl richtig sein. So aber ist es nicht. Das zeigen die vielen Aussagen kompetenter Leute. Sie werden jedoch nicht gehört, weil sie das öffentliche Einvernehmen stören, wie das Kind im Märchen von des Kaisers neuen Kleidern, als es sagte, dass der Kaiser ja »gar nichts an hat«. Aber die Wahrheit ist kein Mehrheitsbeschluss. Hier einmal ein paar Äußerungen kluger Leute.

»Die Evolution ist unbewiesen und unbeweisbar. Wir glauben aber daran, weil die einzige Alternative dazu der Schöpfungsakt eines Gottes ist, und das ist undenkbar.« Arthur Keith (1866–1955)

»Wenn wir mit den Wundern des Lebens und des Universums konfrontiert werden, so erscheint es mir, dass man ›warum‹ fragen muss und nicht nur ›wie‹. Die einzig möglichen Antworten sind religiöser Art. Für mich bedeutet das den Protestantismus, den ich als Kind kennengelernt habe und der dem Test eines Lebens standgehalten hat.« Arthur L. Schawlow (1921–1999), Nobelpreisträger für Physik

»Es ist absurd, dass sich ein Evolutionist darüber beschwert, dass es undenkbar sei, für einen zugegebenermaßen undenkbaren Gott alles aus dem Nichts zu erschaffen, und zugleich anzunehmen, dass es viel denkbarer sei, dass sich alles aus dem Nichts von selbst entwickelt.« Gilbert Keith Chesterton (1874–1936), Schriftsteller

»Tatsächlich ist der Darwinismus eine dialektische Konstruktion, ja eine Art Religion mit sehr ausgebildeter Mythologie und Dogmatik.« Egon Friedell (1878–1938) *koh*

? Zählt bei Ihnen eher die Meinung der Masse, wenn es um zentrale Fragen des Lebens geht?

! Wir sind letztendlich keinen Menschen, sondern der Wahrheit verpflichtet.

1. Johannes 4,1-5

1. August 20

Samstag

Der Kranke antwortete ihm:
Herr, ich habe keinen Menschen …
Johannes 5,7

Zu viel erzählt?

Zwei Klassenkameraden verbringen gemütlich einen Nachmittag zusammen, mit einem leckeres Essen in einem schönem Restaurant und bei strahlendem Sonnenschein draußen. Eigentlich ein Tag, an dem man mal richtig entspannen und das Leben einfach genießen kann.

Aber einem von beiden ist gar nicht nach Entspannen zumute. Seine Tante, die er liebevoll »Mutti« nennt, ist schwer krebskrank, und die letzten Nächte konnte er deswegen kaum schlafen. Sein Vater ist gerade in Amerika, und zu seiner Mutter besteht kein Kontakt mehr. Die einzige »Familie«, die er hat, ist »Mutti« und sein Hund. Er ist wirklich ein fröhlicher und herzlicher Mensch, und doch ist er jetzt ziemlich einsam. Während er seinem Frust Luft macht und aus seinem Leben erzählt, hört der andere einfach nur aufmerksam zu und versucht, Verständnis zu zeigen. Bis sein Kamerad schließlich merkt, dass er ziemlich viel von sich preisgegeben hat. Dann sagt er noch: »So viel werde ich dir von mir nicht mehr erzählen, aber du schaust so, als könntest du mich verstehen.«

Manchmal bedrückt uns etwas so sehr, dass wir es uns von der Seele reden möchten, sogar gegenüber Menschen, die uns nicht einmal eng vertraut sind. Oft sind diese dann hilflos und finden gar keine Worte des Trostes oder machen nur Aussagen, die dem Ernst der Erfahrungen nicht gerecht werden. Wie heilsam aber ist es, wirklich verstanden zu werden und so sein Leid teilen zu können, sodass man anschließend tatsächlich erleichtert ist. Wer versteht unseren Schmerz und unsere Enttäuschung? Wer Jesus kennt, kann bei ihm im Gebet wirklich alles loswerden. Er gibt Trost und schenkt Kraft in den dunkelsten Stunden. Er ist voll Mitgefühl und hat immer ein offenes Ohr für uns. *dkl*

? Haben Sie jemanden, dem Sie alles anvertrauen können?

! Gott ist nur ein Gebet weit von uns entfernt, an ihn kann man sich immer wenden.

2. Korinther 1,3-11

2. August 20

Sonntag

**Denn der Sohn des Menschen ist gekommen,
zu suchen und zu retten, was verloren ist.**
Lukas 19,10

Fauliger Apfel

Saftig lag er vor mir auf der Wiese – ein wunderschöner gelber Apfel! Einfach nur reinbeißen – aber dann, dieser widerliche und faulige Geschmack! Der Apfel war innen vollständig braun, und ich konnte ihn nur noch wegwerfen. Wir Menschen – zuerst präsentieren wir uns von unserer besten Seite. Aber was passiert, wenn uns andere kennenlernen und entdecken, was hinter der schönen Schale steckt? Da wenden sich Partner enttäuscht voneinander ab, Beziehungen zerbrechen, und manch einer wirft weg, was ihm vorher begehrenswert erschien.

Ich staune, wie Jesus Christus mit solchen Menschen umging. Ein Freund gab in einer gefährlichen Situation vor, Jesus nicht zu kennen. Jesus wandte sich ihm erneut zu und bereitete für ihn einen Ausweg und Neuanfang vor. Er sehnte sich danach, mit seinen Jüngern ein letztes Festmahl zu feiern, während sie überlegten, wer der Größte unter ihnen sei. Er betete für die, die ihn verspotteten und ans Kreuz schlugen, und er heilte einen von denen, die ihn gefangen nahmen.

Jesus zeigte damit: »Ich verstehe, du hast im Innern etwas Schlechtes, du kannst kaum anders. Du bist gefangen in deinem Charakter, deinen schlechten Eigenschaften. Du bist innerlich krank. Aber – genau dafür bin ich gekommen. Ich bin gekommen, um so etwas zu heilen, um dir eine neue Chance und einen neuen Start zu geben. Du kannst mir dein Inneres anvertrauen, du kannst dadurch heil werden. Du kannst das kurze Gebet sprechen: »Oh Herr, sei mir, dem Sünder gnädig.« Du musst nicht mehr leugnen oder überspielen, dass du sündig bist!« Wir müssen ihm sogar unsere schlimmste Seite zeigen, uns ihm öffnen. Genau dafür ist er gekommen. Nicht, um wegzuwerfen, sondern um gesund zu machen. Nutzen Sie diese Chance? *mn*

? Wann hat Ihnen Ihr Handeln leidgetan?

! Seien Sie offen – vor Gott!

Lukas 23,14-30

**Selig sind die Sanftmütigen;
denn sie werden das Erdreich besitzen.**
Matthäus 5,5

Zwei Weltanschauungen

Heute möchte ich eine Reihe von Kalenderblättern beginnen, die sich mit der Frage beschäftigen, ob es vernünftig oder doch höchst rückständig ist, an die Erschaffung der Welt zu glauben, wie sie in der Bibel beschrieben ist. Denn gewöhnlich lernen die Kinder in allen Ausbildungsstätten, dass die Schöpfungsgeschichte der Bibel nur aus Legenden besteht, die sich die Menschen erzählt haben, als es noch keine moderne Naturwissenschaft gab.

Dazu muss man aber Folgendes wissen: Die Evolutionstheorie hat sich nicht deshalb durchgesetzt, weil man wegen der Entdeckungen der Forscher restlos von dieser Lehre überzeugt war, sondern weil man nicht mehr an Gott glaubte und darum eine andere Erklärung für alles Vorhandene sehr willkommen war. Somit forschte man nicht unvoreingenommen und war dabei auf die Ergebnisse gespannt, sondern man schrieb das Ergebnis von vornherein fest, und das lautete: Alles ist aus dem Nichts und nur aus sinnlosen Zufällen und den sich aus ihnen ergebenden Notwendigkeiten entstanden. Alles hat allerdings in Milliarden von Jahren eine solche geniale Vollkommenheit erreicht, dass es so aussieht, als habe jemand alles geplant, aber genau das wollte und will man nicht glauben.

Ursache dieser großartigen Entwicklung sollen langsame, zufällige Erbveränderungen und Veränderungen der Umwelt sein. Diejenigen Erbveränderungen, welche am besten mit den neuen Gegebenheiten fertig wurden, deren Träger konnten die weniger Tüchtigen ausmerzen, und so blieben immer die Besten übrig. Auf Englisch sprach man vom *Survival of the fittest*, dem Überleben der Tüchtigsten.

Dass dies aber unserem Tagesvers und dem Liebesgebot der Bibel völlig widerspricht, ist nicht schwer einzusehen. *gr*

Wie müssten Sie z. B. Ihr Haus bauen, wenn es wirklich nur das Recht des Stärkeren gäbe?

Christen glauben, dass uns Gottes Freundlichkeit bisher vor solcher reinen Barbarei bewahrt hat.

Apostelgeschichte 17,16-31

4. August 20

Dienstag

**Deine Augen sahen mich schon als ungeformten Keim,
und in dein Buch waren geschrieben alle Tage,
die noch werden sollten, als noch keiner von ihnen war.**
Psalm 139,16

Nach Plan gebaut

Eine Besonderheit aller lebendigen Wesen ist, dass sie eine genaue Bauanleitung enthalten. Auch diese muss nach Vorstellung der Materialisten völlig sinn- und ziellos entstanden sein, obwohl sie genau das jeweilige Lebewesen beschreibt, in dessen Zellen sie sich befindet. Diese Schrift besteht tatsächlich bei allen Lebewesen aus denselben vier Buchstaben und ist in einem Riesenmolekül, in der DNS, in doppelter Ausfertigung gespeichert. So kann jede Mutterzelle der Tochterzelle eine Abschrift abgeben. Dort wird sie dann wieder für die nächste Teilung verdoppelt.

Bei einer solchen passgenauen Bauanleitung, die jedes Geschöpf in sich trägt, fällt es doch schwer, an Zufall zu glauben; denn wer sich mit der Entstehung von solchen Bauplänen befasst, müsste zugeben, dass nur ein intelligenter Planer dazu in der Lage ist. Leider werden viele Materialisten schon ärgerlich, wenn sie nur das Wort »intelligenter Planer« hören, weil sie kein Gegenargument haben. Da aber die Mehrheit der Menschen gern glaubt, es gebe keinen solchen Planer, genügt es zu erzählen, Schöpfungsgläubige seien rückständig und unaufgeklärt und wollten ihre Mitmenschen genauso dumm halten, wie sie selbst sind.

In Wirklichkeit aber trägt diese Schrift die Handschrift eines überaus klugen Planers. Die Vier-Buchstaben-Schrift (A, C, G und T – für die vier Basen Adenin, Cytosin, Guanin und Thymin stehend) ist die kürzeste Form der Information. Außerdem ist sie auf eine Art festgehalten, die weit effizienter ist als auch die neuesten Speichermethoden der Menschen. Obwohl man behauptet, sie entschlüsselt zu haben, steht man erst am Anfang und weiß noch gar nichts darüber, wie z. B. der Bau unseres Körpers und seiner Organe verschlüsselt ist. *gr*

? Was werden Gottesleugner sagen, wenn sie einmal vor diesem großen Planer stehen werden?

! Dieser große Gott bietet allen Menschen Frieden an. Darauf sollte man unbedingt eingehen!

Psalm 139

Im Anfang schuf Gott die Himmel und die Erde.
1. Mose 1,1

Zwei Glaubensbekenntnisse

Der wirklich große Naturforscher Charles Darwin hat die Evolutionstheorie nicht erfunden. Er hat ihr nur eine Gestalt gegeben, die in der Öffentlichkeit Anklang fand. Die Menschen waren auf der Suche nach Möglichkeiten, den Glauben an Gott auf »wissenschaftliche Art« loszuwerden. Da kam ihnen das 1859 herausgegebene Buch über die Entstehung der Arten gerade recht.

Nach heutigem Verständnis des Darwinismus war Darwin überhaupt kein Darwinist. Er fürchtete sich z. B. vor dem Gedanken, jemand könne beweisen, dass ein komplexes Organ nicht aus primitiven Vorgängern entwickelt sein konnte. Das hätte nach seiner Meinung seine Theorie vollkommen zerstört.

Auf den Galapagos-Inseln fand er Finken mit ganz unterschiedlichen Schnäbeln. Darin meinte er, eine »Momentaufnahme« der Arbeit der Evolution zu erkennen. Heute weiß man, dass es vielerlei umweltbedingte Unterschiede innerhalb ein und derselben Tierart gibt, die aber nie zu der Entwicklung einer »höheren« Tierart geführt haben, zumal dabei die Frage nach der Änderung des Bauplans (der Gene) völlig offenbleibt. Auch quälte ihn der Gedanke, dass die für seine These nötigen Millionen von Zwischenstufen zwischen den einzelnen Tierstämmen nicht gefunden wurden.

Heute hat man sich angesichts dessen mit manchen Theorien getröstet und fantasievolle »Stammbäume« gemalt. Als Beweis zeigt man unverdrossen immer wieder und überall den »Archaeopteryx« als Zwischenglied zwischen Sauriern und Vögeln. Viel mehr hat man nicht vorzuweisen. Dabei verschweigt man, dass dieses Tier schon voll entwickelte, kompliziert gebaute Federn hatte und dass man in China in vermeintlich noch älteren Schichten »richtige« Vögel fand. *gr*

? Welchen Sinn macht es, den Glauben an einen planenden Schöpfer für einen Glauben an sinnlose Zufälle aufzugeben?

! Zufallsgläubige müssen sehr viel mehr Unerklärliches glauben als Christen.

Kolosser 1,12-20

**In sechs Tagen hat der HERR
den Himmel und die Erde gemacht,
das Meer und alles, was in ihnen ist.**

2. Mose 20,11

Alles kann sehr, sehr schnell passieren

Wer an die Zufallsentstehung der Welt glaubt, der muss natürlich annehmen, alles habe sehr lange gedauert. So schätzt man, dass die Erde vor 4,5 Milliarden Jahren entstand. Beweise dafür meint man, in den Zerfallszeiten radioaktiver Stoffe gefunden zu haben. Allerdings muss man dann glauben, alles über das mengenmäßige Vorhandensein dieser Stoffe während einer so langen Zeit zu wissen. Sonst kann man ja mit ihnen keine Berechnungen aufstellen. So liefern dieselben Gesteine bei unterschiedlichen Messungen auch völlig unterschiedliche Ergebnisse.

Am Morgen des 18. Mai 1980 explodierte der Vulkan Mount St. Helens im US-Staat Washington. Das Ereignis war erwartet worden. So konnte alles sorgfältig registriert werden. In Stunden oder wenigen Tagen entstanden dreißig bis vierzig Meter tiefe Schluchten, die durch festes Basaltgestein geschlagen wurden, als rasend schnelle heiße Wasserfluten mitsamt Steinen und Geröll an der Bergflanke herabsausten. Auch entstanden bis zu 180 Meter hohe Gesteinsschichten, die nach einigen Jahren völlig erhärteten und die die gleichen Schichtenmerkmale zeigten, die man in anderen Canyons für das Werk von Millionen Jahren hält.

Mount St. Helens ist ein vergleichbar winziges Ereignis, wenn wir an die riesigen Lavaschichten und Schichtgesteine überall in der Welt denken. Aber kann auch dort nicht alles vergleichbar schnell geschehen sein? Um an eine junge Schöpfung glauben zu können, brauchen wir nur zu bedenken, dass eine kleine Kraft viel Zeit für eine Arbeit benötigt, eine große Kraft aber nur wenig. Und eine unendlich große Kraft braucht nur unendlich wenig, also überhaupt keine Zeit dafür. So betrachtet hat sich also Gott mit sechs Tagen noch viel Zeit gelassen.

gr

? Was könnte uns nützlicher sein, als diesen Schöpfergott zum Freund zu haben?

! Die Sintflut allein mit ihren Folgen gäbe das nötige Szenario für die meisten geologischen Ereignisse.

Psalm 148

7. August 20

Freitag

Nicht er (Gott) ist von uns abhängig, sondern wir von ihm. Er ist es, der uns allen das Leben und die Luft zum Atmen gibt.

Apostelgeschichte 17,25

Was ist Leben?

Wer nicht an den Schöpfer glaubt, muss stattdessen glauben, dass irgendwann einmal tote Materie zu krabbeln begann. Dieser zunächst tote Stoff muss aber auch sehr schnell viele andere Fähigkeiten entwickelt haben, wie Reize empfangen und verarbeiten, Nahrungsverwertung, Vermehrung und vieles mehr, weil das alles unbedingt zum Leben-Können gehört.

Außerdem weiß jeder, dass das Leben keine materielle Größe und den Gesetzen der unbelebten Natur nicht unterworfen ist. Leben ist also etwas völlig anderes, wenn es auch in materiellen Körpern wohnt. Das einzig bekannte Naturgesetz des Lebens hat Louis Pasteur beschrieben. Er sagte: »Leben kommt nur aus Lebendigem« oder: »Leben kommt immer aus einem Ei.«

Wenn das Leben aus toter Materie entstanden sein sollte, müsste diese sich dabei in einen Zustand verändert haben, der mit toter Materie gar nichts mehr zu tun hat, der überhaupt nichts wiegt und dem man auch mit den feinsten Messinstrumenten nicht auf die Spur kommt und der sich auch nie wieder in toten Stoff zurückverwandelt. Es hat einmal jemand gesagt: »Jeder kleine Junge kann einen Käfer tottreten; aber alle Professoren der Welt können ihn nicht wieder lebendig machen.« Und das, obwohl noch alle Stoffe vorhanden sind, die dem Käfer das Leben vor Minuten noch ermöglicht hatten.

Sehen wir uns den Tagesvers an, so erkennen wir, dass das Leben eine besondere Gabe des Schöpfergottes ist. Wir Menschen sollen sie nutzen, Gott während unserer Lebenszeit zu ehren, seinen Zielsetzungen mit uns zu entsprechen und unseren Mitmenschen ihr von Gott geschenktes Leben so schön wie möglich zu machen. Fangen wir doch gleich damit an!

gr

Was müssten Sie zu diesem Zweck in Ihrem Leben ändern?

Gott fordert Rechenschaft darüber, was wir mit der hohen Gabe des Lebens angestellt haben.

Prediger 11

8. August 20

Samstag

Und Gott der HERR bildete den Menschen, Staub vom Erdboden, und hauchte in seine Nase den Odem des Lebens; und der Mensch wurde eine lebendige Seele.

1. Mose 2,7

Menschen haben allen anderen Lebewesen vieles voraus

Wie unser Tagesvers sagt, besteht der menschliche Körper aus den gleichen Stoffen wie derjenige der Tiere. Darum hat er vieles mit ihnen gemein. Auch muss er sich in der gleichen Umwelt zurechtfinden. Er muss dieselbe Luft atmen wie sie und sich wie sie von Gewächsen ernähren und ist den gleichen Witterungseinflüssen ausgesetzt. Das bringt manche Ähnlichkeiten.

Aber die Unterschiede zu den Tieren sind noch weit größer. Menschen sind die Einzigen, die über sich selbst nachdenken und die sich beurteilen können. Dafür gab ihnen Gott eine Einrichtung, die ihnen als Messlatte dient. Und das ist das Gewissen. So etwas haben die Tiere nicht. Erst durch den selbst verschuldeten Sündenfall geriet die Eichung dieser Messlatte leider durcheinander oder wurde auch mutwillig verdorben, sodass die Menschen oft »mit gutem Gewissen« Böses tun können. Eine nur für die Menschen aufgesparte Gabe ist das Sprechen-Können. Dadurch ist die Verbindungsaufnahme zwischem dem Schöpfer und ihnen sowie umgekehrt möglich. Das ist der größte Unterschied zu allen anderen Geschöpfen und hebt sie weit über diese hinaus.

Auch hat Gott den Menschen den Sinn für das Schöne gegeben. Ein Sonnenuntergang am Meer oder ein Morgen im Hochgebirge bedeutet ihm viel, und der Kuh auf der Wiese nebenan bedeutet beides gar nichts. Ihr genügt es, Futter vorzufinden. Menschen können sich an schönen Texten und Kunstwerken und an der Musik erfreuen. Sie können auch über Vergangenes nachdenken und bewusst für die Zukunft planen und sind nicht wie die Tiere auf den Antrieb ihrer unbewussten Instinkte angewiesen. Allerdings will Gott auch Rechenschaft darüber fordern, wie wir mit diesen großen Gaben umgegangen sind. *gr*

? Was bedeutet Ihnen der letzte Satz?

! Gott will allen, die an ihn glauben, helfen, ihm wohlgefällig zu leben.

Römer 12,9-21

**Und Gott der HERR nahm den Menschen
und setzte ihn in den Garten Eden,
ihn zu bebauen und ihn zu bewahren.**

1. Mose 2,15

Großer Segen bedeutet auch große Verantwortung!

Gott hatte eine schöne Erde geschaffen und dann die Menschen als seine Verwalter hineingestellt. Sie sollten das Ganze, alle Tiere und Pflanzen und auch den Erdboden selbst, in Gottes Auftrag und nach seinen Vorstellungen pflegen und bewahren.

Doch schon bald verachteten die Menschen diesen göttlichen Auftrag und wollten selbst sein wie Gott. Dadurch gerieten sie unter die Herrschaft des Teufels und wurden dessen Knechte. Der leitete sie an, diese schöne Erde zu ruinieren und ihren Mitmenschen das Leben sauer zu machen. Trotzdem überließ sie Gott nicht ihrem Mutwillen, ja, er schickte sogar seinen Sohn, um alles zu tun, was zu einer Versöhnung mit Gott nötig war. Einige ließen sich dadurch zur Umkehr leiten; aber die große Masse hielt an ihrem Hochmut und an ihrem Eigenwillen fest. Das führte schließlich immer deutlicher zu der Ansicht, es gebe gar keinen Schöpfer und alles sei irgendwie zufällig so geworden, wie es heute ist.

Im 19. Jahrhundert erschraken manche Verkünder der »Gott ist tot-Lehre« noch vor den Konsequenzen einer gottlosen Welt; aber inzwischen haben sich die meisten an diesen Gedanken gewöhnt, und wenn die Ereignisse rings um sie her doch zu Furcht einflößend sind, haben sie dank der Unterhaltungsindustrie genügend probate Mittel, sich selbst zu beruhigen.

Karl Marx bezeichnete noch die Religion als »Opium für das Volk«. Heute besteht dieses »Opium« in der allgegenwärtigen Geräuschkulisse, die man so schrill und laut aufdrehen kann, wie man es braucht, um das immer lauter werdende Donnergrollen des herannahenden Weltgerichts zu übertönen. Gott will aber auch heute noch zu uns reden, wenn wir den betörenden Lärm einmal abschalten. *gr*

Wie müsste man einen Menschen bezeichnen, der Gefahrensignale absichtlich übertönt?

Diese Welt haben wir Menschen zwar sehr verdorben; aber Gott hat uns eine neue Erde und einen neuen Himmel versprochen.

2. Petrus 3,1-13

(Jesus Christus), der unsere Sünden an seinem Leib selbst auf dem Holz auf sich geladen hat, damit wir, den Sünden abgestorben, der Gerechtigkeit leben.

1. Petrus 2,24

Endlich den Rucksack weg!

Nach 3,5 Stunden und knapp 1800 Höhenmetern waren wir endlich am Gipfelkreuz des Grimming (Österreich), des höchsten freistehenden Berges Europas, angekommen. Das Erste, was wir taten: Wir nahmen unseren schweren Rucksack ab. Das war ein Gefühl – so leicht und unbeschwert, als könnten wir fliegen.

Dieses Ablegen der Last am Gipfelkreuz ist ein wunderbares Bild für eine geistliche Wahrheit. Im heutigen Tagesvers geht es auch um eine Last, nämlich um unsere Sünden. Die hat Jesus Christus auf sich genommen und am Kreuz die Strafe dafür auf sich genommen. Da, am Kreuz, hat Gott seinen Sohn für all das bestraft, was wir verdient hätten. Alle falschen Gedanken, Worte und Taten in unserem Leben lagen auf ihm. Wer allerdings diese gnadenvolle Tat des Gottessohnes nicht glauben mag, der muss diese Last und die Strafe dafür selbst tragen. Diese Last zieht nicht unsere Schultern herunter, sondern unsere Seele. Jeder Mensch trägt so einen »Rucksack« mit sich herum, bei dem einen ist er größer, bei dem anderen kleiner. Aber im Laufe des Lebens sammelt sich bei jedem von uns so einiges an.

Jesus lädt uns ein, diese Last bei seinem Kreuz abzulegen. Er sagt: »Kommt her zu mir alle ihr Mühseligen und Beladenen! Und ich werde euch Ruhe geben« (Matthäus 11,28). Er bietet uns an, dass wir ihm diesen Rucksack mit unserer Schuld überlassen. Das können wir tun, indem wir im Gebet zu ihm kommen und ihn um Vergebung bitten.

Gott hat versprochen, uns dann zu vergeben und von allen Sünden reinzuwaschen (1. Johannes 1,9). Auch wenn wir später noch etwas Böses tun, dürfen wir wieder zu ihm kommen, denn Jesu großes Werk am Kreuz von Golgatha reicht für allen Schaden aus. *sh*

? Was steckt alles in Ihrem »Rucksack«?

! Denken Sie mal nach, wie ein Leben ohne alle diese Lasten wäre!

1. Petrus 1,17-21

**Meine Schafe hören meine Stimme,
und ich kenne sie und sie folgen mir.**
Johannes 10,27

Die Stimme heraushören

Kürzlich waren wir im Auto unterwegs. Im Radio wurde das Lied »Who wants to live forever« gespielt. Kaum hatten wir zwei Takte gehört, wussten wir, wer der Sänger war: Freddie Mercury mit seiner unverkennbaren Stimme. Wie kommt es, dass wir die Stimme eines Menschen so schnell unter Tausenden heraushören können? Das liegt daran, dass die Stimme ein unverkennbares Merkmal einer Person ist, so etwas wie ein »hörbarer Ausweis«.

Auch Tiere haben die Fähigkeit, Stimmen herauszuhören. Unsere Schafe zum Beispiel erkannten die Stimme meines Mannes von Weitem. Wollte er sie auf eine neue Weide führen, weil die alte abgegrast war, so sprach er mit ihnen und ging ihnen voran. Dann folgten die Schafe ihm. Einem Fremden wären sie nicht freiwillig gefolgt, denn Schafe erkennen ihren Hirten an seiner Stimme.

Ein Hirte zwingt nicht, aber er ruft. Das ist ein schönes Bild dafür, wie Jesus, der sich in Johannes 10,11 »der gute Hirte« nennt, mit Menschen umgeht. Er zwingt uns nicht, ihm zu folgen, so wie ein Hirte seine Schafe auch nicht mit dem Lasso einfängt oder sie an die Leine nimmt. Schafe folgen ihrem Hirten freiwillig, weil sie ihn kennen. Und so haben auch die Menschen, die Jesus nachfolgen, seinen Ruf gehört und sich dafür entschieden, ihm nachzufolgen. Die Schafe, die dem Ruf des Hirten folgen, können sich glücklich schätzen, weil ein Hirte gut für seine Schafe sorgt und sie auf grüne Weiden und zu klaren Wasserquellen führt. Dasselbe gilt auch für die Menschen, die Jesus nachfolgen.

Schafe kommen alleine nicht klar, sie brauchen einen Hirten. Deswegen sollten wir den Ruf des Hirten Jesus nicht ignorieren, wenn wir ihn hören.

si

Kennen Sie schon die Stimme des guten Hirten?

Wer Jesu Ruf folgt, ist glücklich zu schätzen.

Psalm 23

**Mehr als alles andere behüte dein Herz;
denn von ihm geht das Leben aus.**
Sprüche 4,23

»Nur Handy!«

Murat (Pseudonym) ist verzweifelt. Seit Wochen ist er überfordert … Als Mathelehrer arbeite ich an einer integrierten Gesamtschule. Murat ist Schüler in der 10. Klasse und Teil des Mathekurses. Es sind noch einige Wochen bis zur schulinternen Abschlussarbeit. Eigentlich noch Zeit, um sich darauf vorzubereiten. Aber sind Murats Rückstände noch aufzuholen? Selbst bei einfachen Äquivalenzumformungen macht er Fehler. Grundwissen, worauf man aufbauen muss, fehlt bei Murat an mehreren Stellen. Wo soll Murat ansetzen?

Wir kommen ins Gespräch, und ich frage ihn, was er so zu Hause macht. Er ist wenigstens ehrlich und sagt prompt: »Nur Handy!« Puh, was soll ich dazu sagen?! Auf jeden Fall bin ich über seine Matheleistung nicht überrascht. Der Zusammenhang zwischen Überforderung in der Schule und »Nur Handy« ist offensichtlich.

Kann ich von einem Zehntklässler erwarten, dass er Verantwortung für sein Handeln übernimmt? Kann er das gesund abschätzen, dass, wenn er nur am Handy sitzt, seine schulischen Leistungen darunter leiden werden? Beides würde ich mit »Ja« beantworten. Und ich meine, Murat sieht es genauso. Trotzdem tut er das. Zu groß ist die Konsumlust. Zu gering der Ehrgeiz, etwas zu erreichen. Bei all den Möglichkeiten, die uns das Handy/Smartphone bietet und die wir gerne nutzen – die Schattenseiten sind (mindestens) genauso groß.

Ich will kein Pessimist sein, aber ein Realist. Was erwartet mich als Lehrer – und Vater? Die Bibel ist klar: Womit ich mich beschäftige, das prägt mich. Input-Output. Aktion-Reaktion. Ich will auf mein Herz aufpassen und es mit gutem Inhalt füllen. Ich will auf meine Kinder aufpassen und will, dass guter Inhalt in ihr Herz kommt. *wd*

Womit verbringen Sie Ihre wertvolle Tageszeit?

Das zeigt, was Sie prägt! – Die Bibel als bewusstes Mittel (»Input«) für eine gute Prägung ist eine gute Idee!

Sprüche 4,1-15

»Nehmt die Versöhnung an, die Gott euch anbietet!«
Er hat den, der ohne Sünde war, für uns zur Sünde gemacht, damit wir durch ihn zu der Gerechtigkeit kommen, mit der wir vor Gott bestehen können. 2. Korinther 5,20-21

Dean Moore, der selbstlose Helfer

Ron und Sharleen Gillies aus Schottland sind mit dem Auto auf den Weg nach Cambridge, um noch ein letztes Mal Sharleens Mutter zu besuchen, die im Sterben liegt. In der Nähe von North Ormesby, etwa 300 km vor Cambridge, werden sie in einen Unfall verwickelt. Die beiden kommen zum Glück unverletzt davon, aber ihr Auto ist derart beschädigt, dass sie damit nicht weiterfahren können. So gerne möchte das Paar die sterbende Mutter noch EINMAL sehen – es zählt jede Minute ... Aber die Anrufe bei der Versicherung ergeben, dass man die Gestrandeten an diesem Sonntag erst in 2-3 Stunden abholen und dann auch bloß zum nächsten Bahnhof bringen kann.

Als der in der Nähe wohnende Dean Moore anhält und fragt, ob alles in Ordnung ist, wird er auf das ganze Dilemma der unter Schock Stehenden aufmerksam. Spontan bietet er an, die beiden zur Mutter zu fahren. Auch als sie ihm erklären, dass das für ihn eine Gesamtstrecke von fast 650 km und 8 Stunden Fahrzeit bedeuten würde, lässt er sich nicht davon abbringen. Sie nehmen sein Angebot an. Zum Glück. Denn schon am nächsten Tag stirbt Sharleens Mutter ...

Solche selbstlosen Helfer in der Not sind heute leider selten. Wie oft sieht man am Straßenrand Pannenfahrzeuge und denkt, wie gerne man helfen würde, wenn man nicht ausgerechnet gerade jetzt dringend ...

Mehr noch als Dean Moore hat Jesus Christus unser Dilemma erkannt. Das Dilemma, dass wir nämlich ohne Vergebung unserer Schuld und Sünde einmal hilf- und hoffnungslos vor Gott stehen. Selbstlos starb er am Kreuz. Damit jeder, der an ihn glaubt, also dieses Hilfsangebot für sich im Vertrauen in Anspruch nimmt, hinterher nicht ewig verlorengehen muss (Johannes 3,16), sondern ewiges Leben haben darf. *md*

? Was wissen Sie über das Hilfsangebot von Jesus Christus und darüber, was es für Sie ganz konkret bedeutet?

! Das Geschenk der Vergebung wird erst dann persönliches Eigentum, wenn man es annimmt.

Lukas 10,30-37

14. August 20

Freitag

Alles hat seine bestimmte Zeit,
und jedes Vorhaben unter dem Himmel hat seine Zeit.
Prediger 3,1

Ich hab keine Zeit

»Ich hab keine Zeit« ist der Titel eines Liedes von Marius Müller-Westernhagen. Damit trifft er genau den Nerv unserer Tage. Stress und viele Überstunden im Büro, Karriere, Familie, Hobbys, Feiern, Kurzurlaub, Haus und Garten lassen uns keine Zeit für dringend benötigte Ruhephasen, oder um Mitmenschen etwas Gutes zu tun, die unsere Hilfe benötigen. Selbst im Urlaub ist neben Sport, Animation, Besichtigungen und Abendprogramm oft nicht viel Zeit, zur Ruhe zu kommen. Trotzdem ist die Frage erlaubt: Haben wir wirklich zu wenig Zeit? Immerhin hat jeder Mensch jährlich 8760 Stunden Zeit zur Verfügung. Die Frage ist nur: Wofür nutzt er sie?

In unserem Tagesvers drückt der weise König Salomo aus, dass es für Angenehmes und Unangenehmes seine Zeit gibt und wir Menschen erkennen sollen, was für einen jeden von uns nach dem Willen unseres Schöpfers gerade dran ist. Das kann durchaus Pflichtbewusstsein im Beruf verbunden mit Mehrarbeit sein, vielleicht aber auch Karriere-Verzicht, um Zeit für Gott und unseren Nächsten zu gewinnen.

Jesus Christus hat uns ein gutes Beispiel gegeben. Seine zwölf Jünger hatten in seinem Namen viele gute Werke getan und seine Lehre den Mitmenschen nähergebracht. Als sie ihrem Herrn und Meister davon berichteten, befahl er ihnen nicht, noch weitere Kranke zu versorgen und dann eine Predigt zu halten, sondern er rief sie aus der Menschenmenge heraus zu sich und sagte: »Kommt, ihr selbst allein, an einen öden Ort und ruht ein wenig aus« (Markus 6,31). Das, was der Herr damals seinen Aposteln befahl, will er auch heute von Christen: dass sie sich bei aller Hektik des Alltages beim Lesen seines Wortes und im Gebet Zeit für ihn nehmen. *hu*

Wie gehen Sie mit der Forderung, Gott und sein Reich an die erste Stelle zu setzen, praktisch um?

Fragen Sie Gott, was für Sie gerade dran ist. Das schafft Ruhe und inneren Frieden.

Markus 6,30-32

15. August 20

Samstag

Mein Gott, … und mir wird keine Ruhe.
Psalm 22,3

107 Millionen

Die Zahl der beruflichen Fehltage wegen psychischer Beschwerden ist in den letzten Jahren rapide angestiegen. In unserem Land waren es 2018 etwa 107 Millionen Stunden (107 000 000)! Das ist ein trauriger Rekord. Das sind 4 458 333 Tage oder 12 215 Jahre! Mit psychischen Erkrankungen meint man alle Leiden des Menschen, die nicht auf eine organische Ursache zurückzuführen sind. Dieser Bereich betrifft also die Seele. Der Mensch besteht aus Körper und Seele. Nur in dieser Zusammenstellung kann er leben. Wird beides voneinander getrennt, ist er tot.

Nun sind wir geneigt, uns mehr um den stofflichen Teil zu kümmern. Wir essen und trinken regelmäßig, pflegen unser Äußeres und versuchen, uns zu erholen. Das ist ganz natürlich und auch wichtig. Doch wir vergessen hierbei schnell unsere Seele. Die Seele ist unser Inneres, der Sitz unseres Lebens. Versäumen wir es, uns um unsere Seele zu kümmern, können sich leicht seelische (psychische) Probleme einstellen. Doch wie sorgen wir für unsere Seele? Wie kann es uns gelingen, Frust zu bewältigen, erfrischend zu schlafen, zufrieden zu sein, versöhnt zu leben, Hass und Neid nicht zuzulassen? Bestimmt gibt es dafür keine einfachen Antworten und Lösungen. Das Einzelschicksal ist oft so kompliziert.

Der Gott der Bibel bietet uns aber seine Hilfe an. In Jesus ist Gott Mensch geworden, und dieser hat alles durchlebt, was wir durchleiden müssen. Er war Flüchtlingskind, Handwerker, des einen Freund, des anderen Feind, verachtet und geehrt, geliebt und gehasst. Er konnte weinen und in großer Bedrängnis kämpfen. Er schrie in seiner Not zu Gott. Er kann und will unserer Seele endlich und dauerhaft Frieden geben. Wir sollten noch heute mit unserer Not zu ihm gehen, im Gebet. *tl*

Welche Hilfe würden Sie einem psychisch Kranken anbieten?

Wird es besser, wenn es anders wird? Wenn es aber besser werden soll, muss man anders werden.

Psalm 94,17-23

Im Anfang schuf Gott den Himmel und die Erde.

1. Mose 1,1

Biblische Botschaft – auf israelischen Briefmarken (1)

Ich habe ein Hobby: Ich sammle israelische Briefmarken. Wie in anderen Ländern auch üblich, werden in Israel zu besonderen Anlässen Sondermarken herausgegeben. So erscheint zum israelischen Jahreswechsel stets eine Serie Marken, die auf ein in der Bibel beschriebenes Ereignis hinweist. (Das jüdische Neujahrsfest wird allerdings nicht am 1. Januar begangen, sondern im September.) Im Jahr 1965 – nach jüdischer Zeitrechnung 5726 – waren es moderne Darstellungen der sechs Schöpfungstage. Die erste Marke zeigte in diesem Jahr Lichtstrahlen, die letzte ein modernes Menschenantlitz.

So folgt die Briefmarkenserie der Bibel, die nach den Anfangsversen in 1. Mose 1,1 so fortfährt: »Und Gott sprach: Es werde Licht! Und es wurde Licht« (Vers 3). Damit wird in Kurzform dokumentiert: Es gibt einen Schöpfer. Er kündigt an, was er tun wird. Und er tut es ...: »Gott schied das Licht von der Finsternis.« Der ganze Schöpfungsvorgang gipfelt in Vers 27: »Und Gott schuf den Menschen nach seinem Bild, nach dem Bild Gottes schuf er ihn; als Mann und Frau schuf er sie.«

Diese Neujahrsbriefmarken wiesen damals also ein ganzes Jahr lang auf den Briefsendungen darauf hin, dass wir Menschen von Gott geschaffen sind. Menschen sind kein Zufallsprodukt, sondern von Gott, dem Schöpfer, gewollt. Die nächste Ausgabe der israelischen Neujahrsbriefmarken erschien dann ein Jahr später – mit einer neuen biblischen Information für seine Bürger. Mit Briefmarken hat jeder Bürger täglich zu tun. So kann jeder verstehen, dass es in der Schöpfung einen Hinweis auf Gott gibt, auf den man sein Vertrauen setzen muss. Das gilt natürlich nicht nur für die Einwohner Israels, sondern für alle Menschen weltweit.

li

? Setzen auch Sie Ihr Vertrauen auf den lebendigen Gott, unseren Schöpfer?

! Bei Gott ist jeder Mensch in guten Händen.

1. Mose 1

Montag

17. August 20

Denn der HERR, dein Gott, bringt dich in ein gutes Land, … ein Land, in dem Weizen, Gerste, Weinstöcke, Feigenbäume und Granatäpfel gedeihen, … voller Olivenbäume und Honig; ein Land … in dem es dir an nichts fehlen wird. 5. Mose 8,7-9

Biblische Botschaft – auf israelischen Briefmarken (2)

Die Briefmarkensonderausgabe zum jüdischen Neujahrsfest reichte einmal nicht für ein Jahr – um die sieben von Gott einst versprochenen Früchte auf den Marken unterzubringen, mussten die Jahrgänge 1958 und 1959 verwendet werden. Der erste Teil zeigte die Weizen- und Gerstenähren, eine Weinrebe mit einer großen Traube und einen Feigenbaumzweig mit seinen Früchten. Im darauf folgenden Jahr wurden Granatäpfel sowie ein Oliven- und ein Dattelzweig abgebildet.

Als die ersten jüdischen Rückkehrer nach einer nahezu 2000 Jahre währenden Vertreibung aus dem Land vor ca. 140 Jahren in das Land Israel zurückkamen, fanden sie Sumpfgebiete in der Jesreel-Ebene, am See Genezareth sowie am Mittelmeer vor. Den ganzen Tag mussten sie auf ausgedorrtem oder sumpfigem Boden arbeiten; zu essen gab es, was der karge Boden eben hergab: Oliven, Brot und Wasser. Ein Land, wo Milch und Honig überfließt? Hatte Gott sich geirrt in seiner Zusage an Mose? Inzwischen sind einige Jahre ins Land gegangen. Die Sumpfgebiete wurden trockengelegt, die Getreide- und Obstpflanzen angebaut, und jetzt werden die von Gott zugesagten Früchte genossen; inzwischen weiß jeder, was die Formulierung »Milch und Honig« für eine Bedeutung hat.

Heute wird unsere Generation Zeuge davon, wie sich Gottes Zusagen, die er von mehr als 3000 Jahren gegeben hatte, erneut vor unseren Augen erfüllen. Gott will, dass wir, seien wir Bewohner von Israel oder Bürger anderer Staaten wie Deutsche, nicht vergessen, dass er einen Plan für alle Menschen hat. Wenn er sich so um das kleine Land Israel und seine Bewohner kümmert, können wir gewiss sein, dass er sich auch mit unseren Belangen beschäftigt, wenn wir ihn darum bitten. *li*

?

Wie gehen Sie damit um, dass Gottes Zusagen in seinem Wort unumstößliche Aussagen auf eine verlässliche Zukunft hin sind?

!

Sich auf Gott zu verlassen, ist der beste Rat, den man geben kann.

Psalm 65,10-14

18. August 20

Dienstag

Habt ihr nicht gelesen, was zu euch geredet ist von Gott, der da spricht: »Ich bin der Gott Abrahams und der Gott Isaaks und der Gott Jakobs?« Gott ist nicht der Gott von Toten, sondern von Lebenden. Matthäus 22,31-32

Biblische Botschaft – auf israelischen Briefmarken (3)

Zum jüdischen Neujahrsfest 1978 sollte die neue Briefmarkenserie die Bevölkerung an den Ursprung des Volkes Israel erinnern. Der Stammvater der Israeliten ist Abraham, den Gott aus Mesopotamien, dem heutigen Irak, in das heutige Siedlungsgebiet Israels geführt hat. Die biblische Geschichte schildert, dass Abrahams Frau Sara unfruchtbar war, also keine Kinder gebären konnte. Und doch war der Plan Gottes, mit dem Ehepaar Abraham und Sara die Geschichte Israels zu beginnen. Und so startete Gott mit dem Wunder, den hundertjährigen Abraham und die neunzigjährige Sara zu den Eltern ihres Sohnes Isaak zu machen und sozusagen aus erstorbenen Leibern neues Leben zu erwecken (vgl. Römer 4,19).

Jeder Israeli kennt die Geschichte der Vorfahren seines Volkes, zu dem er gehört. Und er weiß, dass Gott die Nachkommen Abrahams in einem rund 400-jährigen Aufenthalt in Ägypten zu einem starken Volk anwachsen ließ. So sollte diese Briefmarkenserie daran erinnern, dass Gott eingegriffen hat, um aus dem hundertjährigen Abraham ein Volk von mehreren Millionen Menschen entstehen zu lassen und es durch alle Wirren der Geschichte hindurch bis heute zu erhalten.

Das Wort in unserem Tagesvers, auf das Jesus in seiner Auseinandersetzung mit den Sadduzäern und Pharisäern hinweist, nimmt Bezug auf die Erscheinung Gottes in dem brennenden Dornbusch. Damals bezeugte Gott dem Mose: »Ich bin der Gott Abrahams, der Gott Isaaks und der Gott Jakobs.« Und Jesus zieht daraus den Schluss, dass es in Gottes Macht steht, Menschen zu erhalten, auch wenn sie gestorben sind. Wer sich auf Gott verlässt und seinem Sohn glaubt, wird leben, auch wenn er gestorben ist. So kann man seine Zukunft getrost in Gottes Hand legen. *li*

?

Ist so ein Gott auch für Sie vertrauenswürdig?

!

Er hat mehrfach bewiesen, dass er alle Macht hat – auch über den Tod.

Römer 4,16-25

**Mache dir eine Arche aus Tannenholz;
in Räume sollst du die Arche teilen
und sie innen und außen mit Pech überziehen.**

1. Mose 6,14

Biblische Botschaft – auf israelischen Briefmarken (4)

Wer die vergangenen drei Tage in diesem Buch gelesen hat, weiß, dass ich ein Sammler von israelischen Briefmarken bin. Heute will ich auf eine besondere Ausgabe aufmerksam machen, die am 5. Dezember 2007 erschienen ist; es ist eine Blockausgabe von sechs Briefmarken, die ein Gesamtgemälde darstellen, das dem Thema Sintflut gewidmet ist. Das Bild zeigt im Hintergrund die auf dem Berg Ararat gelandete Arche. Davor sind viele Tiere zu sehen, die nach der großen Flut die Arche verlassen haben. Noah steht vor der Arche und über dem ganzen Bild ist ein Regenbogen zu sehen.

Mit diesem Bild soll auf zweierlei hingewiesen werden. Einmal sagt die Bibel etwas aus über die Entwicklung des Menschen: »Und der HERR sah, dass die Bosheit des Menschen auf der Erde groß war und alles Sinnen der Gedanken seines Herzens nur böse den ganzen Tag« (1. Mose 6,5). So kam ein Gericht über die Menschheit. Die große Wasserflut vernichtete fast alle lebenden Menschen, und Gott fing mit der Familie von Noah nach Adam und Eva eine zweite Menschheitsgeschichte an. Das zeigt uns, dass unser Tun und Lassen von Gott beurteilt wird. Und doch hat Gott gleichzeitig eine Zusicherung gegeben, kein zweites Mal eine solch vernichtende Flut über die Erde kommen zu lassen. Er hat dieses Versprechen mit einem unübersehbaren Zeichen ausgestattet, dem Regenbogen. Der Künstler hat deshalb einen großen Regenbogen über die ganze Szene gesetzt.

Gott ist ein strafender Richter, aber auch ein vergebender Vater, der seinen Sohn Jesus Christus Mensch werden ließ, damit alle, die an ihn glauben nicht verlorengehen müssen, sondern gerettet werden. Der Regenbogen erinnert mich an diese Tatsache. *li*

Wollen Sie sich nicht auch anstecken lassen von der Freude, die die biblische Botschaft auszulösen vermag?

Gott wird das, was er begonnen hat, zu einem guten Ende führen – für alle, die ihr Vertrauen auf ihn setzen.

1. Mose 9,8-17

20. August 20

Donnerstag

Tue mir kund, HERR, mein Ende
und welches das Maß meiner Tage ist,
damit ich erkenne, wie vergänglich ich bin!
Psalm 39,5

Leben verlängern?

Ich sitze beim Arzt im Wartezimmer, blättere die Zeitschriften durch und stoße auf eine interessante Überschrift: »So senke ich mein biologisches Alter«. In dem Artikel wird beschrieben, wie man durch eine gesunde und bewusste Lebensweise sein biologisches Alter senken kann. Ich lese von »Körperuhren«, die schneller oder langsamer ablaufen, und dass es möglich wäre, die Zeit zurückzudrehen. Es sei tatsächlich erreichbar, sein Alter biologisch von 80 auf 50 Jahre zu reduzieren!

Bei alldem habe ich mich gefragt, welche Sehnsucht dahintersteckt. Ist es nicht der uralte Wunsch nach einem langen Leben und die Hoffnung, dem Ablaufen der eigenen Lebensjahre nicht ohnmächtig gegenüberstehen zu müssen? Doch haben wir unser Leben selbst in der Hand? Natürlich können und sollen wir durch eine gesunde Lebensweise verantwortungsvoll mit unserem Körper umgehen, aber wir können unsere Lebensjahre nicht selbst bestimmen.

In Psalm 90 erkennt Mose, dass Gott allein ewig ist. Die Jahre der Menschen hingegen sind so kurzlebig wie Gras, das am Morgen blüht und am Abend verwelkt. Mose zieht die ernüchternde Bilanz, dass unser Leben schnell vorüberzieht, und fragt nach dem, was Bestand hat. Weise ist nicht der, der versucht, sein irdisches Leben zu verlängern, sondern der erkennt und akzeptiert, dass dem Leben von Gott ein vorherbestimmtes Ende gesetzt ist. Denn nur dann ist man bereit, sich auf das vorbereiten, was nach dem Tod kommt.

In seinem kurzen Leben muss jeder eine Entscheidung für die lange Ewigkeit danach treffen. Wer die Vergebung seiner Sünden durch Jesus Christus annimmt, kann sich sicher sein, diese Ewigkeit bei Gott zu verbringen.

HK

? Wie sieht Ihre Lebensplanung aus?

! Gott bietet jedem die Vergebung seiner Sünden und ewiges Leben bei ihm an.

Psalm 90

21. August 20

Freitag

Ich bin die Tür; wenn jemand durch mich eingeht,
so wird er errettet werden
und wird ein- und ausgehen und Weide finden.
Johannes 10,9

Theodor Fontane

Nicht alles, was ich von Fontane gelesen habe, hat mir gefallen. Aber das meiste schon. Er gilt ja als einer der wichtigsten Romanciers der Kaiserzeit und hat das Bild des preußisch dominierten Deutschland ganz wesentlich geprägt. Fontane kannte sich aus in der preußischen Kirche. Er sah die Tendenzen der schleichenden Verweltlichung und damit auch die sich auftuende Kluft zwischen gelebtem, persönlichem Glauben und öffentlich propagierten Standpunkten irgendwelcher Repräsentanten. Er sagte einmal: »Der Heiland brachte eben das Heil. Das ist alles! Das Heil aber ist eine Jenseits-, nicht eine Diesseitsfrage.« Und dass das in der Kirche verkündigt wird, hat Fontane erwartet – obwohl er selbst persönlich zum christlichen Glauben ein Verhältnis hatte, das von Distanz zur Tradition gekennzeichnet war.

Das Unentschiedene, das softe Einerseits/Andererseits mochte er nicht. Er schätzte die klare Ansprache, auch auf den Verdacht hin, für altmodisch zu gelten. In seinem Roman »Effi Briest« gibt es dafür einen treffenden Beleg. Dort kommt der alte Briest auf den Pastor Niemeyer zu sprechen, über den er abschließend urteilt, er sei doch »eigentlich eine Null, weil er alles im Zweifel lässt«.

Wir leben ja heute in Zeiten, die von »political correctness« durch und durch geprägt ist. Ein allgemeines Nettigkeitsgebot, das den Ernst der Frage nach dem ewigen Leben verschleiert, regiert die Öffentlichkeit. Doch es bleibt bestehen: »Die Liebe freut sich mit der Wahrheit«, und »Die Wahrheit wird euch frei machen« (1. Korinther 13,6; Johannes 8,32). Deshalb ist es gut, gegen den herrschenden Trend klipp und klar mit der Bibel zu sagen: Es gibt ein ewiges Leben – und wer nicht an Jesus Christus glaubt, der wird es verpassen. *koh*

Sind Sie noch unentschieden?

Bitten Sie Gott um Mut und Klarheit!

Psalm 84,6-9.12-13

22. August 20

Samstag

Ruhelos und flüchtig sollst du sein auf der Erde!

1. Mose 4,12

Dahingeschmolzen

Der Schweizer Bildhauer Urs Fischer gilt als einer der erfolgreichsten Künstler der Gegenwart. In Amerika ist er ein hoch bezahlter Star. Seine Werke werden für astronomische Summen gehandelt.

2018 hat er die Ex-Ehefrau des Oligarchen Roman Abramowitsch als Wachsfigur überlebensgroß nachgeformt. Bildhübsch und lebensecht. Ihr Wachsdouble sitzt lässig in einem Drehstuhl und trägt ein langes, roséfarbenes Kleid. Aber jetzt nicht mehr. Denn Urs Fischer hatte die Skulptur Dascha Schukowas mit einem Docht versehen! In einer Kunstausstellung wurde sein Kunstwerk angezündet. Die Kerzenflamme ließ Dascha Schukowa ganz langsam dahinschmelzen. Die kleine Flamme löste unerbittlich ihren schönen Körper auf. Vom Scheitel bis zur Sohle. Im Gegensatz zu den Wachsfiguren von Madame Tussaud sind Fischers Kreationen sehr flüchtig. Der Künstler kommentierte seine Aktion lachend so: »Beim Schmelzen entstehen Formen, die ein Mensch nie erschaffen könnte.«

Bei folgendem Vergleich vergeht uns allerdings das Lachen: Wir alle tragen diesen Docht – den Keim des Todes – in uns. Und das ist nicht zum Lachen. Wir sind mitten im Leben vom Tod umfangen. Unsere Körper sind vergänglich und zerbrechlich. Unsere Lebensflamme wird sich verzehren, bis wir verlöschen. Jeder von uns ist nur vorübergehend auf der Erde – sehr flüchtig. In den Psalmen heißt es: »Wenn du (Gott) jemand züchtigst mit Strafen um der Sünde willen, so lässt du seine Schönheit zergehen ... jeder Mensch ist nur ein Hauch« (Psalm 39,12)! An anderer Stelle ist zu lesen: »Denn der Lohn der Sünde ist der Tod; ABER die Gnadengabe Gottes ist das ewige Leben in Christus Jesus, unserem Herrn« (Römer 6,23). *fe*

? Welche Schönheit kann der Vergänglichkeit entrinnen?

! Wer über den Tod hinaus bestehen will, muss Gottes Gnadengeschenk ewigen Lebens in Christus annehmen.

Johannes 11,17-27.40-44

**Wenn euch nun der Sohn frei machen wird,
so seid ihr wirklich frei.**
Johannes 8,36

Alles für die Freiheit!

Vor ca. 750 Jahren wurde Sir William Wallace geboren, ein in Schottland gefeierter Nationalheld und einer der Anführer des Widerstandes gegen Edward I. von England, der die Oberherrschaft über Schottland beanspruchte. Zusammen mit Andrew Moray führte er die Schotten in den Unabhängigkeitskriegen zum Sieg gegen England. Diese Schlachten wurden zur Vorlage für den mit mehreren Oscars prämierten Film »Braveheart« (1995). Von den Schotten gefeiert und von den Engländern gehasst wurde er später in Robroyston bei Glasgow gefangen genommen, des Hochverrats angeklagt und zum Tode durch Hängen, Ausweiden und Vierteilen verurteilt. Am 23. August 1305 fand seine grausame Hinrichtung statt. Die Freiheit Schottlands jedoch war errungen.

Wir dürfen in Deutschland in einem Land leben, wo wir viele Freiheiten haben. Dabei gibt es auch heute noch viele Länder, in denen die Menschen sich sehnen, endlich frei zu sein und nicht von einem brutalen Regime unterdrückt zu werden. Wie sehr sehnt man sich dort vielleicht nach einem wie »William Wallace«, der endlich aufsteht, um gegen Unterdrückung zu kämpfen.

Doch egal, wie unsere äußeren Umstände sind, was alle Menschen nach der Bibel gemeinsam haben, ist, dass sie »Gefangene« der Sünde sind. Die Bibel spricht sogar davon, dass wir »Sklaven der Sünde« sind. Wir sündigen, weil wir »Sünder« sind und nicht anders können. Das hat viele negative Auswirkungen für uns, und die schlimmste davon ist der Tod. Zu unserem Glück gibt es jemanden, der gekommen ist, um uns frei zu machen von der Sünde. Gottes »Freiheitskämpfer« ist Jesus. Um uns von der Sünde und ihren Folgen zu retten und freizukaufen, bezahlte er mit seinem eigenen Leben. Die Freiheit, die er uns schenkt, ist ewig!

za

Was ist Ihnen ewige Freiheit wert?

Nur wer Jesus Christus als seinen Herrn und Retter kennt, ist wirklich für immer frei.

Johannes 8,31-36

24. August 20

Montag

**So wird mein Wort sein, das aus meinem Mund hervorgeht.
Es wird nicht leer zu mir zurückkehren,
sondern es wird bewirken, was mir gefällt, und ausführen,
wozu ich es gesandt habe.** Jesaja 55,11

»Was interessiert mich mein Geschwätz von gestern ...«

Es ist nicht ganz sicher, ob das Zitat in unserer Überschrift Konrad Adenauer zugeschrieben werden kann oder nicht, jedenfalls kennen vermutlich viele von uns die Erfahrung nicht eingehaltener Versprechen und die Enttäuschung, die damit verbunden ist.

Kinder versuchen oft, ihre Eltern daran zu erinnern: »Du hast mir das aber versprochen, dass wir ...« Leider kenne ich Kinder, die es schließlich aufgegeben haben und von vornherein sagen: »Meine Mutter vergisst das sowieso, ich frag sie lieber gar nicht erst.« Aber wie einsam werden sie dadurch! Ihre Eltern, die ihnen gegeben wurden, um sie zu behüten und um ihnen den rechten Weg durchs Leben zu weisen, erzeigen sich dann als völlig unzuverlässige Menschen, denen man nicht trauen und denen man nichts anvertrauen kann.

Früh lernen Kinder auf diese Weise, Versprechungen dazu zu verwenden, andere Menschen hinzuhalten und sich schon gleich Ausreden auszudenken, mit denen man die Nichteinhaltung der Zusagen erklären kann. Das übernehmen sie in ihr Leben. Ihnen kann niemand mehr vertrauen, und sie vertrauen auch niemanden mehr. Was ist zu tun? Wir täten gut daran, nur das zu versprechen, was wir voraussichtlich auch einhalten können. Alles andere verletzt und enttäuscht.

Sehen wir uns einmal den Tagesvers an! Da wird von Gott gesagt, dass er alles hält, was er verspricht. Jedes Wort, das er in seinen Wort geschrieben hat, hält er zu 100 % ein. Das darf uns darin ermutigen, es ihm gleichzutun, und mit seiner Hilfe gewissenhaft mit Versprechungen umzugehen. Er hat versprochen, dass alle wahrhaft Glaubenden einmal bei ihm in seinem Himmel sein werden. Das trägt uns durch alle Wirrnis dieser Welt.

gu

Woran zweifeln Sie gerade?

Lesen Sie noch einmal den Tagesvers!

Psalm 119,81-88

25. August 20

Dienstag

Sagt allezeit Gott, dem Vater, Dank für alles, in dem Namen unseres Herrn Jesus Christus.

Epheser 5,20

Dankbarkeit verändert alles

Pollyanna, ein junges Mädchen, kann nicht von besonders guten Startbedingungen für ihr Leben sprechen – die Romanheldin aus dem gleichnamigen Kinderbuch von Eleanor Porter wächst als Halbwaise bei ihrem Vater auf und ist wegen dessen geringen Einkommens auf die Spenden anderer angewiesen. Als sie mit dem sehnlichsten Wunsch nach einer Puppe gespannt einen solchen Gabenkarton öffnet, ist ihre Enttäuschung riesengroß – nur ein Paar Krücken! Doch ihre Verzweiflung wird zum Beginn eines Spiels, das der Vater ihr erklärt. Gemeinsam suchen sie nach einem Grund, warum sie sich trotzdem freuen könnte, und so triumphiert das kleine Mädchen schließlich: »Ich kann darüber froh sein, dass ich die Krücken nicht brauche!« Nun beschreibt der Kinderbuchklassiker in vielen kleinen Geschichten, wie Pollyanna mit ihrem Spiel Menschen begeistert und dadurch Leben verändert, auch dann noch, als sie nach dem Tod ihres Vaters bei ihrer grimmigen Tante leben muss.

Auch viele Leser hat diese Fröhlichkeit und Dankbarkeit zutiefst beeindruckt, sind Anlässe dazu im Alltag doch manchmal schwer zu entdecken. Schon wieder über eine Stunde beim Arzt gewartet! Und warum muss gerade immer ich im Stau stehen? Wir haben keine Lust auf Schule, Uni und Arbeit und erst recht nicht auf die vielen Aufgaben, die uns dann zu Hause noch erwarten. Dabei geht der Blick für das verloren, was Gott alles schenkt – z. B. für ärztliche Versorgung, Mobilität, Bildung, Familie und Freunde. Manchmal ist es sicherlich schwierig, dankbar und fröhlich zu sein, doch dann tut es gut, auf das zu schauen, was Gott sonst noch geben möchte und in der Bibel verspricht. Das übersteigt dann bei Weitem Pollyannas fröhliches Spiel. *jpo*

Wie dankbar sind Sie in Ihrem Alltag?

Halten Sie die Augen auf für alles, was Gott Ihnen schenkt!

Psalm 150

26. August 20

Mittwoch

Im Haus meines Vaters sind viele Wohnungen;
wenn nicht, so hätte ich es euch gesagt.
Ich gehe hin, um euch eine Stätte zu bereiten.

Johannes 14,2

Herrliche Aussichten!

Je größer eine Stadt wird, desto größer werden auch die Wohnblocks und die Hochhäuser, die dort stehen. Wenn man jemanden besuchen möchte, der in einem solchen Wohnblock oder Hochhaus lebt, sucht man ziemlich lange, bis man bei den Klingelknöpfen neben der Eingangstür den Namen der gesuchten Person gefunden hat. Wenn sein oder ihr Name nicht zu finden ist, so kann man mit Sicherheit davon ausgehen, dass diese Person nicht dort wohnt.

Als Jesus auf dieser Erde lebte, erzählte er seinen Jüngern auch von einem Haus mit vielen Wohnungen. In diesem Haus gibt es aber nur Wohnungen für diejenigen, deren Namen im Himmel geschrieben stehen. Die meisten Menschen möchten gern einmal in den Himmel kommen. Sie meinen, wenn sie getauft sind, vernünftig gelebt, keinem etwas zu Leide getan und niemanden betrogen oder beraubt haben, dann dürfte dem Wunsch, in den Himmel zu kommen, nichts im Wege stehen. Wenn Sie auch so denken und den Wunsch haben, in den Himmel zu kommen, dann muss ich Ihnen leider sagen: »Sie sind falsch informiert.«

Es gibt nur einen Weg, um eine solche Wohnung zu bekommen. In Johannes 14,6 sagt Jesus: »Ich bin der Weg und die Wahrheit und das Leben; niemand kommt zum Vater, als nur durch mich.« Es ist der persönliche Glaube an Jesus Christus, der uns eine Wohnung im Himmel garantiert. Indem wir glauben und es für uns persönlich in Anspruch nehmen, dass Jesus Christus für unsere Schuld gestorben und auferstanden ist, bekommen wir eine Wohnung im Himmel. Wir dürfen uns dann freuen, einmal dort leben zu können, wo es kein Leid, keine Krankheit und keine Tränen mehr gibt. Es ist ein Platz, der unendlich schöner ist als der schönste Platz auf dieser Erde. *rr*

Wo wohnen Sie jetzt?

Nur Jesus Christus verteilt die Eintrittskarten zum Himmel.

Psalm 17,13-15

27. August 20

Donnerstag

Wie viel mehr wird dann das Blut Christi, der sich selbst als Opfer ohne Fehl durch den ewigen Geist Gott dargebracht hat, unser Gewissen reinigen von den toten Werken, zu dienen dem lebendigen Gott! **Hebräer 9,14**

Depotwirkung

Es gibt Medikamente mit sogenannter Depotwirkung. Sie sind schwer löslich, werden nur langsam vom Körper abgebaut und haben daher eine Langzeitwirkung. Ich habe solche Medikamente gespritzt bekommen. Nun hoffe ich auf die nachhaltig heilende Wirkung. »Ewig wird die Wirkung aber nicht anhalten!«, so allerdings die realistische Prognose der Ärztin.

Wie völlig für anders ist das doch bei Jesus Christus! Nicht, dass er mit Medikamenten vergleichbar wäre, auf gar keinen Fall! Doch wo suchen wir Hilfe, wenn es um grundlegenden Dinge geht: um Leben, Sterben, Schuld, Scham, Angst und Verzweiflung? Die Spritze wirkt nicht ewig, aber ich weiß um die unverminderte Kraft des Opfers Jesu Christi am Kreuz. Dieses Opfer hat eine allumfassende, befreiende, heilende, ewige Wirkung. Nicht unbedingt im Körper, jedoch auf jeden Fall im Herzen, unserer »Zentrale«, denn Gott geht es um unser gesamtes Leben. Das ist nämlich mit dem Begriff »Herz« gemeint.

Anders als menschliche Prognosen sind die Zusagen Gottes. Er hält, was er verspricht! Eines der schönsten Versprechen ist dasjenige, das Jesus dem Verbrecher neben ihm am Kreuz machte. Dieser erkannte wohl, welche Macht und Kraft in dem Opfer liegt, das Jesus gerade brachte. Er erkannte in ihm den Sohn Gottes und erhielt die gewaltige Zusage, noch am selben Tag zusammen mit Jesus im Paradies zu sein. Der Verbrecher bat Jesus nicht um Rettung vom Kreuz, sondern er wollte Rettung durch das Kreuz! Und das Sterben Jesu an diesem Kreuz hat immer noch diese Wirkung, dass Menschen durch den Glauben daran gerettet werden. Und die Erinnerung daran ist vergleichbar mit der oben beschriebenen Depotwirkung. Sie gibt Kraft, der Sünde zu widerstehen und das Leben von ihr rein zu halten. *kw*

Welche Hoffnung haben Sie für das Leben nach dem irdischen Tod?

Jesus Christus ist Gottes vollgültige Antwort auf alle unsere Fragen.

Lukas 24,39-46

**Die Führer dieses Volkes sind Verführer geworden,
und die von ihnen Geführten sind verloren.**
Jesaja 9,15

In der Irre gelandet

Gibt es eine schlimmere Vorstellung als die, dass man sich verlaufen hat und keine Möglichkeit sieht, sich noch zurechtzufinden? Vor ein paar Tagen war ich mit den Kindern während der Ferienfreizeit der Wohngruppe in der Teufelshöhle in der Fränkischen Schweiz. Mittlerweile ist sie sehr gut ausgebaut und beleuchtet, sodass man keine Sorge mehr haben muss, irrezugehen und nicht mehr herauszufinden. Früher war das anders. Anstelle von festen Metallgeländern gab es nur dicke Seile, die gespannt waren und an denen man sich hinter dem Führer her durch die über einen Kilometer lange Höhle fortbewegen musste. Es geht über Treppenstufen durch enge Felsritzen, und so mancher stößt sich leicht den Kopf an. Die Feuchtigkeit und die kühle Luft machen das Ganze nicht romantischer. Es gilt, sich an dem Fachkundigen zu orientieren. Aber was, wenn dieser sich gar nicht auskennt und das nur vorgibt? Was, wenn das Licht ausgeht? Dann sind die Geführten gefährdet und in manchen Fällen sogar verloren.

Vergleichen wir einmal unser Dasein mit einer solchen Höhle. Es war Gottes Absicht, uns einen Führer zu geben, der uns als Einziger als Licht dieser Welt den Weg zu ihm weisen kann. Dazu musste er in unsere Finsternis kommen und die Verlorenen suchen. Er war sich nicht zu schade, dafür sein Leben nicht nur zu riskieren, sondern tatsächlich zu opfern. Er gab alles auf, um die Elenden und Verzagten, die Hilflosen und Gottlosen zurückzuführen zur Quelle des Lebens. Vielleicht steckt so mancher von uns gerade jetzt in einem Loch fest und kann nicht heraus. Jesus Christus hat Mittel und Wege zu befreien. Ja, er tut noch mehr! Er schenkt ein neues Leben und verbürgt sich dafür, dass jeder, der ihm vertraut, das Ziel erreicht. *kü*

Möchten Sie gerne ans Licht kommen?

Vertrauen Sie sich Jesus Christus an und nicht anderen selbst ernannten Führer, die nur in die Irre führen und dann selber hilflos sind.

Matthäus 4,12-17

Samstag

Lehre uns bedenken, dass wir sterben müssen,
auf dass wir klug werden.
Psalm 90,12

Bedenke!

Wir waren unterwegs im Schwarzwald. Das Wetter war schön, und es war angenehm zu reisen. Die Gegend war herrlich und für das Auge eine Erquickung. Doch dann stockte der Verkehr und kam völlig zum Stillstand. Einige Fahrer stiegen aus dem Auto, um zu sehen, was los war. Eine Kurve verhinderte die Sicht. Nach und nach wurde ein Fahrzeug nach dem anderen durchgelassen. Das war gar nicht so einfach, denn die Straße hatte nur zwei Fahrspuren.

Langsam ging es weiter. Dann sahen wir, was los war. Ein schwerer Unfall auf der Bundesstraße. Rettungswagen, Polizei, Feuerwehr standen da. Viele Helfer kümmerten sich um die Verunglückten. Als wir durch die Unfallstelle geleitet wurden, sahen wir ein zerstörtes Motorrad auf der Seite liegen. Eine Person lag auf der Straße, mit einer Decke zugedeckt. Es war der Motorradfahrer. Er hatte versucht, ein anderes Fahrzeug zu überholen, und hatte dabei wohl den entgegenkommenden Wagen übersehen. Laut Polizeibericht, von dem wir später erfuhren, war er sofort tot gewesen. Erschütternd.

Der Verunglückte war sicher nicht mit dem Vorsatz losgefahren, seinem Leben ein Ende zu bereiten. Er hatte ein Ziel. Wahrscheinlich hatte er auch eine Familie, Freunde. Nun war er tot. Von jetzt auf gleich in die Ewigkeit gegangen. So schnell kann es gehen.

Viele von uns tun so, als ob es keine Ewigkeit gäbe. Manche scheinen zu denken, sie würden ewig auf dieser Erde leben. Der Tagesvers erinnert uns daran, dass wir uns auf die Ewigkeit vorbereiten sollen. Gott hat alles dafür in die Wege geleitet. Er gab seinen einzigen Sohn, Jesus Christus, für uns dahin. Er ist der einzige Weg zu Gott. *fr*

? Was ist, wenn der Tod Sie heute oder morgen trifft?

! Beherzigen Sie doch die Aussage Gottes im Tagesvers und bedenken Sie, wie Sie in die Ewigkeit eingehen wollen. Versöhnt oder unversöhnt mit Gott?

Lukas 12,13-21

**Jesus wandte sich aber zu ihnen und sprach:
Töchter Jerusalems, weint nicht über mich,
sondern weint über euch selbst und über eure Kinder.**

Lukas 23,28

Titus erobert Jerusalem

Als Hitler mit seiner »Wehrmacht« im Sommer 1940 in Berlin einzog, um den Sieg über die Westmächte zu feiern, gratulierte eine unübersehbar große Jubelmenge »dem größten Feldherrn aller Zeiten« zum Sieg. Eigentlich aber hätten Menschen da sein müssen, die genau das wiederholten, was Jesus auf seinem Weg zum Kreuz ihnen gesagt hatte. Denn es dauerte gerade mal fünf Jahre, und Berlin war ein einziges Trümmerfeld und offiziell drei Tage für alle Gewalttaten und Plünderungen freigegeben, die sich die Eroberer einfallen ließen.

So war es mancher Stadt im Laufe der Menschheitsgeschichte ergangen. Jerusalem erlitt dieses Schicksal im Jahre 70 n. Chr. Darauf wies Jesus auf seinem Weg zum Kreuz hin, und Kinder dieser Frauen wurden vielleicht Opfer des Krieges, den die Juden gegen Rom begonnen hatten und nun verloren. Es war zwar Titus, der das blutige Geschäft der Eroberung heute vor 1950 Jahren zu Ende brachte, aber der ganze Krieg trug die Handschrift seines Vaters Vespasian. Der aber war inzwischen in Rom Kaiser geworden. Auch wenn Titus' Name mit der Zerstörung Jerusalems verbunden bleibt, muss man doch festhalten, dass es der Fanatismus der Juden war, der die politische Katastrophe damals herbeigeführt hatte. Die Wahrheit, ausgesprochen von dem Mann mit dem Kreuz auf der Schulter, hatten sie nicht zur Kenntnis genommen. Aber Gott handelt nach seinen Grundsätzen und seinem Zeitplan.

So kann auch heute mancher sein ganzes Leben in Abkehr von dem Mann am Kreuz verbringen, ohne zu begreifen, dass alles auf den Glauben an diese eine Person ankommt, um den Sturm des göttlichen Gerichts heil und unbeschadet zu überstehen. Man sollte sich ihm zuwenden, bevor es zu spät ist. Dann hilft nämlich auch kein Weinen mehr.

koh

? Über wen haben Sie schon Tränen vergossen?

! Wichtiger als die Tränen der Trauer sind die Tränen der Buße, d. h. der Umkehr zu Gott.

2. Korinther 7,9-11

31. August 20

Montag

Gott bringt Einsame nach Hause
und führt Gefangene hinaus ins Glück.
Doch wer sich gegen ihn stellt, bleibt in der Dürre zurück.

Psalm 68,7

»Bring mich nach Hause!«

Wenn ich an einem fremden Ort bin, kann ich zu meinem Mobiltelefon sagen: »Bring mich nach Hause!« Dann berechnet eine App den Weg und beginnt mit der Navigation. Das ist sehr praktisch. Dass ich tatsächlich am Ziel ankomme, setzt allerdings einiges voraus: Zunächst muss das Handy wissen, wo ich zu Hause bin. Dazu muss ich meine Adresse eingegeben und als Privatanschrift gekennzeichnet haben. Dann muss ein stabiles Netz vorhanden und die Software auf dem neuesten Stand sein, damit die Zielführung reibungslos funktioniert. Zudem muss der Akku noch über genügend Energie verfügen, um mich bis ans Ziel zu bringen. Und natürlich kann ich immer noch im Stau landen, eine Panne oder einen Unfall haben, sodass sich die Fahrzeit erheblich verlängert oder ich überhaupt nicht nach Hause komme. Diese Art der Navigation ist also fehleranfällig und kann den Erfolg nicht garantieren.

Anders ist es bei Gott. Gott selbst, seine persönliche Gegenwart ist das eigentliche Ziel des Menschen. Das ist unsere Bestimmung, unser echtes, ewiges Zuhause. Gott kennt auch den Weg dorthin ganz genau. Er unterliegt keiner Fehlberechnung und benötigt keinerlei Update. Ihm geht auch nicht die Energie aus, um mich sicher nach Hause zu bringen. Und er verfügt über alle notwendigen Kenntnisse und Möglichkeiten, um mich auf dem Lebensweg um Hindernisse herum zu manövrieren, neue Wege aufzuzeigen und mich zu bewahren, damit ich sein Ziel auch sicher erreiche.

Doch eines ist bei Gott genauso wie beim Handy erforderlich: Ich muss die Navigation einschalten und ihr vertrauen. Wenn ich mich Gott nicht anbefehle, kann er mein Leben nicht steuern, und dann kann ich sein Ziel für mein Leben auch nicht erreichen. *mm*

? Was hält Sie noch davon ab, Gottes Navigations-Hilfe in Anspruch zu nehmen?

! Verwechseln Sie irdische Ziele nicht mit dem eigentlichen Ziel. Sonst kommen Sie am Ende bei Gott nicht an.

Sprüche 4,18-27

Welttag des Briefeschreibens

1. Sept. 20

Dienstag

Frisches Wasser auf eine lechzende Seele: So ist eine gute Nachricht aus fernem Lande. / ... deine Worte waren mir zur Wonne und zur Freude meines Herzens.

Sprüche 25,25 / Jeremia 15,16

Schreib mal wieder!

»Schreib mal wieder!« – so hieß vor etlichen Jahren eine Werbung der Bundespost. 1982 gab es zudem eine Sonderbriefmarke mit diesem Slogan. Heute im Zeitalter von WhatsApp und E-Mails ist das Austragen von Postkarten und Briefen für die Deutsche Post (fast) lästig geworden und wohl eher ein Minus-Geschäft. Man würde vielleicht jetzt lieber sagen: Schreibt bloß nicht mehr! – Vertraut uns künftig keine Briefe mehr an! Wir als Familie schreiben noch viele Postkarten, zwischendurch auch mal einen Brief. Und wir erleben, dass diese Karten viel Freude bringen. Teilweise ist es die einzige Postkarte, die jemand z. B. am Geburtstag aus dem Briefkasten zieht.

Die Bibel enthält eine ganze Reihe von Briefen, längere und kürzere, die vor allem der Apostel Paulus an Christen-Gemeinden geschrieben hat. Diese Briefe wurden damals oft in Verbindung mit großen Gefahren und über viele Kilometer hinweg transportiert, vor Ort dann vorgelesen, abgeschrieben und an andere Gemeinden weitergereicht. Genau genommen ist die ganze Bibel Gottes Brief an uns Menschen. Dieser Brief wurde schon von vielen abgelehnt; in nicht wenigen Ländern ist der Besitz einer Bibel sogar verboten. Und hier in Europa konnten die allermeisten Menschen diesen Brief früher gar nicht lesen, weil es die Bibel nur in lateinischer Sprache zu lesen gab. Heute kann man sie glücklicherweise in immer mehr Sprachen dieser Welt lesen.

Es ist etwas unfassbar Großes, dass Gott uns einen so langen und inhaltsreichen Brief geschrieben hat. Kennen Sie seinen Inhalt? Jeder, der sich näher damit befasst, wird diesen »Brief« immer mehr schätzen lernen, denn er gibt uns Auskunft über einen Gott, der jeden von uns liebt und der uns sogar seinen eigenen Sohn als Sendboten seiner Liebe geschickt hat.

mtz

Wann haben Sie zuletzt einen privaten Brief geschrieben oder gelesen?

Lesen Sie doch mal (wieder) in dem längsten Brief, den Ihnen jemand geschrieben hat, der Bibel!

Psalm 107,1-22

Er hat uns nicht getan nach unseren Sünden, und nach unseren Ungerechtigkeiten uns nicht vergolten.
Psalm 103,10

Sieg für Bismarck bei Sedan

Es gibt Tage in der Geschichte Europas, an denen sich geschichtliche Entwicklungen in einer unerwarteten Weise beschleunigen. Ganze Epochen werden abgeschlossen, und neue Zeitabschnitte beginnen. So war es auch an diesem 2. September 1870, heute vor 150 Jahren. Der Krieg zwischen Frankreich und Deutschland wurde an diesem Tage zugunsten Deutschlands entschieden. Die französische Armee kapitulierte, der Kaiser Napoleon III. dankte ab, und am Ende war Frankreich eine Republik und Deutschland ein Kaiserreich. Das passierte natürlich nicht alles an einem Tag, aber die Niederlage Frankreichs setzte das alles in Gang, und die Deutschen fingen buchstäblich an, »siegestrunken« zu werden. Das nutzte der kühle Rechner Bismarck und schuf die deutsche Einheit, also das »Deutsche Reich«.

Dass Bismarcks Werk nichts Widersinniges war, beweist die Tatsache, dass der Wille zur Einheit Deutschlands die Wiedervereinigung 1990 ermöglichte. Nach den Jahrzehnten des Unglücks und schrecklicher Schuld hatte das Streben der Deutschen, ein Volk zu sein, nicht aufgehört. Zwar hätten die Deutschen wegen des Holocausts schlimmere Vergeltung verdient gehabt. Aber Gott in seiner Langmut hatte ihnen nicht nach ihren Taten vergolten, sondern nach seinem Erbarmen, wenn man berücksichtigt, wie steil es nach dem Untergang wieder aufwärts ging, wenn man die Nachkriegszeit sieht.

Seine Gnade für alle Menschen zeigte Gott bereits vor 2000 Jahren durch seinen Sohn. Ihn sandte er, damit er alle unsere Schuld auf sich nahm, damit sie uns vergeben werden kann. Dies kann jeder heute noch erfahren, indem er Gott seine Schuld bekennt und von ihm Vergebung annimmt. Man muss dazu nur seinen Bankrott erklären und Gottes Urteil über die Sünde annehmen. *koh*

Geht es Ihnen nicht auch unverdient gut?

Halten Sie nicht an Ihrer Schuld krampfhaft fest, denn es ist aussichtslos, dass Sie selbst sie begleichen können.

Sacharja 3,7-10

Seine (Jesu) Jünger traten herzu, um ihm die Gebäude des Tempels zu zeigen. Er aber … sprach zu ihnen: … Wahrlich, ich sage euch: Hier wird nicht ein Stein auf dem anderen gelassen werden, der nicht abgebrochen werden wird. **Matthäus 24,1-2**

Alle Erdenherrlichkeit vergeht

Heute vor zwei Jahren brannte das brasilianische Nationalmuseum in Rio de Janeiro ab. Die Medien sprachen von einer nationalen Katastrophe; denn in dem 200 Jahre alten Gebäude gingen nicht nur unersetzliche historische Exponate verloren, sondern auch riesige botanische und archäologische Sammlungen und vieles mehr. Man wird sich noch eine ganze Weile mit gegenseitigen Schuldzuweisungen ablenken können; aber schließlich bleibt nur die Tatsache übrig, dass außer riesigen Mengen an Kunstschätzen auch der unermüdliche Sammlerfleiß von Generationen für immer in Rauch und Asche aufgegangen ist.

In unserem Tagesvers waren die Jünger Jesu von der Pracht des Herodianischen Tempels tief beeindruckt; aber ihr Herr sah dessen Untergang voraus, so wie er auch das Ende der gesamten Menschheitsepoche voraussah. Wer ganz nüchtern allein das Vernichtungspotenzial betrachtet, das die Menschen aufgehäuft haben, der kann leicht nachvollziehen, was der Apostel Petrus über das Ende dieser Welt gesagt hat, dass nämlich die Elemente im Brand aufgelöst werden und die Erde und die Werke auf ihr verbrannt werden. Doch Gott hat in seinem Wort einen noch viel gründlicheren Untergang prophezeit, als wir ihn uns selbst bereiten könnten.

Gleichzeitig hat er den Menschen aber auch versprochen, er werde sie für ewig in Sicherheit bringen, wenn sie aufhören, gegen ihn zu opponieren und sich ihm endlich unterordnen. Das heißt, wenn wir sein Urteil über uns anerkennen und ihn um Vergebung unserer Schuld bitten, dann wird er uns retten und in seine wunderbare Herrlichkeit nehmen, die er für alle Glaubenden bereitet hat. Denn für die hat sein Sohn alle Strafe auf sich genommen. *gr*

? Wenn wir Gottes Existenz leugnen, was bedeutet das für Gott? Und was bedeutet das für uns?

! Gott hat einen ewigen Plan mit uns Menschen, den ihm niemand durchkreuzen kann.

Offbenbarung 21,1-8

Der Mensch hält sein Handeln für richtig, aber der HERR prüft seine Beweggründe.
Sprüche 16,2

Hoch hinaus

Gestern war der Tag des Wolkenkratzers. Gelegenheit, sich ein paar Gedanken über die höchsten Häuser der Welt zu machen. Es ist schon eine faszinierende Sache, von einem Hochhaus aus auf einen vorbeifliegenden Hubschrauber herabzuschauen. Solche hohen Häuser zu bauen, ist eine gewaltige technische Herausforderung. Architekten und Bauingenieure entwickeln immer wieder neue Techniken, um so ein hohes Gebäude gegen die seitlich drückenden Kräfte des Windes zu stabilisieren. Einige Jahre lang war der Burj Khalifa in Dubai mit 828 m das höchste Hochhaus der Welt. Allerdings ist der Jeddah Tower in Dschidda (Saudi-Arabien) mit seinen 1007 m nun der absolute Trumpf. Ein 1 km hohes Haus – das beeindruckt!

So spannend die technischen Herausforderungen auch sein mögen, im Wesentlichen sind solche Gebäude Prestigeobjekte. Es geht darum, die Stärke und Wirtschaftskraft des Landes zu demonstrieren. Menschen wollen hoch hinaus, um sich selbst zu beweisen. Das war schon damals beim Turmbau zu Babel so. »Wir wollen uns einen Namen machen.« So wird im 1. Buch Mose 11 die Motivation der Menschen beschrieben. Wie aus der biblischen Geschichte vom Turmbau zu Babel hervorgeht, ist dieses »sich-einen-Namen-Machen« allerdings auch eine Unabhängigkeitserklärung Gott gegenüber. Menschen wollen sich immer wieder selbst beweisen, dass sie auf Gott nicht angewiesen sind. Wir sind intelligent, weise und stark. Wir haben einen Gott über uns nicht nötig. Wir wollen niemanden über uns akzeptieren. Aber genau darin liegt die Schuld der Menschen, dass sie sich von Gott, ihrem Schöpfer, unabhängig gemacht haben. Trotzdem lädt Gott uns ein, zu ihm zu kommen. Denn eigentlich sind wir ohne ihn hilflos, unser irdisches Leben reicht nicht über den Tod hinaus. *vb*

Was halten Sie von dem Gedanken, dass Sie von Gott völlig abhängig sind?

Gott ist der Schöpfer und Herrscher des Universums und will doch nicht ohne uns »kleine« Menschen bleiben.

1. Mose 11,1-9

**Besser ein Langmütiger als ein Starker,
und wer sich selbst beherrscht, als wer eine Stadt bezwingt.**
Sprüche 16,32

Impulskontrolle

September 2018: Seit einigen Wochen sind die Nachrichten voll von Meldungen über Streitigkeiten zwischen jungen Männern, die immer häufiger tödlich enden. Politische Strömungen jeder Art nutzen diese Geschehnisse für ihre Propaganda und säen damit Zwietracht in der Bevölkerung. Die Fronten verhärten sich, wer die aufgebrachte Menge beschwört, besonnen zu sein, wird niedergeschrien.

An all diesen Geschehnissen stören mich zwei Dinge. Kaum einer fragt die Angehörigen der getöteten jungen Männer nach ihrer Meinung, z. B., ob sie es wollen, dass ihre toten Kinder für einen ideologischen Kampf missbraucht werden. Und kaum einer fragt nach der eigentlichen Ursache dieser Dramen, warum aus einem Streit eine tödliche Messerstecherei wird.

Ich meine, der Grund liegt in einer mangelnden Impulskontrolle. Jemand, der ein Messer zieht, um auf einen anderen einzustechen, hat nicht gelernt, sich selbst zu beherrschen. Ist es okay, allen Emotionen freien Lauf zu lassen? Muss man nicht diese Emotionen in die richtigen Bahnen lenken? Ich habe in meinem Leben schon oft erfahren, dass es in der Bibel gute Ratschläge für jede Lebenslage gibt. Am meisten brauche ich diese Ratschläge in der Kindererziehung. Der Tagesvers rät, dass es gut ist, wenn man lernt, sich selbst zu beherrschen. Und angesichts der täglichen Meldungen sehe ich, dass die Bibel damit recht hat. Hätten die jungen Männer, die sich streiten, Selbstbeherrschung gelernt, gäbe es wohl einige Tote weniger zu beklagen. Das Fundament für die Impulskontrolle wird in der Kindheit gelegt. Und wenn es trotzdem daran mangelt, dann muss man es nachholen. Dazu ist Langmut, also Geduld, wahrlich angebracht. Wer Gottes Hilfe dazu in Anspruch nimmt, kann Hoffnung schöpfen. *apa*

? Können Sie sich selbst beherrschen?

! Die Orientierung an der Bibel hilft dabei, den richtigen Weg zu finden.

Psalm 119,161-168

Wenn ich sagte: Mein Fuß wankt!,
so unterstützte mich deine Gnade, HERR.
Psalm 94,18

Echte Unterstützung?

Es gibt oft beunruhigende Gedanken und Entwicklungen im Leben. Plötzlich wackeln Ehe oder Partnerschaft, Freunde wenden sich ab, Kinder gehen unerwartete Wege. Vielleicht ging die Arbeitsstelle verloren, finanzielle Veränderungen traten ein – wie wird man aus diesem oder jenem Schlamassel wieder herauskommen? Oder es gab bedrohliche Entwicklungen aufgrund eigener Fehler? Vielleicht traten schlimme Folgen ein oder bahnten sich an. Wie soll es weitergehen? Feste Stützen brachen weg, was man sich aufbaute, hielt plötzlich nicht mehr. Derartige Erfahrungen können dazu führen, dass man ins Wanken gerät, den festen Boden verliert und hilflos nach verschiedenen Stützen greift, die sich aber bald als unzuverlässig erweisen.

Und in diese Situation kommt das unmoderne Wort »Gnade«. Was soll das und wie soll das helfen? Gnade ist eine unverdiente Zuwendung. Eine unerwartete Hilfe, eine Freundlichkeit ohne jede Ursache in meinem Verhalten. Wo findet man so etwas noch? Bekommt man nicht immer das, was man verdient? Gott ist anders. Er liebt es, gnädig zu sein. Er findet es wunderbar, Menschen helfen zu können. Nein, er ist nicht der, der jede Sünde gleich bestraft! Er ist der, der Sünde vergeben und uns von ganzem Herzen alles erdenklich Gute zuwenden möchte.

Vielleicht haben Sie unruhige Gedanken wie oben beschrieben, Sünden und Fehler fallen Ihnen ein, falsche Entscheidungen martern Ihr Gewissen, Verluste lähmen Sie. Gottes liebevolle Güte ist stark wie die Wassermassen eines Stausees. Nur eine einzige Mauer hält sie zurück: unser Stolz. Das offene Bekennen von Versagen und Schuld und das Zugeben der eigenen Schwäche im Gebet öffnen die Tore für Gottes Zuwendung. Ohne Verdienst. Weil er uns liebt. *mn*

Nur mit dieser Stütze kann ich leben – und Sie?

Gott möchte auch Ihnen helfen. Lassen Sie es zu!

Psalm 94

Wenn ihr aber Jerusalem von Heerlagern umzingelt seht, dann erkennt, dass ihre Verwüstung nahe gekommen ist.

Lukas 21,20

Die Eroberung Jerusalems 70 n. Chr.

Heute vor 1950 Jahren endete die Eroberung Jerusalems durch die Römer. Nach anfänglichen Erfolgen der jüdischen Rebellen rückte das römische 60000-Mann-Heer unter der Führung von Titus gegen die israelische Hauptstadt vor. Die Belagerung begann am Passahfest des Jahres 70 n. Chr. Nach dem Geschichtsschreiber Josephus hielten sich wegen der Vielzahl der Pilger 3 Mio. Menschen in der Stadt auf. Aufgrund der Belagerung brach eine schreckliche Hungersnot aus. Geschwächt durch innerjüdische Streitigkeiten mussten die Verteidiger Stück für Stück die Stadt den Römern überlassen. 1,1 Mio. Menschen kamen ums Leben.

Jesus Christus hatte die Verwüstung der Stadt etwa 40 Jahre vorher angekündigt. Er riet den Jüngern, angesichts der heranziehenden Heere aus der Stadt zu fliehen. Die, die sich auf dem Land befanden, sollten nicht in der Stadt Schutz suchen (Lukas 21,20-21). Die Christen in Jerusalem retteten sich, indem sie in die jordanische Stadt Pella flohen, wie der erste Kirchengeschichtsschreiber Eusebius und der Kirchenvater Epiphanius berichten.

Mit erstaunlicher Genauigkeit hat sich die Vorhersage von Jesus erfüllt. Die Christen entkamen der Katastrophe, indem sie seinen Anweisungen folgten. Offensichtlich sind seine Vorhersagen sehr zuverlässig. Deswegen empfiehlt es sich, auch die anderen Prophezeiungen und die Rettungsanleitungen ernst zu nehmen. Eine der wichtigsten Prophezeiungen Jesu ist, dass wir einmal alle vor ihm als unserem Richter stehen werden. Freundlicherweise hat er auch hier den Ausweg vor dem Gericht nicht verschwiegen: Wer an ihn glaubt, wird nicht verurteilt; wer aber nicht glaubt, ist schon verurteilt, weil er nicht geglaubt hat an den Namen des einzigartigen Sohnes Gottes (Johannes 3,18). *ga*

Wie wollen Sie dem Gericht Gottes entgehen?

Man muss heraustreten aus der Masse und sich dem Retter Jesus Christus anschließen.

Johannes 3,16-21

8. Sept. 20

Dienstag

Jede gute Gabe und jedes vollkommene Geschenk kommt von oben herab, von dem Vater der Lichter, bei dem keine Veränderung ist noch eines Wechsels Schatten.

Jakobus 1,17

Undankbar

Am 8. September 1860 geriet das Dampfschiff *Lady Elgin* mit rund 400 Passagieren auf dem Lake Michigan in einen starken Sturm und kollidierte mitten in der Nacht mit dem Schoner *Augusta*. Die großen Dampfkessel zerbrachen; und das Schiff sank innerhalb einer Stunde. Die Fahrgäste kämpften gegen das kalte, aufgewühlte Wasser an und klammerten sich an Wrackteile. Manche schafften es in die Nähe des Ufers, konnten sich aber wegen der starken Brandung nicht ans Land bergen. Unter den Helfern war Edward Spencer, ein begnadeter Schwimmer, der in einer tollkühnen Rettungsaktion 17 Menschen aus dem Wasser zog. Dabei ging er über seine eigenen körperlichen Kräfte und litt sein Leben lang an den gesundheitlichen Folgen dieses heldenhaften Einsatzes. Müssten die Siebzehn ihrem Lebensretter nicht unendlich dankbar sein? Sicherlich waren sie das, aber erstaunlicherweise hielt es keiner der Geretteten für nötig, sich bei Edward persönlich zu bedanken.

In der Bibel lesen wir von einer ähnlichen Begebenheit. Zehn von einer unheilbaren Krankheit betroffene Menschen kamen zu Jesus. Sie hatten Aussatz, waren deshalb von der Gesellschaft verstoßen und dem Tod geweiht. Verzweifelt flehten sie Jesus um Heilung an; und – tatsächlich – er heilte sie. Alle zehn! Immerhin *einer* kam zurück und bedankte sich bei Jesus. Er wusste, wovon er geheilt worden war und wem er dieses Wunder zu verdanken hatte. Die neun anderen konnten sich zwar auch ihrer Gesundheit freuen, erwiesen aber nicht dem die Ehre, dem sie gebührte.

Dankbar zu sein; ist wichtig, aber letztlich ist Dankbarkeit immer an die Person gekoppelt, der wir diesen Dank erweisen. Jede Gabe kommt von einem Geber! *HK*

? Haben Sie schon einmal darüber nachgedacht, was Sie Gutes haben? Wem danken Sie dafür?

! Gott ist der Geber aller guten Gaben.

Lukas 17,11-19

**Im Haus meines Vaters gibt es viele Wohnungen.
Wenn es nicht so wäre, hätte ich dann etwa zu euch gesagt,
dass ich dorthin gehe, um einen Platz für euch zu bereiten?**

Johannes 14,2

Herberge oder Heimat?

Man sagt den Schwaben folgendes Lebensmotto nach: »Schaffe, schaffe, Häusle baue.« Den Traum vom Eigenheim erfüllen sich jedoch nicht nur die Bewohner des Schwabenlandes. Viele teilen den Wunsch nach dem persönlichen kleinen Reich, unabhängig vom Ärger über Mieterhöhung, mit prognostizierter Wertsteigerung als sichere Altersvorsorge. Das Eigenheim spricht ganz urmenschliche Bedürfnisse an: unsere Sehnsucht nach Geborgenheit, einem Rückzugsort und Privatsphäre. Oft stellt ein Hausbau die größte finanzielle Investition des Lebens dar – gute Planung und ein solides Konzept sind dementsprechend wichtig.

Dass ein Hausbau recht abenteuerlich sein kann, wissen viele Bauherren zu berichten. Schnell kann sich der versprochene Wohntraum als Albtraum entpuppen, weil die Baufirma pfuscht und billiges Material verbaut, die Finanzierung wackelt oder der Baustress die Beziehung belastet. Ist endlich trotz aller möglichen Widrigkeiten der Einzug ins neue Heim geschafft, kommt nach einer Phase des Hochgefühls die ernüchternde Erkenntnis: Es bleibt nicht so neu und schön wie anfangs. Meine Oma sagte einst weise: »Ein Haus ist ein stiller Dieb.« Das Eigenheim braucht Pflege, Wartung, Reparatur und auch irgendwann eine teure Sanierung. Wenn hingegen Jesus verspricht, uns eine Wohnstätte zu bereiten, können wir Perfektion und Unvergänglichkeit erwarten. Ihm geht es nicht darum, uns ein Dach über dem Kopf zu bieten, sondern eine wahre Heimat, wo unsere Seele zur Ruhe kommt. Dort beim Vater herrschen echter Friede und Herrlichkeit. Dieser jenseitige, zeitlose Ort ist die eigentliche Heimat von Christen. Mit diesem vollkommenen, ewigen Wohnsitz vor Augen rücken alle menschengemachten Stückwerke ins rechte Licht. *dbe*

? Haben Sie Ihre Wohnung im Himmel schon bestellt?

! Man ist gelassener, wenn man die Herberge nicht mit der Heimat verwechselt.

2. Korinther 5,1-10

Kommt und lasst uns miteinander rechten, spricht der HERR. Wenn eure Sünden wie Scharlach sind, wie Schnee sollen sie weiß werden.

Jesaja 1,18

Es gibt keine Friseure!

Wenn im Frisiersalon viel Kundschaft ist, wird von den Wartenden so manches erzählt. Einer fing an, den Leuten etwas von Gott zu sagen. Da fiel ihm der Friseurmeister sofort ins Wort und sagte: »Hören Sie damit auf! Wenn es einen Gott gäbe, wäre nicht so viel Elend in der Welt, oder dieser Gott müsste böse und grausam sein!« Das leuchtete vielen ein, nicht weil sie auch schon intensiv darüber nachgedacht hätten, sondern weil ihnen eine Last von der Seele fiel, die sie doch ab und zu quälte. Wenn der alte Friseur so sicher wusste, dass es keinen Gott gibt, dann konnten sie sich daran halten und sich selbst damit beruhigen, wenn ihnen die Sache mit Gott zu schaffen machte. Unser Freund hatte nun plötzlich keinen mehr, der in dem Frisiersalon noch etwas von Gott hören wollte.

Das war eine gar nicht schöne Situation, in die er sich da gebracht hatte. Still blickte er aus dem Fenster und sah plötzlich auf der Straße einen ganz verlotterten und in Lumpen gehüllten Kerl. Das Schlimmste an ihm aber war seine völlig verwahrloste Mähne. Die war einfach nicht anzusehen, und nun blieb er sogar vor dem Schaufenster des Friseurs stehen. Plötzlich kam unserem Freund eine Idee. Er rief: »Es gibt keine Friseure!« Alle blickten hoch, und der Meister fuhr herum. »Was soll das denn schon wieder heißen?«, rief der ärgerlich. Unser Freund zeigte nach draußen und sagte vergnügt: »Wenn es Friseure gäbe, würde niemand so herumlaufen wie dieser Mensch da auf der Straße.«

Und so liegt es weder an der Nichtexistenz von Gott oder Friseuren, dass es Menschen schlecht geht oder sie vernachlässigt werden, sondern daran, dass sie sich nicht helfen lassen. *gr*

Was halten Sie von dem Vergleich, den unser Freund brachte?

Gott bietet Hilfe für jeden Schaden an.

Jesaja 1,1-20

Vom Hörensagen hatte ich von dir gehört, aber nun hat mein Auge dich gesehen. Darum spreche ich mich schuldig und tue Buße in Staub und in Asche!

Hiob 42,5-6

Wie klein ist Ihr Gott?

Alle zwei Wochen sitzen wir als eine Gruppe von Männern zusammen und diskutieren über den Glauben. Als Gläubige und Zweifler, als Überzeugte und Skeptiker. Besonders spannend wird es immer dann, wenn wir auf übernatürliche Dinge zu sprechen kommen. Das fängt damit an, dass Jesus, der Sohn Gottes, laut Bibel von einer Jungfrau geboren wurde. Er verwandelte Wasser in Wein, vermehrte Brot und Fisch, heilte Blinde. Nur um mal eine Auswahl zu nennen. Und zu guter Letzt erstand er nach seiner Kreuzigung auch von den Toten und fuhr in den Himmel auf.

Spätestens jetzt schütteln einige mit dem Kopf oder fangen an zu lachen. Das kann ja nun wirklich nicht passiert sein! Und ich frage sie dann: Wie klein ist euer Gott? Wenn wir daran glauben, dass Gott die Welt geschaffen hat und allmächtig ist, was soll ihn dann an irgendetwas hindern?

Wir tendieren dahin, an Gott so lange herumzufeilen, bis er bequem in unsere Hosentasche passt. Die Grenze, wie Gott zu sein hat, setzen wir selbst. Alles, was wir nicht verstehen, tun wir als absurd oder unmöglich ab. Ich frage mich allen Ernstes: Wofür beten wir dann eigentlich noch, wenn Gott zu einem »Normalo« reduziert wurde? Welche Macht soll er dann noch haben, in unser Leben einzugreifen?

Hiob, ein Mann des Alten Testaments in der Bibel, dachte auch, er könnte Gott vorschreiben, wie dieser sich zu verhalten habe. Nachdem Gott sich ihm dann in seiner Größe offenbart hatte, reagierte Hiob mit dem Satz, den Sie als Tagesvers gelesen haben. Wenn wir Gott als allmächtig bezeichnen (und das ist er im absoluten Sinne!), dann müssen wir auch akzeptieren, dass er Dinge tun kann, die über unsere Vorstellungskraft hinausgehen.

tcb

? Wie klein ist Ihr Gott?

! Reduzieren Sie Gott nicht auf das, was Sie ihm zutrauen!

Psalm 104

**Denn wir haben hier keine bleibende Stadt,
sondern die zukünftige suchen wir.**
Hebräer 13,14

Übergangsreisende

Dass jede Berufsgruppe ihre eigene Sprache hat, ist bekannt und führt häufig genug zu Problemen beim gegenseitigen Verstehen. Manchmal hat das aber auch sachliche Gründe, wie z. B. bei den Medizinern. Die reden miteinander Latein und können sich so überall auf der Welt verständigen. Aber wenn zwei Computerfreaks sich unterhalten, verstehe ich als normaler Anwender nur noch »Bahnhof«.

Doch auch im Bahnhof wird eine eigene Sprache gesprochen, und vielleicht haben Sie das auch schon erlebt. Sie wollen umsteigen und hören Hinweise für Übergangsreisende. Dass z. B. der Anschlusszug bereits wartet oder heute von einem anderen Bahnsteig abfährt. Da muss ich schon gut zuhören. Denn sonst steige ich in den falschen Zug und komme nicht an mein Ziel.

Wir Menschen sind nicht nur im Bahnhof Übergangsreisende, sondern ein Leben lang. Doch wo finde ich Hinweise für diese Lebensreise, wie kann ich wissen, wohin die Fahrt letztendlich geht? Diese Hinweise findet man in der Bibel, dem Wort Gottes für uns Menschen. Denn die Bibel weist uns immer wieder auf Jesus Christus hin. Er ist der Weg und die Wahrheit und das Leben. Jesus kennt das Ziel, denn er ist selbst von dort aus auf diese Erde gekommen, um am Kreuz von Golgatha für unsere Schuld zu sterben, damit jeder, der an ihn glaubt das Ziel, das ewige Leben mit Jesus, erreicht.

Im Bahnhof kann ich die Hinweise für Übergangsreisende überhören und in einen falschen Zug einsteigen. Diese Freiheit habe ich. Aber auch Gottes Hinweise in der Bibel kann ich unbeachtet lassen. In beiden Fällen erreiche ich mein Ziel nicht. Das ist besonders schlimm, wenn ich Jesus nicht auf seinem Weg folge. Denn dann komme ich nie bei ihm an und bleibe ewig getrennt von ihm. *hl*

Was macht gerade dieses Ziel so erstrebenswert?

Es geht letzten Endes um Leben oder Tod.

Lukas 18,18-30

Tag des offenen Denkmals **13. Sept. 20** **Sonntag**

Und er predigte in den Synagogen von Galiläa.
Lukas 4,44

Überraschendes bei einer Kirchenbesichtigung

Jesus hatte viel zu sagen. Darum war eine seiner Hauptaktivitäten das Predigen und Lehren. Häufig begann er mit seiner Predigt spontan nach einer Begegnung mit Menschen oder nach einem Wunder. Nicht selten war der Anlass eine Frage aus der Zuhörerschaft oder eine Provokation seiner Gegner. Man konnte ihn an den unterschiedlichsten Orten predigen hören, beispielsweise am Ufer des Sees Genezareth, auf einer Anhöhe oder in einem Privathaus, manchmal im Tempel in Jerusalem. Vor allem aber in der Anfangszeit seines öffentlichen Auftretens predigte er in den Synagogen, den jüdischen Versammlungshäusern. Warum wohl ausgerechnet dort?

Wer zur Synagoge ging, der wusste jedenfalls, was ihn erwartete. Dort wurde gebetet, gesungen und die Heilige Schrift verlesen, hier konzentrierte sich das religiöse Leben. Sicher, da saßen auch Heuchler und Selbstgefällige. Es war aber auch ein Ort, wo Jesus Menschen finden konnte, die auf der Suche nach Gott waren. Auch in Deutschland im Jahr 2020 gibt es sie noch, die christlich geprägten Orte, an denen Jesus durch die Verkündigung von Gottes Wort zu hören ist und wohin Menschen sich auf ihrer Suche nach Gott zurückziehen.

Auf Urlaubsfahrten reizt es mich manchmal, eine Kirche zu besichtigen. Nicht nur wegen der Architektur und Kunst. Was mir an Kirchengebäuden gefällt, ist zumindest dies: Wenn auch die Frohe Botschaft der Bibel längst nicht mehr überall von der Kanzel gepredigt wird, so findet man doch häufig Bibelverse als Inschriften an Fassaden und Innenräumen der Kirchen oder auf den Grabsteinen der umliegenden Friedhöfe. Sie sind weiterhin stumme Verkündiger von Gottes Wort, aus dem der rettende Glaube an Gottes Sohn erwachsen kann. *ap*

? Welche Sätze aus der Bibel sind Ihnen im Leben schon begegnet?

! Lesen Sie regelmäßig in der Bibel und suchen Sie nach Orten, wo daraus Gottes Wort verkündigt wird.

Lukas 4,16-29

14. Sept. 20

Montag

**Der Mensch sieht, was vor Augen ist,
aber der HERR sieht das Herz an.**
1. Samuel 16,7

Herz oder Schürze?

In einem Pflegeheim haben die noch rüstigen Bewohner jeden Sonntag die Möglichkeit, zum Gottesdienst abgeholt zu werden. Vorher steht jedoch das Frühstück auf dem Programm. Eine betagte Frau, die ein paar Minuten später zu Tisch kommt, bemerkt beim flüchtigen Blick auf die Uhr, dass sie sich beeilen muss, wenn sie den Gottesdienst noch pünktlich erreichen will. Schnell isst sie ihr Brötchen und trinkt ihren Tee. Nun flink noch die Morgenmedizin genommen und dann los. Plötzlich merkt sie, dass sie für den Gang zur Altenheimkapelle gar nicht richtig angezogen ist. Sie sieht nochmals auf die Uhr und meint dann zum zuständigen Pfleger: »Kann ich denn mit Schürze zum Gottesdienst gehen?« Noch ehe der Pfleger antworten kann, tut die ältere Frau es selbst und sagt sich: »Ach ich denke ja. Gott sieht ja nicht auf meine Schürze. Er sieht auf mein Herz.« Womit sie recht hat.

Menschen denken jedoch immer wieder genau andersherum: Hauptsache nach außen korrekt. Was innen in mir drin ist, sieht eh niemand. – Achtung! Wer so denkt, hat die Rechnung ohne den lebendigen Gott gemacht. Er sieht uns nämlich ins Herz. Das heißt, er weiß um unsere Beweggründe und unsere Motive. Er sieht unsere Gedanken und kennt die Worte aus unserem Mund bereits, bevor wir sie ausgesprochen haben. Bei ihm kommt es nicht auf unser Äußeres an, auf unsere schöne und saubere Kleidung, das tolle Auto oder die goldene Uhr. All das interessiert Gott nicht. Er sieht unser Herz und wie es zu ihm steht. Wie sieht es diesbezüglich in Ihrem Inneren aus? Achten Sie mehr darauf, was die Leute von Ihnen halten, oder ist für Sie entscheidend, was der lebendige Gott von Ihnen denkt? Die alte Frau hatte ein Herz für Gott. Daher brauchte sie sich keine Sorgen machen, angenommen zu werden. *tl*

Was ist wichtiger – der äußere Schein oder die tatsächliche innere Haltung gegenüber Gott?

Wer ehrlich zu Gott kommt, den schickt er niemals wieder fort.

Offenbarung 3,15-21

Wandelt als Kinder des Lichts,
... indem ihr prüft, was dem Herrn wohlgefällig ist.
Epheser 5,8.10

»Demokratien mögen keine Tatsachen«

In einer Zeitschrift stolperte ich über eine Schlagzeile, die mit dem obigen Satz begann. Ich zuckte ein bisschen zusammen und fragte innerlich: »Ja, was mögen sie denn, diese Demokratien?« Der Text gab die Antwort: In der Demokratie gehe es nicht um die Wahrheit, sondern um gefühltes (!) Wissen. – Ein bisschen erschreckt war ich schon. So sieht es also aus in unseren Medien, in den Printmedien wie auch in den elektronischen. Leider musste ich dieser Aussage im Weiteren immer mehr zustimmen. Entscheidend ist für einen Politiker, die Zustimmung der Öffentlichkeit zu gewinnen, der Menge also. Es ist daher nicht nötig, ob das, was er sagt, wahr ist, sondern ob das, was er sagt, Zustimmung findet. Das wiederum hängt vom »herrschenden Zeitgeist« ab.

In einer Zeit wie heute, in der die Medien großen Einfluss haben, stehen wir immer in der Gefahr, dem jeweils herrschenden Zeitgeist in die Falle zu gehen, uns manipulieren zu lassen für irgendwelche verschleierten Absichten gesellschaftlicher Gruppen, die wir gar nicht kennen, weil über sie eben nicht öffentlich geredet wird. Es gibt in der Geschichte des Abendlandes zahllose Beispiele dafür. Und was wird uns gegenwärtig nicht alles gesagt?!

Der Apostel Johannes schreibt: »Ihr Lieben, glaubt nicht jedem Geist, sondern prüft die Geister, ob sie von Gott sind; denn es sind viele falsche Propheten ausgegangen in die Welt« (1. Johannes 4,1). Und das Mittel zur Prüfung ist die Bibel. Wenn man sich damit mehr beschäftigt, hat man eine Art »zweite Meinung«, mit der man sich gegen den Zeitgeist durchsetzen kann. Diese »zweite Stimme« kommt aus einer hervorragenden, zeitlosen und kompetenten Quelle, die der Wahrheit ohne Einschränkung verpflichtet ist. *koh*

Wem würden Sie Ihre Zustimmung geben?

Es ist vernünftig, dem zuzustimmen, der vertrauenswürdig ist und dies schon viele Male bewiesen hat.

Psalm 119,97-104

… indem ihr Gewissen mit Zeugnis gibt und ihre Gedanken sich untereinander anklagen oder auch entschuldigen.
Römer 2,15

Fehlercode

Ich war mit dem Auto unterwegs. Plötzlich piepte es und zwei Lampen leuchteten auf. Mein Schwiegervater hatte mir mal gesagt, wenn die Lampen rot sind, musst du anhalten und unverzüglich nachschauen, was los ist. Sind sie orange, sind es zwar auch Warnlampen, aber diese zeigen keine unmittelbare Gefahr an. Sie weisen darauf hin, dass etwas nicht stimmt und bei nächster Gelegenheit die Werkstatt aufgesucht werden solle.

Die Lämpchen bei mir leuchteten orange. Als ich zu Hause war, fuhr ich zur Werkstatt und ließ den Fehlercode auslesen. Auf dem Computerbildschirm standen Zahlencodes. Dahinter jeweils entsprechende Erklärungen. Der Mechaniker sagte zu mir, dass es nichts Schlimmes sei. Dann löschte er den Fehlercode. Ich solle beobachten, ob die Lampen wieder aufleuchten und dann erneut in die Werkstatt zur genaueren Untersuchung erscheinen.

Als ich wegfuhr, dachte ich an uns Menschen. Wir haben auch einen Fehlercode. Er lautet: S-Ü-N-D-E. Diesen haben wir alle in uns, er steckt quasi in unseren Genen. Unser Gewissen ist die rote Lampe, die normalerweise aufleuchtet, wenn wir etwas tun, was nicht in Ordnung ist. Leider ignorieren wir oft diese »Leuchte« und machen einfach weiter, anstatt in die »Werkstatt« zu gehen. Die Bibel ist das »Diagnosegerät«, das den Fehlercode in unserem Innern erkennt und aufdeckt. Wird diese »rote Lampe« dauerhaft ignoriert, wird es am Ende einen Totalschaden geben. Allerdings gibt es die Möglichkeit, diesen »Fehlercode« zu löschen. Der lebendige Gott selbst vergibt jedem seine Sünden, der aufrichtig in Reue und Umkehr zu ihm kommt und ihm seine Schuld bekennt. Das Kreuz Jesu Christi ist der Ort, wo Vergebung, die Auslöschung des »Fehlercodes« geschieht. *tl*

Hören Sie Ihr Gewissen, wenn Sie etwas tun, was nicht richtig ist?

Dadurch spricht der lebendige Gott zu Ihnen. Er möchte, dass Sie umkehren.

Römer 2,14-16; 6,22-23

Jesus von Nazareth, wie Gott ihn mit Heiligem Geist und mit Kraft gesalbt hat, der umherging und wohltat … denn Gott war mit ihm.

Apostelgeschichte 10,38

Unverhoffte Begegnung

Woher ich diese Geschichte habe, weiß ich inzwischen schon nicht mehr. Doch erzählenswert ist sie noch immer. Eine Studentin in Preston/England stand spätabends, im Dunkeln also und allein, vor einem Geldautomaten. Sie brauchte Geld, um das Taxi zu bezahlen, das sie nach Hause bringen sollte. Da stellte sie fest, dass sie ihre Bankcard nicht dabeihatte, und das Bargeld reichte nicht. Was nun?

Da näherte sich jemand, der an seinen Kleidern leicht als einer zu erkennen war, der nicht auf der Sonnenseite des Lebens stand. »Hast wohl zu wenig Geld?«, murmelte er. Und er bot ihr tatsächlich Geld an, drei Pfund. Die Frau nahm das Geld nicht an. Doch sie kam irgendwie heil nach Hause. Sie war so gerührt, dass sie im Internet eine Fundraising-Kampagne in Gang setzte. Vier Tage lang suchte sie nach ihrem Helden und fand heraus, dass sie keineswegs die Einzige war, der Robbie geholfen hatte: »Je mehr ich über ihn sprach, desto mehr erfuhr ich über ihn, etwa, dass er Passanten verlorene Brieftaschen zurückgegeben hat, dass er Menschen einen Schal angeboten hat, wenn ihnen kalt war«, schrieb sie auf ihrer Kampagnen-Seite im Internet.

Noch viel eindrücklicher muss es gewesen sein, als der Herr Jesus unterwegs war und zahllosen Menschen Hoffnung und Hilfe brachte. Auch er war ohne Zuhause, doch er lag anderen nicht auf der Tasche oder war auf ihre Hilfe angewiesen, sondern brachte den Menschen die gute Botschaft von Gott, der alle in sein Reich einladen will, die ihre Sünden bekennen und zu ihm umkehren. Dazu ging Jesus ans Kreuz, um unsere Strafe zu tragen und uns Hilflose und Verlorene vom Tod zu retten. Seine Hilfe sollte man unbedingt annehmen, wenn man in das ewige Zuhause kommen will, in den Himmel. *koh*

? Sind Sie noch alleine im Dunkeln unterwegs und können nicht nach Hause finden?

! Jesus kommt auch Ihnen entgegen, um Sie aus Ihrer misslichen Lage zu befreien.

Johannes 9

18. Sept. 20

Freitag

Wie sollen sie aber an den glauben,
von dem sie nichts gehört haben?
Wie aber sollen sie hören ohne Prediger?

Römer 10,14

Neuland

Ich betrat das Klassenzimmer und begrüßte meine Schüler, wie in Bayern durchaus üblich, mit einem herzlichen »Grüß Gott«. Eine erwachsene Schülerin, die im kommunistischen Russland aufgewachsen war, meldete sich und fragte mich, wen ich denn da grüßen würde. Wer denn das sei, Gott, fragte sie weiter. Ich vermutete eine Provokation, aber im Verlauf des Gesprächs stellte sich heraus, dass meine Schülerin tatsächlich noch nie in ihrem Leben das Wort »Gott« gehört hatte. Sie kannte nicht nur Gott nicht, hatte also keine Beziehung zu ihm, sondern hatte überhaupt noch nie etwas von einem Wesen namens »Gott« gehört. Die Vokabel »Gott« war ihr genauso fremd wie das, was sich dahinter verbirgt.

Ich war schockiert. Konnte es wirklich sein, dass jemand seit Jahren in Deutschland lebt und noch nie jemanden über Gott hat reden hören? Ein Mensch, der in unserem Land der Vokabel »Gott« noch nie begegnet ist, geschweige denn einem Christen, der mit diesem Gott lebt?

Die Schülerin war interessiert und wollte mehr wissen. Sie war weder voreingenommen noch ablehnend. Sie hatte wirklich noch nie etwas von Gott und seinem Sohn Jesus Christus, der in die Welt gekommen ist, um Sünder zu retten, gehört. Sie wusste nicht, dass sie eine Sünderin war, akzeptierte diese Tatsache aber sofort, als ich sie ihr erklärte. Es war für sie, wie wenn man etwas glaubt, was man tief im Innern schon immer geahnt hat, ohne es sich je bewusst gemacht zu haben. Es hatte ihr einfach nie jemand gesagt, dass jeder Mensch einmal im Leben eine Entscheidung für oder gegen Gott treffen muss und dass von dieser Entscheidung die Ewigkeit abhängt. Mein Gebet ist, dass diese junge Frau diese Entscheidung nun getroffen hat. *si*

Haben Sie das Evangelium gehört und verstanden? Haben Sie sich dafür entschieden, Ihr Leben Jesus anzuvertrauen?

Nur wer Fragen stellt, kann auch Antworten bekommen.

Apostelgeschichte 17,22-34

Denn Esra hatte sein Herz darauf gerichtet,
das Gesetz des HERRN zu erforschen und zu tun
und in Israel Satzung und Recht zu lehren.
Esra 7,10

Lernen.Leben.Lehren.

Wer etwas im Leben anderer verändern möchte, benötigt (mindestens) drei Eigenschaften. Zum einen braucht man unbedingt Sachkompetenz. Diese muss man sich – manchmal mühsam – aneignen. Zudem darf das Gelernte nicht nur Theorie bleiben. Die Glaubwürdigkeit eines Menschen hängt entscheidend davon ab, ob er das, was er zu wissen vorgibt, auch umsetzt. Schließlich muss man gewillt und in der Lage sein, das Gelernte und Gelebte weiterzugeben, und zwar so, dass andere es verstehen. Fehlt es an Sachwissen, entpuppt sich manch hochtrabende Aussage schnell als hohles Geschwätz. Wer die eigenen Erkenntnisse nicht lebt, enttarnt sich schnell als Heuchler. Und fehlt es an dem Willen und der Fähigkeit, etwas weiterzugeben, dann wird das Gelernte und Umgesetzte keine weiten Kreise ziehen.

Die Bibel stellt im Buch Esra einen Mann vor, der diese Qualifikationsmerkmale erkannt und erfüllt hat. Der Titelheld, Esra, hat verstanden, dass die »Spielregeln« Gottes ein verlässliches Fundament für ein gelungenes Leben darstellen. Denn Gott ist unveränderlich, allwissend und absolut gerecht. Deshalb hat Esra sich intensiv mit dem Gesetz Gottes auseinandergesetzt. Er hat weiter verstanden, dass Gottes Gebote nur dann nützlich sind, wenn man sie auch glaubhaft praktiziert. Und er war hoch motiviert, die positiven Auswirkungen biblischer Lebensgrundsätze auf den Menschen an andere weiterzugeben.

Daher dokumentiert das Buch Esra eine Erfolgsgeschichte. Nach einem totalen Zusammenbruch und der Vertreibung der meisten Juden aus ihrer Heimat gelang es Esra, sein Volk, das wieder nach Israel zurückkehrte, grundlegend zu reformieren und das geistliche Leben seiner Zeitgenossen nachhaltig zum Positiven zu verändern. *mm*

Wo haben Sie das oben beschriebene Prinzip schon angewandt?

Was man aus der Bibel lernen kann, ist von größter Bedeutung und Tragweite – wenn man es anwendet.

Esra 7,1-28

Weil ihr jetzt aber Söhne (oder: Kinder) seid, hat Gott den Geist seines Sohnes in unsere Herzen gesandt, der da ruft: »Abba, (lieber) Vater!«

Galater 4,6

Papa!

Vor vielen Jahren habe ich beruflich einige Monate in Israel verbracht. Natürlich besuchte ich auch Jerusalem. An einem frühen Abend ging ich zum Platz unterhalb der Klagemauer. Ich kam über eine Treppe, die der Klagemauer in etwa gegenüberliegt und sich westlich vom Tempelberg befindet. Während ich von dieser etwas erhobenen Stelle aus das Geschehen betrachtete, stand neben mir ein Israeli, der seinem Sohn die Stadt zeigte. Dieser Sohn war noch recht klein, etwa 8 oder 9 Jahre alt. Immer wieder erklärte der Vater etwas, und der Sohn fragte nach. Ich habe nicht verstanden, über was die beiden geredet haben. Aber beide wirkten sehr vertraut, wie das bei Vater und Sohn sein kann, wenn alles gut ist. Der Mann ging fürsorglich auf seinen Sohn ein. Und wenn der Sohn seinen Vater ansprach, nannte er ihn immer wieder ganz zärtlich auf Hebräisch: Abba (also Papa)!

Wie viel Beziehungsqualität kann in so einer Anrede liegen! Sie spricht von unbedingtem Vertrauen, gegenseitiger Liebe, großer Nähe und Exklusivität. Nun mag schon unter Menschen eine solche ungetrübte Vater-Kind-Beziehung nicht selbstverständlich sein. Wie viel weniger kann man sich eine solche Beziehungsintensität zu Gott vorstellen. Ist er doch unglaublich heilig, ewig, mächtig und damit irgendwie unnahbar. Wenn überhaupt, so kann eine Annäherung an ihn allenfalls unter Wahrung eines weiten Abstands geschehen. Ein so inniges Vater-Kind-Verhältnis mag dem Sohn Gottes Jesus Christus vorbehalten sein. Doch der Apostel Paulus lehrt hier im Brief an die Galater zu Recht, dass jeder Mensch, der an den Sohn Gottes glaubt, selbst den »Geist der Sohnschaft« (Römer 8,15) empfängt und daher mit vollem Recht zu Gott Abba – Papa, lieber Vater – sagen darf. *mm*

In welchem Verhältnis stehen Sie zu Gott?

Um Christi willen kann jeder ein Kind Gottes werden.

Galater 4,1-7

**Herr, zu wem sollen wir gehen?
Du hast Worte ewigen Lebens!**
Johannes 6,68

Ohne Meister geht es nicht!

2004 entbrannte Streit um den sogenannten Meisterzwang. Zu dieser Zeit unterlagen noch 94 Berufe der Anforderung, dass sie selbständig nur durch Personen ausgeübt werden konnten, die über einen Meisterbrief verfügten oder zumindest einen Meister beschäftigten. Die Befürworter einer Lockerung dieser Regelung hatten durchaus gute Beweggründe: Im Kampf gegen die Arbeitslosigkeit wollte man den Weg in die Selbständigkeit erleichtern. Auf der anderen Seite stand die Sorge um die Qualität handwerklicher Dienstleistung. Viele klebten daher Aufkleber mit dem Spruch »Ohne Meister geht es nicht« auf ihre Fahrzeuge.

Dass der Meisterbrief grundsätzlich ein wichtiger Anhaltspunkt für hohe Fachkompetenz und Arbeitsqualität ist, darin besteht allerdings nach wie vor weitgehend Einigkeit. Daher gilt in 41 Sparten des sogenannten Vollhandwerks weiterhin der Meisterzwang. Der Meisterbrief ist mittlerweile dem universitären Bachelor-Abschluss gleichgestellt. Und die Stimmen mehren sich, den Kanon der meisterpflichtigen Handwerksberufe wieder auszuweiten. Denn ein Meister versteht etwas von seinem Fach.

Deswegen finde ich es auch nicht erstaunlich, dass Jesus Christus von vielen Menschen als »Meister« angeredet wurde. Mag diese Anrede für einen öffentlich wirkenden Lehrer nicht unüblich gewesen sein, so spricht sie doch davon, dass man ihm große Sachkunde in den Fragen, mit denen er sich beschäftigte, attestierte. Allerdings ging es bei Jesus Christus (der übrigens gelernter Zimmermann war) nicht um Handwerk. Er beschäftigte sich vielmehr mit den zentralen Fragen des Lebens. Und dass er hier konkurrenzlos war, macht sein Jünger Petrus deutlich: »Du hast Worte ewigen Lebens!« Ohne diesen Meister geht es nicht. *mm*

? Welche Bedeutung haben für Sie Verlässlichkeit, Treue, Sachverstand und Nachhaltigkeit?

! Das alles findet man bei Jesus Christus im Blick auf ein Leben, das unvergänglich ist.

Johannes 14,1-14

22. Sept. 20

Dienstag

Alles, was Odem hat, lobe den Herrn! Halleluja!
Psalm 150,6

Farbe kommt in Ihr Leben

Es war im Herbst 2018. Wie fast an jedem Tag um die Mittagszeit drehte ich eine Runde mit meinem Hund an diesem wunderschönen Herbsttag im Allgäu. Die Sonne strahlte, und das Laub der Bäume leuchtete in den verschiedensten Farbtönen. Diese reichten von diversen Brauntönen bis hin zum Gelb und manchmal auch zu leuchtendem Rot. Als ich diese wunderschöne Farbenvielfalt und -pracht der Natur betrachtete, fiel mir ein passendes Lied dazu ein. Darin heißt es: »Farbe kommt in dein Leben, wenn der Meistermaler malt.« Damit war Jesus Christus gemeint. Ich konnte nur staunen und Jesus danken, dass er die Natur so herrlich und fantasievoll gestaltet hat.

Ich weiß nicht, wie es Ihnen bei solch einem Anblick geht. Hüpft da nicht auch Ihr Herz vor Freude? Oder macht es Ihnen eher zu schaffen, dass die Tage im Herbst kürzer werden, die Nebel aufsteigen und schließlich alles in einen grauen Schleier einwickeln? Überfällt Sie vielleicht eine Niedergeschlagenheit oder ein Anflug einer Depression? Sehen Sie nur alles grau in grau, oder können Sie sich auch am Herbst und seiner Farbenpracht erfreuen?

Sollten Sie vielleicht dazu neigen, eher alles grau in grau zu sehen, so habe ich eine gute Nachricht für Sie! Dieser geniale Meistermaler, der die Natur so herrlich gemacht hat, möchte es auch in Ihrem Leben farbig werden lassen. Mit Matthäus 11,28 ruft er auch Ihnen jetzt zu: »Kommt her zu mir alle, die ihr mühselig und beladen seid, so will ich euch erquicken!« Dieser geniale Maler möchte auch Ihr Leben umgestalten! Er möchte keinesfalls, dass Sie Ihr Leben in Traurigkeit oder Hoffnungslosigkeit verbringen, sondern er kam auf diese Erde, um uns das Leben und dies im Überfluss zu geben. *rr*

? Wie sieht Ihr Leben im Herbst aus?

! Jesus Christus kann Ihr Leben mit Freude und Farbe erfüllen!

Psalm 150

23. Sept. 20

Mittwoch

**Die aber reich werden wollen,
fallen in Versuchung und Fallstrick und
in viele unvernünftige und schädliche Begierden.**

1. Timotheus 6,9

Wie kann man glücklich werden?

Welchen Raum nimmt doch das Leben und Treiben der Reichen und Superreichen in den meisten Medien ein! Diese Berichte müssen irgendwie die geheimen Sehnsüchte der Normalverbraucher ansprechen und befriedigen; denn von der Befriedigung dieser Wünsche hängen ja wiederum die Auflagenzahlen der Bücher und Illustrierten und die Einschaltquoten beim Fernsehen ab.

Reich sein = glücklich sein? Ist diese Gleichung richtig? Sehr viele scheinen das zu glauben. Doch denken wir einmal nach, wie viel Sorgen sich diese Leute um ihre Sicherheit machen müssen und wie gefährdet heutzutage aller Reichtum sein kann. Hinzu kommt, dass man beim Ersteigen der Karriereleiter oft spitze Ellenbogen braucht, um Konkurrenten abstürzen zu lassen. Wie viel Schuld lädt man da auf sich! Bei alldem sollte man nicht der Faulheit und dem Schlendrian das Wort reden; aber es bleibt dabei: Je mehr man hat, umso mehr hat man zu verantworten, wenn Gott Rechenschaft fordert, weil alles Irdische immer nur Leihgabe Gottes ist.

Ja, und schließlich kommt das Ende dieses Lebens für einen jeden von uns, und was kann man dann von all den Reichtümern mitnehmen? Wäre es da nicht besser, auf die göttliche Bank im Himmel eingezahlt zu haben? Das heißt, das getan zu haben, was Gott uns zu tun aufgetragen hat? Und das kann jeder leisten, der Frieden mit Gott gefunden hat. Diese »guten Werke« will er uns im Himmel belohnen. Davon allein werden wir ewig etwas haben. Das sagt die Bibel sehr eindeutig und immer wieder. Dabei spielt es keine Rolle, ob solche von Gott aufgetragenen Arbeiten viel Geld einbringen oder sonst hoch im Kurs stehen, es kommt nur darauf an, dass sie um Gottes willen getan werden.

gr

Welches Lebensziel haben Sie sich gesetzt?

Die sichersten und höchsten Zinsen zahlt Gott. Bei ihm gibt es keinen Banken-Crash.

1. Timotheus 6

… als die Langmut Gottes in den Tagen Noahs abwartete, während die Arche gebaut wurde.

1. Petrus 3,20

Zu Besuch auf Noahs »Werft«

Als Noah vor sehr langer Zeit die Arche nach Gottes Bauplänen konstruierte, wartete Gott in seiner Langmut ab, ob sich noch mehr Menschen mit diesem Schiff vor der Sintflut retten lassen wollten. Platz genug wäre darin gewesen, auch Zeit genug, um sich das zu überlegen, denn die Bauphase der Arche dauerte viele Jahre.

Man kann sich vorstellen, dass eine »Werft« auf dem trockenen Land mit einem solch umfangreichen Auftrag ordentlich für Schlagzeilen gesorgt hat. Viele Leute werden sich gebogen haben vor Lachen über das scheinbar irrsinnige Bauprojekt, das zusätzlich noch Aufsehen erregte, weil damit eine globale Flutkatastrophe als göttliches Gericht vorhergesagt wurde. Die »Wissenschaft« und die »Medien« werden einstimmig für Aufklärung gesorgt haben: Es kann keine weltumspannende Wasserflut geben – und Gott existiert ohnehin nicht!

Vielleicht fühlten sich manche Menschen dennoch zu diesem Ozeanriesen hingezogen und durften bei einer Führung über das Werftgelände die spektakulären Dimensionen, Technologien und Baufortschritte bestaunen. Einen Platz für die Jungfernfahrt hat sich allerdings niemand reservieren lassen. Möglicherweise gab es da auch einige wenige mit einer leisen Vorahnung, dass an der Geschichte mit dem drohenden Gericht vom Himmel etwas dran sein könnte. Doch keiner ging an Bord. Lieber haben sie ihren Lebensmittelpunkt vorsorglich in die Höhenregionen verlagert. Da oben würden sie im Erstfall schon sicher sein. Ansonsten ging das Leben wie gewöhnlich weiter mit Arbeit und Vergnügungen. Gottes Langmut indes wartete ab. Sie wartete bis zu dem Tag, als Noah in die Arche ging, bis die Flut kam und alle wegraffte, die ihre Rettung außerhalb der Arche suchten. *ap*

Wie viele Jahre wartet Gott schon geduldig auf Sie?

Auch heute ist Gott langmütig, denn er möchte, dass alle zu ihm umkehren. Nutzen Sie die Chance!

1. Mose 6 und 7

Was wollt ihr tun am Tag der Rechenschaft und wenn der Sturm hereinbricht, der von ferne kommt? Zu wem wollt ihr um Hilfe fliehen, und wo wollt ihr euren Reichtum lassen?

Jesaja 10,3

Rechenschaftsbericht

Wenn man als Verein die Körperschaftsteuererklärung abgibt, gehört dazu auch ein Tätigkeitsbericht. Dieser dient dazu, dass man nachweisen muss, ob man im Sinne der Satzung als Verein gewirkt hat. Vor allem geht es dabei auch um die Gemeinnützigkeit, die erneut vom Finanzamt per Bescheid ausgesprochen wird. Damit kann man dann auch Spendenquittungen ausstellen, in der die Bescheidnummer eingetragen ist. Da muss man sehr gut überlegen, wie die Tätigkeiten eingeordnet werden dürfen und ob sie steuerlich relevant sind. Die Rechenschaftsabgabe hat also für einen Verein existenzielle Bedeutung.

Auch für uns kommt früher oder später der Zeitpunkt, wo wir offenlegen müssen, wie wir mit unseren Gaben, Fähigkeiten und Möglichkeiten gewirtschaftet haben. Dieser Tag kann plötzlich über uns hereinbrechen wie ein Sturm. Man kann dann auch nicht mehr seine Freunde um Hilfe bitten, da wir alleine vor dem lebendigen Gott stehen werden. Ebenso wenig nützt uns der Reichtum, egal welcher Art, den wir uns während unserer Erdenzeit zugelegt haben. Dieser Rechenschaftsbericht ist ein Gegenübertreten und Erbringen eines Nachweises über unsere Lebenszeit Auge in Auge vor Gott.

Nun gibt es in der Ewigkeit zwei verschiedene Gerichtsinstanzen. Die eine ist für Menschen, die grundsätzlich falsch gewirtschaftet haben, weil sie nur für sich selbst lebten. Für sie steht das Urteil schon fest (vgl. Johannes 3,18). Und die andere ist für solche, die Gottes Vergebung in Anspruch genommen haben und zu einem Leben für ihn und für andere befreit wurden. Für sie geht es um die Belohnung. Und hier und jetzt entscheidet sich durch unsere Haltung Jesus Christus gegenüber (Glaube/Unglaube), vor welche Instanz man einmal gestellt wird.

kü

Welche Rolle spielt für Sie Jesus Christus?

Er will Ihr Helfer zum ewigen Leben sein. Vertrauen Sie ihm!

Johannes 3,14-21

26. Sept. 20

Samstag

**Trachtet zuerst nach dem Reich Gottes
und nach seiner Gerechtigkeit,
so wird euch das alles zufallen.**
Matthäus 6,33

»Was wird morgen sein?«

Viele würden mir sicher zustimmen, dass die schönste, unbeschwerteste Zeit im Leben eines Menschen seine Kindheit ist. Kleine Kinder fragen sich nicht: »Was wird morgen sein?« Sie vertrauen darauf, dass Mama und Papa da sind, sie anziehen, ihnen zu essen geben, sie abends ins warme Bett bringen und auch dann noch beschützend um sie sind, wenn sie schlafen. Bedauerlicherweise verlieren Menschen dieses Urvertrauen zunehmend, wenn sie älter werden. Schlechte Erfahrungen, Enttäuschungen, harte Zeiten oder einfach die »reale Welt« lassen es schwinden. Die erworbene Lebenserfahrung, die mit dem Älterwerden stetig wächst, lehrt vorausschauendes Denken und Vorsorgen.

Es ist natürlich vernünftig, ein sicheres Auskommen anzustreben, um den eigenen Lebensunterhalt zu gewährleisten. Es ist gut, sich für Notzeiten oder Krankheiten abzusichern. Schließlich ist man ja erwachsen geworden und kann es sich nicht mehr leisten, einfach wie ein Kind unbeschwert in den Tag hineinzuleben. Gott möchte jedoch nicht, dass dieses Streben nach irdischen Dingen unser Lebenssinn wird. Er will, dass wir den Kopf und das Herz frei haben, um uns in erster Linie mit ihm zu beschäftigen und nicht mit unseren Problemen. Deshalb bietet er jedem Menschen an, ihm wie einem Vater zu vertrauen und seinen Willen, seinen Weg und sein Ziel zur ersten Priorität im Leben zu machen.

Gott hält sein Versprechen, uns dann all das zu geben, was wir zum Leben brauchen, genau so, wie es unsere Eltern taten, als wir noch klein waren. Er weiß noch besser als menschliche Eltern, was wir benötigen und was gut für uns ist. Darum wird er uns, wie verantwortungsvolle Eltern auch, nicht jeden Wunsch erfüllen. Er hat stets das Beste für seine Kinder im Blick.

dbe

Für wen oder was leben Sie?

Wenn Sie Gott dienen wollen, müssen Sie erst einmal Ihre Sorgen bei ihm abladen!

Epheser 3,14-21

**Gott aber erweist seine Liebe zu uns darin,
dass Christus, da wir noch Sünder waren,
für uns gestorben ist.**

Römer 5,8

Der ist für mich gestorben!

Wenn ich zum Ausdruck bringen will, dass ich jeden Kontakt zu einem anderen Menschen abgebrochen habe, gibt es kaum einen krasseren Ausdruck, als zu sagen: Der ist für mich gestorben! Damit sage ich: Der ist für mich wie tot. Und mit diesem Toten kann (und will) ich keine Beziehung mehr haben.

Obwohl dieser Satz sehr hart ist, habe ich ihn schon häufiger gehört, wenn Menschen über einen anderen berichten. Die Gründe für eine solche Aussage sind sehr verschieden. Manchmal beruht sie auf einer tiefen Enttäuschung, zum Teil aber auch auf Wut oder gar Hass auf einen Menschen. Mit einer solchen Motivation hat vielleicht auch mancher Pharisäer gedacht, als etwa 30 Jahre nach Beginn unserer christlichen Zeitrechnung der Mensch Jesus am Kreuz hingerichtet wurde: »Endlich ist Ruhe. Endlich ist der tot. Der ist für mich gestorben.«

Doch diese Wendung kann man auch anders betonen: Der ist für mich, also an meiner Stelle, gestorben. Statt seiner hätte ich eigentlich diesen Tod erleiden müssen. Tatsächlich steht bei Gott auf jede Form von Schuld nur eine Strafe: Der Tod. Wenn wir sündigen – und irgendwann tun wir das alle –, haben wir den Tod verdient. Das ist die gerechte Strafe für jedes Vergehen gegen Gottes Gebote, ob wir es wahrhaben wollen oder nicht. Deswegen ereilt der Tod jeden irgendwann: Manchmal als unmittelbare Folge einer bestimmten Sünde, manchmal erst Jahre später. Das ist unser Dilemma: Wenn jeder, der sündigt, dafür den Tod erleidet, und wenn jeder sündigt, wie kann ich diesem Schicksal entgehen? Das geht nur, wenn jemand anderes meine Schuld auf sich nimmt, meine Strafe dafür trägt und für mich den Tod erleidet. Wohl dem, der in diesem Sinne sagen kann: Der (Christus) ist für mich gestorben.

mm

Können Sie das aus tiefer Überzeugung sagen: Christus ist für mich, d. h. an meiner Stelle, gestorben?

Jesus drängt sich niemandem auf, aber er weist auch keinen zurück, der zu ihm kommt, um Ruhe von seinen Sünden zu finden.

Römer 5,1-11

28. Sept. 20

Montag

Jom Kippur (jüdisches Versöhnungsfest)

Alles aber von Gott, der uns mit sich selbst versöhnt hat durch Christus ... Den, der Sünde nicht kannte, hat er für uns zur Sünde gemacht, damit wir Gottes Gerechtigkeit würden in ihm. 2. Korinther 5,18.21

Versöhnung

Der heutige Tag ist im israelischen Kalender ein besonders wichtiger Feiertag. Er bildet den Abschluss von insgesamt 10 Bußtagen, die den Beginn eines neuen Jahres (Rosch ha-Schana) markieren. In dieser Zeit denkt man an seine Sünden, die man im vergangenen Jahr begangen hat, bittet Gott um Vergebung und versöhnt sich mit allen, mit denen man Streit hatte. Denn nach jüdischem Glauben vergibt einem Gott erst dann, wenn man sich vorher mit Menschen versöhnt hat (vgl. Matthäus 6,14-15). Am Jom Kippur, so nennen die Juden ihren Versöhnungstag, dem letzten in dieser Reihe von Tagen, schränkt man sich in vielem ein (Arbeit, Essen, Trinken, Vergnügen), um sich ganz auf seine innere Reinigung zu konzentrieren.

Auch für Christen ist Versöhnung wichtig. Unser Tagesvers spricht von einer Versöhnung, die Gott ein für alle Mal als Grundlage legte, indem er seinen Sohn auf diese Erde sandte und ihn für uns zur Sünde machte, damit wir zur Gerechtigkeit werden konnten, die vor Gott Bestand hat. Das ist eine vollkommen sichere Basis für Vergebung, man kann sich keine bessere vorstellen. Denn wenn der Sohn Gottes selbst für uns die Strafe der Sünde trägt, dann sind wir – wenn wir das glauben und in Anspruch nehmen – für immer freigesprochen von unserer Sünde.

Das beschränkt sich nicht auf die Sünde in der Vergangenheit, sondern gilt auch für die Sünden, die wir als Gottes Kinder zwar gerne vermeiden wollen, aber doch noch des Öfteren tun werden. Und was die Versöhnung mit anderen Menschen angeht, so können wir nicht nur um Vergebung bitten oder diese anbieten, sondern wir können auch darauf hinweisen, dass man mit Gott in Christus versöhnt werden kann, um Frieden zu schließen und ewiges Leben zu bekommen. *pj*

? Kennen Sie auch Zeiten der Besinnung, um Fehler und Sünden der Vergangenheit zu bereinigen?

! Nehmen Sie sich doch heute Zeit dafür, mit Menschen und Gott ins Reine zu kommen!

3. Mose 23,27-32

Bei Gott sind alle Dinge möglich.
Matthäus 19,26

Nichts ist unmöglich

Da soll doch noch mal einer behaupten, die Bibel sei ein Märchenbuch und völlig unglaubwürdig! Wie oft schon wurde beispielsweise über die Story von Jona und dem Wal gespottet und gesagt, dass diese Geschichte mal wieder ein Beleg dafür sei, dass die Bibel lauter Märchen enthalte. Weil Jona Gott ungehorsam war, wurde er von einem Wal verschluckt und durfte drei Tage lang im Bauch des Tieres nachdenken. Nachdem er wieder zur Besinnung kam, spuckte ihn der Wal körperlich unversehrt, aber geistig geläutert wieder aus. Ob so etwas tatsächlich möglich ist?

Doch fast dasselbe ist Rainer Schimpf, einem Taucher, in Südafrika passiert. Allerdings wurde er gleich wieder ausgespuckt und musste nicht drei Tage lang in dem Wal bleiben. Die Zeitungen waren voll mit seiner Story, und als Beweis gibt es sogar ein Video. Auch dieser Mann blieb körperlich unversehrt. Er sagt aber, dass er nach diesem Erlebnis nicht mehr derselbe sei und so etwas nicht noch einmal erleben möchte.

Ich weiß nicht, ob dieser Mann auch eine Lektion erteilt bekam, aber immerhin ist seine Geschichte ein Beweis dafür, dass bei Gott tatsächlich nichts unmöglich ist. Zumindest hat dieser Mann mit dem Wal das größte Abenteuer seines Lebens erlebt und ist durch die Medien auch noch berühmt geworden. Die Bibel ist voll von Abenteuern und berühmten Menschen. Es lohnt sich wirklich, sie zu lesen. Allerdings steht fest, dass nicht einmal die Auferweckung eines Toten einen Menschen von der Existenz und Allmacht Gottes überzeugen kann, wenn er beschlossen hat, ein Gottesleugner zu bleiben. Das ist schrecklich, denn Gott lässt solche Wunder ja nicht um ihrer selbst willen geschehen, sondern damit wir zu ihm umkehren. *sst*

? Wie hat Gott schon mal bei Ihnen angeklopft?

! Jeder von uns hat schon Unerklärliches und Bewahrendes erlebt.

Jona 1 und 2

Mittwoch

30. Sept. 20

Wie viele sind deiner Werke, HERR!
Du hast sie alle mit Weisheit gemacht;
die Erde ist voll deiner Reichtümer.
Psalm 104,24

Besserwisser

Ein altes englisches Gedicht erzählt von einer Frau, die eines Tages durch die Wiesen spazierte. Als sie so entlangschlenderte und über die Natur nachdachte, kam sie an ein Feld mit golden leuchtenden Kürbissen. An der Ecke des Feldes stand eine majestätische, riesige Eiche. Die Frau setze sich unter die Eiche und begann, über die seltsamen Ungereimtheiten in der Natur nachzusinnen. Warum hängen winzige Eicheln an riesigen starken Ästen und riesige, schwere Kürbisse an schwachen Ranken? Sie dachte, Gott hätte wohl Fehler beim Einrichten der Natur gemacht. Er hätte die kleinen Eicheln an die schwachen Ranken und die großen Kürbisse an die starken Ästen hängen sollen. Nach kurzer Zeit nickte die Frau in der warmen Herbstsonne ein. Eine kleine Eichel, die auf ihre Nase plumpste, weckte sie wieder auf. Sie musste schmunzeln und berichtigte ihre vorherigen Gedanken. Vielleicht lag Gott doch richtig damit, wie er es gemacht hatte.

Diese Geschichte illustriert humorvoll, wie kurzsichtig oftmals unser Denken ist und dass es immer wieder revidiert werden muss. Wir übersehen nämlich, dass unser schnelles Urteil nie das Ganze überblickt und nicht sämtliche Hintergründe und Zusammenhänge kennt. Gott weiß jedoch in jeder Situation weit mehr über uns Menschen und unsere Umstände, die bedacht werden müssen. Er kennt den Anfang und das Ende. Wir dürfen es ihm zutrauen, dass er alles wohl geordnet hat, auch wenn uns der Sinn nicht immer gleich zugänglich ist. Er allein weiß, wie man einen vollkommenen Plan entwirft, der am Ende alles gut werden lässt für solche, die ihm vertrauen. Vor einem vorschnellen Urteil sollte man sich daher hüten. Noch besser wäre es, ihm in allem zu vertrauen. Dann beweist er uns täglich seine Liebe und Fürsorge.

ht

? Geht es uns nicht oft ähnlich, dass wir meinen, wir wüssten es besser?

! Bitten Sie Gott um mehr Einsicht und Vertrauen!

Psalm 33

Gott hat mich erlöst, dass ich nicht hinfahre zu den Toten, sondern mein Leben das Licht sieht.

Hiob 33,28

Volkskrankheit Depression

Nach einer Studie der WHO (Weltgesundheitsorganisation) aus dem Jahr 2015 leiden weltweit über 322 Millionen Menschen an einer Depression, 18 % mehr als im Jahr 2005. Das entspricht 4,4 % der Weltbevölkerung (zum Vergleich: 35 Millionen leiden an Krebs). In Deutschland wurde bei 4,1 Millionen Menschen eine Depression diagnostiziert. Das sind 5,1 % der Bevölkerung. Hinzu kommen 4,1 Millionen mit einer Angststörung (Quelle: Dt. Ärzteblatt vom 23.2.2017). Fachleute sprechen zu Recht von einer Volkskrankheit, die zudem mit Blick auf die mögliche Schwere der Erkrankung häufig unterschätzt wird.

Es ist normal, dass jeder Mensch traurige, auch deprimierende Zeiten durchmacht. Wenn die Niedergeschlagenheit allerdings chronisch wird, sollte der Betroffene Hilfe suchen. Ich maße mir nicht an, psychisch leidenden Menschen, die in einer schweren Lebenskrise stecken und vielleicht sogar Selbstmordgedanken hegen, schlaue Ratschläge zu geben. Denn Leidgeplagte, die sich in seelischer Dunkelheit befinden, empfinden die Ratschläge derjenigen, die von der »Licht-Seite« des Lebens her urteilen, oft eher als Schläge denn als Rat.

Ähnlich erging es dem biblischen Hiob, der nach schweren Schicksalsschlägen todkrank die klugen Reden seiner Freunde anhören musste. Hiob klagte und wollte sterben. Was ihm letztlich half, war der Blick weg von sich selbst und seinem elenden Zustand hin zu Gott dem Schöpfer, der gerecht und allmächtig ist. Echte Seelsorge ist für depressive Menschen nur dann nachhaltig, wenn die Patienten daran erinnert werden, dass Gott auch ihr Leben in seinen liebenden Händen hält. Die Botschaft der Bibel gibt echte Hoffnung! *dbe*

? Haben Sie Ihren »Lebensrucksack« voller Schuld und Mühsal bereits bei Jesus Christus abgeladen?

! Auch ein Christ wird im Leben mit Leid konfrontiert. Er hat jedoch einen wahren Tröster und Ermutiger an seiner Seite.

Hiob 42,1-6

Es sind die Gütigkeiten des HERRN, dass wir nicht aufgerieben sind, denn seine Erbarmungen sind nicht zu Ende: sie sind alle Morgen neu, deine Treue ist groß. Klagelieder 3,22-23

Gott ist allein ewig treu

Wegen Familienzuwachs verkauften wir im August 2018 unseren Caddy SDI – mit 462 000 Kilometern! Wir erwarteten unser viertes Baby, und diesen Typ Caddy konnten wir leider nicht auf sechs Sitze erweitern. Dieses Auto hat uns vierzehn Jahre treue Dienste geleistet. Manche Abenteuer haben wir gemeinsam durchstanden, auch Gebetserhörungen erlebt – sprichwörtlich galt auch bei unserem VW: Er läuft und läuft und läuft. Mehrmals erhielten wir die Bestätigung: Einen SDI-Motor kriegt man nicht kaputt.

Der alte Caddy wurde uns immer mehr zum Sinnbild für die in unserem Tagesvers angesprochene »große Treue Gottes«. Natürlich ist ein Auto oder auch sonst irgendein Gegenstand an sich nicht treu, höchstens haltbar und gut gebaut; aber er erinnerte uns daran, dass wir bei Gott in noch weit größerer Sicherheit sind als bei dem allmählich zum Oldtimer mutierten Wagen, der uns nie im Stich ließ; denn genau dasselbe haben wir mit Gott erlebt.

Nun soll aber nicht der Eindruck entstehen, unsere Familie glaubte nur deshalb an Gott, weil unser Auto so unverwüstlich war. Unser Tagesvers stammt aus den »Klageliedern« und spricht davon, dass sich Gottes unverwüstliche Gütigkeiten auch da noch zeigten, wo ein ganzes Königreich untergegangen war und die Überlebenden in die Babylonische Gefangenschaft geführt wurden. Aber selbst da noch erkannte der Prophet Jeremia Gottes Treue und Gütigkeit daran, dass »nicht alle aufgerieben«, das heißt getötet oder gefangen waren. Es gab noch Aussicht auf ein Fortbestehen.

Jeden Morgen, den er heraufziehen lässt, gibt er den Menschen auch heute noch die große Chance, mit ihm versöhnt zu werden. Ist es vernünftig, das auszuschlagen?

mtz

Auf wen oder was verlassen Sie sich?

Gott ist der Einzige, dessen Treue über den Tod hinaus bestehen bleibt.

Psalm 27,1-8

Denn er selbst ist unser Friede, er, der aus beiden … eine Einheit gemacht und durch sein körperliches Sterben die Mauer der Feindschaft niedergebrochen hat.

Epheser 2,14

Jetzt wächst zusammen, was zusammengehört

»Das ist eine historische Stunde, an die ihr euch noch lange erinnern werdet«, sagte meine Geschichtslehrerin, als vor 30 Jahren junge Menschen auf der Berliner Mauer unter dem Brandenburger Tor saßen. Mein Bruder war damals extra von seinem Studienort nach Berlin gefahren, um es selbst mitzuerleben. Die deutsche Wiedervereinigung ist der Schlusspunkt einer 40 Jahre langen Trennung Deutschlands (1949–89), die durch die Öffnung der Berliner Mauer am 9. November 1989 faktisch beendet wurde. »Jetzt wächst zusammen, was zusammengehört«, kommentierte Willy Brandt, der Alt-Kanzler der 70er-Jahre, den Mauerfall.

Vor 2000 Jahren hat ein noch viel entscheidenderer Mauerfall stattgefunden. In dem Tagesvers haben wir davon gelesen, wie Menschen ohne Gott (Heiden) vereinigt wurden mit Menschen, die Gott kannten (Juden). Wie konnte das geschehen? Der Vers davor klärt uns auf: »Doch jetzt seid ihr, die ihr damals Fernstehende wart, durch die Verbindung mit Jesus Christus und durch sein Blut zu Nahestehenden geworden« (Epheser 2,13). Die Schulden zwischen Menschen und Gott hatten sich wie Mauern aufgetürmt (Jesaja 59,2). Aber durch den Glauben an Jesus Christus sind die einst Gottlosen zu Kindern Gottes geworden und wie Adoptivkinder in Gottes Familie aufgenommen worden (Epheser 1,5). Möglich wurde das »durch sein Blut« – ein Sinnbild für den Kreuzestod von Jesus Christus, an dem sein Blut floss und der damit die trennende Sündenschuld auslöschte – damit zusammenwachsen kann, was zusammen gehört. Der Unterschied zu Wiedervereinigung besteht darin, dass die Zusammengehörigkeit für alle besteht, die das glauben und für sich in Anspruch nehmen, egal, welcher ethnischen oder sonstigen Abstammung sie sind.

tp

Hatten Sie schon Ihren besonderen Tag, an dem Sie wieder mit Gott vereint wurden?

Die persönliche Wiedervereinigung mit Gott ist ein Fest, bei dem der ganze Himmel mitfeiert (Lukas 15,10).

Epheser 2

Jede gute Gabe und jedes vollkommene Geschenk kommt von oben herab, von dem Vater der Lichter, bei dem keine Veränderung ist, noch ein Schatten infolge von Wechsel.

Jakobus 1,17

Auch trockenes Brot wird gegessen!

Es ist schon eine Weile her, als der Opa meiner Frau – Opa Peter – äußerte, ihm falle es schwer, Brot wegzuwerfen. Dass Brot auch mal trocken wird, kennen wir. Es ist naheliegend, es dann zu entsorgen und neues zu kaufen. Opa Peter denkt da anders: Er isst das Brot. Warum macht er das? Das sind doch nur wenige Cent!? Opa Peter wuchs in der Sowjetunion auf. Die Kriegsjahre hat er als Teenie miterlebt. Hunger, Kälte, Armut – alles hat Peter erlebt. Einmal, als sie mit einer Masse von Menschen auf der Flucht waren, hat er seine Familie aus den Augen verloren. Es vergingen viele Monate, in denen sie nichts voneinander wussten. Und Peter? Der schlug sich irgendwie durch – als Teeny. Die Zeit hat ihn sicher geprägt.

Und ich? Ich weiß nicht, was Hunger ist. Wenn ich mal doch kurzfristig hungrig bin, dann kann es daran liegen, dass ich morgens keine Lust hatte, ein Brot für die Arbeit zu schmieren. Ich habe immer genug anzuziehen. Ich kenne NUR Wohlstand! Meine Kinder erst recht.

Ist das ein Problem? Nicht unbedingt. Das Problem ist aber: Es ist für mich so selbstverständlich. Viel zu selten denke ich daran, dass ich zu einem ganz geringen Prozentsatz gehöre, denen es so geht. Das ist schade. Warum durfte ich in Deutschland groß werden? Warum habe ich Eltern, die mich gut versorgt haben? Warum muss ich mir keine Gedanken um das Essen für morgen machen? Viele Fragen kann ich nicht beantworten. Aber ich will nicht vergessen, wem ich das zu verdanken habe: Gott! Er ist der Geber aller guten Gaben. Ich will dankbar sein – nicht nur heute, am Erntedankfest. Ich will ein dankbarer Mensch sein, und das möglichst nicht nur durch Worte, sondern durch einen Lebensstil. *wd*

? Wann haben Sie das letzte Mal für Ihre Lebensumstände gedankt?

! Sicherlich lässt sich täglich mindestens ein Grund finden, für den Sie Gott danken könnten.

Psalm 105,37-45

5. Okt. 20

Weltlehrertag **Montag**

**Wer Zurechtweisung liebt, der liebt es zu lernen,
wer keine Ermahnung erträgt, ist einfach nur dumm.**
Sprüche 12,1

Respekt – nicht nur in der Schule

Über Lehrer werden viele Witze gemacht, viele davon verletzend und unüberlegt. Gewiss hat die größte Zahl der Lehrer den Beruf ganz bewusst gewählt. Woher also die Witze?

Da sind zunächst einmal wir Eltern, die das eigene Kind mit – berechtigterweise – verklärten Augen sehen. Unsere kleine Prinzessin ist eigentlich ein Genie und wird völlig falsch beurteilt. Das war bei uns selbst damals auch schon so! Wir stöhnen: Unser Mathelehrer war auch schon so schlimm! Oder: So viele Hausaufgaben hat die euch aufgegeben? Wie kann sie nur?!

Was wird dadurch bewirkt? Kann unser Kind noch Respekt empfinden für die Lehrperson? Lernt unser Kind an unserem Verhalten, wie man mit Autoritätspersonen umgeht? Hat unser Kind letztlich Respekt vor uns? Lernt es ein gutes, selbstbewusstes und gleichzeitig respektvolles Verhalten einem späteren Chef gegenüber? Wir kommen in der Geschichte unseres Landes von einem völlig übertriebenen Respektverhalten, so viel ist klar. Es hat sich inzwischen allerdings ins völlige Gegenteil verdreht. Wir machen nicht nur Witze über Respektpersonen, sondern bewerten sie willkürlich, verklagen sie oder wählen sie einfach ab.

Zu einem gesunden Miteinander kommen wir nur durch diszipliniertes Sprechen miteinander statt übereinander – und durch respektvolles höfliches Handeln. Und dahin führt uns ein Lernprozess, der am besten damit beginnt, dass wir Gott fürchten und seinen Geboten gehorchen, die auf ein geordnetes Verhältnis zu ihm und zu unseren Mitmenschen abzielen. Indem wir lernen, Respekt zu üben, helfen wir unseren Kindern, Respekt zu entwickeln und einmal selbst eine Respektsperson zu werden. *sp*

Wie können Sie heute anderen vorleben, dass Sie Ihre Mitmenschen respektieren?

Machen Sie sich bewusst, dass jedes Geschöpf Gottes Würde besitzt und deshalb Ihren Respekt verdient.

Johannes 4,43-54

Was nützt es einem Menschen, wenn er die ganze Welt gewinnt, dabei aber sein Leben einbüßt?

Matthäus 16,26

Koffer oder Leben? Koffer!

Chicago, Oktober 2016: Das rechte Triebwerk einer Boeing 767 explodiert direkt nach dem Abheben. Der brennende Jet kommt auf dem Rollfeld zum Stehen und muss evakuiert werden, bevor die Maschine in Flammen aufgeht. Die Notausgänge werden geöffnet, die Notrutschen aufgeblasen. Aber was tun viele Passagiere? Anstatt den schnellsten Weg ins Freie zu suchen, zanken sie sich um den Zugriff auf die Gepäckfächer. Sie versuchen, Koffer über die Köpfe ihrer Mitreisenden Richtung Ausgang zu wuchten oder versperren anderen mit ihren Taschen den Weg. Die Befehle des Personals »Leave everything behind!« werden nicht befolgt, obwohl die Gefahr besteht, dass die Koffer Löcher in die Notrutschen reißen und die Menschen nicht mehr rechtzeitig ins Freie kommen. Dies ist kein Einzelfall: Laut einer Studie wird das lange Zusammensuchen von Gepäckstücken bei Flugzeugevakuierungen zunehmend zur Gefahr.

Warum versuchen so viele Menschen in einer Ausnahmesituation instinktiv, ihre Habseligkeiten zu retten, obwohl sie dadurch den eigenen Tod und den ihrer Mitreisenden riskieren? Warum hängen wir so sehr an unserem Besitz? Denken wir, dass unser Leben sinnlos wäre, wenn wir den Laptop, die Kamera und unsere Kleider verlieren würden? Sicher nicht. Nach was man aber in der Not greift, zeigt, um was man sich im Leben dreht. Es offenbart, was einem wirklich wichtig ist. Wir fühlen uns nackt und hilflos ohne unseren Besitz. Dabei muss jeder von uns, wenn es ans Sterben geht, ohnehin alles zurücklassen. Nach dem Tod geht es nicht mehr darum, was man alles hat oder nicht hat, sondern nur noch darum, wie man zu Gott steht. Klug ist der, der zu seinen Lebzeiten nicht Besitztümer anhäuft, sondern sich darauf vorbereitet, Gott zu begegnen. *eli*

? Nach was greifen Sie in der Not?

! Wer Gott hat, kann nichts verlieren.

1. Mose 19,12-26

**Ein freundliches Wort heilt und belebt,
aber eine böse Zunge raubt jeden Mut.**
Sprüche 15,4

»Wenn man nichts Gutes über jemanden sagen kann, sollte man lieber schweigen.«

Laut dem Journalisten Wolfgang J. Reus leitet sich das obige Zitat von dem lateinischen Sprichwort »De mortui nil nisi bene« (zu deutsch »Über die Toten [rede] nur gut«) ab. Reus war der Meinung, dass deshalb viele Boulevard-Berichterstatter lieber nichts sagen oder schreiben sollten, anstatt immer nur negative Nachrichten zu bringen. Doch letztlich wird nur das publiziert, was der Zuschauer will. Ein Blick in die Tageszeitung und die Fernsehnachrichten bestätigt: Katastrophen und brisante Themen sind interessanter als Berichte über Wohltätiges und Gutes. Der Mensch liebt es anscheinend, sich über andere aufzuregen.

Wie sieht das aber in unserem persönlichen Alltag aus, wenn wir unseren Familienangehörigen, Arbeitskollegen, Freunden und Nachbarn etwas erzählen? Neigen wir da nicht auch dazu, in Kritik, Jammern und Klagen zu verfallen? Machen wir nicht auch oft lautstark andere Personen oder die Umstände in unserem Leben für unsere Probleme verantwortlich? Positives hingegen erwähnen wir wenig oder betrachten es gar als selbstverständlich.

Ein Blick in die Bibel kann uns helfen, unsere Perspektive zu ändern: Freundliche, wohlwollende Worte tun uns und unserem Gegenüber gut. Klatsch und Tratsch allerdings bewirken Böses, denn sie entmutigen und bringen keinen Nutzen. Daher möchte ich Sie mit dem heutigen Tagesvers dazu ermutigen, Ihre Gedanken und Worte mit der Hilfe Gottes bewusst auf das Positive zu lenken und Ihren Mitmenschen mit freundlichen, wohltuenden Worten zu begegnen. Ihre Worte können Ihr Gegenüber aufbauen und ermutigen, sodass dieser wieder neuen Lebensmut und Hoffnung schöpfen kann. *ahe*

Wie viel Gutes und Aufbauendes haben Sie in den letzten Tagen bewusst Ihren Mitmenschen gegenüber geäußert?

Halten Sie einen Moment inne, bevor Sie im Eifer etwas sagen, was für Ihr Gegenüber wenig nützlich ist.

Jakobus 3,1-12

**Und Gott der HERR
setzte den Menschen in den Garten Eden,
ihn zu bebauen und zu bewahren.**

1. Mose 2,15

Verwalter einer großartigen Erde

Erst seit kürzerer Zeit entdeckt man immer mehr Planeten, die außerhalb unseres Sonnensystems fremde, ferne Sonnen umkreisen. Aber man hat noch keinen gefunden, auf dem auch Leben sein könnte, wie wir es hier auf unserem daher so überaus kostbaren Planeten in so reichem Maß finden.

Auch von den mit uns um unsere Sonne kreisenden Planeten und Monden taugt keiner zum Bewohnen. Die einen sind zu nahe an der Sonne und viel zu heiß, die anderen haben eine Lufthülle, die für uns das reinste Giftgas wäre, und andere haben gar keine Gashülle zum Atmen. Wieder andere sind zu weit von der Sonne weg und daher viel zu kalt. Selbst wenn es dort Wasser gibt, ist es nur in tief gefrorenem Zustand vorhanden und kann keinem Leben dienen, oder diese Himmelskörper bestehen ganz und gar aus Gas, das mit unvorstellbarer Geschwindigkeit umherwirbelt und wo man nirgends sicher landen könnte. Wir sollten also alles tun, um das Gebot des Schöpfers zu erfüllen, das unser heutiger Tagesvers beschreibt.

Wir sind von Gott eingesetzte Verwalter und nicht die Herren dieser wunderbaren Erde. Und von Verwaltern wird Rechenschaft gefordert. Gott meint damit nicht nur die großen Herren, die aus Weizen elektrischen Strom und Papier machen und dadurch täglich viele Tausende verhungern lassen. Er meint auch uns kleine Leute, die so unsäglich viele Nahrungsmittel wegwerfen. Natürlich sagen wir schnell, dass wir doch alte Brötchen und faules Obst und zu viel gekochte Nudeln nicht nach Afrika bringen können; aber wir könnten doch sehr viel überlegter einkaufen und das ersparte Geld denen geben, die den Leuten in armen Ländern Hilfen zur Selbsthilfe bringen und ihnen von dem großen Schöpfer erzählen.

gr

Wo könnten Sie sparen, ohne wirklich etwas zu entbehren?

Es ist doch immer wieder ein sehr schöner Gedanke, einem Menschen das Leben ermöglicht zu haben.

2. Korinther 9,9-15

9. Okt. 20

Freitag

Besser wenig mit Gerechtigkeit als großes Einkommen durch Unrecht.

Sprüche 16,8

Beim Abfall-Entsorger

Bei unserer Haus-Renovierung ist einiges an Bauschutt, Holz und sonstigem Müll zusammengekommen! Heute ist der große Tag, an dem das Ganze – natürlich fein säuberlich getrennt – zum Entsorger gebracht werden soll. Ein Freund hat mir seinen Anhänger geliehen, ein anderer will mir beim Laden und Wegfahren helfen. Weil die Entsorgungskosten für den Bauschutt überschaubar sind, bin ich zuversichtlich, dass erst recht die Holzreste, die ja sicher über eine Verbrennungsanlage zur Strom- oder Wärmegewinnung genutzt werden, günstig zu entsorgen sind ... wenn man dafür nicht sogar auch noch etwas Geld bekommt.

Weit gefehlt: Die Holzabfälle kosten ein Mehrfaches! Ich erschrecke und frage wegen der nächsten Fuhre schon mal vorsichtig nach, mit welchen Gebühren denn pro Tonne kalkuliert wird, wenn ich mit Teppich- und PVC-Resten auf die Waage fahre. Mir verschlägt es die Sprache!

Kennen Sie das auch? Sofort wechselt mein Kopf in den »Kreativitäts-Modus«: Ich überlege, wie sich durch die Anzahl der Insassen das abzurechnende Gewicht »kostenoptimiert gestalten« lässt, wenn das Auto zur Waage fährt. Während ich so denke, kommt mir unvermittelt ein Vers in den Kopf, den ich erst kurz vorher gelesen hatte: »Zweierlei Maß und zweierlei Gewicht sind beide ein Gräuel für Jahwe« (Sprüche 20,10). Eine deutliche, biblische Aussage, zu der ich beim ersten Lesen kaum einen und jetzt plötzlich einen extrem realen Bezug habe!

Wie konkret die Bibel manchmal in den Alltag redet und wie der Allmächtige doch unsere Raffinesse sieht, unsere vermeintlichen Kavaliersdelikte! Ich habe noch manches zu lernen und bin dankbar, dass mir SEIN Maßstab rechtzeitig in den Sinn kommt. *md*

In welchen Bereichen werden Sie schon mal gerne zum eigenen Vorteil »kreativ« und lassen dafür fünf gerade sein?

Ehrlichkeit wiegt mehr als der Erfolg des Augenblicks. Es ist niemals zu spät, ehrlich zu sein.

Kolosser 3,5-11

Ich bin gekommen, damit sie das Leben haben und es im Überfluss haben.

Johannes 10,10

Das große Unwissen der Deutschen

Deutschland gilt als Land des Brotes. Wenn ich allerdings meine Patienten in der Ernährungsberatung frage, welches das gesündeste Brot ist und woran man es erkennen kann, wissen das die meisten nicht. Ich bekomme Antworten wie: »Das ganz dunkle«, »Das mit den vielen Körnern«, oder: »Bloß keinen Weizen!«. Doch keine der Antworten ist richtig.

Eine noch wichtigere Frage als die nach dem gesündesten Brot ist die Frage nach dem gesündesten Leben. Auch hier herrscht viel Unwissenheit: Wie lebe ich das gesündeste Leben, welches am längsten andauert, am besten ewig? Mit Sport? Entspannung? Gesundem Essen? Guten sozialen Kontakten? Hilfsbereitschaft und guten Taten? Diese Dinge sind definitiv wichtig, aber sie garantieren keine Gesundheit und schon gar kein langes oder ewiges Leben.

Wie gut, dass diese Frage schon vor ca. 2000 Jahren gestellt und beantwortet wurde. Ein Gefängniswärter fragte Paulus und Silas: »Ihr Herren, was muss ich tun, dass ich gerettet werde?« (Apostelgeschichte 16,30). Dieser Mann hatte gerade Erdbeben, Angst um den Job und Selbstmordgedanken erlebt. Ihm wurde bewusst, wie schnell ein Leben vorbei sein kann und dass er dann mit seiner Sünde, d. h. mit all seinen falschen Gedanken, Taten und Worten, vor Gott stehen muss. Und Gott würde ihn dafür bestrafen müssen. Wie kann ich dem entgehen? Wie kann ich »gesund« vor Gott stehen und eine Chance auf ein ewiges Leben haben?, so mag er sich gefragt haben. Die Antwort, die er bekam, gilt heute noch: »Glaube an den Herrn Jesus Christus, so wirst du gerettet werden!« Durch den Glauben, dass der Herr Jesus Christus für meine Sünden am Kreuz gestorben ist, bekomme ich also das »gesündeste« Leben – im Sinne eines ewigen, unvergänglichen Lebens.

vj

? Was tun Sie für Ihre ewige Gesundheit?

! Lesen Sie die Geschichte vom Gefängnisaufseher in Apostelgeschichte 16 nach.

Apostelgeschichte 16,23-34

**Und wenn man den einen angreift,
so können die beiden Widerstand leisten;
und eine dreifache Schnur wird nicht so bald zerrissen.**

Prediger 4,12

Resilienz – Immunsystem der Seele

Eines der aktuellen Modeworte lautet Resilienz. Resilienz ist die psychische Widerstandskraft, die es uns ermöglicht, schwierige Lebenssituationen zu meistern, ohne daran zu zerbrechen. Während die Nachkriegsgeneration noch eine sehr hohe Resilienz aufwies, sinkt diese mit dem steigenden Lebensstandard der Bevölkerung in unserem Land. Psychische Erkrankungen nehmen stetig zu, und oft sind Menschen nicht mehr in der Lage, die kleinsten Krisen zu bewältigen. Lehrer bemängeln bereits, dass Kinder mit schwierigen Situationen nicht mehr umgehen können. Dabei ist Resilienz immens wichtig für unser Leben. Wie also gelingt es, sie wieder zu steigern?

Wir leben in einem aufgeklärten Zeitalter. Gott spielt keine Rolle, denn die Wissenschaft meint bewiesen zu haben, dass es ihn nicht gibt. Gleichzeitig finden Forscher heraus, dass gläubige Menschen eine höhere Resilienz haben als Menschen, für die der Glaube keine Rolle spielt. Die Resilienz bei gläubigen Menschen ist so groß, dass einige, die genetisch bedingt an Depressionen leiden müssten, nicht erkranken.

Der Tagesvers sagt, dass eine besonders enge Verbindung zwischen zwei Menschen, sprich die Ehe, eine hohe Resilienz hervorbringt. Wenn die beiden dann noch durch den Glauben mit Gott verbunden sind, was mit dem Bild der dreifachen Schnur ausgedrückt wird, haben sie gute Chancen, schwierige Situationen zu meistern. Es ist nicht sinnvoll, Gott einfach auszuklammern. In vielen Lebenslagen finden sich Hinweise darauf, dass es ihn gibt. Wenn man in der Bibel zu lesen beginnt und sich Gott im Gebet zuwendet, wird das nicht nur unser Leben durch eine neue Beziehung bereichern, es wird langfristig auch unsere Resilienz stärken und uns fähig machen standzuhalten. *apa*

Wie lange reicht Ihre Kraft wohl noch?

Die Beziehung zu Gott ist die wichtigste von allen. Und geteilte Kraft ist doppelte Kraft.

Jesaja 41,10-13

Montag

Denn Widerspenstigkeit ist eine Sünde wie Wahrsagerei, und Widerstreben ist wie Abgötterei und Götzendienst.
1. Samuel 15,23

Ein Riesenproblem

Das größte Problem des Menschen ist die Sünde. Doch was ist Sünde eigentlich? Der amerikanische Theologe Paul David Washer hat dazu Folgendes gesagt: »Die Bibel umschreibt Sünde mit den Begriffen Rebellion und Widerspenstigkeit. Das Wort Rebellion bezieht sich auf eine Revolte, einen Aufstand, Aufruhr oder Meuterei. Das Wort Widerspenstigkeit ... kennzeichnet jemanden, der stur, aufdringlich, unverschämt, anmaßend und arrogant ist. Diese Definitionen helfen uns, die schreckliche Natur des Ungehorsams des Menschen (gegenüber Gott) zu erkennen. ... Der Mensch steht im Gegensatz zum Reich Gottes und ruft nach dem Aufstieg seines eigenen Reiches.«

Das bedeutet, der Kern der Sünde besteht darin, seinen eigenen Willen zu tun und sich selbst auf den Thron seines Lebens zu setzen. Und das heißt im Klartext: Wir tun von Herzen gern, was wir wollen, und nicht das, was uns jemand anders, und schon gar nicht Gott, vorschreibt. Wir empören uns, lehnen uns auf, meutern und rebellieren. Unser Wille steht an oberster Stelle. Wir drehen uns um uns selbst und unsere Interessen. Von Natur aus ordnen wir uns dem lebendigen Gott nicht unter. Sünde bedeutet also Übertretung jeglicher Art von Gottes Maßstäben und Vorschriften und dem damit einhergehenden Infragestellen seiner Autorität. Das Fatale ist, dass jede auch noch so kleine Sünde, also jedes Vergehen, vom lebendigen Gott geahndet werden wird. Jetzt merkt wohl jeder, dass wir ein Riesenproblem haben!

Genau deshalb war Jesus Christus bereit, für unsere Sünden zu sterben. Er hat sich dieses Problems angenommen, um es für uns zu lösen. Bekennen Sie ihm Ihre Sünde, Ihre Auflehnung gegen ihn und laden Sie Jesus ein, Herr über Ihr Leben zu sein. *tl*

? Wie stehen Sie zu dem Anspruch, den Gott an uns Menschen stellt?

! Dagegen zu arbeiten, löst das »Riesenproblem« jedenfalls nicht.

1. Timotheus 2,1-7

**Wenn aber diese Dinge anfangen zu geschehen,
so blickt auf und hebt eure Häupter empor,
weil eure Erlösung naht.**

Lukas 21,28

Gut informiert

letzten Jahren wurde vermehrt über schreckliche Katastrophen berichtet. Das Rote Kreuz hat in den vergangenen zehn Jahren weltweit 3750 Naturkatastrophen erfasst. Rund zwei Milliarden Menschen waren von den Ereignissen betroffen und mehr als 700 000 Menschen verloren ihr Leben. Etwa 95 % der Kinder, Frauen und Männer seien von Unglücken getroffen worden, die mit dem Wetter zusammenhängen, teilte das Rote Kreuz mit. Die Menschen haben ihr Hab und Gut teilweise oder ganz verloren. Rund die Hälfte der Todesopfer sei nach Erdbeben verzeichnet worden.

Über das Thema »Naturkatastrophen« hat Jesus, der Sohn Gottes, seine Mitarbeiter (Jünger) informiert; dabei ging es um die Zukunft der Welt, in der wir leben. Der Herr Jesus sagte: »Es wird sich Nation gegen Nation erheben und Königreich gegen Königreich, und es werden Hungersnöte und Erdbeben da und dort sein. Jesu Jünger (Christen) werden verfolgt, gehasst und getötet werden. Die Gesetzlosigkeit nimmt überhand, und die Liebe der meisten erkaltet.« Jesus Christus forderte seine Mitarbeiter auf, allen Menschen das Evangelium zu predigen; erst danach würde das Ende kommen. »Seht zu, erschreckt nicht« (Matthäus 24,7-14).

Man bekommt den Eindruck, dass sich die von Jesus beschriebene Zeit heute in unseren Tagen erfüllt. Die Menschheit steht vor einer Katastrophe ungeheuren Ausmaßes, und die Zeichen, die darauf hinweisen, häufen sich. Niemand bekommt das in den Griff, und die Hoffnung, dass doch alles wieder gut ausgehen wird, wird sich nicht erfüllen. So sicher, wie das alles kommen wird, so sicher ist auch die Ankündigung in unserem Tagesvers, die allen gilt, die sich in ihrem Leben auf Christus als ihren Retter verlassen. Er wird sie auch dann nicht enttäuschen. *kr*

Wenn uns die Schreckensnachrichten erreichen, was lösen sie bei Ihnen aus?

Das Evangelium wird immer noch verkündigt, damit auch Sie glauben und zu denen gehören, die Jesus rettet.

Lukas 21,5-28

14. Okt. 20

Mittwoch

**Und am Morgen, als es noch sehr dunkel war,
stand er auf, ging hinaus
an einen einsamen Ort und betete dort.**

Markus 1,35

Immer auf dem Laufenden ...

Erleichtert klappt meine Nachhilfeschülerin ihr Englischbuch zu und zieht hastig ihr Smartphone aus der Hosentasche. Immerhin 90 Minuten hat die Elfjährige darauf verzichtet und hält es mir jetzt grinsend entgegen. »369 neue Nachrichten!«, verkündet sie stolz und ruft zum Beweis WhatsApp auf, wo uns Bilder, Smileys und Kurznachrichten entgegenquellen. Noch während das Mädchen den Raum verlässt, beginnt sie hektisch mit dem Beantworten. Sie ist damit nicht alleine, 450 Millionen Nutzer griffen 2014 auf diesen Nachrichtendienst zurück. Neben der mobilen Facebook-Version, dem auf dem Smartphone eingerichteten Maileingang und den aussterbenden SMS garantiert er, dass wir jederzeit, überall erreichbar sind. Raum für eine Pause, um über das wirklich Wichtige nachzudenken, bleibt dabei kaum.

Die Bibel zeigt uns in den vier Evangelien, dass Jesus bis aufs Äußerste in soziale Interaktionen eingebunden war. Menschen liefen ihm in Scharen nach, hofften auf Heilung, auf Antworten, Trost und Aufmerksamkeit. Sie lauerten ihm am Morgen auf und bedrängten ihn selbst in der Nacht mit ihren Anliegen und Forderungen, die weit über das häufige Dahinplätschern des Smalltalks unserer heutigen Nachrichtendienste hinausgingen. Doch selbst Jesus, der alle göttlichen Eigenschaften in sich vereint, suchte bewusst die Stille. Alleine zog er sich an einsame Orte zurück, um seinen wichtigsten Kontakt zu pflegen, den zu Gott, seinem Vater. Von diesen Gesprächen, den Gebeten zu seinem Vater, ließ er sich selbst durch seine engsten Begleiter nicht abhalten. Ihm war diese Zeit mit Gott sehr viel wichtiger als die uneingeschränkte Erreichbarkeit durch Freunde, Gegner und Interessierte.

jpo

Wie oft nehmen Sie sich Zeit zum Innehalten, ohne für jeden erreichbar zu sein?

Nehmen Sie sich an Jesus Christus ein Beispiel und räumen Sie Zeiten, in denen Sie sich auf Gott und das wirklich Wichtige im Leben konzentrieren können, einen höheren Stellenwert ein!

Markus 1,32-39

Er aber antwortete und sprach: Es steht geschrieben: »Der Mensch lebt nicht vom Brot allein, sondern von einem jeden Wort, das aus dem Mund Gottes hervorgeht!«

Matthäus 4,4

Nicht vom Brot allein

Im Radio hörte ich kürzlich einen Bericht über die AWO (Arbeiterwohlfahrt). »Die AWO muss man dreimal loben, denn sie tun so viel Gutes!«, sagte eine Dame begeistert. »Sie haben es mir als Hartz-4-Empfängerin ermöglicht, kostenlos ins Kino zu gehen. Endlich kam ich mal raus. Nur zu Hause fernsehen ist langweilig.« Andere waren dankbar, dass sie ein Konzert oder eine andere kulturelle Veranstaltung besuchen konnten. »Der Mensch braucht mehr als nur Essen und ein Dach über dem Kopf, deswegen freue ich mich über die Musik, die ich live hören konnte.« Zum Schluss des Berichtes wurde der obige Tagesvers zitiert: »Der Mensch lebt nicht vom Brot allein.«

Das ist wahr. Aber schade, dass der zweite Teil des Verses weggelassen wurde: »... sondern von einem jeden Wort, das aus dem Mund Gottes hervorgeht!« Wir Menschen brauchen mehr als nur Wohnung und Nahrung. Aber wir brauchen auch mehr als Musik, Unterhaltung und kulturelle Anregung. Menschen brauchen das Wort Gottes.

Brot stillt unseren leiblichen Hunger, kulturelle Veranstaltungen können unser Bedürfnis nach Abwechslung, Unterhaltung und Schönheit stillen. Aber damit ist noch nicht alles abgedeckt, was uns Menschen ausmacht. Wir Menschen sind im Bild Gottes geschaffen, und jeder von uns hat eine Stelle in seinem Herzen, die leer bleibt, bis sie nicht von Gott selbst erfüllt wird. Gott hat die Ewigkeit in unser Herz gelegt (Prediger 3,11), sodass kein Mensch den großen Fragen des Lebens ausweichen kann: Existiert Gott? Wie kann ich ihn finden? Was ist der Sinn meines Lebens? Was kommt nach dem Tod?

Antworten auf diese Fragen finden wir weder in der Natur noch in der Kultur, sondern in der Bibel. Deswegen tun wir gut daran, die Worte zu lesen, die er uns mitgeteilt hat. *sa*

Was braucht der Mensch zum Leben?

Ohne Gott bleibt ein Teil unseres Herzens leer.

Apostelgeschichte 17,22-34

**Jesus wandte sich aber zu ihnen und sprach:
Töchter Jerusalems, weint nicht über mich,
sondern weint über euch selbst und über eure Kinder!**

Lukas 23,28

Hungersteine

Vor zwei Jahren, als der Jahrhundertsommer für viel Trockenheit und Niedrigwasser in den Flüssen Deutschlands sorgte, kamen sie überall zum Vorschein: sogenannte Hungersteine – Zeitzeugen vergangener Dürre- und Notzeiten, die nur bei ähnlicher Wetterkonstellation in Flüssen oder Gewässern zum Vorschein kommen. Zeiten, in denen Menschen leiden mussten, und steinerne Zeugen, die das späteren Generationen bewusst machen. Neben Jahreszahlen sei eine der typischen Inschriften: »Wenn du mich siehst, dann weine!«, berichtete Mathias Deutsch, Umwelthistoriker an der Georg-August-Universität Göttingen, in einem Interview.

Was damals durch eine Dürre schlimmste Auswirkungen hatte, kann zum Glück heute relativ gut abgefangen werden, denn für eine gewisse Zeit lassen sich Ernteausfälle und Umweltschäden durch Vorratshaltung und Reserven ausgleichen. Aber man bekommt trotzdem eine Ahnung davon, was es für uns bedeuten könnte, wenn sich unsere globale Situation immer mehr verschlechtert oder wenn zusammenbricht, was lange verlässlich war, und eine Katastrophe unausweichlich wird.

Als Jesus die Worte in unserem Tagesvers sprach, war er auf dem Weg zu seiner Hinrichtung am Kreuz. Diese wollte er bereitwillig auf sich nehmen, um unsere Schuld und Sünde zu sühnen und so die Katastrophe ewiger Gottesferne von uns abzuwenden. Seine Landsleute hatten seine Wunder und Heilungen damals gerne angenommen, ihn aber als König und Herrn verworfen und seine Hinrichtung gefordert. Was das bedeutete, sah Jesus in diesem Moment voraus: Ihnen würde ein Schicksal widerfahren, das unbeschreiblich furchtbar war. Und das war wahrlich ein Grund zum Weinen!

pj

Wie berührt Sie das bedauernswerte Schicksal anderer?

Übersehen Sie dabei nicht, was Ihnen selbst vielleicht droht: Wer Jesus ablehnt, wird am Ende über sich selbst weinen und darüber, was er deshalb für ewig verpassen wird.

Jakobus 5,1-6

**Tekel – (das bedeutet:)
du bis auf der Waage gewogen
und zu leicht befunden worden.**

Daniel 5,27

Zu leicht genommen?

›Hätte ich doch meine Schulzeit besser genutzt, dann hätte ich es jetzt einfacher und sicher eine Ausbildung in der Tasche …‹, so überlegte der junge Mann. Ob er es noch geschafft hat? Mancher hätte sicher bessere Ergebnisse vorzuweisen, wenn er es sich nicht zu leicht gemacht hätte. Stattdessen wurde nur gelernt, was unbedingt nötig war, und versucht, mit möglichst wenig Energie etwas zu erreichen. Wie viele Entscheidungen, die noch viel weitreichender sind, werden aus kurzfristigen Überlegungen oder aus dem Bauch heraus gefällt! Und irgendwann kommt dann die bittere Erfahrung, dass das nun alles auf einen zurückfällt und man die Konsequenzen tragen muss. Zu leicht befunden, sagt das Leben dann, und dass sagt vielleicht auch Gott einmal über einen solchen Menschen.

Hier einige Beispiele, wie man es sich zu leicht macht: »Die Bibel ist verfälscht.« »An die Bibel kann man nicht glauben, da sie viele Widersprüche beinhaltet.« »Der Mensch ist durch Zufall entstanden.« »Wenn es Gott gäbe, würde er so viel Leid nicht zulassen.« Derartige Sätze machen es einem leicht, die Sache mit dem Gott der Bibel abzuhaken. Und irgendwann ist dann zu spät, sich darum noch zu kümmern und bisher Versäumtes nachzuholen.

Vielleicht haben Sie sich auch anhand derartiger Argumente entschieden, der Bibel keinen Glauben zu schenken. Haben Sie diese Entscheidung getroffen, ohne den Stand der Dinge zu prüfen? Welche echten Beweise gibt es denn tatsächlich gegen die Bibel? Manch einer trifft sein Urteil, ohne die Bibel überhaupt gelesen zu haben. Über einen solchen wird Gott dann wirklich einmal urteilen müssen, dass er sich die Sache mit ihm, der Bibel und dem Glauben zu leicht gemacht hat. *mn*

Haben Sie Ihre Haltung gegenüber Gott und der Bibel schon einmal genau unter die Lupe genommen?

Nehmen Sie die Sache mit Gott nicht auf die »leichte Schulter«!

Daniel 5

18. Okt. 20

Sonntag

Wie ich mit Mose gewesen bin, werde ich mit dir sein;
ich werde dich nicht aufgeben und dich nicht verlassen.
Josua 1,5

Blind – für den Rest meines Lebens?

Es war am 18. Oktober 1976, vier Wochen nach unserer Hochzeitsreise. Der Arbeitstag in der Setzerei hatte ganz normal begonnen, aber dann passierte es: Durch einen Blödsinn unter Kollegen (den ich nicht näher beschreiben will) spritzte mir Salmiakgeist mitten ins Gesicht, in beide Augen. Brennende Schmerzen. Sofort zerrten mich die Kollegen zum Handwaschbecken, um die Augen auszuspülen, aber die ätzende Wirkung hatte bereits eingesetzt. Es brachte keine Linderung. Dann als Notfall zum Augenarzt, der mich postwendend nach Gießen in die Augenklinik bringen ließ.

Während der Fahrt dorthin konnte ich vor Schmerzen die Augen nicht öffnen. Und mir gingen eine Menge Gedanken durch den Kopf. Würde ich nun für den Rest meines Lebens blind sein? Und das mit 25 Jahren und frisch verheiratet? Ich erinnerte mich an die Bibellese Josua 1,1-9 mit dem heutigen Tagesvers und dem Hinweis auf Mose, von dem die Bibel berichtet, dass bis zum hohen Alter »seine Augen nicht dunkel geworden« waren (5. Mose 34,7 nach Luther 1912). Ausgerechnet dieser Bibelvers kam mir in den Sinn, als ob Gott zu mir sagte: »Das gilt auch für dich!«

In der Augenklinik wurde ich stationär aufgenommen und erhielt eine Dauerspülung, die durch eine Art Kontaktlinsen in die Augen eingebracht wurde. Das verursachte ein sehr unangenehmes Gefühl, und es folgte eine lange schlaflose Nacht mit viel Zeit zum Nachdenken und Beten. Dabei erinnerte ich mich immer wieder an die Worte: »Seine Augen waren nicht dunkel geworden«, und: »Wie ich mit Mose gewesen bin, will ich auch mit dir sein.« Zur Verwunderung der Ärzte erholten sich meine Augen so schnell, dass ich bereits 12 Tage später aus der Klinik entlassen werden konnte. Ja, Gottes Wort gilt auch für mich! *sg*

? Wurden Sie auch schon einmal von einem Bibelwort direkt angesprochen?

! Gott hat viele Möglichkeiten, einen Menschen anzusprechen.

Josua 1,1-9

**Weil nun aber alle diese Kinder
Geschöpfe aus Fleisch und Blut sind,
ist auch er ein Mensch von Fleisch und Blut geworden.**

Hebräer 2,14

Freiwillig nach Auschwitz

Witold Pilecki war ein besonderer Mann. Nachdem Deutschland 1939 Polen besetzt hatte, gründete der polnische Soldat eine Untergrundorganisation und suchte nach Wegen, um Widerstand gegen die Besatzer zu organisieren. Dabei kam er auch auf die waghalsige Idee, sich in das Konzentrationslager Auschwitz einschleusen zu lassen, um Informationen über das Lager zu sammeln und auch dort eine Widerstandsbewegung zu formieren. Bei einer Razzia der Deutschen gelang es ihm, gefangen genommen und tatsächlich nach Auschwitz gebracht zu werden. Allen Schwierigkeiten zum Trotz – er starb beispielsweise fast an einer Lungenentzündung – konnte er tatsächlich unter den Insassen eine Untergrundorganisation aufbauen. Diese sammelte Informationen und übermittelte sie nach draußen. Die Berichte Pileckis gelangten bis nach London, wo sie eine wichtige Informationsquelle für die westlichen Alliierten darstellten. 1943 brach Pilecki aus Auschwitz aus und kämpfte weiter für die polnische Befreiung, die er zwei Jahre später miterleben durfte.

Witold Pilecki ist der einzige bekannte Mensch, der sich freiwillig in die Gefangenschaft nach Auschwitz begab. Er strebte diesen schrecklichen Ort gezielt an, da er ein außergewöhnliches Ziel verfolgte.

Gottes Plan, uns zu retten, beinhaltete einen vergleichbaren und doch viel größeren Schritt. Er wollte uns Menschen retten und war bereit, selbst Mensch zu werden, um dieses Ziel zu erreichen. Inmitten unserer Sünde und unseres Elends war er der Reine und Vollkommene, um für uns die Schuld zu sühnen, die uns die Befreiung brachte. Jesus Christus, Gottes Sohn, erniedrigte sich freiwillig und kam selbst an den Ort des Todes, um uns aus der Gefangenschaft der Sünde und des Teufels zu befreien.

pr

? Was hat den allmächtigen Gott dazu getrieben, das für uns zu tun?

! Wie schlimm es um uns ohne Jesus stehen würde, kann man nicht nur erahnen, sondern sicher wissen.

Hebräer 2

**... indem ihr alle eure Sorge auf ihn werft;
denn er ist besorgt für euch.**
1. Petrus 5,7

»Guten Morgen, liebe Sorgen, ...

... seid ihr auch schon alle da.« – Ich fand den Song von Jürgen von der Lippe eigentlich gut, ihn auch – in seiner flapsigen Art zu singen. Wir haben sie ja alle, diese Sorgen, große oder kleine. Es heißt ungefähr so: Ihr seid nun einmal da, ihr Sorgen, und ich muss mit euch leben, ob ich will oder nicht – und ich füge mich drein. Dem kann man doch zustimmen, oder?

Wenn wir die Bibel aufschlagen, sehen wir, dass sie auch von Sorgen redet, aber auch Ratschläge erteilt, wie wir mit ihnen verfahren sollen. Sie sind recht verschieden. Zum Beispiel: »So seid nun nicht besorgt auf den morgenden Tag, denn der morgende Tag wird für sich selbst sorgen. Jeder Tag hat an seinem Übel genug« (Matthäus 6,34). Denn: »Wer ... unter euch vermag mit Sorgen seiner Größe eine Elle zuzusetzen?« (Lukas 12,25) Sorgen sind auch nicht ungefährlich, denn Jesus Christus sagt: »... die Sorgen des Lebens ... und die Begierde nach den übrigen Dingen ... ersticken das Wort, und es bringt keine Frucht« (Markus 4,19). Also Vorsicht!

Was wir tun können, sagt uns Petrus in seinem ersten Brief (5,7): Uns unter die mächtige Hand Gottes beugen, »indem ihr alle eure Sorge auf ihn werft; denn er ist besorgt für euch.« Wir müssen um unseres eigenen (!) Friedens willen lernen, unsere Sorgen bei Gott abzugeben. Das ist leicht gesagt, aber schwer getan. Es beginnt damit, dass wir grundsätzlich unser Sündenproblem mit Gott klären. Die will er uns nämlich auch abnehmen. Und wenn das geschehen ist und wir grundlegend befreit sind von unserer Schuld, dann können wir mit den täglichen Sorgen ebenso verfahren und erleben, dass Gott uns hilft, denn er ist tatsächlich für seine Kinder besorgt. Er wird antworten; wie, das ist seine Sache. *koh*

? Wohin gehen Sie mit Ihren Sorgen und Sünden?

! Wer Gott nicht kennt, hat ganz klar ein Problem.

Philipper 4,6-7

21. Okt. 20

Mittwoch

Und Gott schuf den Menschen nach seinem Bild,
nach dem Bild Gottes schuf er ihn;
als Mann und Frau schuf er sie.

1. Mose 1,27

Homo heidelbergensis

Am 21. Oktober 1907 fand man in einer Sandgrube der Gemeinde Mauer, 10 km südöstlich von Heidelberg, den Unterkiefer eines »Urmenschen«. Er gilt als das bislang älteste Fossil der Gattung *homo* (Mensch), das in Deutschland gefunden wurde. Der Heidelberger Gelehrte Otto Schoetensack hat das Fossil intensiv untersucht und dokumentiert. Der originale Unterkiefer wird heute im Archiv der Heidelberger Universität aufbewahrt, ein Abdruck davon ist in dem kleinen Museum in Mauer zu sehen. Man nimmt an, dass es sich bei diesem Urmenschen um die Vorstufe des Neandertalers handelt. Nach dem Fundort wurde er *homo heidelbergensis* genannt. Der Kiefer wird allgemein als Indiz für die Evolution des Menschen betrachtet.

Die Bibel bezeugt allerdings, dass der Mensch sich nicht aus den Tieren entwickelt hat, sondern dass er als eine eigene Art von Gott nach seinem Bilde erschaffen wurde. Gott hat das erste Menschenpaar gesund und stark erschaffen. An seiner Schöpfung kann man seine ewige Kraft und Göttlichkeit immer noch erkennen (Römer 1,20). Gemessen daran, gab es keine Aufwärts- oder Weiterentwicklung, sondern durch die Sünde und Abkehr des Menschen von Gott eher eine Degeneration. So berichtet die Bibel u. a. von der Beschränkung des Lebensalters für den Menschen nach der Sintflut, nachdem deren Lebenserwartung zunächst bedeutend höher war.

Für die Zukunft des Menschen entfaltet die Bibel eine erstaunliche Perspektive: Wer sich im Glauben zu Gott wendet, ihm seine Sünde und Schuld bekennt und die in Jesus Christus angebotene Vergebung annimmt, der wird Teil einer neuen Schöpfung, die schon jetzt im Herzen beginnt und verbunden mit der Auferstehung einmal in Gottes neuer Welt umfassend Gestalt gewinnt. *uhb*

Wem ist mehr zu trauen: Gottes ewiger Kraft oder einer Evolution, die innerhalb der Grenzen der Vergänglichkeit bleibt?

Lesen Sie die Geschichte der ersten Menschen in 1. Mose 1–11.

1. Mose 1–11

… und ihr werdet die Wahrheit erkennen, und die Wahrheit wird euch frei machen.
Johannes 8,32

Gut gemeint und schlecht gemacht

Winston Churchill soll einmal gesagt haben, dass Erweckungsprediger wie John Wesley und andere England damals, im 18. Jahrhundert, vor dem sozialen Absturz bewahrt hätten. Churchill war selbst jemand, der gern ins (Whisky-)Glas schaute, aber er wusste auch, wie gefährlich das war. Doch ein staatliches Alkoholverbot wäre ihm wahrscheinlich nicht in den Sinn gekommen, weil er wusste, dass sich dazu die Menschen nicht zwingen lassen würden.

Als der amerikanische Kongress im Oktober 1919 ein Alkoholverbot aussprach, war das sicher gut gemeint. Aber durchzusetzen war es nicht. Das Gangstertum nahm dagegen einen gewaltigen Aufschwung, ebenso alle Formen von Korruption und Bestechung. Die Jahre nach 1919 wurden zur Blütezeit der Mafia. Und Alkohol war weiter zu haben, sei es, dass er geschmuggelt oder schwarzgebrannt wurde.

In England des 17. und 18. Jahrhunderts, auf das sich Churchill mit seiner oben wiedergegebenen Aussage bezog, waren es Prediger des biblischen Evangeliums, die zur Buße aufriefen. Die Menschen sollten sich bekehren, das heißt, ihre Sinnesart ändern und sich zu Jesus hinwenden, zu ihrem persönlichen Heil. Es kam zu großen Erweckungen. Viele Menschen bekehrten sich weg von ihren bösen Wegen hin zu Jesus. Sie machten ernst mit dem Bibelwort »… richtet euch nicht nach den Maßstäben dieser Welt, sondern lasst die Art und Weise, wie ihr denkt, von Gott erneuern und euch so umgestalten, dass ihr prüfen könnt, ob etwas Gottes Wille ist …« (Römer 12,2). Auf diese Weise wurden die Menschen nicht nur zu einem ewigen Leben gerettet, sondern sie wurden auch noch zu irdischen Lebzeiten zum Segen für ihre Familien, Nachbarn, Bekannten und auch für England. *koh*

? Wo benötigen Sie dringend Veränderung in Ihrem Leben?

! Gott weiß genau, was gut für uns und für unsere Mitmenschen ist. Und er hilft uns dabei, das umzusetzen.

Römer 12,1-2.9-21

Wie Mose in der Wüste die Schlange erhöhte, so muss der Menschensohn erhöht werden, damit jeder, der an ihn glaubt, nicht verlorengehe, sondern ewiges Leben habe.

Johannes 3,14-15

Gegengift

Jeder, der in die Tropen reisen will, sollte außer einem Moskitonetz gegen die Malariamücken auch Gegenmittel gegen giftige Tiere einpacken. Wie mancher hat dort abends in seinem Bett schon einmal eine Schwarze Mamba oder eine Brillenschlange vorgefunden oder morgens einen Skorpion in seinem Stiefel erblickt. Wenn das dann rechtzeitig geschah, konnte er noch froh sein; was aber, wenn er die Gefahr nicht entdeckte?

Seit Adam im Paradies dem Teufel gehorchte und das Lügengift der teuflischen Schlange in sich aufnahm, sind wir, seine Nachkommen, alle verloren und dem Tod verfallen. Das einzige Gegenmittel wäre das Opfer eines absolut fehlerlosen Lebens gewesen. Das konnte und kann aber auch heute noch keiner von uns bringen, weil wir alle Sünder sind. Da griff Gott selbst ein und sandte seinen Sohn zu uns. Er starb für uns – und alle, die das glauben und für sich in Anspruch nehmen, werden geheilt und bleiben für ewig am Leben.

Manche Leser kennen sicher noch die Geschichte von dem murrenden Volk Israel in der Wüste, das Gott dafür mit giftigen Schlangen schlug. Auf das Gebet des Mose hin ließ Gott eine Schlange aus Erz oder Kupfer anfertigen und oben an einen hohen Pfahl heften. Jeder von den Giftschlangen Gebissene brauchte dann nur auf die »eherne Schlange« zu blicken, um augenblicklich geheilt zu sein.

Das ist ein sehr treffendes Bild von unserem menschlichen Zustand und von der rettenden Gnade Gottes gegenüber den verlorenen Menschen. Gott verlangt dafür kein Geld und keine Anstrengungen. Er will nur, dass wir gehorsam unsere Hilfe von dem erwarten, der vor rund 2000 Jahren unsertwegen an einem Holz hing, um die Strafe zu tragen, die für uns absolut zu groß war. *gr*

Wie würden Sie es nennen, wenn man dieses Gnadenangebot ausschlüge?

Ein Blick in unser eigenes Herz und rings um uns her zeigt, wie nötig Gottes Rettungstat ist.

4. Mose 21,4-9

**Das Endergebnis des Ganzen lasst uns hören:
Fürchte Gott und halte seine Gebote;
denn das ist der ganze Mensch.**
Prediger 12,13

Gottesfurcht

Gottesfurcht ist eine unmoderne Vokabel! Mir sind schon viele Menschen begegnet, die sich an diesem Wort stören. Vielleicht liegt das daran, dass häufig der unpopuläre Begriff der Furcht im Vordergrund steht: Kann etwas gut für mich sein, vor dem ich mich fürchten muss? Will Gott mir Angst einjagen? Ist diese »Furcht vor Gott« nicht vielmehr Ausfluss eines überholten, antiquierten, archaischen und damit falschen Gottesbildes, das aus einer gewaltbesetzten Zeit stammt, in der die Macht allein bei Männern lag, die durch Gewalt und Schrecken herrschten, und in der man die Angst vor Regenten oder Vätern auf Gott projizierte?

Vielleicht kann man sich dem Verständnis der Gottesfurcht mit den Müttern und Vätern des Grundgesetzes nähern. In der Präambel, dem Vorwort zu diesem grundlegenden Gesetzeswerk, formulierten sie: »Im Bewusstsein seiner Verantwortung vor Gott und den Menschen … hat sich das Deutsche Volk kraft seiner verfassungsgebenden Gewalt dieses Grundgesetz gegeben.«

Das ist meines Erachtens eine sehr gute, moderne Formulierung für Gottesfurcht: Sich dessen bewusst zu sein, dass wir als Menschen, als Einzelne wie als Volk, eine Verantwortung vor Gott haben. Damit wird die Überzeugung ausgedrückt, dass wir Gott rechenschaftspflichtig sind, und zwar für alles, was wir tun – oder nicht tun –, sagen und denken. Und dieser Umstand macht deutlich, dass Gott in der Hierarchie über uns steht. – Ich habe den Eindruck, dass man sich bei Gründung der Bundesrepublik Deutschland sehr wohl bewusst war, dass ohne diese klare Verantwortung menschliches Zusammenleben auf Dauer nicht gelingen kann. Und noch eines wird klar: Wer Gott fürchtet, steht eindeutig auf dem Boden unserer Verfassung! *mm*

Sind Sie gottesfürchtig?

Der Gottesfürchtige nimmt auch Gottes Willen ernst und lebt danach.

Sprüche 3,1-12

... weil wir auf einen lebendigen Gott hoffen, der ein Erhalter aller Menschen ist, besonders der Gläubigen.

1. Timotheus 4,10

Gesprächsstoff im Himmel

Es ist gerade erst zwei Wochen nach dem plötzlichen Tod ihres Papas. Die Ehefrau und Mutter – selbst noch in ratloser Trauer – möchte erfahren, was in ihren Kindern vorgeht. Sie sind noch so beklemmend verschlossen. Doch die Mutter fragt einfühlsam: »Wie geht es euch innerlich? Vermisst ihr euren Papa? Was empfindet ihr wirklich?« – »Papa geht's doch jetzt so gut wie noch nie! Der ist doch im Himmel«, sagt das eine mit kindlicher Gewissheit. Das andere bleibt in sich gekehrt.

Um die Befangenheit zu nehmen, erzählt die Mutter: »Ja, da hast du recht. Papa fehlt jetzt nichts mehr. Auf jeden Fall ist er dort oben all die Sorgen los, die uns noch bekümmern. Ich stelle mir so vor, wie er jetzt die Antworten auf alle seine Fragen bekommt. Vielleicht kann er im Himmel Abraham begegnen und ihn fragen: ›Was hast du damals empfunden, als du deinen geliebten Sohn hergeben solltest?‹ Oder sich bei Mose erkundigen: ›Wie kamst du damit klar, vierzig Jahre im Kreis zu laufen und nur Gemecker zu hören?‹«

Da entgegnet die verschlossenere Tochter: »Mama, weißt du was? Ich denke, Papa wird sich im Himmel nach Elia durchfragen und ihn bitten: ›Erzähl doch mal, wie das war, als du bei der einsamen Witwe warst und dieser doch Tag für Tag das Mehl und das Öl nicht zu Ende gingen!‹«

Wie berührend! Eigentlich wollte die Mutter stark sein, ihren Kindern wohltun und Verständnis zeigen. Stattdessen empfängt sie den unbeschreiblichen Trost: Ich bin bei Gott nicht vergessen. Auch mein Mehl und Öl werden nie zur Neige gehen, weil Gott für uns sorgt (siehe Bibellese). Er ist ein Erhalter aller Menschen. Ja, aus dem Mund der Kinder hat Gott Macht, aufzurichten und seinen Trost auszurichten (Matthäus 21,16).

fe

? Was ist aus Gottes Sicht ein echter, wohlgefälliger Gottesdienst?

! Waisen und Witwen in ihrer Bedrängnis zu besuchen! (Jakobus 1,27)

1. Könige 17,7-17

... Jesus Christus.
Dieser ist der wahrhaftige Gott und das ewige Leben.
1. Johannes 5,20

An welchen Jesus glauben Sie?

Mancher wird sich wundern, was ich mit dieser Frage meine. Nun, es gibt fast so viele Meinungen über Gott, wie es Menschen gibt. Und beinahe ebenso viele verschiedene Meinungen existieren über die Person von Jesus. Deshalb ist die Frage berechtigt.

Stellen wir einmal zwei unterschiedliche Sichtweisen gegenüber:

Glauben wir an Jesus als einen ehrbaren Mann, der Wunder vollbrachte, Blinde wieder sehend und die Tauben hörend machte? Ist er für uns der Mann, der herausfordernd lehrte, einander zu lieben, sogar die Feinde, und der an einem Kreuz starb? Aber eben nicht mehr als jemand, der vor 2000 Jahren lebte? Bei dem man nicht viel mehr als die Tatsache akzeptiert, dass er eben ein guter Mensch war, den man, wenn man will, so gut es eben geht, nachahmen kann. Das mag dann vielleicht moralische und ethische Auswirkungen auf unser Leben haben. Aber mehr auch nicht.

Oder ist Jesus Christus für uns der, den man im Glauben als Herrn annehmen kann, als Gott selbst, der Mensch wurde und von den Toten auferstand? Ist dieser Jesus für uns der Christus, der König über alle Könige, der ewig lebt? Der uns anbietet, in uns zu leben und uns sein eigenes ewiges Leben zu schenken?

Nur diese letztere Sicht von Jesus macht den Unterschied! Dann nämlich akzeptieren wir die Tatsache, dass dieser Mann das war und ist, was er von sich selbst behauptet und mit vielen übernatürlichen Zeichen und Wundern bewiesen hat: dass in ihm der eine lebendige, unsichtbare Gott greifbar wurde und gezeigt hat, dass er uns Menschen von unserer Sünde retten will. Ausschließlich mit dem Vertrauen in diesen Jesus wird unser sündiges Leben verwandelt und für das Heute und für die Ewigkeit brauchbar für Gott. *sew*

? Wer ist Jesus für Sie? Nur ein guter Mensch oder ewiger Gott und HERR Ihres Lebens?

! Setzen Sie Ihr ganzes Vertrauen in Jesus Christus als Herrn und Gott!

Lukas 3,21-23; 4,14-23

… wenn ich aber zögere, damit du weißt, wie man sich verhalten muss im Hause Gottes, das die Gemeinde des lebendigen Gottes ist, die Säule und Grundfeste der Wahrheit. 1. Timotheus 3,15

Mann will Garage vergrößern – Haus stürzt ein

Vor einigen Monaten passierte hier in Italien ein folgenschwerer Unfall. Ein Mann hatte beim Versuch, seine Garage zu vergrößern, einfach eine tragende Säule seines Hauses entfernt. Das war ein folgenschwerer Fehler, der dem Mann das Leben kostete. Das Haus hatte keine Stütze mehr, fiel ein und begrub den Mann unter den Trümmern.

In unserem Tagesvers wird auch von einer tragenden Säule gesprochen. Dort wird von der Gemeinde, also von Christen, als einer Säule und als Fundament der Wahrheit gesprochen. Das heißt, sie stützt die Wahrheit, so wie eine Säule ein Gebäude stützt. Würde man die Gemeinde entfernen, würde keine Stütze für die Wahrheit da sein. Die Gemeinde hält die Wahrheit hoch, sie verbreitet die Wahrheit, und sie verteidigt die Wahrheit.

Die Welt, in der wir leben, braucht die Wahrheit. In einer Zeit, in der Philosophien und Denksysteme eine allein gültige Wahrheit immer mehr ablehnen, ist es eine wichtige Aufgabe der Christen, von der Wahrheit der Bibel zu reden und sie den Menschen im wahrsten Sinne des Wortes vor Augen zu führen – durch das, wie sie leben, und durch das, was sie sagen. Was für eine große Verantwortung und was für eine große Zusage, die Gott der Gemeinde gegeben hat! An anderer Stelle im Neuen Testament finden wir die Aussage, dass Jesus Christus das Fundament der Gemeinde ist (1. Korinther 3,11). Er ist die lebendige Wahrheit (Johannes 14,6), und er hat keinen Zweifel daran gelassen, dass wir Menschen diese Wahrheit brauchen. Wenn Sie also denken: Was kümmert mich das alles, dann vergessen Sie nicht, dass auch Ihr Leben ein Fundament braucht, damit es bestehen kann – auch über den Tod hinaus. Und dazu brauchen wir Jesus Christus, alles andere reicht nicht. *tk*

? Stehen Sie kurz davor, die Wahrheit preiszugeben?

! Vermeiden Sie es, indem Sie Jesus Christus und seine Gemeinde kennenlernen.

Apostelgeschichte 2,41-47

»Weil die Götter der Könige von Aram ihnen helfen, so will ich ihnen opfern, damit sie mir auch helfen!«

2. Chronik 28,23

Lebenskämpfe

Vor Kurzem las ich das Buch der Könige im Alten Testament und ertappte mich dabei, wie ich die einzelnen Könige verurteilte. Einer nach dem anderen baute sich nämlich Götzenbilder und betete diese an. ›Wie kann man nur so offensichtlich irgendwelche aus Holz geschnitzte Figuren anbeten und erwarten, dass diese einem Sieg, Ruhm und Frieden bringen?‹, so fragte ich mich.

König Ahas ging sogar so weit, sich den Göttern seiner Feinde anzubiedern, weil er seine eigenen kriegerischen Niederlagen den überlegenen Göttern der Feinde zuschrieb. Für ihn war der Sieg seiner Feinde ein klarer Beweis für die Macht dieser Götzenfiguren. Für uns in der westlichen Welt ist dies zunächst eine völlig naive Vorstellung.

Doch als ich weiter darüber nachdachte, musste ich erschrocken feststellen, dass ich oft ganz ähnlich denke. Auch wenn ich mir natürlich keinen inneren Frieden von hölzernen, steinernen oder metallenen Figuren erhoffe, so glaube ich doch oft, dass mir die Traumfigur, das eigene Haus oder der gut bezahlte Job Sieg über die Unruhe, die Sorgen und die Ängste in meinem Leben geben könnten. Dinge und Zustände werden meine selbst ernannten Götter, denen ich nachjage.

Dabei ist doch ganz klar, dass die Erfüllung dieser Sehnsüchte meine Seele immer nur für begrenzte Zeit befriedigen kann. Ich muss also immer wieder nach neuen Göttern, neuen Heilsbringern Ausschau halten. Lasse ich jedoch Jesus Christus mein Leben bestimmen, so darf ich gewiss sein, dass ich wahren Frieden und Freiheit erlange. Derjenige, der den Tod besiegte, ist mächtig genug, alle meine Probleme zu überwinden. Er wird mir auch helfen, die anderen Götter von mir zu weisen und mich schließlich in sein Himmelreich bringen. *kts*

Von wem oder was erhoffen Sie sich den Sieg über die Probleme, Sorgen und Ängste in Ihrem Leben?

Wagen Sie den Schritt und vertrauen Sie Jesus Christus, der den Tod besiegte.

2. Könige 5,1-17

**Alle eure Sorgen werft auf ihn,
denn er ist besorgt für euch.**
1. Petrus 5,7

Wegwerfen

Es gibt Dinge, die kein Mensch gebrauchen kann. Schmerzende Zähne, Rheuma, das Piepsen im Ohr ... Manchmal würde man sich ein »schwarzes Loch« wünschen, in dem man all die unliebsamen Begleiterscheinungen des Lebens verschwinden lassen könnte. Aber diese Beispielliste ist natürlich längst nicht vollständig. Ein weiteres unliebsames Nebenprodukt des Lebens sind z. B. »Sorgen«, d. h. kraftraubende Gedanken über alle möglichen, subjektiv erwarteten Notzustände. Bei vielen Menschen dreht sich insbesondere in der Nacht das Gedankenkarussell, und selbst die kleinsten Probleme können im Dunkeln zu übermäßigen und unmittelbar bevorstehenden Katastrophen werden. Und ist die Nacht vorbei, heißt es dann für manche (gemäß dem alten Schlager von Jürgen von der Lippe): »Guten Morgen, liebe Sorgen, seid ihr auch schon alle da ...« Dabei weiß man: Sorgen rauben Kraft und ändern normalerweise nichts an der Realität.

Der obige Vers beinhaltet sowohl eine Aufforderung als auch einen Hinweis darauf, wo man seine Sorgen loswerden kann. Zum einen werden wir aufgefordert, unsere Sorgen »wegzuwerfen«. Das erscheint leichter gesagt als getan. Gemeint ist hiermit, dass wir im Gebet unsere Nöte und Unsicherheiten dem allmächtigen Herrn übergeben sollen. Um das, was uns bedrückt, dadurch wirklich loszuwerden, ist es natürlich erforderlich, den Glauben und das Vertrauen zu haben, dass Jesus wirklich derjenige ist, der Macht über alle Dinge unseres Lebens und unseres Daseins hat. Und diesen Glauben schenkt uns Gott, wenn wir es ehrlich meinen und Gott demütig darum bitten. Dazu gibt er uns Einsicht, Kraft und Weisheit, das vor uns Liegende mutig anzupacken. Und um das, was für uns unmöglich ist, wird er sich kümmern. *sn*

? Woran denken Sie zuerst, wenn Sie ein Problem haben?

! Denken Sie zuerst an den, der Ihnen helfen kann, und sagen Sie ihm, wo Sie »der Schuh drückt«!

Psalm 13

Denn wir vermögen nichts gegen die Wahrheit, sondern nur für die Wahrheit.
2. Korinther 13,8

Luther fordert den Papst heraus

Im Juni 1520 wird die Bannandrohungsbulle »Exsurge Domine« in der päpstlichen Kanzlei ausgefertigt. Widerruft Luther, so wird ihn der Papst wieder in den Schoß der Kirche aufnehmen. Widerruft er nicht, so verfällt er dem Bann. Der Stein ist im Rollen. Im November erscheint Luthers Schrift »Von der Freiheit eines Christenmenschen«. Luther legt dar, dass die Freiheit der Kinder Gottes auf dem Evangelium ruht. Christus macht die Gläubigen frei vom Werk, vom Gesetz, von der Welt und ihren Mächten. Durch die ganze Schrift hindurch zieht sich eine Frage: Muss wirklich diese Lehre, die nichts anderes enthält als das Evangelium, als bösartige Ketzerei, als Ausgeburt der Hölle verdammt werden? Luther ruft die gefallene Kirche zur Umkehr, doch weder Papst noch Kaiser hören auf ihn. Der Bann ist immer noch eine furchtbare Waffe. Auch die Staatsmänner und Gelehrten, welche die Durchführung verzögern oder verweigern, wagen es nicht, die Bulle grundsätzlich abzulehnen. Da tut Luther den Schritt, den er schon im Juli angekündigt hat. Am Morgen des 10. Dezembers drängen sich in Wittenberg Studenten und Professoren um einen brennenden Scheiterhaufen. Die Werke des päpstlichen Kirchenrechts und einige scholastische Bücher werden ins Feuer geworfen. Dann tritt Luther, zitternd und betend, hinzu und wirft mit den fast unhörbar gesprochenen Worten »Weil du den Heiligen Gottes verderbt hast, deshalb verderbe dich das ewige Feuer« ein dünnes Heft ins Feuer – die Bannbulle. Außer ihm ahnt wohl keiner der Teilnehmer die Tragweite dieses Schritts. Luther hat im Namen Gottes Hand an die gesamte kirchliche Ordnung seiner Zeit gelegt. – Für die Wahrheit einzustehen, ist manchmal so wichtig, dass man um anderer willen sogar sein Leben aufs Spiel setzen muss.

si

Was würden Sie im Einsatz für die Wahrheit wagen?

Wir versagen oft schon, wenn es um viel weniger geht als damals bei Luther.

Apostelgeschichte 19,23-40

**Dem aber, der nicht mit Werken umgeht,
aber an den glaubt, der den Gottlosen gerecht macht,
dem wird sein Glaube gerechnet zur Gerechtigkeit.**

Römer 4,5

Ablass

Bei dem Wort »Ablass« werden viele Leser an den Dominikanermönch und Ablasshändler Johann Tetzel denken. Zur Zeit Martin Luthers verkaufte dieser besonders eifrig Ablassbriefe, durch die – gegen Geld – zeitliche Sündenstrafen erlassen werden sollten. Dieser geschäftsmäßige Umgang mit der Sünde und ihren Folgen ist zu Recht in die Kritik geraten. Er war ein wesentlicher Auslöser der Reformation. In seinen 95 Thesen sagt Luther: »Ein jeder Christ, der wahre Reue und Leid hat über seine Sünden, hat völlige Vergebung von Strafe und Schuld, die ihm auch ohne Ablassbrief gehört. Ein jeder wahrhaftige Christ [...] ist teilhaftig aller Güter Christi und der Kirche, aus Gottes Geschenk, auch ohne Ablassbriefe.«

Trotz dieser klaren Worte habe ich den Eindruck, dass sich viele Menschen, wenn es um die Beseitigung persönlicher Schuld geht, doch nur ungern (allein) auf Buße und Vergebung verlassen. Lieber »tut« man etwas: eine großzügige Spende, ein bestimmtes formalisiertes Gebet, eine religiöse Opferhandlung, eine Wallfahrt, Selbstzüchtigung, Fasten oder was auch immer. Die Motivation ist nachvollziehbar: Ich muss doch irgendetwas dazu beitragen, begangenes Unrecht zu sühnen.

Im zwischenmenschlichen Bereich halte ich es auch für völlig richtig, angerichteten Schaden wiedergutzumachen. Im Verhältnis zu Gott ist das jedoch ein Irrweg. Denn Gott kann ich nichts geben, was auch nur die kleinste Schuld sühnt. Diese Haltung beleidigt ihn vielmehr. Denn er hat doch für jede Sünde bereits das Leben seines Sohnes Jesus Christus gegeben. Das ist völlig ausreichend. Was Gott allein verlangt, ist, unsere Hilflosigkeit einzusehen, unsere Sünden zu bekennen und seine Vergebung anzunehmen. *mm*

Womit haben Sie schon zu erreichen versucht, dass Gott »ein Auge zudrückt«?

Unser Stolz verleitet uns immer wieder, unser völliges Unvermögen vor Gott nicht zugeben zu wollen.

Lukas 18,9-14

Da warf der HERR einen heftigen Wind auf das Meer, und es entstand ein großer Sturm auf dem Meer, sodass das Schiff zu zerbrechen drohte.

Jona 1,4

Eine Sturmflut überschwemmt die Nordseeküste

Als im Jahr 1953 in meiner Jugend eine Sturmflut die Niederlande traf, hatten auch wir hier in Westdeutschland mit den Ausläufern zu tun. In der Nacht hatte es einen anhaltenden und kräftigen Schneesturm gegeben. Die Straßen waren zu, von den damals noch wenigen Autos war nichts zu sehen. Erst im Laufe des Tages erfuhren wir von dem, was sich in Holland abgespielt hatte. Und wenn es auch damals nicht so viele Opfer gegeben hatte, über 1800 waren es doch.

Das waren schon viele, aber im Vergleich zur »Allerheiligenflut« (1570), die heute vor 450 Jahren über das Land hereinbrach, vergleichsweise glimpflich. Man schätzt heute, dass es damals ca. 20 000 Tote gegeben hat. Man kann verstehen, dass die Menschen das damals vielfach als Strafe Gottes verstanden. Kaum ein Deich konnte den Wassermassen Standhalten. Bei Antwerpen versanken vier Dörfer in den Fluten. Sie tauchten auch nicht mehr auf und waren endgültig verloren. In Ostfriesland holte sich die Nordsee ganze Bauernschaften.

Im Fall Jonas, der auf der Flucht vor Gott war, wurde ein Sturm von Gott verursacht (siehe Tagesvers), um ihn zu stoppen. Jona begriff das sofort und ließ sich von den Seeleuten über Bord werfen, damit wenigstens diese am Leben blieben, denn der Sturm hörte dann sofort auf. Das bezog dann später Jesus im Gespräch mit seinen Landsleuten auf sich, um deutlich zu machen, dass er durch seinen Tod am Kreuz uns Menschen retten wollte. Wie Jona drei Tage im Bauch des Fisches aushalten musste, so blieb Jesus drei Tage im Grab, um dann lebendig wiederaufzuerstehen. Vielleicht versteht mancher heutige Katastrophen auch als Strafe Gottes, aber die eigentliche todbringende Strafe hat damals Jesus für uns übernommen. *koh*

? Fürchten Sie sich vor Katastrophen?

! Jesus will und kann uns vor einem ewigen Tod bewahren.

Offenbarung 5,9-10

**So lehre uns bedenken unsere Lebenszeit,
damit Weisheit unser Herz erfüllt.**
Psalm 90,12

»Wir hatten doch noch so viel vor ...«

... stand am Wochenende auf der Todesanzeige. Geht es Ihnen auch so, dass es Ihnen in der Magengegend krampft, wenn man so Sätze liest wie »verzweifelt fragen wir uns, warum«, »jetzt stehen wir völlig alleine und mit leeren Händen da« oder »unfassbar verzweifelt nehmen wir Abschied«? Man spürt, dieser unsägliche Schmerz, diese Verzweiflung über den herben Verlust eines geliebten – nicht selten auch jüngeren – Menschen lässt sich kaum in geeignete Worte fassen! Unfassbar. Die geliebte Person ist plötzlich weg. Keine Chance mehr, das Ungesagte noch auszusprechen, das Geplante noch miteinander zu erledigen oder das Erwartete noch gemeinsam erleben zu können. Ende. Aus. Vorbei. Eine unbeschreibliche Hoffnungslosigkeit und eine große Leere machen sich breit. Tragisch, wenn dann womöglich auch noch unvergebene Schuld offengeblieben ist ...

So hart es klingt, aber nichts ist uns so sicher wie der Tod. Früher oder später. Was macht das mit uns? Sollen wir diese unausweichliche Tatsache einfach ignorieren? Oder nach dem Motto »live fast – die young – be wild – have fun« das Leben »bestmöglich und intensiv« leben? Schnell, wild und mit höchstmöglichem Spaßfaktor!? So etwas wäre doch töricht.

Die im Tagesvers empfohlene Weisheit bezieht auch die Frage mit ein, was nach dem Tod kommt. Darauf gibt die Bibel eine klare Antwort, und in ihr finden wir sogar das Angebot von Gott, von aller Schuld befreit und mit ihm versöhnt zu werden, um dann ewig im Himmel zu sein. Was spricht dagegen, Jesus Christus zu vertrauen? Er sagt in Johannes 11,25: »Ich bin die Auferstehung und das Leben. Wer an mich glaubt, wird leben, auch wenn er stirbt.« Dort allerdings stellt Jesus Christus auch noch die alles entscheidende Nachfrage: »Glaubst du das?« *md*

? Wo geht Ihre Lebensreise hin, und wo werden Sie nach Ihrem Tod »die Augen aufschlagen«?

! Das Unausweichliche zu ignorieren, ist keine empfehlenswerte Option.

Lukas 16,19-31

Die meisten Menschen rufen ein jeder seine Güte aus; aber einen zuverlässigen Mann, wer wird ihn finden?
Sprüche 20,6

Ein zuverlässiger Mann

»Tue Gutes und rede darüber«, so handeln wir Männer alle gerne. Wer möchte schon freiwillig ein schlechtes Bild abgeben? Doch manchmal ist die Verpackungsbeschreibung anders als der Inhalt. Oft geht es uns darum, möglichst viele Freunde zu haben und darum, dass wir in sozialen Netzwerken »geliket« wurden. Schon der weise Salomo stellte in unserem Tagesvers diese Art von Prahlerei fest. »Wie toll finden wir uns doch!« Doch was gebraucht wird, das sind wirklich zuverlässige Männer.

Ein zuverlässiger Mann ist jemand, auf dessen Wort wir zählen können. Was er verspricht, hält er auch. Der weicht auch dann nicht von unserer Seite, wenn der Gegenwind stärker bläst. Er steht auch dann zu uns, wenn wir Fehler gemacht oder uns dumm angestellt haben. Er hilft uns auf, wenn wir am Boden sind und den Mut verloren haben. Er ist erprobt, durchzuhalten und eine Sache zu Ende zu bringen. Auf ihn ist einfach Verlass. In Notsituationen brauche ich ihn nur anzurufen, und schon hilft er.

Jesus Christus entspricht genau dieser Beschreibung. Sein Wort gilt immer, nie nimmt er etwas zurück. Was er versprochen hat, hält er nachweislich ein. Kein Mensch, der sich auf ihn verließ, wurde je enttäuscht. Dabei handelt er nicht immer, wie wir es wünschen, aber immer so, dass es zu unserem Besten ist. Es ist tröstlich, dass er uns nie im Stich lässt, wenn wir in Schwierigkeiten sind und zu ihm rufen; er will uns helfen. Wenn wir in einer Sackgasse stecken, führt er uns wieder auf die richtige Straße zurück.

Jesus ist immer zuverlässig, treu und nie anders, als er spricht. Lernen Sie ihn doch persönlich kennen. Lesen Sie die Bibel, denn die zeigt uns den letztlich zuverlässigen Mann! *lü*

? Wie sieht es mit Ihrer Zuverlässigkeit aus?

! Wenn Ihnen niemand mehr zur Seite steht, Jesus will es.

Markus 7,31-37

**Freut euch mit den sich Freuenden,
weint mit den Weinenden.**
Römer 12,15

Der Neid steckt in uns allen

In einer alten russischen Legende heißt es, Gott habe einem Bauern versprochen, ihm zu geben, was er wolle ... Er – Gott – würde die Bitte erfüllen, aber dem Nachbarn das Doppelte geben. Der Bauer hatte lange überlegt und dann zu Gott gesagt: »Reiß mir ein Auge aus!«

Wie manche andere russische Legende lässt uns auch diese tief in das Herz des Menschen blicken. Es ist arglistig und ganz und gar verdorben, wie Jeremia 17,9 sagt. Lieber will man Unglück erleiden als Gutes sehen, wenn es nur dem Nächsten nicht noch besser ergeht. Das schlimme Übel des Neides plagt die Menschheit so sehr, dass wir gern auf etwas verzichten, wenn es dafür dem Nachbarn auch fehlen wird.

In einem Gedicht sagt Wilhelm-Busch, der Autor von »Max und Moritz«: »Nachbar Nickel ist verdrießlich, / und er darf sich wohl beklagen, / weil ihm seine Pläne schließlich alle gänzlich fehlgeschlagen. / Unsre Ziege starb heut Morgen. / Geh und sags ihm, guter Knabe, / dass er nach so vielen Sorgen / auch mal eine Freude habe.« Weil das Herz des Menschen hier so schrecklich gut durchschaut wurde, glaube ich, dass wir die zweite Aufforderung unseres Tagesverses viel leichter erfüllen können als die erste: Viel lieber wollen wir mit den Weinenden weinen, als mit den sich Freuenden uns freuen. Und sowohl der russische Bauer, als auch Buschs Nachbar machen es noch ärger: Sie drehen unseren Tagesvers tatsächlich um. Sie weinen wegen des Glücks des Nachbarn und freuen sich, wenn es ihnen schlecht geht. Nur Gott kann so verdrehte Herzen wiederherstellen. Und wer Frieden mit ihm haben will, muss ihn darum bitten.

Solch ein Gebet erhört Gott gern, wenn wir ehrlich unsere Verdorbenheit vor ihm eingestehen. *gr*

Wie ergeht es Ihnen, wenn Ihnen Ihr Konkurrent nach oben enteilt?

Schätze im Himmel und Frieden mit Gott sind tausendmal mehr wert als alles auf dieser Welt.

1. Könige 10,1-9

**Dies aber sage ich, Brüder,
dass Fleisch und Blut das Reich Gottes nicht erben können,
auch die Vergänglichkeit nicht die Unvergänglichkeit erbt.**

1. Korinther 15,50

Tiefgekühlt in den Tod

»Wenn für Klaus Sames alles wie geplant läuft, wird er eines Tages in Amerika in einem Edelstahlbehälter mit dem Kopf nach unten hängen. In seinen Adern wird sich kein Blut mehr befinden, sondern eine mit Frostschutzmitteln durchsetzte glasartige Substanz. Und der Körper des emeritierten Professors wird umhüllt sein von flüssigem Stickstoff. Temperatur: minus 196 Grad Celsius. ›Und zwar so lange, bis man mich wiederbelebt‹, sagt der 79-jährige Altersforscher.«

Seit seiner Pensionierung beschäftigt sich der Professor intensiv mit der Kryonik, d. i. die Tiefkühlkonservierung von Lebewesen. In der Hoffnung, dass es in ferner Zukunft möglich ist, toten Körpern neues Leben einzuhauchen, bereitet er sich auch schon mal auf sein eigenes Einfrieren vor. Derzeit »schlummern« weltweit ca. 300 »Patienten« in Containern – obwohl nach wie vor unklar ist, wie sie jemals wieder zum Leben erweckt werden könnten. Der Biologe Arthur Rowe ist der Ansicht: »Zu glauben, dass Kryoniker jemanden wiederbeleben können, ist wie der Glaube daran, dass man aus einem Hamburger wieder eine Kuh machen kann.«

In Sprüche 11,7 stellt der weise Salomo fest: »Wenn der Gottlose stirbt, vergeht seine Hoffnung, und seine Erwartungen verlieren sich.« So wird es auch denen ergehen, die ihre Hoffnung auf die Kryonik setzen. Entscheidend ist nämlich nicht der Aufenthaltsort der sterblichen Hülle, sondern das ewige Schicksal unserer Seele. Und das sollten wir nicht in die Hände von Wissenschaftlern oder eines Kühlhausbetreibers legen, sondern Jesus Christus anvertrauen. In Johannes 3,36 lesen wir über ihn: »Wer an den Sohn glaubt, hat ewiges Leben; wer aber dem Sohn nicht gehorcht, wird das Leben nicht sehen, sondern der Zorn Gottes bleibt auf ihm.«

pg

Warum würden Sie Ihr Leben um jeden Preis verlängern wollen?

Sich einfrieren lassen kostet bis zu 200 000 €. Die Errettung der Seele jedoch ist frei erhältlich – für jeden, der zu Jesus kommt und das Geschenk der Gnade für sich in Anspruch nimmt.

1. Korinther 15,35-53

**Wenn ihr aber den Menschen nicht vergebt,
so wird euer Vater eure Vergehungen auch nicht vergeben.**
Matthäus 6,15

Wenn es in Familien kracht

Einige Jahre lebte die alte Dame nun schon alleine mit ihren Hunden in einer Holzhütte auf dem Campingplatz. Ihr Ehemann war verstorben, aber sie kam recht gut klar als Witwe. Neulich war sie unglücklich hingefallen, hatte sich den Arm gebrochen und war daher vermehrt auf Nachbarschaftshilfe angewiesen. Während unserer Unterhaltung berichtet sie mit erkennbarem Stolz aus ihrem Leben, von der damaligen Firma mit ihrem Mann, von ihren Hobbys und Reisen. Eine gestandene Frau, die auf ein erfülltes Leben zurückblicken konnte. Als allerdings die Frage auf ihre Kinder zu sprechen kommt, wird sie ernst und zögerlich. Ja, sie habe einen Sohn, aber der habe sich damals etwas so Schwerwiegendes zuschulden kommen lassen, dass seitdem jeder Kontakt zu ihm abgebrochen und nicht mehr erwünscht sei.

Wie traurig! Eine von zahllosen Beispielgeschichten, die einen Eindruck vom Zerbruch vieler familiärer Beziehungen vermittelt. War der Auslöser bei der Dame ein handfester Streit mit ihrem Sohn oder nur ein Missverständnis? Ging es um Geld, um den Bruch mit einer Familientradition oder nur um eine Lappalie?

Die Ursache ist eigentlich unerheblich, schrecklich dagegen das jahrelange eisige Schweigen und Nachtragen. Schrecklich auch die Folgen für einen selbst. Mit Bitterkeit im Herzen gegenüber einer anderen Person schaden wir uns selbst am meisten. Der Groll nagt in uns, frisst sich fest und vertreibt die Leichtigkeit aus der Seele. Viele Menschen werden darüber gemütskrank. Schlimmer noch sind die ewigen Konsequenzen. Zum Thema Unversöhnlichkeit hatte Jesus klare Worte zu sagen: Wenn wir nicht bereit sind, einem Menschen zu vergeben, brauchen wir nicht mit Gottes Vergebung uns gegenüber zu rechnen. *ap*

? Was werden Ihre Familienangehörigen in 20 Jahren über Sie denken?

! Fassen Sie Mut zur Versöhnung! Bitten Sie Gott, dass er Ihnen dabei hilft!

Matthäus 18,21-35

Er aber antwortete und sprach zu ihnen: Seht ihr nicht dies alles? Wahrlich, ich sage euch: Hier wird nicht ein Stein auf dem anderen gelassen werden, der nicht abgebrochen werden wird. Matthäus 24,2

Abrissbagger in Sicht

Auf meinem Arbeitsweg laufe ich an einer alten Villa vorbei, von der man einen herrlichen Ausblick über die Stadt hat. Ihr Besitzer hatte das Grundstück teuer erworben. Oftmals sah ich ihn im Garten, wie er sein Eigentum pflegte. Mit der Zeit bekam das Haus noch eine Panoramaterrasse mit Whirlpool und einen Anbau zur Vergrößerung der Küche. Jetzt laufe ich wieder an dem Grundstück vorbei, und im Hof steht ein Abrissbagger. Der Besitzer ist weggezogen, und dem Käufer hat der Stil des tipptopp gepflegten Hauses nicht gefallen. Er lässt es kurzerhand abreißen und durch einen modernen Neubau ersetzen. Mühelos »knabbert« sich der Abrissbagger durch den neuen Küchenanbau, durch den tadellosen Dachstuhl und die polierten Marmorplatten der Bäder. Ich überlegte mir: »Was denkt sich wohl der ehemalige Eigentümer?«

Als der Feldherr Titus 70 n. Chr. Jerusalem einnahm, die Stadt in Schutt und Asche legte und den Tempel zerstörte (vgl. das Kalenderblatt von gestern), ging für ein ganzes Volk ein Traum unter und dessen Identität verloren. Aber auch für uns, die wir in Frieden leben und uns glücklich schätzen dürfen, in einem Land mit Überfluss zu leben, wird einmal der Zeitpunkt kommen, an dem wir uns von allem trennen müssen. Das letzte Hemd hat bekanntlich keine Taschen. Deshalb sollte uns jetzt schon wichtig sein, in das zu investieren, was über dieses Leben hinaus Bestand hat.

Der Herr Jesus rät uns: »Sammelt euch aber Schätze im Himmel« (Matthäus 6,20). Damit meinte er, dass wir zuallererst nach Gottes Willen fragen und dann dementsprechend handeln. Damit investiert man wahrhaft in seine Zukunft. Und die Grundlage dafür ist eine Herzensbeziehung zum ewigen Gott. *tp*

? Was sammeln Sie in diesem Leben?

! Durch eine Herzensbeziehung zu Gott ist man in der Ewigkeit verankert.

Lukas 12,22-34

**Der Himmel und die Erde werden vergehen,
meine Worte aber werden nicht vergehen.**
Markus 13,31

Feuer im Paradies

Im US-Bundesstaat Kalifornien gibt es tatsächlich ein kleines Städtchen mit dem Namen »Paradise«. Die geläufigste Erklärung für die Herkunft dieses schönen Ortsnamens stammt aus der Mitte des 19. Jahrhunderts. Seinerzeit soll ein Bewohner dieser Gegend nach einem langen anstrengenden Ritt durch Hitze und Staub hier angekommen sein und, begeistert von der frischen kühlen Luft, seinen Begleitern sinngemäß zugerufen haben: »Atmet tief durch, das hier ist das Paradies.«

Doch diese Idylle endete am 8. November 2018, heute vor genau zwei Jahren. Denn an diesem Morgen brach in der Umgebung ein Feuer aus. Aufgrund der großen Trockenheit in den Monaten zuvor und angefacht durch starken Wind entstand schnell ein Großbrand, der sich auf Paradise zubewegte. Noch am selben Tag wurden daher die ca. 27 000 Einwohner der Stadt evakuiert. Doch trotz des verzweifelten Kampfes der Löschkräfte brannte der Ort bis zum Abend nahezu vollständig ab. Mindestens 23 Menschen verloren bei dieser Katastrophe ihr Leben, viele weitere wurden vermisst.

In der Folge wurde heftig über die Ursachen dieser Katastrophe spekuliert. Während die einen den Klimawandel verantwortlich machten, warfen andere der kalifornischen Regierung Versagen in der Forstwirtschaft und Brandprävention vor. Doch unabhängig davon, wer oder was die Schuld an dem Flammeninferno trägt: Das Schicksal dieses beschaulichen Städtchens in der wunderschönen Landschaft Kaliforniens hat mir verdeutlicht, dass kein irdisches »Paradies« dauerhaft Bestand hat. Wer allein auf seinen diesseitigen Besitz setzt, kann nie sicher sein, ob er durch einen Schlag nicht doch noch alles verliert. Aber das Wort des lebendigen, ewigen Gottes hat unbegrenzten Bestand. *mm*

? Sind Sie noch auf der Suche nach Ihrem »Paradies«?

! Die Bibel, das Wort Gottes, zeigt uns den Weg zum wahren Paradies.

Offenbarung 22,1-5

**Du bist es ja auch,
der meinen Körper und meine Seele erschaffen hat,
kunstvoll hast du mich gebildet im Leib meiner Mutter.**
Psalm 139,13

Fingerabdruck

Kürzlich mussten wir in die deutsche Botschaft nach Rom, um neue Reisepässe zu beantragen. Da es sich um einen sogenannten biometrischen Pass handelte, mussten wir neben dem typischen Passbild auch unsere Fingerabdrücke einscannen lassen. Der Fingerabdruck gehört also zu den biometrischen Merkmalen eines Menschen, also zu den Merkmalen, anhand derer die Identität eines jeden Menschen eindeutig festgestellt werden kann.

Der Fingerabdruck ist ein Abdruck der Papillarleisten auf der Unterseite der Fingerkuppe. Bisher sind keine zwei Menschen mit dem gleichen Fingerabdruck bekannt, und man geht von der Einzigartigkeit des Fingerabdrucks bei jedem Menschen aus. Selbst eineiige Zwillinge haben unterschiedliche Fingerabdrücke, denn die Entwicklung der Papillarleisten ist ein embryonaler Prozess beim Wachstum der Finger, der von vielen Faktoren beeinflusst wird und jeweils zu anderen Ergebnissen führt. Eine faszinierende Tatsache, dass bei ca. 7,63 Milliarden Menschen keine identischen Fingerabdrücke zu finden sind und somit jeder Mensch nicht nur einmal da ist, sondern auch einmalig ist. Und das schon lange vor der Geburt.

Das wird schon in unserem Tagesvers deutlich. Gott hat jeden Menschen einmalig und wunderbar gemacht. Wir sind nicht das Produkt des Zufalls, sondern vom ersten Augenblick an von Gott so gewollt, wie wir sind. Und das ist noch nicht alles. Er hat uns nicht nur physisches Leben gegeben, er möchte uns auch ewiges Leben schenken. Dafür hat er Jesus Christus gesandt (Johannes 3,16).

Das ist unsere wahre Bestimmung: ein Leben in liebender Verbindung mit dem Schöpfer aller Dinge. Durch den Glauben an Jesus Christus kann das Wahrheit für uns schuldbeladene Menschen werden. *tk*

? Was bedeutet es im positiven wie im negativen Sinn, wenn der allwissende Gott uns einmalig gemacht hat?

! Welchen Adel verleiht uns doch unsere Einmaligkeit!

Johannes 1,43-51

**Dein Wort ist meines Fußes Leuchte
und ein Licht auf meinem Weg.**
Psalm 119,105

Auf der Suche nach Vorbildern …

»MontanaBlack« – das habe ich bis vor Kurzem noch nie gehört. Was sich hinter diesem Künstlernamen verbirgt, ist ein YouTuber mit bürgerlichem Namen »Marcel Eris«, der knapp 2 000 000 Abonnenten hat (Stand: Mai 2019). Damit gehört er zu den erfolgreichsten YouTubern Deutschlands. Vor Kurzem ist seine Lebensgeschichte in dem Buch »MontanaBlack« erschienen. Der Untertitel sagt bereits viel: »Vom Junkie zum YouTuber«.

Matthias (Pseudonym) ist 15 Jahre alt und kommt regelmäßig in den »Jungstreff«. Hier treffen wir uns mit ca. zwölf Teens im Alter von 12–15 Jahren. Wir machen Sport, lesen in der Bibel und essen gut und viel. Durch Matthias habe ich von »MontanaBlack« erfahren. Er hat sich das Buch besorgt und liest es gerade. Das Besondere dabei: Matthias hat eine diagnostizierte Lese-Rechtschreib-Schwäche (LRS), und das Buch hat 250 (!) Seiten. Offensichtlich ist er nicht abgeschreckt, diese Menge von Text zu lesen. Zu groß ist die Begeisterung. Stimmt die Aussage: »Die Jugend von heute liest nicht mehr«? Offensichtlich nicht ganz. Bei passender Begeisterung sind 250 Seiten und mehr kein Problem. Liege ich richtig, wenn ich hinter der Begeisterung eine Orientierung an Vorbildern sehe? Unsere Teens und Jugendlichen suchen Vorbilder, Orientierung und Perspektive – so mein Eindruck!

Ich bin überzeugt: Die Bibel, immer noch konkurrenzlos das meistverkaufte Buch aller Zeiten (und das Buch mit den meisten Übersetzungen), bietet Perspektive, Orientierung und Vorbilder. Und das macht für mich Sinn: Wenn einer allumfassend Bescheid weiß, dann der, der Leben erdacht und erschaffen hat. Gott sei Dank hat er seine Ideen aufschreiben lassen. Das hat mein Leben nachhaltig geprägt.

wd

Wer oder was gibt Ihrem Leben Orientierung?

Wer nicht weiß, wo er hinwill, wird das Ziel höchstwahrscheinlich nicht erreichen.

2. Timotheus 3,10-17

**Ich bin gekommen,
um ihnen Leben zu bringen und alles reichlich dazu.**
Johannes 10,10

Lebenshunger

Die Epoche zwischen den beiden Weltkriegen ging als die »Goldenen Zwanziger« in die Geschichte ein. Die deutsche Wirtschaft, die aus der Währungsreform 1924 gestärkt hervorgegangen war, hatte sich erholt. Die innenpolitische Lage beruhigte sich, und Kunst und Kultur erlebten eine Blütezeit. Nach Jahren von Krieg, Hunger, Kälte und Inflation artikulierte sich eine neue Lust zu leben. Es war die Zeit des Jazz, des Swing, des Charleston und die Zeit Hollywoods. Bei Musik aus dem Grammofon oder dem Radio konnte man endlich sein Leben genießen. Die Menschen bündelten ihre Kräfte, um etwas Schönes zu schaffen. Das klare Design und die bunten Farben des Art déco erfreuten die Käufer unzähliger Gegenstände, die nun in Massenproduktion hergestellt wurden.

Die Nachkriegsjahre führten allerdings auch zu einer allgemeinen Lockerung der Sitten. Viele Menschen suchten Erfüllung außerhalb der bislang geltenden Regeln. So verständlich der Lebenshunger nach schweren Krisenzeiten auch ist, so sind vergängliche Vergnügungen doch niemals das, was die Sehnsucht der Menschen auf Dauer erfüllen kann. Doch das Leben, von dem Jesus in unserem Tagesvers spricht, ist ein von Gottes Geist gewirktes, übernatürliches Leben in Kraft, Freude und innerem Frieden. Es ist unabhängig von äußeren Umständen. Und es ist echt.

Hinter der glitzernden Fassade der »Goldenen Zwanziger« hingegen gab es viel Not, wie zum Beispiel eine hohe Arbeitslosigkeit. Und schon bald zogen dunkle Schatten auf: die Große Depression, der Börsenkrach, die Inflation und das Erstarken des Faschismus bereiteten der kulturellen Vielfalt in Deutschland Anfang der dreißiger Jahre ein jähes Ende.

si

Wo stillen Sie Ihren Lebenshunger?

Bei Gott können wir wahre Erfüllung finden. Gott und das Leben, das er verspricht, währen ewig.

Johannes 10,7-15

... so schien es auch mir gut, der ich allem von Anfang an genau nachgegangen bin, es dir der Reihe nach zu beschreiben, vortrefflichster Theophilus, damit du die Gewissheit der Dinge erkennst, in denen du unterrichtet worden bist. Lukas 1,3-4

Ben Hur

Am 12. November 1880, also heute 140 Jahren, erschien der historische Roman »Ben Hur« von Lewis Wallace. Das Buch wurde ein Verkaufsschlager und war zeitweise das nach der Bibel am meisten gedruckte Buch. Der Inhalt wurde siebenmal verfilmt.

Wallace war ein vielseits begabter Mann. Im amerikanischen Bürgerkrieg war er General. Später wurde er Gouverneur von New Mexico und Botschafter der USA im Osmanischen Reich. Wallace war, wie er in seiner Autobiografie schreibt, damals Agnostiker. Das heißt, er glaubte, dass man über Fragen bezüglich des Jenseits und der Existenz Gottes keine zuverlässigen Antworten finden kann.

Angeregt zu »Ben Hur« wurde er auf einer Zugfahrt. Dort hörte er zwei Stunden lang gebannt, wie ein Oberst namens Ingersoll in brillanter Weise in einer Mischung aus Scharfsinn und Satire Leute abqualifizierte, die an Gott, Christus und den Himmel glaubten. »Genau hier war ich bewegt wie nie zuvor. Aber durch was? ... Hatte der Offizier recht? Er beschämte mich wegen meiner Gleichgültigkeit. Zum ersten Mal im Leben wurde ich für die Wichtigkeit religiöser Fragen erweckt.«

Er beschloss, sich intensiv mit dem Leben von Jesus Christus und allen sachdienlichen Fakten zu beschäftigen und darüber ein Buch zu schreiben. »Es bleibt nur noch übrig zu sagen, dass ich meinen Beschluss ausführte – mit zwei Ergebnissen: Erstens das Buch »Ben Hur« und zweitens eine Überzeugung, die in dem uneingeschränkten Glauben an Gott und die Göttlichkeit Jesu Christi gipfelte«, schreibt Lewis Wallace. Sein Buch ist bis zum heutigen Tag ein Hinweis darauf, dass die Geschichte von Jesus Christus einer geschichtlichen Überprüfung standhält.

ga

Welchen Stellenwert nimmt Jesus Christus in Ihrem Leben ein?

Viele, die endlich über Christus nachdachten, wurden durch ihre Erkenntnisse von der Gottheit Christi überzeugt.

Daniel 4

13. Nov. 20

Freitag

**Dankt dem HERRN, denn er ist gut –
seine Gnade hört niemals auf! ... Mit Weisheit hat er
den Himmel geschaffen – seine Gnade hört niemals auf!**

Psalm 136,1.5

Aufregen oder dankbar sein?

»Wenn du die Gleise mit dem Fahrrad überquerst, pass auf, dass du nicht hängen bleibst und fällst.« Kaum ist der Gedanke zu Ende gedacht, liege ich auch schon mitten auf den Bahngleisen. Schulter und Knie schmerzen, doch stehe ich schnell wieder auf. Jetzt kann ich mich aufregen über die blutenden Wunden, den Riss in meiner Jacke, die herausgesprungene Fahrradkette usw.! Oder aber auch denken: Wie gut, dass hinter mir kein Auto war, ich meine alte Jacke anhatte, es sich nur um ein paar Schürfwunden handelt und meine Freundin sofort ein Pflaster parat hatte.

Statt mich nun aufzuregen, erinnere ich mich an den Bibelvers mit der Aufforderung: »Danksagt in allem.« Auf den ersten Blick ist diese Aussage sehr krass. Soll man dankbar sein, wenn es auf der Arbeit echt nicht gut läuft, man gestresst nach Hause kommt, dort sich die Hausarbeit türmt, der Backofen kaputtgeht und die Erkältung einfach nicht abklingt? Sie kennen wahrscheinlich noch ganz andere Situationen. In allem danksagen? Kann mir auch das, was schiefläuft, zum Guten dienen? – Ja, denn es verweist mich an Gott, der mit Gnade und Kraft schenken will, um schwierige Lagen durchzustehen und Widrigkeiten auszuhalten. Und ich kann dankbar sein für all das Gute, das ich bisher erlebt habe und das Gott mir geschenkt hat.

Wir dürfen auf dieser Erde leben, jeden Morgen aufwachen, haben Luft zum Atmen, können die Sonne und den Wind auf der Haut spüren. Wie viele Wegstrecken haben wir sicher per Bahn, Bus oder Auto zurückgelegt! Die meisten von uns haben sauberes Wasser, genug zu essen, ein Dach über dem Kopf und einen Platz zum Schlafen. Sind das nicht Gründe genug, Gott kennenzulernen, mit ihm zu reden, von ihm in der Bibel zu lesen und ihm dankbar zu sein? *vj*

Wofür sind Sie heute dankbar?

Innehalten und zu Gott kommen – so kommt Dankbarkeit ins Herz.

Römer 8,28-32

14. Nov. 20

Samstag

Gott sagte: »Nun ist der Mensch wie einer von uns geworden. Er erkennt Gut und Böse. Auf keinen Fall darf er jetzt auch noch vom Baum des Lebens essen, um ewig zu leben.«

1. Mose 3,21-23

Lebenslänglich jung: der Kampf gegen das Altern

Mit diesem Titel veröffentlichte die *Neue Zürcher Zeitung* Ende 2018 einen Artikel und ein Video. Sie informierte damit über die Entwicklungen der Medizin. Biotech-Unternehmen ist es danach bereits gelungen, das Altern von Mäusen nicht nur zu stoppen, sondern teilweise rückgängig zu machen. Wird der Mensch also in absehbarer Zeit unsterblich werden? Ist dies überhaupt erstrebenswert? In einem Videoclip werden Antworten von Menschen auf diese Fragen wiedergegeben. Die meisten verneinen, dass dieses Leben in ewiger Form erstrebenswert sei. Die Probleme, die der Mensch in Umwelt und Zusammenleben schaffe, wollen die wenigsten endlos ertragen. Der unendlich lebende Mensch würde noch verantwortungsloser handeln, wenn er die dramatischen Folgen seines Tuns nicht immer wieder erleben müsste.

Nicht nur Menschen erkennen die dramatischen Folgen eines Lebens ohne Ende für den einzelnen Menschen. Der Schöpfer selbst hat im gleichen Augenblick, in dem der Mensch zum ersten Mal das Böse tat, erkannt, dass das Leben mit dem Bösen ohne ein Ende auch ein Grauen ohne Ende sein würde. Das wollte Gott, der uns Menschen liebt, uns ersparen und verhinderte dies!

Müssen wir also mit dem Tod leben? Nein! Gott hat uns nicht nur vor unendlichem Grauen bewahrt, er möchte uns auch ewiges Leben schenken, allerdings frei von allem Bösen und Schlechten. Doch wie werden wir frei von diesem Bösen? Indem wir akzeptieren, dass dieses Böse den Tod verdient hat, der Tod uns also rechtmäßig zusteht. Da Gott aber seinen Sohn gab, der für unsere Sünde, unser böses Tun, starb und damit die Strafe dafür getragen hat, darf jeder, der dies glaubt, ewiges Leben haben. *kim*

? Haben Sie schon Hoffnung über den Tod hinaus?

! Falls nicht, ergreifen Sie das ewige Leben, das ein liebender Gott Ihnen anbietet!

Johannes 3,14-18

Wo ist, o Tod, dein Sieg?
Wo ist, o Tod, dein Stachel?
1. Korinther 15,55

Keiner hört ihn gern

Er redet laut und bestimmt. Er ist nicht angepasst und trotzdem bereist er den ganzen Erdball und spricht alle Sprachen. Er geht zu Armen und zu Reichen, zu Bettlern und Königen, zu Promis und Junkies. Er kennt keine Grenzen, keine Scham hält ihn davon ab, zu uns zu sprechen; der Inhalt seiner Rede ist immer der gleiche. Jeder verwünscht ihn, keiner entgeht ihm; doch jeder hört ihn, ob er will oder nicht. Er ist weder gebildet noch höflich. Er unterbricht Veranstaltungen oder stellt sich mitten in privaten Vergnügungen ein. Er lauert an der Tür und besucht Büros und Betriebe. Beim Sport ist er gerne, auch auf Autobahnen und in Flugzeugen, sogar Raketen kann er fliegen (oder auch nicht – wie man's nimmt). Er bekommt Audienzen ohne Voranmeldung und erscheint selbst bei den prominentesten Persönlichkeiten, ohne vorher anzuklopfen. Er liebt Schlösser und Paläste, aber er verschmäht auch nicht die ärmsten Gassen, um dort tätig zu sein. Er ist ebenso Raver und ein vorzüglicher Walzer-Tänzer. Jede Zeitung berichtet tagtäglich von ihm und seinen Machenschaften. Die Rede ist vom ... Tod.

In der Bibel steht, dass »es den Menschen gesetzt ist, einmal zu sterben, danach aber [kommt] das Gericht« (Hebräer 9,27). Es gibt nur einen Weg, dem Gericht und somit dem ewigen Tod zu entfliehen. Jesus Christus sagt: »Wer mein Wort hört und glaubt dem, der mich gesandt hat, hat ewiges Leben und kommt nicht ins Gericht, sondern er ist aus dem Tod in das Leben übergegangen« (Johannes 5,24).

Der Tod ist ein Prediger der alten Schule, der uns auch heute wieder an unsere Endlichkeit mahnt. Aber Jesus hat den Tod besiegt – das, was er sagt, übertönt sein Reden. Wer auf Jesus hört und ihm glaubt, für den hat der Tod seinen Schrecken verloren. *lü*

? Wie reagieren wir angesichts der letztgültigen Tatsache?

! Es geht darum, wer das letzte Wort bei uns hat: der Tod oder der Herr Jesus!

Johannes 5,24-29

Entsündige mich mit Ysop, und ich werde rein sein; wasche mich, und ich werde weißer sein als Schnee.

Psalm 51,9

Fleckentferner

Irgendwie kommt natürlich kein Mensch dieser Erde im buchstäblichen Sinne »sauber« durchs Leben. Ob nun aufgrund von Gartenarbeit, Sport im Freien, dem eigenhändig durchgeführten Ölwechsel ... »Flecken« können gar nicht vollständig außen vor bleiben. Daher kann man sich glücklich schätzen, dass eine vollständige Badezimmereinrichtung in unserem Kulturkreis zum Standard einer Wohnungsausstattung gehört.

Allerdings gibt es auch »Flecken«, die eben nicht äußerlich abwaschbar sind. Hat sich z. B. jemand etwas zuschulden kommen lassen, so hat er »Dreck am Stecken«, oder er hat eben keine »weiße Weste« mehr. Dreck steht hier als Bild für menschliche Verfehlungen, und schlussendlich muss eine »Sache bereinigt« oder es muss »reiner Tisch« gemacht werden. Unsere deutsche Sprache drückt sehr anschaulich aus, dass menschliche Verfehlungen nicht einfach von alleine verschwinden.

Dies stimmt mit der Sichtweise der Bibel überein. Im Tagesvers wird menschlich verursachte Schuld als ein »Flecken« angesehen, der »weggewaschen« werden muss. Und zwar nicht nur zwischen Menschen, sondern auch zwischen Mensch und Gott. Weil wir uns immer wieder über die von ihm gegebenen Maßstäbe hinwegsetzen, ist eine ungetrübte Gemeinschaft mit ihm unmöglich bzw. kann nicht aufrecht erhalten werden. Nun gibt es bei Gott kein gleichgültiges »Schwamm drüber«, sondern Sünde (die Flecken unseres Lebens) muss vor ihm eingestanden und es muss um Vergebung gebeten werden. Das ist im zwischenmenschlichen Bereich so und erst recht bei Gott. Weder hier noch dort darf man darauf verzichten, wenn wirklich eine Reinigung stattfinden und alles (wieder) in Ordnung kommen soll. *sn*

? Sind Sie schon sauber?

! Gott hat sich unsere Reinigung die Gabe seines Sohnes kosten lassen, und uns kostet es nicht mehr als die Bitte um Vergebung. Ist das wirklich so schwer?

Psalm 51

17. Nov. 20

Dienstag

Und er spricht zu ihnen:
Wessen ist dieses Bild und die Aufschrift?
Sie aber sagten zu ihm: Des Kaisers.
Markus 12,16

Tim und Struppi

Bildergeschichten faszinierten die Menschen schon immer, damals wie heute. Auch »Tim und Struppi« sind geradezu unverwüstlich. Der belgische Zeichner und Autor Hergé (1907–1983) hatte so gegen 1930 seinen Stil gefunden und insgesamt 24 Comic-Alben herausgebracht. Ich glaube, dass die manchmal linkisch bis unbeholfenen Darstellungen gewollt sind, um ungewollten Realismus zu vermeiden, denn die Abenteuergeschichten selbst sind alles andere als realistisch. Die Lösung der meisten Fälle sind »Zufälle«. Da fällt irgendjemand, oft Tim selbst, die Treppe hinunter, Kapitän Haddock schmeißt eine Schnapsflasche über den Zaun und trifft den Übeltäter und Ähnliches. So entsteht eine Atmosphäre des lächelnden Unernstes, der sich auch Kindern mitteilt und allen Geschichten Harmlosigkeit vermittelt.

Bilder spielen auch in der Bibel eine bedeutende Rolle, im guten und im bösen Sinne. Bilder reden ohne Worte, sind leicht zu erkennen und zu verstehen und dienten schon immer dazu, die Menschen zu informieren und zu lenken. Das ist bis heute so, ja, es hat sich so gesteigert, dass man sagen kann, dass längst das Bild das Wort erschlägt.

Im Tagesvers nimmt Jesus auf eine einfache Münze Bezug, die das Bild des römischen Kaisers trug. So ein Geldstück ging durch viele Hände und erinnerte jeden, der es benutzte, daran, wem man Ansehen und Ehre schuldete. Auch Jesus wurde im Laufe der Geschichte später millionenfach abgebildet, aber keines dieser Bilder konnte die Tiefe und Fülle seines Charakters und seiner göttlichen Identität wirklich vermitteln. Das jedoch geschieht durch das Wort Gottes, in dem uns Jesus ausführlich vorgestellt wird, sodass er jedem, der glaubt, auch ohne »Bild« geradezu lebendig vor Augen steht. *koh*

Was zählt mehr für Sie, Bild oder Wort, Comic oder Bibel?

Es geht um mehr als Bilder, es geht um einen großen Erlöser, der uns retten will von unseren Sünden, und eine persönliche Begegnung mit ihm.

Offenbarung 1,12-20

**Von da an begann Jesus zu predigen und zu sagen:
Tut Buße, denn das Reich der Himmel ist nahe gekommen.**
Matthäus 4,17

Nicht büßen, sondern Buße tun

Heute ist Buß- und Bettag. An diesem Tag des Kirchenjahres soll Zeit und Raum sein, über Fehler und Irrwege im persönlichen wie im gesellschaftlichen Leben nachzudenken und eine Kurskorrektur oder Umkehr zu beschließen.

Wenn Menschen heute hören, dass sie »Buße tun sollen«, dann verbinden sie mit dieser Aufforderung oft genau das Gegenteil von dem, was in der Bibel gemeint ist. »Buße« wird heute schnell mit Bestrafung verbunden. Wenn man gegen ein Gesetz verstoßen hat und angezeigt worden ist, bekommt man von der Behörde einen Bußgeldbescheid mit der Aufforderung, zur Strafe einen Geldbetrag zu zahlen.

Die Worte Jesu meinen etwas ganz anderes: »Haltet mit eurem bisherigen Leben und Denken ein und kehrt um, überprüft eure religiösen Vorstellungen und Wünsche, wiegt euch nicht in falscher Selbstsicherheit vor Gott. Gebt euren falschen Stolz auf und seid demütig, bekennt und bereut eure Sünden! Wendet euch mit eurem Herz und eurem ganzen Leben Gottes Gnade zu und hört und glaubt meine Worte. Denn es sind Gottes Worte der Gnade.«

Dazu kann man den heutigen Buß- und Bettag nutzen. Aber vor Gott ist jeder Tag ein Tag der Umkehr. Wir sollten und müssen immer wieder unsere Schuld vor Gott eingestehen und »Buße« tun – bereuen, umkehren und Gottes Gnadenangebot in Anspruch nehmen. Wie gut ist es, wenn unser Leben in Ordnung kommt! Durch Gottes Güte müssen wir letztendlich nicht mehr für alle unsere Fehler und Sünden büßen, sondern dürfen Buße tun und Vergebung erlangen. Weil Jesus für uns gebüßt hat, dürfen wir frei ausgehen. Das ist echte Befreiung. *lü*

? Wie werden Sie diesen Tag »verbüßen«?

! Die Buße ist ein Schritt, ohne den man nicht weiterkommt.

Joel 2,12-17

Der HERR hört, wenn ich zu ihm rufe.
Psalm 4,4

Ruf doch mal an!

»Ruf doch mal an!« – Das war einer der bekanntesten Werbesprüche der Deutschen Bundespost (in den 70er- und 80er-Jahren). Er sollte die Bundesbürger animieren, sich einen Fernmeldeanschluss zuzulegen und diesen regelmäßig zu nutzen. Der Slogan wurde oft in Form einer Sprechblase auf Postkarten und als Aufkleber auf Telefonzellen abgebildet.

Heute im Zeitalter von »Flatrate« und konkurrierenden Telekommunikationsunternehmen ist diese Werbung irgendwie unpassend. Damals war folgender Hinweis in vielen Telefonhäuschen und an öffentlichen Sprechstellen angebracht: »Fasse dich kurz.« Denn man konnte für eine Tarifeinheit ohne Limit Ortsgespräche führen. Und zugleich stand draußen vor der Telefonzelle die Schlange der Wartenden. Das änderte sich, als Anfang der 80er-Jahre der sogenannte Zeittakt im Ortsnetz eingeführt wurde. Von da an kostete nun nicht mehr jedes Gespräch 23 Pfennig (11 Cent), sondern jede Takteinheit. Mit dem Handy oder Smartphone ist das Telefonieren heute (wenn man nicht gerade in einem Funkloch ist) einfacher und oft auch günstiger.

Haben Sie gewusst, dass es in der Bibel auch eine Telefonnummer gibt, ja, dass Gott eine Telefonnummer hat, unter der man ihn erreichen kann? Und zwar Tag und Nacht, ohne Takteinheit und ohne Funkloch. Ohne Warteschlange und den Druck, das Telefonat beenden zu müssen. Es gibt bei Gott auch kein »Falsch verbunden«, kein Besetztzeichen, keine Mailbox usw. Und kurz fassen muss man sich hier auch nicht, man kann ihn so oft, wie man will, und so lange wie nötig jederzeit sprechen. »Rufe mich an am Tage der Bedrängnis: ich will dich erretten, und du wirst mich verherrlichen!« (Psalm 50,15). *mtz*

? Haben Sie diese »Telefonnummer« schon mal genutzt?

! Gott wartet auf Ihren Anruf. Gerne auch öfter als nur in Notfällen.

Lukas 18,1-8

Die Diakone sollen jeder Mann einer Frau sein, ihren Kindern und ihrem Haus gut vorstehen.
1. Timotheus 3,12

Verantwortung für Kinder

Seit Adams Tagen gilt nicht nur für Diakone, also Kirchendiener, sondern für uns alle, was der Tagesvers anmahnt. Und bis zum heutigen Tag müssen Eltern viel Arbeit und Fleiß in die Erziehung stecken, damit die Kinder nicht ihre besten Lernzeiten vertrödeln; und vor allem, dass sie nicht darin bestärkt werden, man könne tun und lassen, was einem beliebt, ohne dass das Folgen hätte.

Um das zu erreichen, standen den Eltern früherer Zeiten besonders in unseren Breiten zwei tüchtige Helfer zur Seite. Der eine war eine allgemeine Gottesfurcht, wenn sie auch von den meisten nicht deutlich genug als solche verstanden wurde. Aber den Eltern war bewusst, dass sie nicht nur das Recht, sondern auch die Pflicht hatten, die Kinder zum Gehorsam zu erziehen. Die Anerkennung der Zehn Gebote war viel verbreiteter als in der heutigen Generation, wo Gottesfurcht ein Fremdwort ist und für viele nur noch das Gebot gilt: Du sollst dich nicht erwischen lassen! Und der andere Helfer war die grausame Armut der weitaus meisten Menschen. Sie konnten sich Trägheit überhaupt nicht leisten, wenn sie den nächsten Winter überleben wollten. So lernten die Kinder schnell und oft sehr schmerzhaft die Wahrheit eines anderen Bibelwortes: Was der Mensch sät, das wird er ernten (Galater 6,7).

Natürlich gibt es auch heute Menschen, die in großer Armut stecken. Allein in Berlin leben 6000 Menschen auf der Straße. Aber der jahrzehntelange Wohlstand hat so manchen dazu verführt, nicht mehr auf Gehorsam zu drängen, und je länger Kinder nicht zum Gehorchen erzogen werden, umso schwerer haben sie es, sich den Forderungen Gottes zu unterstellen. Das allerdings hat nicht nur zeitliche, sondern auch ewige Folgen! Können wir das verantworten? *gr*

? Wie sieht es bei Ihnen zu Hause aus?

! Gottes Gebote dienen ausnahmslos zu unserem Guten.

2. Timotheus 3

**Rühmt sich auch die Axt gegen den, der damit haut?
Oder brüstet sich die Säge gegen den, der sie führt?**
Jesaja 10,15

Das Original zählt

Leuchtende Augen bekommen meine Kinder von der Wohngruppe, wenn sie einen originalen Porsche oder Ferrari, einen Ford Mustang oder Lamborghini sehen. Da ist der Begeisterung fast keine Grenze gesetzt. Die Handys werden gezückt und Aufnahmen gemacht. Die mächtigen PS-Boliden haben es ihnen angetan. Vor Kurzem waren wir im Kinderland, und dort gab es tatsächlich Rennautos zum Fahren. Der eine wollte den Porsche, der andere den Ferrari, obwohl es nur Kinderautos waren, die als einzigen Unterschied verschiedene Karosserien hatten. Aber für sie zählte eben der Name, und die Fantasie tat ihr Übriges. Die Kopie wird zum Original erklärt.

Wie gleicht dieses Verhalten demjenigen vieler Menschen in ihrer Einstellung gegenüber Gott. Man bedenkt nicht mehr, dass man nur ein Geschöpf ist. Die Kopie, das Abbild, also der Mensch, wird zum Original erklärt. Ja, manche gehen sogar so weit, es in ihrem Größenwahn zu wagen, das Original gering und die Kopie unendlich höher zu schätzen. Die Axt rühmt sich gegen den, der sie schuf und gebrauchen will. Wie irrsinnig und lächerlich; und doch geschieht das täglich, wenn wir meinen, alles besser zu wissen als unser Schöpfer.

Oder verhalten wir uns anders, wenn wir sagen: »Ich habe das geschafft, meine Kraft hat das aufgebaut, durch meine Klugheit und Intelligenz bin ich so weit gekommen«? Wie viel Einfluss haben wir auf eine Sekunde unseres Lebens? Wissen wir nicht, dass der Schöpfer uns in der Hand hält und erhält? Jesus Christus kam auf diese Erde, um jeden von uns zu einem Abbild seiner selbst zu machen, ohne dass er dabei unsere Individualität zerstört. Er gab sein Leben, damit wir ihn, unseren Schöpfer, erkennen und für ihn leben. Ihm gebührt die Ehre, und uns nur als seine Werkzeuge, die ihm dienen. *kü*

? Rühmen Sie sich selbst oder ihren Schöpfer?

! Ohne das Original gäbe es keine Kopie. Und eine Kopie steht immer für das Original.

Kolosser 1,15-20; 3,9-11

**Und nun, ihr Könige, seid verständig,
lasst euch zurechtweisen, ihr Richter der Erde!
Dient dem HERRN mit Furcht, …**

Psalm 2,10-11

Vor 800 Jahren – Friedrich II. zum Kaiser gekrönt

Wir hatten zu Hause ein altes Liederbuch aus Kaiser Wilhelms Zeiten auf dem Harmonium herumliegen. Eines war darunter, das begann mit den Zeilen: »Der alte Barbarossa, / der Kaiser Friederich, / im unterird'schen Schlosse / hält er verzaubert sich.« Nach der Sage war Friedrich Barbarossa auf seinem Kreuzzug nicht gestorben, sondern hatte sich in den Kyffhäuserberg zurückgezogen, darauf wartend, zu gegebener Zeit des Reiches Herrlichkeit mit Macht neu aufzurichten. Mir kleinem Knirps gefiel das Lied, ich habe es oft laut gesungen. Viel später erst habe ich erfahren, dass das Lied ursprünglich gar nicht Barbarossa meinte, sondern seinen Enkel, ebendiesen Friedrich II.

Weil sein Vater früh gestorben war, kam Friedrich früh zur Krone und erbte auch noch das Königreich Sizilien. Auf den ersten Blick war er also ein äußerst mächtiger Mann. Zwar machten die deutschen Fürsten und der Papst ihm das Leben schwer, wo sie nur konnten. Doch Friedrich konnte sich behaupten. Als Kaiser bewegte er eine Menge, zum Beispiel erreichte er durch Verhandlungen, dass die christlichen Pilger sicher nach Jerusalem gelangen konnten. Er war ein Förderer von Kunst und Wissenschaft, schrieb selbst ein Buch über die Falknerei. Seine Verehrer nannten ihn »das Staunen der Welt«.

Schon mancher Herrscher dieser Welt wurde zu einem Mythos hochstilisiert, aber wie alle anderen Menschen sind auch sie vergänglich und können nach ihrem Tod gar nichts mehr für die Welt bewirken. Und wenn sie nicht einem Höheren, nämlich Gott, gedient haben, wozu der Tagesvers auffordert, nützt ihnen all ihr Werk nichts, denn eines jeden Menschen Maß wird nach dem gemessen, wie Gott ihn »zurechtweist«. Das gilt nicht nur für Könige, sondern für alle – bis heute. *koh*

Worin besteht Gottes »Zurechtweisung« für heutige Menschen?

»Und es geschah eine Stimme aus der Wolke, die sagte: Dieser ist mein auserwählter Sohn, ihn hört!« (Lukas 9,35)

Johannes 3,13-18

23. Nov. 20

Montag

Offenbarung Jesu Christi, die Gott ihm gab,
um seinen Knechten zu zeigen, was bald geschehen muss.
Offenbarung 1,1

Offenbarung (1): Ein Buch mit sieben Siegeln?

Es gibt wohl keinen Teil der Heiligen Schrift, um den sich mehr Fragen und Legenden ranken, als um das letzte Buch der Bibel. Bereits der geläufige, aus dem ersten Vers des griechischen Urtextes entlehnte Titel – »Apokalypse« – klingt äußerst geheimnisvoll.

Hinzu kommt, dass die Offenbarung bereits nach ihrem ersten Vers ein Geschehen behandelt, das sich »bald«, also zu einem unbestimmten Zeitpunkt in der Zukunft erfüllen soll. Und die Zukunft ist aus menschlicher Sicht ungewiss. Auch die Sprache dieses Bibelbuches mutet fantastisch und rätselhaft zugleich an: Es ist von merkwürdigen Wesen mit unzähligen Augen die Rede, von einem Lamm, einem Drachen, einer Schlange etc. Damit erinnert der Text ein wenig an uns bekannte Märchen und Sagen. Auch der Ort des Geschehens wechselt immer wieder: Einmal spielen die Entwicklungen auf der Erde, dann wieder an einem himmlischen, jenseitigen Ort.

Schließlich thematisiert die Offenbarung erschreckende Ereignisse. Es werden globale politische und Naturkatastrophen und schließlich sogar das Ende des uns bekannten Kosmos beschrieben. Es erstaunt daher nicht, dass sich von der Zeit ihrer Veröffentlichung an bis heute unzählige Spekulationen über die konkrete Bedeutung der Vorhersagen und die Zeit ihres Eintreffens herausgebildet haben. Und für viele Leser bleibt es das sprichwörtliche »Buch mit sieben Siegeln«.

Kann man diesen Schlussabschnitt der Bibel überhaupt verstehen? Kann man ihn mit Gewinn lesen? Ich möchte versuchen, gemeinsam mit Ihnen einen Zugang zu diesem geheimnisvollen Buch zu bekommen. Dabei möchte ich den Text nüchtern betrachten: Wilde Spekulationen werden Sie deshalb vergeblich suchen. *mm*

? Was sagt die Offenbarung über den dauerhaften Fortbestand dieser Welt?

! Apo-kalypse = »Weg(tun) des Schleiers«: also Offenbarung des noch Verborgenen.

Offenbarung 5,1-10

**Offenbarung Jesu Christi, die Gott ihm gab,
um seinen Knechten zu zeigen, was bald geschehen muss;
und durch seinen Engel sendend, hat er es
seinem Knecht Johannes gezeigt.** Offenbarung 1,1

Offenbarung (2): Autor und Hauptperson

Der erste Vers lässt keinen Zweifel daran, dass die nun folgenden Informationen keine menschliche Erfindung sind: Sie stammen von Gott höchstpersönlich. Kann man Gott vertrauen? Natürlich, denn zum einen weiß er alles. Für ihn ist Zeit keine Begrenzung, sodass sein Wissen auch die Zukunft umfasst. Zum anderen streut Gott keine Fehlinformationen, da er nicht lügen kann.

Gott gibt nun die Offenbarung an Jesus Christus, der sie schließlich Johannes mitteilt. Dieser dokumentiert das Erfahrene gewissenhaft, sodass die Informationskette bis zu dem heute vorliegenden Text nicht unterbrochen ist. Damit ist das, was folgt, unbedingt glaubwürdig und verlässlich.

Dass es sich hierbei um die »Offenbarung Jesu Christi« handelt, sagt zudem etwas über die Hauptperson des ganzen Textes: Es geht um diesen Jesus. Das ist ein wichtiger Schlüssel für das Verständnis der gesamten Offenbarung. Denn im Folgenden wird mit verschiedenen Bildern eine zentrale Person immer wieder hervorgehoben, und zwar als Menschensohn (1,13) oder als das Lamm (5,6; 6,1 usw.). Jesus selbst bezeichnet sich im Lukasevangelium als »Sohn des Menschen« (z. B. Lukas 19,10); und im Johannesevangelium wird er ausdrücklich das »Lamm Gottes« genannt (Johannes 1,29). Im Zusammenhang mit dem Anfangsvers wird also klar: All diese Beschreibungen haben Handlungen Jesu zum Gegenstand. Damit wird auch deutlich: Jesus Christus, der Gekreuzigte, der scheinbar Schwache und Verlierer, steht tatsächlich im Mittelpunkt der Zukunft der Menschheit. Er ist nicht tot. Er hat vielmehr die Zukunft der Welt in der Hand. Die Aufmerksamkeit des ganzen Himmels und des ganzen Universums wird daher auf ihn gerichtet sein. *mm*

? Was fehlt Ihnen noch am Gesamtbild, was durch das Lesen der Offenbarung ausgeglichen wird?

! Jesus ist nicht nur der, der in der Vergangenheit am Kreuz für uns starb, sondern auch der, der unsere Zukunft garantiert.

Offenbarung 1

Ich komme bald!
Offenbarung 3,11

Offenbarung (3): Geschichte hat ein Ziel

Es gibt sehr unterschiedliche Geschichtsbilder, z. B., dass sich die Geschichte stets im Kreis bewege und sich immer wiederhole. Oder, dass sie einer steten Aufwärts- oder Abwärtsbewegung folge. Manche gehen davon aus, sie hänge wesentlich von den Entscheidungen der betroffenen Individuen ab, andere, dass sie ganz und gar schicksalhaft sei. Die Bibel lehrt eindeutig, dass die Geschichte der uns bekannten Welt feste, von Gott bestimmte Eckpunkte aufweist:

Gott definiert durch die Schöpfung den Anfang der Geschichte (1. Mose 1). Ein weiterer entscheidender Zeitpunkt in der Menschheitsgeschichte ist die Menschwerdung des Gottessohnes Jesus. Auch diesen Zeitpunkt hat Gott genau festgelegt (Galater 4,4). Und schließlich beschreibt die Offenbarung, die nicht ohne Grund der letzte Teil der biblischen Schriften ist, das Ende der uns bekannten Welt und die Schaffung eines neuen Himmels und einer neuen Erde. Und auch hierfür hat Gott einen festen Zeitpunkt bestimmt (vgl. Apostelgeschichte 1,7).

Erstaunlich ist, dass bei all diesen drei Ereignissen Jesus Christus eine maßgebliche Rolle spielt: Liest man den Anfang des Johannesevangeliums, das ebenso wie die Offenbarung aus der Feder des Apostels Johannes stammt, kann man erkennen, dass Jesus Christus als das Wort Gottes bezeichnet wird, durch das alles, was wir sehen können, erschaffen worden ist. Er war also an der Schöpfung beteiligt. Bei seiner Geburt in Betlehem wurde der Gottessohn selbst Mensch, um seinen Geschöpfen die Erlösung von ihren Sünden anzubieten. Und hier, am Ende der Zeit, wird sein Wiedererscheinen geschildert: Er kommt – für alle sichtbar – an einem definierten Tag X, um die Geschichte abzuschließen. *mm*

Was hätten wir vorzubringen, wenn der Herr wiederkommt und er uns im Aufruhr gegen ihn vorfindet?

Wir sollten so leben, als sei jeder Tag eventuell der letzte!

Offenbarung 19,11-21

26. Nov. 20

Donnerstag

Fürchtet Gott und gebt ihm Ehre, denn die Stunde seines Gerichts ist gekommen; und betet den an, der den Himmel und die Erde gemacht hat und [das] Meer und die Wasserquellen. **Offenbarung 14,7**

Offenbarung (4): Gott richtet

In der Offenbarung ist vom Gericht Gottes die Rede. Wir mögen bei der Lektüre viele Details der Ausübung dieses Gerichts nicht verstehen. Doch jeder Leser kann erkennen, dass Gott durch Jesus Christus am Ende der Geschichte alle Menschen beurteilen wird. Seine Rechtsprechung ist dabei allumfassend: Weder Lebende noch Tote werden sich ihr entziehen können (Apostelgeschichte 10,42). Die Ausübung des Gerichts ist auch wahrhaftig und gerecht (Offenbarung 16,7). Gott unterlaufen keine Justizirrtümer, da er über absolutes Wissen verfügt, das auch die geheimsten Gedanken eines Wesens offenbart.

Doch woher nimmt Gott die Legitimation für sein Gericht? Der eine Grund ist: Gott hat durch Jesus Christus alles erschaffen (Offenbarung 4,11). Er ist der Urheber allen Lebens; kein Mensch ist lebendig, ohne dass Gott es will. Wenn ich als Geschöpf mein geschenktes Leben nutze, um etwas zu tun, was Gott Sünde nennt, zieht mein Schöpfer mich zur Rechenschaft.

Der andere Grund ist: Gott hat in Jesus Christus jedem Menschen die Erlösung von Sünden angeboten. Jesus Christus ist selbst Mensch geworden, um stellvertretend für meine Verfehlungen gegenüber Gott die Strafe auf sich zu nehmen. Er hat sich selbst für uns geopfert. Daher wird er auch in der Offenbarung als (Opfer-)Lamm dargestellt (Offenbarung 5,6ff.). Das Blut dieses Opferlammes hat die Kraft, jede noch so große Schuld zu sühnen, wenn ich dieses Erlösungsangebot akzeptiere. Für meine Sünden gibt es daher nur zwei Möglichkeiten: Entweder sie sind durch Jesu Tod am Kreuz gesühnt. Dann gibt es keinen Grund mehr, mich zu verurteilen. Oder ich habe das Angebot Gottes ausgeschlagen. Dann trage ich sie noch mit mir herum, und Gottes Gericht ist doppelt gerecht!

mm

Welche zwei Legitimationen hat Gott für sein Gericht?

Wer im Erdenleben Gott abweist, den weist Gott an der Himmelspforte ab.

Offenbarung 16

Freitag **27. Nov. 20**

**Und er wird jede Träne von ihren Augen abwischen,
und der Tod wird nicht mehr sein, noch Trauer,
noch Geschrei, noch Schmerz wird mehr sein;
denn das Erste ist vergangen.** Offenbarung 21,4

Offenbarung (5): Das Böse hat keine Macht mehr

In der Offenbarung wird nicht nur das Gericht über die Menschen beschrieben, sondern auch über den Teufel. In Offenbarung 20,10 heißt es: »Und der Teufel, der sie verführte, wurde in den Feuer- und Schwefelsee geworfen, wo sowohl das Tier ist als auch der falsche Prophet; und sie werden Tag und Nacht gepeinigt werden von Ewigkeit zu Ewigkeit.« Darin haben Kritiker einen Widerspruch zu dem Vater-Gott der Evangelien gesehen. Während der Jesus des Neuen Testamentes einen vergebenden Gott der Liebe verkünde, falle man hier zurück in eine alte, an sich überwundene Theologie des Kampfes zwischen Gut und Böse.

Doch hierbei wird etwas übersehen: In den Evangelien tritt Jesus Christus mit dem Angebot der Erlösung auf. Er bietet Vergebung für Sünder an, indem er ihre Sünden durch seinen eigenen Tod sühnt. Damit ist das Problem der Folge der Sünde für den, der sein Leben Jesus Christus anvertraut, gelöst. Dadurch ist aber noch nicht der Zustand eingetreten, dass keine Sünden mehr begangen werden. Vielmehr bleibt der Teufel weiterhin aktiv. Er ist die geistliche, verführerische Macht, die hinter dem Bösen steckt, das in der Welt präsent ist. Er hat selbst gegen Gott rebelliert und versucht fortlaufend, die Menschen in diese Rebellion mit einzubeziehen. Dies ist sowohl für Christen wie für Nichtchristen eine alltäglich spürbare Realität.

In der neuen perfekten Welt, die Gott nach diesem Kosmos schaffen wird, hat diese Quelle des Bösen jedoch keinen Platz mehr. Denn dort wird es weder Tod noch Schmerz oder Trauer (als Folgen von Sünde) mehr geben. Der Verführer, der stets versucht, die Menschen von Gott zu trennen, muss daher endgültig gerichtet werden. Und genau das wird geschehen. *mm*

Was übersehen die Bibelkritiker, die einen Unterschied zwischen dem Gott des Alten und dem des Neuen Testaments predigen?

Dieses Erdenleben ist die Zeit, in der entschieden wird, wo wir die Ewigkeit zubringen werden.

Offenbarung 19,1-5

28. Nov. 20

Samstag

Glückselig, der da liest und die da hören die Worte der Weissagung und bewahren, was in ihr geschrieben ist; denn die Zeit ist nahe.

Offenbarung 1,3

Offenbarung (6): Glückselig?

Bei der Betrachtung der Offenbarung kann einem flau werden. Denn die Katastrophen, die darin beschrieben werden, sind erschreckend. Und wenn wir die Verlässlichkeit dieser Weissagungen bedenken, ist das Schicksal für die Welt unausweichlich. Kann es dann richtig sein, wenn es hier heißt, man könne mit dem Lesen, Hören und Bewahren dieser Worte glückselig sein? Ja und nein!

Wenn Sie bei der Betrachtung der Offenbarung inne gehalten, Gott um Vergebung gebeten und Jesus Christus als Ihren Erlöser angenommen haben, haben Sie allen Grund, glückselig zu sein. Denn letztlich beschreibt die Offenbarung nichts anderes als das Ende einer bösen, verkommenen Welt, in der Verletzungen, Schmerz, Krankheit und Tod herrschen. Das Gericht über Sünde und Sünder betrifft Sie dann nicht, denn das Gericht über Ihre Sünde ist bereits an Jesus Christus vollzogen. Es erwartet Sie eine neue Wirklichkeit, die zeitlich unendlich ist und durch nichts getrübt werden kann.

Wenn dies jedoch nicht der Fall sein sollte, haben Sie allen Grund zur Unruhe. Denn Gott spaßt nicht. Es ist ihm bitter ernst mit dieser »Enthüllung«. Es ist ihm überaus wichtig, dass Menschen sie lesen und verstehen, auf welches Schicksal sie zulaufen, wenn sie seine Warnungen ignorieren. Deswegen spart er nicht an Deutlichkeit. Es mögen Details noch unverständlich sein, aber der große Gedanke ist schnell begriffen. Was nun? Es ist erstaunlich, dass die Offenbarung mit einer Einladung endet: Und der Geist und die Braut sagen: Komm! Und wer es hört, spreche: Komm! Und wen dürstet, der komme; wer will, nehme das Wasser des Lebens umsonst.

Dieses Angebot gilt, solange das Ende der Zeit noch nicht da ist. Doch Jesus kommt bald (Offenbarung 22,20)! *mm*

Was hindert Sie, glückselig werden zu wollen?

Uns gehört nur das »Heute«. Was morgen sein wird, wissen wir nicht. Darum muss man sich heute entscheiden!

Offenbarung 22,14-21

Die Menschen, die in Scharen zu dem Schauspiel der Kreuzigung herbeigeströmt waren und das ganze Geschehen miterlebt hatten, schlugen sich an die Brust und kehrten betroffen in die Stadt zurück. Lukas 23,48

50 Jahre »Tatort«

Heute vor 50 Jahren startete im Fernsehen mit dem »Tatort« eine neue Kriminalserie. Mit über 1000 Folgen gehört sie zu den beliebtesten Fernsehserien im deutschen Sprachraum. Viele Millionen verfolgen immer wieder gespannt, wie die Verbrechen aufgeklärt werden. Seit etwa 50 Jahren zum größten Teil unverändert geblieben ist dabei das Logo und die Titelmelodie, die dem Komponisten jedes Mal € 50,00 einbringt. Viele fragen sich, was denn den Erfolg des »Tatort« eigentlich ausmacht. Ist es die Vielfalt der Schauplätze und Geschichten? Oder sind es die ortstypischen Ermittlerfiguren? Oder ist es die Gewissheit, dass alles gut ausgeht und die lieb gewonnenen Kommissare am Leben bleiben? Vielleicht hat aber auch der Drehbuchautor Sascha Arango recht, wenn er sagt: »Alles, was wir eigentlich nicht erleben wollen, fasziniert uns.«

Vielleicht war das auch der Grund, warum so viele Menschen zur Kreuzigung von Jesus wie zu einem Schauspiel geströmt waren. Im Gegensatz dazu war das Geschehen auf Golgatha jedoch grausam echt. Drei Menschen hingen dort an ihren Kreuzen, und zwei von ihnen warteten auf einen qualvollen Tod. Nur Jesus, der Mann in der Mitte, konnte laut ausrufen: Es ist vollbracht. Um anschließend sein Leben in eigener Vollmacht zu lassen. Die Menschen aus Jerusalem schlugen sich an die Brust und kehrten betroffen zurück.

Da ist es die Frage: Wie hätte ich reagiert? Wäre ich nur betroffen gewesen über die grausame Art der Römer, ihre Feinde aus dem Weg zu räumen? Oder hätte ich sogar bei den Spöttern gestanden? Gott sei Dank kann ich Ihnen heute sagen, dass ich in Jesus Christus meinen Heiland entdeckt habe. Heute weiß ich, dort am Kreuz ist Jesus für mich gestorben und hat meine Schuld auf sich genommen. *hl*

? Wie denken Sie über den »Tatort« Golgatha?

! Dieses »Verbrechen« der Hinrichtung eines Unschuldigen musste geschehen, damit wir am Leben bleiben könnten.

Jesaja 53,2-12

30. Nov. 20

Montag

Alle sind abgewichen,
sie sind allesamt untauglich geworden;
da ist keiner, der Gutes tut, da ist auch nicht einer.

Römer 3,12

Gut genug?

Beobachtet man heutzutage die Menschen um einen herum, so stellt man schnell fest, was für die meisten wirklich zählt: Macht, Erfolg, Reichtum, Anerkennung ... Menschen tun vieles, um sich das Lob oder die Anerkennung von anderen zu sichern. Sie arbeiten hart, leben ordentlich und religiös, besuchen zu kirchlichen Feiertagen die Gottesdienste oder spenden für karitative Zwecke. »Im Grunde bin ich doch eigentlich gar kein so schlechter Mensch«, war immer schon eine weitverbreitete Ansicht.

Aber reicht das aus? Wer sagt denn, ob das Gute, das wir tun, auch wirklich gut genug ist? Genügt es etwa, wenn wir selbst oder andere mit uns zufrieden sind? Was sagt Gott dazu? Wie muss ein Mensch sein, um von Gott uneingeschränkt anerkannt zu werden?

Die Bibel vermittelt uns folgendes Bild von uns Menschen: Wir sind im Bild Gottes geschaffen worden, haben uns aber durch die Sünde von Gott entfernt und von ihm losgesagt. Vor Gott sind wir Menschen »todkrank«, denn die Sünde hat uns Menschen durch und durch verdorben. Und wenn wir ehrlich sind, erleben wir alle den Beweis dafür, denn der Tod als eine Folge der Sünde erreicht uns alle. In 100 Jahren wird keiner mehr von uns hier auf der Erde sein. Streit, Neid, Egoismus, Hass, Mord ... – all das sind Folgen unseres verdorbenen Zustandes vor Gott. Von der Beurteilung »gut« sind wir weit entfernt. So wie unser Tagesvers es sagt, ist da keiner, der so gut leben würde, dass er dem Maßstab Gottes genügt. Keiner erreicht von sich aus die Herrlichkeit Gottes.

Doch es gibt eine gute Nachricht: Jesus Christus ist gekommen, um unsere Schuld auf sich zu laden und dafür zu bezahlen. Deshalb können wir völlig unverdient an Gottes Herrlichkeit teilhaben, wenn wir uns ihm anvertrauen.

wj

? Wie viel Gutes ist denn gut genug?

! Wir sollten alle den Maßstab Gottes ernst nehmen und aus seinem Urteil die richtige Konsequenz ziehen.

Römer 3,21-26

**Denn euch ist heute ein Retter geboren,
der ist Christus, der Herr, in Davids Stadt.**
Lukas 2,11

»Was haben Sie hier zu suchen?«

Gehen Sie auch gerne auf einen Weihnachtsmarkt? Nun, wenn ich Zeit habe und gerade nicht im Dienst bin, mache ich das schon einmal ganz gern. Doch meist stehe ich selbst mit einem Stand auf so einem Weihnachtsmarkt. Eigentlich arbeite ich sogar an drei verschiedenen Ständen mit. Bei uns in der Stadt trage ich sogar für den Stand die Verantwortung. Das heißt, es muss alles gut vorbereitet sein, Material besorgt werden, Kalender, Bücher und anderes mehr.

In jedem Jahr haben wir einige Tausend verschiedene christliche Kalender, die wir gerne kostenlos weitergeben. Da wir auch immer mehr Menschen in anderen Sprachen antreffen, haben wir auch Kalender in 20 Sprachen dabei. Meist werden sie gerne angenommen. Da gibt es Menschen, die kommen extra an den Stand, um sich »ihren« Kalender abzuholen. Andere wiederum machen einen weiten Bogen um uns. Damit kann man leben. Doch einmal wurde ich sehr beschimpft. Eine Frau wurde sogar aggressiv und schimpfte: »Was haben Sie hier auf dem Weihnachtsmarkt zu suchen?«

Ja, was haben christliche Kalender auf einem Weihnachtsmarkt zu suchen? Erschreckend wurde mir bewusst, wie weit sich viele Menschen von Gott entfernt haben. Sie wissen kaum noch etwas von Gott und wollen auch nichts mehr von ihm hören. Nur noch wenigen ist bewusst, dass das Weihnachtsfest eigentlich an die Geburt des Sohnes Gottes erinnert. Gott ist in Jesus Mensch geworden, um uns aus unserer Gottesferne herauszuretten. Dazu ist Jesus etwa 30 Jahre nach seiner Geburt in den grausamen Tod am Kreuz gegangen, um für unsere Schuld und Sünde zu sühnen. Wer diesen Jesus kennt, singt von ganzem Herzen nicht nur an Weihnachten: »Christ, der Retter ist da«.

fr

? Welche Bedeutung hat Weihnachten für Sie?

! Es lohnt sich, einmal mehr über die Geburt Jesu nachzudenken.

Galater 4,4-7

Übrigens, Brüder, alles, was wahr, alles, was ehrbar, alles, was gerecht, alles, was rein, alles, was liebenswert, alles, was wohllautend ist, wenn es irgendeine Tugend und wenn es irgendein Lob gibt, das erwägt. Philipper 4,8

Halbe Zitate sind gefälschte Zitate

»Wir Deutsche fürchten Gott, und sonst nichts in der Welt«, so hat Bismarck einmal im Reichstag gesagt. Der Satz ist auch in der heutigen Zeit immer wieder einmal zu hören, meist mit einer gewissen Herablassung, als wollte der Zitierende deutlich machen: »Um Gottesfurcht geht es uns heute nicht mehr, und so heldisch, wie sich der preußische Kanzler gab, wollen wir auch nicht sein. Wir sind friedlich auch ohne Gott.« Hätte man aber nur den ganzen Satz gelesen und zitiert, ergäbe sich ein anderes Bild. Da heißt es nämlich weiter: »... und die Gottesfurcht ist es schon, die uns den Frieden lieben und pflegen lässt.«

Wenn man beide Teile zusammennimmt, hört sich das schon ganz anders an. Da wird nämlich deutlich, dass Bismarck sich bei der Frage nach Krieg und Frieden nicht nur dem Kaiser als oberstem Herrn verantwortlich fühlt, sondern einem noch höheren, nämlich Gott. Das mussten die Abgeordneten und die Öffentlichkeit als Bekenntnis wahrnehmen, es zeigt einen ganz anderen Bismarck, wenn man diesen Nachsatz nicht weglässt.

Meistens wollen wir mit Zitaten etwas erreichen. Böse ist es, wenn wir sie verkürzen oder verlängern, um den Zitierten herabzusetzen.

Wenn Paulus im Tagesvers von dem redet, was einen Christen zieren sollte, stellt er die Liebe zur Wahrheit an die erste Stelle. Sie sollte in unserem Leben diesen hohen Rang haben, denn einerlei, ob uns im Augenblick eine bestimmte Wahrheit »schmeckt« oder nicht, sie und nicht die Unwahrheit wird am Ende Bestand haben. Mit Lügen kann man Menschen eine Weile täuschen, Gott aber niemals, und wir werden alle einmal vor ihm erscheinen müssen. Wie gut ist es dann, seiner Wahrheit die Ehre gegeben zu haben, die ihr zukommt. *koh*

? Warum fällt uns Fairness bei und für den anderen so schwer?

! Dauer hat nur, was auf Wahrheit gegründet ist.

Johannes 8,31-47

3. Dez. 20

Donnerstag

Und kein Geschöpf ist vor ihm verborgen, sondern alles ist enthüllt und aufgedeckt vor den Augen dessen, dem wir Rechenschaft zu geben haben.

Hebräer 4,13

Es tut mir leid

Tom steckte sich die Tüte Bonbons in die Tasche, ging noch etwas durchs Geschäft und schaute hier und dort. Er kaufte nichts, ging an der Kasse vorbei dem Ausgang zu. Doch dort wartete der Kaufhausdetektiv. »Bitte leere deine Hosentaschen!«

Seit Jahren hatte es funktioniert, nie war Tom erwischt worden. Alles Mögliche hatte er gestohlen, wozu er gerade Lust hatte. Doch diesmal war es schiefgelaufen. Auf dem Polizeirevier brach er in Tränen aus: »Es tut mir leid.«

Wir sind alle mehr oder weniger Menschen, denen etwas leidtut, wenn etwas unleugbar bloßgestellt wird. Tom hatte es nie leidgetan, wenn er wieder einmal grinsend seine Taschen nach Verlassen des Geschäfts entleerte, weil es »geklappt« hatte.

Auch wir werden froh sein, dass die meisten unserer Fehltritte niemandem auffallen. Wir fahren zu schnell in der 70er-Zone, tricksen bei der Steuererklärung, schauen im Netz Dinge, die uns peinlich wären, würde jemand zuschauen, reden schlecht über andere, die nicht da sind, posten Halbwahrheiten und tausend andere Dinge, von denen wir wissen, sie stimmen nicht. Sollten wir wirklich darüber froh sein? Oder nur erleichtert?

Der Tagesvers sagt über Gott, dass er alles sieht, was wir tun und denken, nichts ist vor ihm verborgen. Und er bewertet das auch alles unbestechlich. Das wirkt irgendwie peinlich und beängstigend. Will ich mit diesem Gott etwas zu tun haben? Doch, ich will, weil es bei ihm echte Vergebung gibt, einen echten Neuanfang. Wenn es mir bei Gott wirklich leidtut, dann ist er treu und gerecht, mir meine Sünden und schlechten Taten zu vergeben und ihrer nie mehr zu gedenken. Das ist ein wirklicher Grund, froh zu sein! *lü*

? Wie gehen Sie mit Ihren Fehlern und Fehltritten um?

! Bei Gott gibt es nicht nur Vergebung, sondern einen echten Neuanfang.

Lukas 7,36-50

4. Dez. 20

Freitag

... sondern ein jeder, der versucht wird, wird von seiner eigenen Begierde gereizt und gelockt.

Jakobus 1,14

Targeting

Werbung ist im Internet allgegenwärtig. Häufig wird sie über Banner oder Pop-Ups angezeigt. Dabei wird Werbung nicht mehr wahllos gestreut. Vielmehr orientiert sich ihr Inhalt z. B. an dem Inhalt der besuchten Seiten oder an der Gegend, in der sich der Nutzer befindet. Die Werbung kann dann gezielt auf die Bedürfnisse des Kunden ausgerichtet werden, indem z. B. auf das Angebot eines bestimmten Baumarktes in seiner Nähe hingewiesen wird. Online-Händler analysieren die Such- und Kaufgewohnheiten ihrer Kunden, um ihnen gezielt Angebote aus ähnlichen Produkten zu machen. Und bestimmte E-Mail-Server scannen sogar den Inhalt der E-Mails auf bestimmte Begriffe, um darauf mit individuell angepasster Werbung zu reagieren. So schrieb einmal einer meiner Kollegen seinem Sohn in elektronischer Form, er möge für eine Ski-Reise Handschuhe mitnehmen – und prompt öffneten sich Werbebanner für Handschuhmode! Dieser Werbetaktik – Targeting genannt – ist also gemeinsam, dass der erste Impuls nicht vom Werbenden, sondern vom User ausgeht. Er selbst signalisiert durch das Anklicken bestimmter Links oder die Suche nach bestimmten Begriffen sein persönliches Interesse.

Ganz ähnlich beschreibt Jakobus die Wirkungsweise von Verführung: Sie geht in der Regel nicht planlos vor, quasi mit der Gießkanne. Sie richtet sich vielmehr gezielt an den individuellen Neigungen und Schwächen des Einzelnen aus. Wenn ich – vielleicht gerade im Internet – mein Interesse an bestimmten Inhalten zeige, schnappt sie zu und reagiert zielgenau. Falle ich nun auf sie herein, kann ich natürlich der Verführung die Schuld geben. Doch Jakobus macht deutlich, dass auch hier der erste Impuls von meiner eigenen Begierde ausgeht!

mm

Wenn schon die Werber so viel über mich wissen, wie viel weiß dann Gott über mich?

Zum Glück weist uns die Bibel den Weg, wie wir sogar vor Gott unbelastet dastehen können.

Psalm 51

**So will ich einen Bissen Brot bringen,
dass ihr euer Herz stärkt; danach mögt ihr weiterziehen.**
1. Mose 18,5

Gastfreundschaft ist mehr

Seit 15 Jahren wohnen wir in meinem Elternhaus; ich habe dort eine schwierige Kindheit verbracht. Das Haus war in dunklen Farben eingerichtet. Als ich, erwachsen und schon lange aus dem Haus ausgezogen, in der fensterlosen Küche mal kochen musste, habe ich mir eine Taschenlampe zu Hilfe genommen, um überhaupt sehen zu können, was ich da mache. Besuch kam selten, und meine Freunde durfte ich gar nicht einladen. »My home is my castle«, sagte meine Stiefmutter immer und meinte damit wohl den Charakter ihres Hauses als Rückzugsort der Stille und gewollten Einsamkeit.

Jetzt ist alles anders geworden! Weil mein Mann und ich Gott in unser Leben gelassen haben, hat er uns verwandelt. Sein Licht scheint nun in unserem Haus. Wir lieben es, an unserem Tisch und in unserem Gästezimmer Gäste zu haben. Erst letztes Wochenende war wieder ein Ehepaar bei uns. Die beiden hatten schon ein paar Stunden ohne uns in unserem Haus verbracht, und als wir ankamen, waren sie ausgeruht, haben uns herzlich begrüßt und für uns Tee gekocht. Ein herzliches Willkommen für uns, in unserem eigenen Haus!

In 1. Mose 18 steht Gott gewissermaßen vor der Tür von Abrahams und Saras Zuhause und begehrt Einlass. Er wird von den beiden herzlich aufgenommen und großzügig bewirtet; und er verändert das Leben dieses Ehepaares. Auch wir haben uns dadurch, dass wir Gott damals in unser Haus und Leben aufgenommen haben, sehr verändert. Und unser himmlische Vater ist noch nicht am Ende, Dunkles in Licht und Schmerz in Freude zu verwandeln. Wir sind dankbar und freuen uns über die Gabe der Gastfreundschaft, die uns Gemeinschaft mit diesem Vater und mit anderen Menschen ermöglicht. Übrigens: Unser umgebautes Haus hat nun helle Farben, und wir haben eine offene Küche! *kw*

? Teilen Sie mit anderen, was Sie so großzügig erhalten haben?

! »Gastfrei zu sein vergesst nicht; denn dadurch haben einige ohne ihr Wissen Engel beherbergt.« (Hebräer 13,2)

1. Mose 18,1-15

**Den, der Sünde nicht kannte,
hat er für uns zur Sünde gemacht,
damit wir Gottes Gerechtigkeit würden in ihm.**

2. Korinther 5,21

Gehst du für mich?

Meiner Nichte stand im Alter von rund zehn Jahren eine Operation bevor. Es war nichts Dramatisches. Doch der Eingriff sollte verbunden sein mit einem Krankenhausaufenthalt und einer Vollnarkose. Natürlich hatte sie Angst davor, sodass ich ihr Mut machen wollte. Doch meine Beruhigungsversuche waren eher stümperhaft: »Das wird schon nicht so schlimm. Mach Dir keine Sorgen. Das geht schnell vorüber.« Ich versuchte, ein möglichst harmloses Bild von der OP zu malen. Dass das nicht funktionierte, machte mir meine Nichte mit einer entwaffnenden Frage deutlich: »Gehst du für mich?«

Dadurch wurde mir klar: Man hat leicht reden, wenn man selbst nicht in einer Schwierigkeit steckt. Und reale Probleme werden auch durch viele Worte nicht kleiner. Schließlich hätte ich ihr diesen Gang auch gar nicht abnehmen können. Selbst wenn ich mich an ihrer Stelle hätte operieren lassen wollen, hätte es ihr überhaupt nichts genutzt. Denn dann wäre sie weiterhin operationsbedürftig geblieben.

Anders kann es – Dank sei Gott – mit dem Problem meiner Sünde gehen. Dass Sünde ein reales Problem im Leben aller Menschen ist, macht die Bibel sehr deutlich. Insoweit besteht bei jedem Operationsbedarf. Dieses Problem kann man auch nicht einfach kleinreden. Andererseits kann insoweit auch keiner für den anderen einstehen, da jeder hiervon betroffen ist. Anders war es lediglich bei dem Sohn Gottes, Jesus Christus. Er war nicht von der Sünde infiziert, sodass er mit seinem Leben für die Schuld anderer bezahlen konnte. Doch er konnte nicht nur, er wollte es auch und hat es auch getan. Auf die Frage »Gehst du für mich?« hat er schon längst eine positive Antwort gegeben und sein Leben an meiner Stelle gegeben. *mm*

? Wie denken Sie über Jesus Christus?

! Er ging für Sie ans Kreuz.

Lukas 22,14-20

7. Dez. 20

Montag

Euch aber, die ihr hört, sage ich: Liebt eure Feinde, tut Gutes denen, die euch hassen; segnet, die euch fluchen; und betet für die, welche euch beleidigen.

Lukas 6,27-28

Feindesliebe

An einem Bahnsteig kam ich mit einem älteren Herrn über Gott ins Gespräch. »Nein, das, was Gott von einem verlangt, geht doch gar nicht«, war seine Einstellung. Was meinte er nur? Ich hakte nach. »Na, dass wir unsere Feinde lieben sollen. So etwas kann man doch nicht verlangen!« Nun, was sollte ich da antworten? Und wir kamen auch zu keinem gemeinsamen Konsens. Auf jeden Fall hatte ich einen Menschen kennengelernt, dem bewusst war, dass wir Menschen den Maßstäben Gottes nicht genügen.

Die Aufforderung, unsere Feinde zu lieben, ist Teil der sogenannten Bergpredigt, die Jesus am Ufer des Sees Genezareth hielt. »Liebt eure Feinde« ist quasi die Überschrift. Danach folgt eine erklärende, dreifache Stufenfolge, wie sich diese Liebe in Wort und Tat äußern soll:

1. Dem Hass soll etwas Gutes entgegengesetzt werden. »Tut Gutes« meint nicht Passivität, sondern ist sehr praktisch. Gründlich muss ich mir überlegen, was der andere braucht.

2. Segensworte sollen auf Fluch-Worte erwidert werden. Es ist doch interessant, wie viel auf der Ebene der Worte ausgetragen wird. Das gehörte Wort ermöglicht dem anderen, Rückschlüsse zu ziehen, mit wem er es zu tun hat.

3. Wo die gute Tat oder das Segenswort den feindlichen Hass nicht zu tilgen vermag, soll das Letztmögliche getan werden, nämlich ein Gebet der Fürbitte. Sobald ich für jemanden bete, gebe ich meine Last bei Gott ab; meine eigenen bösen Gedanken brechen ab.

Der oben erwähnte Mann am Bahnsteig hatte recht. Aus eigener Kraft kann ein Mensch niemals seine Feinde lieben. Das wäre unmöglich. Er muss selbst zuerst einsteigen in ein Leben mit Gott. Dann wird der Mensch zu einem Botschafter an Christi statt. *st*

? Welche Mitmenschen zählen Sie zu Ihren »Feinden«?

! Für »Feinde« zu beten, ist sinnvoller, als sie in Gedanken zu bekämpfen.

Römer 12,9-21

**Und er ist die Sühnung für unsere Sünden,
nicht allein aber für die unseren,
sondern auch für die ganze Welt.**

1. Johannes 2,2

Die Schuld bezahlt ein anderer

Die Parkplatzsituation rund um unsere Wohnung ist sehr schwierig. Teilweise fahren wir sehr lange herum und suchen. Nach einer langen Feier waren wir schließlich zu erschöpft, um noch Zeit in die Parkplatzsuche zu investieren und parkten einfach im absoluten Halteverbot direkt vor unserer Haustür, in der Hoffnung, dass es nicht weiter auffällt. Als wir morgens das Auto umparken wollten, entdeckten wir einen langen Kratzer. Der Ärger darüber war natürlich groß, und wie gerne hätten wir den Täter ausfindig gemacht, damit er den Schaden bezahlt. Über unser eigenes Fehlverhalten aber haben wir gar nicht weiter nachgedacht.

Kennen Sie das? Wenn Sie selbst geschädigt werden, dann soll Gerechtigkeit walten. Das Gefühl, für die Schuld eines anderen zu bezahlen, ist sehr schmerzhaft. Umso mehr, wenn man mit Absicht geschädigt wird.

Die gute Nachricht ist: Jesus Christus hat für jede einzelne unserer Fehlentscheidungen, für jeden Fehltritt und für jeden Schaden, den wir uns selbst oder anderen zugefügt haben – bewusst oder unbewusst – bezahlt! Ihn hat es keinen hohen Geldbetrag gekostet, sondern viel mehr: Er hat seine himmlische Herrlichkeit auf- und sein eigenes Leben hingegeben. Für mich ist solche Liebe unfassbar. Ich schaffe es ja noch nicht einmal, den Verantwortlichen für meinen Schaden am Auto zu lieben. Wie absurd ist die Vorstellung, für diese Person sogar mein Leben zu geben!

So ist der Kratzer an unserem Auto, für den wir jetzt selbst aufkommen müssen, zwar ärgerlich, aber er erinnert mich daran, dass der viel größere Schaden meines Lebens, nämlich die eigene Schuld, längst bezahlt ist, und das bis in alle Ewigkeit. *kts*

Ist Ihnen bewusst, welchen Schaden Sie persönlich angerichtet haben?

Auch Ihre Schuld hat ein anderer, nämlich Jesus, schon bezahlt. Danken Sie ihm dafür!

1. Petrus 2,21-25

Mittwoch

9. Dez. 20

**Aber sie haben nicht gehört
und ihr Ohr nicht geneigt, sondern sie lebten alle
in der Verstocktheit ihres bösen Herzens.**
Jeremia 11,8

Eine leere Hülse

»Es ist eine Tragödie, wenn man eine Menge Religion hat, aber kein Wort von Gott, denn das bedeutet kein Licht in der Finsternis, keine Nahrung für die Seele, keine Weisung bei Entscheidungen, keinen Schutz vor den Lügen des Feindes.« Dieses Zitat des bekannten amerikanischen Theologen Warren Wiersbe las ich vor Kurzem. Es drückt aus, woran unser Land krankt.

Das Land der Dichter und Denker, das Land Martin Luthers und der Reformation ist zu einem beinahe gottlosen Landstrich geworden. Wohin man in unserer Gesellschaft auch blickt, überall wendet man sich von den Werten der Bibel ab und driftet ab in eine desaströse Beliebigkeit. Und wo früher das Evangelium von Jesus Christus gepredigt wurde, geht es heute oft nur noch um irdische Verbesserungsvorschläge. Die Hauptsache ist: Nicht anstoßen und keinen Konflikt heraufbeschwören.

Doch was ist der Preis dieses Kuschelkurses? Religion ohne Licht, Magerkeit für unsere Seelen und falsch getroffene Entscheidungen. Eine leere Hülse! Das obige Zitat hat also absolut recht! Eigentlich ist es aber noch viel schlimmer, weil auch von einer »Menge an Religion« in unserem Land nicht mehr die Rede sein kann. Alles wird finsterer und friedloser – sowohl rings um uns her als auch in unzähligen Herzen.

Der Weg zurück heißt Umkehr zu Gott, Eingeständnis des Verlorenseins ohne ihn und Glaube an die Rettungstat von Jesus Christus. Diesen Weg können wir sofort beschreiten, und alle, die sich auf Gottes Gnadenangebot einlassen, werden nicht nur einmal Frieden im Himmel finden, sondern auch hier auf dieser Erde schon eine Gemeinschaft Gleichgesinnter entdecken, mit denen zusammen sie hoffnungsfroh und vertrauensvoll ihren Weg gehen können. *tl*

? Haben Sie auch »eine Menge Religion«, aber ohne einen persönlichen Retter?

! Nur mit Jesus Christus kommt man auf den richtigen Kurs zum Leben.

Hesekiel 33,10-16

Dazu soll man die goldenen und silbernen Geräte des Hauses Gottes, die Nebukadnezar aus dem Tempel in Jerusalem weggenommen und nach Babel gebracht hat, zurückgeben ... Esra 6,5

Beutekunst

In allen Epochen haben es nach kriegerischen Auseinandersetzungen die Sieger als ihr Recht empfunden, die wertvollsten Kunstschätze des Verlierers an sich zu bringen. So stammt z. B. die Quadriga auf dem Markusdom in Venedig aus der Plünderung Konstantinopels. In neuerer Zeit machte vor allem NS-Beutekunst von sich reden: Aus besetzten Gebieten brachten Deutsche unzählige Kunstwerke in ihren Besitz. Nach Kriegsende ging der Kunstraubzug allerdings auch in die andere Richtung. So wurde z. B. der »Schatz des Priamos«, der ursprünglich aus der Türkei stammte, aus Berlin nach Russland gebracht. Dort befindet er sich heute noch. Ob solches Raubgut irgendwann einmal an die eigentlichen Eigentümer zurückgegeben wird, ist sehr fraglich.

Im Tagesvers geht es auch um Beutekunst. Unter dem babylonischen König Nebukadnezar kam es nach der Einnahme Jerusalems zur ersten Deportation von Juden nach Babel (606/605 v. Chr.). Im Jahr 587/586 v. Chr. wurde der Tempel in Jerusalem ausgeraubt und zerstört. Bereits 539 v. Chr. war das Babylonierreich selbst Geschichte: Meder und Perser eroberten Babel und damit auch die Tempelgeräte aus Israel. Im Jahr 536 v. Chr., genau 70 Jahre nach der ersten Deportation, ordnete der Perserkönig Kyrus die Rückkehr der Juden, den Wiederaufbau des Tempels und die Rückgabe der Tempelgeräte an. 20 Jahre später, also 70 Jahre nach seiner Zerstörung, wurde er wieder eingeweiht! Das Wunderbare an dieser Geschichte ist aber nicht die Rückgabe der Beute, sondern die Tatsache, dass Gott bereits Jahrzehnte zuvor durch Propheten wie Jesaja und Jeremia all diese Ereignisse exakt – neben Zeitläufen – vorhergesagt hatte. Damit zeigt die Bibel eindrucksvoll, dass Gottes Wort verlässlich und er selbst Herr der Geschichte ist. *mm*

? Kennen Sie Gottes Pläne mit dem Menschen und dieser Welt?

! Er stellt Ansprüche auf alles, was ihm gehört.

Psalm 50

**So lehre uns denn zählen unsere Tage,
damit wir ein weises Herz erlangen!**
Psalm 90,12

Todesanzeigen

Wenn ich die Zeitung aufschlage und die Todesanzeigen lese, werde ich jedes Mal nachdenklich. Hinter jeder Anzeige steht ein menschliches Schicksal, eine einzigartige Persönlichkeit. Ich lese ein Geburtsdatum. Welche Freude muss es für die Eltern und die Angehörigen gewesen sein, als das kleine Baby auf die Welt kam! Und ich lese das Sterbedatum. Ein ganz normaler Tag im Kalender war es, als der jetzt Verstorbene seinen letzten Atemzug tat. Gab es eine Krankheit, oder war es ein plötzlicher Unfall? Konnten die Angehörigen sich darauf vorbereiten? War das Abscheiden vorhersehbar, oder kam es plötzlich, wie aus heiterem Himmel? Es ist ein komischer Gedanke, dass ein ganzes menschliches Leben nicht mehr ist als ein Strich zwischen zwei Jahreszahlen. Mein Geburtsdatum kenne ich. Welches Datum wird einmal rechts vom Bindestrich stehen?

In unserer Gesellschaft denkt man nicht viel über den Tod nach. Wir wollen lange jung bleiben und das Leben genießen, und wir verdrängen oftmals den Gedanken an unsere eigene Sterblichkeit. Mose, der Autor des Psalms, aus dem unser Tagesvers entnommen ist, dachte anders. Er war sich bewusst, dass er nur eine endliche Zahl von Tagen vor sich hatte. Er wusste, dass die Spanne seines Lebens kurz war. Und deswegen betete er um ein weises Herz.

Wenn man weiß, dass man irgendwann sterben wird, ist es nur klug, sich mit dem Tod und der Frage, was danach kommt, auseinanderzusetzen. Und auch, sich zu überlegen, was eigentlich der Sinn unseres kurzen menschlichen Lebens ist. Zum Glück hat uns der Schöpfer mit diesen Fragen nicht alleingelassen und in seinem Wort, der Bibel, tragfähige Antworten gegeben. Haben Sie diese schon entdeckt? *tl*

Was bedeutet es, ein »weises Herz« zu haben?

Weichen Sie den großen Fragen nicht aus, sondern suchen Sie nach verlässlichen Antworten!

Jakobus 5,7-11.19-20

Jede gute Gabe und jedes vollkommene Geschenk kommt von oben herab, von dem Vater der Lichter, bei dem keine Veränderung ist noch der Schatten eines Wechsels.

Jakobus 1,17

Herzenswünsche

Unsere Tochter hat einen Herzenswunsch. Seit über einem Jahr liegt sie uns damit in den Ohren und präsentiert immer neue Argumente, wieso sie ihn unbedingt erfüllt haben muss und was sie alles tun wird, wenn sie endlich bekommt, was sie will. Manchmal sagt sie uns sogar, dass wir gemein wären, weil wir ihren Wunsch noch nicht erfüllt haben. Sie weiß allerdings nicht, dass wir ihr den Wunsch in zwei Wochen an ihrem Geburtstag erfüllen werden. Wir als Eltern wissen, dass sie in dem Moment, in dem sie ihr Geschenk auspackt, glücklich sein wird. Und wir werden nicht mehr gemein sein, sondern die besten Eltern der Welt. Wir wissen aber auch, dass sie nur kurze Zeit wirklich glücklich sein wird. Dann wird die Diskussion mit einem neuen Wunsch wieder von vorne beginnen.

Kommt uns dieses Verhalten nicht irgendwie bekannt vor? So verhalten wir uns oft auch gegenüber unserem himmlischen Vater, von dem wir erwarten, dass er uns unsere Wünsche erfüllt. Dabei entscheiden immer wieder wir selbst, was für uns gut sein soll, auch wenn sich später herausstellt, dass wir ihn voreilig und unüberlegt um etwas baten, was wir dann doch gar nicht so nötig brauchten. Unser Tagesvers macht aber klar, dass Gott, unser Vater, uns gerne beschenkt – jedoch mit dem, was er für gut hält. Er ist zuverlässig und verändert sich nicht, er liebt uns, auch wenn es manchmal anders zu sein scheint und wir ihn dann für »gemein« halten, weil er uns nicht gibt, was wir wollen. Besser wäre es, ihm zu vertrauen und erwartungsvoll und geduldig jeden Tag gespannt darauf sein, welche Geschenke er uns heute gibt. Und dabei nicht zu vergessen, sondern stets dankbar dafür zu sein, dass er uns mit seinem Sohn, der für uns starb, das größte aller Geschenke schon gemacht hat.

apa

Haben Sie schon mal bedacht, was Gottes größter Wunsch an uns ist?

Er wünscht sich zuallererst von uns, dass wir sein Angebot der Rettung von unserer Sünde annehmen.

Matthäus 7,7-11.13-14

Betet den HERRN an in heiligem Festschmuck!
Alle Welt soll vor ihm in Ehrfurcht erbeben.
Psalm 96,9

Vollmondbäume

Als ob es nicht schon genug wäre, dass der Einzelhandel Weihnachten durch das von ihm befeuerte Geschenkegefecht voll ausschlachtet, treibt auch der Markt für weihnachtliche Dekoartikel manch wundersame Blüte. Besonders um den Weihnachtsbaum drehen sich die kreativsten Geschäftsideen. Da propagiert man seit geraumer Zeit einen Trend zum »Zweitbaum«, auch der selbstverständlich ganz anders geschmückte »Adventsbaum« ist in Mode gekommen. Er wird schon Wochen vor Heiligabend aufgestellt, bis er dann vom »richtigen« Christbaum abgelöst wird. Letztes Jahr hörte ich von ganz besonderen Bäumen, die bei Vollmond geschlagen werden. Diese, so wird den Kunden versprochen, sind wesentlich länger haltbar und beginnen erst viel später zu nadeln. Dieses Versprechen lassen sich die Verkäufer natürlich mit rund 30 % höheren Verkaufspreisen honorieren. Ich kann da nur sagen: Wer's glaubt, wird ... nicht selig, sondern fällt auf einen ausgeklügelten Verkaufstrick herein.

Der Hype um die Weihnachtsbäume sollte an Christen, die den eigentlichen Sinn von Weihnachten feiern, abperlen wie Wassertropfen am Lotusblatt. Es ist Fakt, dass der Christbaum in Wahrheit gar nichts mit der Weihnachtsgeschichte, wie wir sie in der Bibel nachlesen können, zu tun hat. Er ist und bleibt eine gut duftende, glänzend leuchtende Wohnzimmerdekoration für die Feiertage – nicht mehr und nicht weniger. Schön, wenn sich die Familie um den Baum versammelt und im Anblick der Kerzen an das Licht der Welt, nämlich Jesus Christus, denkt. Der Mittelpunkt des Festes ist Jesus und muss es bleiben. Wird das »Drumherum«, seien es Geschenke oder Deko, zur Hauptsache, wird Weihnachten ausgehöhlt und seines Sinnes beraubt.

dbe

Könnten Sie sich das Weihnachtsfest auch mal ganz ohne Christbaum vorstellen?

Lassen Sie nicht zu, dass der Weihnachtsbaum zum »Goldenen Kalb« wird!

Lukas 1,1-20

14. Dez. 20

Montag

Es wird gesät ein natürlicher Leib,
es wird auferweckt ein geistiger Leib.
1. Korinther 15,44

Was ist nach dem Tod?

Es war in der Atic-Bar in Bicester (England). Der Komiker Paul Barbieri, der sich selbst »Cognito« nannte, unterhielt das Publikum mit seiner schillernden Ein-Mann-Show. Dabei scherzte er über seinen eigenen Tod. »Was, wenn ich jetzt vor euren Augen sterben würde?« Dann setzte er sich auf einen Stuhl und stand nicht wieder auf. Wenige Minuten später stellte man seinen Tod fest. Inzwischen hatten zwei Krankenschwestern und ein Polizeioffizier aus dem Publikum alles Mögliche versucht, das Herz des Komikers wieder zum Schlagen zu bringen. Es blieb vergeblich. Die Zuschauer hielten alles zunächst für einen Super-Gag und lachten laut. Keiner von ihnen ahnte, dass er oder sie dem unerbittlichen, letzten Feind aller Menschen beinahe hautnah begegnet waren; denn so wird in der Bibel der Tod genannt.

Heute klammern sich ja die meisten Menschen an die völlig unbeweisbare Hoffnung, dass nach dem Tod alles aus sei; aber selbst Cognitos Freund, der Barkeeper, rief ihm ein »Sleep in rest!« nach, »Schlaf in Frieden«, was an ein Fortbestehen nach dem irdischen Tod hinweist. Und genau das lehrt uns die Bibel. Menschen sind Ewigkeitswesen. Während alles andere mit dem Tod vergeht, werden wir vor Gott erscheinen müssen. Wie wichtig wird dadurch unser kurzes Erdenleben; denn da entscheidet sich, wo wir die Ewigkeit zubringen werden.

Lassen wir uns doch nichts von denen erzählen, die in Wirklichkeit nichts über die Wahrheit sagen können, denen sie »inkognito« ist! Andererseits ist es doch wunderbar, an einen Gott glauben zu dürfen, der es wirklich gut mit uns meint, der für uns eine herrlich schöne Ewigkeit vorbereitet und alles dazu Nötige selbst bezahlt hat. *gr*

? Wen fragen Sie bei entscheidenden Fragen, den Fachmann oder den ersten Besten, der Ihnen nach dem Mund redet?

! Wenn ein Produkt versagt, geht man am besten zum Hersteller.

1. Korinther 15,20-28

… habt ihr nicht gelesen, was zu euch geredet ist von Gott, der spricht: »Ich bin der Gott Abrahams und der Gott Isaaks und der Gott Jakobs«?

Matthäus 22,31-32

Habt ihr nicht gelesen?

Weit über 99 % aller erwachsenen Menschen in Deutschland können lesen. Daher erscheint es uns als etwas ganz Alltägliches und Selbstverständliches, dass wir kaum darüber staunen. Dabei ist Lesen ein verstandesmäßig hochkomplexer Vorgang. Ist es nicht faszinierend, wie wir in Sekundenbruchteilen Worte erfassen und zu Sätzen verknüpfen können, und das sogar, wnen dei Rienehfgole dre Bcshuebtan vlöilg drhucenaniedr greaetn sit? Und auch verschnörkelte Kunstschriften oder krakelige Handschriften können wir oft mühelos erfassen und überragen damit sogar die Fähigkeiten von computergestützter Texterkennung. Lesen ist wirklich eine verstandesmäßige Meisterleistung.

Noch faszinierender ist es, dass wir beim Lesen die Gedanken eines anderen nachvollziehen können, ohne direkt mit ihm zu reden. Jeder Liebesbrief ist dafür ein eindrückliches Beispiel. Oder wir können selbst antiken Autoren heute noch zuhören und von ihren Erkenntnissen profitieren, wenn wir ihre alten Texte lesen.

Am größten aber ist, dass wir, wenn wir die Bibel lesen, sogar Gott reden hören können. Darauf hat schon Jesus seine Zeitgenossen eindringlich hingewiesen: »Habt ihr nicht gelesen, was zu euch geredet ist …?« Die Textpassage aus den Mosebüchern, auf die er dann verwies, war schon damals viele Jahrhunderte alt. Und doch behauptete er, dass das darin Geschriebene seinen Zuhörern galt und sie durchs Lesen Gottes Reden zu ihnen hören könnten. Daran hat sich bis heute nichts geändert. Wer die Bibel, das Wort Gottes, aufschlägt und ihre jahrhundertealten Zeilen aufmerksam liest, wird feststellen, dass Gott spricht. Aktuell in unsere Zeit.

kaa

Wann haben Sie zuletzt in der Bibel, dem Wort Gottes, gelesen?

Wer ernsthaft die Bibel liest, wird nie behaupten: Außer Lesen nix gewesen!

Psalm 119,49-56

16. Dez. 20

Mittwoch

**Ich bin gekommen, damit sie das Leben haben
und es im Überfluss haben.**
Johannes 10,10

»Das werde ich nie vergessen!«

Auf einer Geschäftsreise saß ich abends in einem schwäbischen Wirtshaus. Neben mir, in bester Laune, eine Gruppe älterer Herren, die offensichtlich seit vielen Jahren zusammen in einem Ruderklub waren. Während sie sich lautstark über vergangene Tage unterhielten, sagte einer der Herren immer wieder: »Das werde ich nie vergessen!« – Ich musste damals sofort an meine Großmutter denken, die mit Mitte siebzig an Demenz erkrankte und mit der Zeit so einiges vergaß. Für uns als Familie war es immer eine große Ungewissheit, wenn wir sie besuchten. Würde sie uns erkennen? Wie viel nahm sie noch auf? Mit den Monaten wurde die Demenz immer größer, sodass die Besuche zunehmend frustrierender wurden. Wieso hatte es Oma so erwischt? Sie war zeitlebens eine aktive und fröhliche Frau gewesen, war viel in der Natur, ernährte sich gesund, trank und rauchte nicht. Ein Trost in dieser Zeit war, dass Oma Frieden mit Gott hatte. Diese Entscheidung, ein Leben in der Beziehung mit ihrem Schöpfer zu führen, hatte sie schon viele Jahre vorher getroffen.

Manch einer meint vielleicht, die »Sache mit Gott« dann klären zu können, wenn man alt geworden ist. Dann wird man noch schnell alles regeln, damit man auch in den Himmel kommt. Das Schlimme ist: Viele Menschen werden diesen Zeitpunkt verpassen, weil sie auf einmal nicht mehr in der Lage sind, diese Entscheidung zu treffen und ihr Leben mit Gott zu bereinigen. 1,7 Millionen Deutsche leben derzeit mit Demenz. Wahrscheinlich wird fast jeder von uns irgendwann mal betroffen sein. Haben wir die entscheidende Frage dann beantwortet: Wie bekomme ich Frieden mit Gott? Jesus Christus sagt, dass ein Leben mit ihm ein Leben im Überfluss ist. Nicht erst, wenn man alt ist! Es lohnt sich, schon heute damit anzufangen. *tcb*

Wann wollen Sie ein Leben mit Jesus beginnen?

Heute ist dafür der beste Zeitpunkt!

Prediger 12,1-7

»Du sollst den Herrn, deinen Gott, lieben mit deinem ganzen Herzen und mit deiner ganzen Seele und mit deinem ganzen Verstand.« Dieses ist das große und erste Gebot.

Matthäus 22,37-38

Put God First

Müsste ich eine Rede vor den Absolventen einer Hochschule halten, würde mich das sehr nervös machen. Über welches Thema sollte ich reden? Was gäbe ich jungen, intelligenten, ehrgeizigen, aufstrebenden und gut ausgebildeten Menschen mit auf den Weg, was sie nicht schon längst gehört haben? Was darf ich überhaupt sagen? Was ist in Ordnung, was ist zu persönlich oder gar übergriffig? Immerhin wären mir die meisten meiner Zuhörer persönlich nicht bekannt. Wie schnell landet man dann bei allgemeinen Floskeln, »viel Erfolg«, »alles Gute für den weiteren Lebensweg« oder ähnlichen Banalitäten. Umso überraschter war ich darüber, was der weltweit bekannte, oskarprämierte US-Schauspieler Denzel Washington in einer Rede an die Absolventinnen und Absolventen der *Dillard University* in New Orleans im US-Bundesstaat Louisiana im Jahr 2015 besonders betonte: Put God First! Stellen Sie Gott bei allem, was sie tun, egal, was es ist, an die erste Stelle!

Dann erläuterte er den Hintergrund seiner Aussage: Alles, was ich erreicht habe, alles, was ich habe, ist ein Geschenk von Gott! Weiter berichtete er von seinem Scheitern auf dem College, seinen Fragen an die Zukunft, seiner Überlegung, zur *Army* zu gehen. Er erzählte von seinen vielen zunächst erfolglosen Versuchen, in der Schauspielerei Fuß zu fassen. Doch gleichzeitig erklärte er, dass Gott ihn durch all diese Schwierigkeiten hindurch beschützt, begleitet, korrigiert und stets an ihm festgehalten hatte. Und dann forderte er seine Zuhörer auf: Wenn Sie das erreichen wollen, was ich erreicht habe, dann tun Sie das, was ich getan habe: Halten Sie fest an Gott.

Ich kann mir, wenn ich ehrlich bin, keine bessere Rede für den oben genannten Zweck vorstellen als diese! *mm*

Welche Rolle spielt Gott in Ihrem Leben? Die erste oder vielleicht gar keine?

Um das »große und erste Gebot« sollte man sich so früh oder so bald wie möglich kümmern.

Josua 24,14-28

Ich war Fremdling und ihr nahmt mich auf.
Matthäus 25,35

»Döner-Morde« und andere Ungeheuerlichkeiten

Erschreckende Vorgänge in Deutschland! An verschiedenen Orten und zu unterschiedlichen Zeiten wurden tödliche Anschläge auf ausländische Personen verübt! Menschen wurden gejagt, beraubt und gequält, weil sie anders aussahen, anders lebten oder anders glaubten. Ich bin geschockt darüber, wie schnell wir Opfer von Vorurteilen werden können, wie wir Eindrücke unserer oftmals ach so kleinen Denkwelt anpassen. Wie schnell haben wir Beurteilungen parat! Wie selten schauen wir tiefer und bemühen uns, wirklich zu verstehen!

Bei Jesus war das anders. Er war der Inbegriff des Helfenden, des Kümmerers, wie man heute sagt. Beim Treffen mit einer Frau, die zum verachteten Volk der Samariter gehörte, kann man dies deutlich nachlesen: Er begegnete dieser Frau an einem Brunnen. Sie hatte durch ihren unmoralischen Lebensstil selbst bei ihren Landsleuten Vorurteile und Verachtung auf sich gezogen. Deshalb ging sie zu einer Tageszeit zum Brunnen, zu der dort normalerweise niemand anzutreffen war. Aber Jesus hatte keine Vorurteile. Er wartete dort auf sie. Er redete mit ihr. Er beantwortete ihre Fragen. Sie war überwältigt davon, dass er ihr zuhörte, sie durchschaute und trotzdem Hilfe anbot. Sie fand einen Neuanfang für ihr Leben. Begeistert lief sie zu ihren Nachbarinnen: »Kommt mit, ich fand einen, der meine ganze Existenz kennt und mir durchgreifend geholfen hat.« Die zwischenzeitlich von einem Einkauf zurückgekehrten Nachfolger von Jesus sind sprachlos, beinahe entsetzt: Ihr Herr allein mit dieser Frau aus einem verachteten Mischvolk? Jetzt konnten sie lernen, Menschen ohne Vorurteile zu begegnen und zu helfen, denn Jesus ging in die Samariterstadt und stand ihnen noch zwei Tage Rede und Antwort. *sp*

Welchen Menschen gegenüber habe ich Vorurteile, statt ihnen wirklich zu »begegnen«?

Jesus sucht geduldig die Begegnung mit jedem Menschen.

Johannes 4,1-42

19. Dez. 20

Samstag

Freut euch mit mir, denn ich habe mein Schaf gefunden, das verloren war.
Lukas 15,6

»Schäfchen« ist wieder da!

Vor etwa drei Jahren war unsere zweite Tochter von der Schule aus ein paar Tage in Hastings (Süd-England) gewesen. Mit ein paar Mitschülern war sie bei einer gastgebenden Frau untergebracht. Als sie wieder nach Hause kam, war ihr geliebtes Schäfchen weg. Obwohl sie sicher war, dass sie alles eingepackt hatte, war ihr Schäfchen nicht in ihrer Tasche. Es war ein Geschenk zu ihrer Geburt, und sie hing an ihm; es hatte seine Bedeutung. Meine Frau und ich versuchten, Kontakt mit der Gastgeberin aufzunehmen. Die Verständigung war schwierig. So schickten wir ihr zweimal einen Brief, legten Britische Pfund (die noch übrig gewesen waren) für das Porto bei und baten darum, dass uns das »sheep« geschickt würde.

Nach einigen Wochen kam das Schäfchen – in einer recht dünnen Verpackung. Es roch stark nach Zigarettenqualm, aber es war wieder da! Das Schäfchen wurde gewaschen, und unsere Tochter, die sich schon damit abgefunden hatte, ihr Schäfchen nie wiederzusehen, war überglücklich! Wir dankten Gott für die Erhörung unserer Gebete und schickten als Dankeschön zwei christliche Bücher in englischer Sprache zu der Gastgeberin in England.

Wenn ein wiedererhaltenes Kuscheltier schon so viel Freude auslösen kann – wie ist es dann erst, wenn ein Mensch wieder auftaucht, der vermisst wurde. Jesus Christus erzählt in der Bibel (Lukas 15) von einem Hirten, der eines von hundert Schafen vermisst und sich aufmacht, um dieses eine verlorene Schaf zu suchen, »bis er es findet«. Weshalb steht diese Geschichte in der Bibel? Er meinte damit uns verlorene Menschen, die er zu Gott zurückholen wollte. Allerdings ist es bei den Menschen anders als bei einem Tier. Man muss einverstanden sein, um zurückgeholt zu werden. *mtz*

? Was bedeutet es Ihnen, dass Gott auf der Suche nach Ihnen ist?

! Der Verlust bewegt den Finder mehr als den Verlorenen. Deshalb hat Gott uns seinen Sohn geschickt.

Lukas 15,1-10

Denn wir wissen, dass die ganze Schöpfung zusammen seufzt und zusammen in Geburtswehen liegt bis jetzt.
Römer 8,22

Geburtswehen der Schöpfung

Heute vor zwei Jahren kehrte Astronaut Alexander Gerst von seiner zweiten Weltraummission auf die Erde zurück. In einem Interview beschrieb er, wie dünn und zerbrechlich die Atmosphäre von außen wirkt. Hunderte von Waldbränden sah er auf einen Blick, als er Afrika oder das Amazonasgebiet überquerte. Über Krisengebieten erkannten er und die anderen Astronauten zerstörerische Raketen, die als kleine, leuchtende Punkte nach links oder nach rechts flogen. Grotesk war dieser Anblick auf die Erde. Und wo war Gott?

Wie oft haben wir das schon zu hören bekommen: »Wenn es einen Gott gäbe, dann würde er dafür sorgen, dass solche Ungeheuer wie Hitler oder Stalin nicht Millionen von Opfern fordern durften!« Oder: »Das soll ein liebender Gott sein, der mehr als 200 000 Menschen durch einen Tsunami umbringt?« »Warum gibt es so viel Grausamkeit im Tierreich und so viel Erbarmungslosigkeit im Kampf um »den Platz an der Sonne« im Reich der Pflanzen?«

Ja, dieses Elend gibt es tatsächlich auf der Welt, wohin man auch blickt, ob aus der ISS oder in die Tagesschau oder einfach rings um uns her. Aber das war nicht immer so. Gott überließ die wunderschöne und völlig leidfreie Schöpfung ihrem schrecklichen Schicksal, als wir Menschen uns als die vor Gott für die Schöpfung Verantwortlichen gegen seinen Willen entschieden. Jetzt seufzen Menschen, Tiere und Pflanzen, ja, die ganze Schöpfung, wie es im Tagesvers heißt.

Aber Gott hat für alle, die ihn um Vergebung bitten, einen herrlichen Ausweg geschaffen. Und auch die gesamte Schöpfung wird von dem auf ihr lastenden Fluch befreit. Denn in der Person seines Sohnes hat Gott selbst alle Schuld auf sich genommen und vergibt sie allen, die ihn darum bitten. *st*

Wann wollen Sie Gott um Frieden bitten?

Eigentlich müsste doch jeder Mensch gern teilhaben wollen an Gottes neuer Welt.

Römer 8,18-39

Später aber kommen auch die übrigen Jungfrauen und sagen: Herr, Herr, tu uns auf! Er aber antwortete und sprach: Wahrlich, ich sage euch, ich kenne euch nicht.

Matthäus 25,11-12

Ausweiskontrolle

1997 nahm ich an einer Studienfahrt nach Prag, der Hauptstadt der tschechischen Republik, teil. Dieses Land gehörte seinerzeit noch nicht zur EU. Deswegen benötigte man zum Grenzübertritt einen Reisepass oder Personalausweis. Als wir gemeinsam im Zug saßen und uns der deutsch-tschechischen Grenze näherten, packte eine Mitreisende ein Portemonnaie aus, das sehr klein war. Daher fragte jemand, wo sie denn ihren Ausweis hätte. Seinerzeit besaß der Personalausweis nämlich noch kein Scheckkartenformat, und der Reisepass war noch größer. Keines von beidem hätte in diesen Mini-Geldbeutel gepasst. Die Kollegin fragte erstaunt: »Wofür brauche ich denn einen Ausweis?« Sie hatte übersehen, dass auch auf einer Zugreise an der Grenze eine Kontrolle stattfinden würde. So kam es auch. Grenzpolizisten überprüften alle Passagiere. Ein Ausweichen oder Verstecken war nicht möglich. Als sie keine Papiere vorweisen konnte, verweigerte man ihr den Grenzübertritt. An der Grenzstation war auch die Beschaffung eines provisorischen Ausweises nicht möglich. Also musste sie unverrichteter Dinge die Heimreise antreten. Natürlich war ihr das sehr peinlich. Allerdings war das eben ein Fehler, der passiert, und eine Prag-Tour kann man nachholen.

Die Bibelverse heute sprechen auch von einer Art Grenzübertritt: Wenn Jesus Christus wieder sichtbar erscheinen wird, hat nur derjenige Zutritt zu seiner Ewigkeit, der sich hier, in der Zeit davor, für ein neues Leben mit ihm bewusst entschieden hat. Wer diese Entscheidung nicht getroffen hat, kommt nicht hinein. Er verlebt die Ewigkeit getrennt von Gott. Doch anders als bei einer Prag-Reise kann man dann nichts mehr nachholen. Dann gibt es ein unumkehrbares »zu spät«. *mm*

? Können Sie sich ausweisen?

! Dazu muss man rechtzeitig mit Jesus Christus in Verbindung treten.

Matthäus 25,1-13

Was hat dann der Mensch von all seiner Mühe und Plage und von seinem Streben in dieser Welt?

Prediger 2,22

FOMO

»Man kann nicht auf zwei Hochzeiten tanzen.« Diesen prägnanten Satz haben meine Eltern immer gesagt, wenn ich als Kind versucht habe, mehrere Dinge gleichzeitig unter einen Hut zu bringen. Ich hatte die Angst, etwas zu verpassen, wenn ich das eine machte, aber das andere dafür lassen musste.

Diese Angst gibt es schon lange, heute allerdings in verstärktem Maße, und diese Angst hat sogar einen Namen: FOMO (fear of missing out) – Angst, etwas zu verpassen. Diese Angst hat sich in den letzten Jahren unter dem Einfluss der digitalen Medien noch sehr verstärkt. Diese Medien sind jederzeit zugänglich und machen die Gesellschaft zeit- und ortsunabhängig erreichbar. Soziale Medien geben schneller und tiefer Einblick in das Leben von Freunden und Bekannten, als das sonst möglich wäre. Über ständige Status-Updates lassen sich Nutzer von Facebook, Instagram und Co. über die Aktivitäten ihrer Freunde und Bekannten informieren. Außerdem werden wir ständig bombardiert mit Einladungen zu Veranstaltungen und Sonderangeboten. Alles schreit danach: Komm zu uns! Kauf dir das! Das musst du unbedingt mal ausprobieren! Das darfst du auf keinen Fall verpassen! So wird unablässig das Gefühl genährt, etwas zu verpassen.

Auch ohne Handy erkannte Salomo das schon vor ca. 3000 Jahren, wie unser Tagesvers aufzeigt. Es lohnt nicht, dauernd hinter vergänglichen Dingen herzujagen. In den Psalmen werden wir auf eine Lösung hingewiesen: »Nur bei Gott wird meine Seele still, von ihm kommt meine Hoffnung« (Psalm 62,6). Manchmal müssen wir bewusst die Stille vor Gott suchen. Das ist nicht leicht, aber es lohnt sich. In seiner Gegenwart verpassen wir nichts, sondern wir finden dort die Ruhe, die wir brauchen.

tk

Was tun Sie gegen die schreckliche Krankheit FOMO?

Vesuchen Sie, mit Gott Kontakt aufzunehmen!

Psalm 62

Du bist der Gott, der mich sieht.
1. Mose 16,13

Mein größter Wunsch

Eine Lehrerin gab ihren Schülern die Aufgabe, einen Aufsatz zu dem Thema »Mein größter Wunsch« zu schreiben. In einem der Aufsätze las sie: »Meine Eltern lieben ihre Smartphones sehr. Sie kümmern sich so sehr um ihre Smartphones, dass sie mich manchmal vergessen. Wenn mein Vater müde von der Arbeit kommt, hat er Zeit für sein Smartphone, aber nicht für mich. Wenn meine Eltern eine wichtige Arbeit tun und das Handy klingelt, beantworten sie den Anruf sofort, aber mir antworten sie nicht. Auch nicht, wenn ich weine. Sie spielen auf ihren Smartphone, aber nicht mit mir. Wenn sie mit jemandem telefonieren, hören sie mich nicht, auch nicht, wenn ich etwas Wichtiges zu sagen habe. Deshalb ist mein größter Wunsch, ein Smartphone zu werden.«

Mich hat diese Geschichte sehr betroffen gemacht. Schon seit Langem hat das Smartphone bei vielen von uns den ersten Platz im Leben eingenommen. Unsere Familie, unsere Kinder und Mitmenschen bekommen nur noch selten unsere ganze Aufmerksamkeit, denn mindestens ein Auge richten wir während eines Gesprächs immer auf das Smartphone. Es kontrolliert uns, und wir opfern ihm immer mehr von unserer Zeit und unseren Beziehungen. Das bleibt unserem Gegenüber dann nicht verborgen und enttäuscht ihn.

Gott sei Dank ist es nie zu spät, etwas zu ändern! Gott möchte uns dabei helfen. Denn Gott ist ein Gott, der uns sieht, so sagt es die Bibel. Das heißt, er ist Ihnen zugewandt, Sie sind ihm nicht lästig, im Gegenteil: Er hört Ihr Rufen. Er fordert uns sogar auf, alle unsere Sorge auf ihn zu werfen, und verheißt uns, auf unser Rufen zu antworten. Gleichzeitig hilft er uns, aufeinander achtzugeben und schlechte Gewohnheiten zu ändern.

gu

?

Was würden Ihre Kinder zu Ihren Handy-Gewohnheiten sagen?

!

Richten Sie Ihren Blick weniger nach unten und mehr nach oben!

1. Mose 16,1-14

Denn euch ist heute ein Retter geboren, der ist Christus, der Herr, in Davids Stadt.
Lukas 2,11

Jesus, der Retter, ist da!

Als Joseph Mohr, katholischer Hilfspriester einer kleinen Gemeinde bei Salzburg, im Dezember 1816 das Gedicht »Stille Nacht, heilige Nacht« zu Papier brachte, ahnte er nicht, welche zeitlosen Sehnsüchte der Menschheit er damit anrühren würde. Das Sehnen nach Frieden und besseren Zeiten veranlasste ihn, diese sechs Strophen voller Hoffnung zu verfassen. Zu seiner Zeit litt halb Europa an den Folgen der vorausgegangenen Kriegsjahre. Die Kindersterblichkeit war hoch, es herrschte Hunger. Das Gedicht verschwand zunächst in der Schublade seines einzigen Möbels, des Schreibtisches, bis er es später, inzwischen zwangsversetzt nach Oberndorf nördlich von Salzburg, aus der Not heraus hervorholte. Dort versagte nämlich am Vormittag des Heiligen Abends 1818 die Orgel der Kirche St. Nikolaus. Mohr beauftragte den Organisten Franz Xaver Gruber, die Verse zu vertonen, damit die Christmette wenigstens mit einem Lied bereichert würde. Bereits nachmittags stand die einfache, aber feierliche Dur-Melodie. Mohr spielte Gitarre und sang den Tenor, Gruber den Bass.

An diesem Abend war die Uraufführung des heute weltbekannten Weihnachtsliedes, das auf fünf Kontinenten in 350 Sprachen und Dialekten gesungen wird. Kaum eine Komposition von Mozart bis zu den Rolling Stones ist so vielen Menschen bekannt, selbst Nichtchristen kennen es und stimmen mit ein. Dieses Lied verkündet eine göttliche Friedensbotschaft, die für alle Menschen gilt. Sogar während des Ersten Weltkrieges legte man kurz die Waffen nieder, um es zu singen. Der Erfolg von »Stille Nacht, heilige Nacht« rührt wohl auch daher, dass wir alle, selbst in Zeiten ohne Krieg, eine tiefe Sehnsucht nach Frieden, Seelenruhe und letztlich nach dem Retter haben, der hier besungen wird: Jesus Christus. *dbe*

? Welche Sehnsüchte verbinden Sie mit diesem Lied?

! Dieses Weihnachtslied ist übrigens seit 2011 nationales immaterielles UNESCO-Kulturerbe.

Matthäus 2,1-11

25. Dez. 20

Freitag **Weihnachten**

**Er, der sogar seinen eigenen Sohn nicht verschont hat,
sondern ihn für uns alle dahingegeben hat,
wie sollte er uns mit ihm nicht auch alles schenken?**

Römer 8,32

Das Kreuz aus Klebeband

Wer von uns weiß schon, was es bedeutet, in einem Kriegsgebiet geboren zu sein? Der Bundestagsabgeordnete Omid Nouripour, der im Iran aufwuchs, schon. Bis zum Alter von 13 Jahren erlebte er in Teheran den Ersten Golfkrieg mit. Er berichtet: »Im Nahen Osten rücken viele Eltern ihre Kinderbettchen weit weg von den Fenstern. Außerdem kleben sie ein diagonales Kreuz aus Klebeband quer über alle Fensterscheiben. Jeder, der den Bombenkrieg erlebt hat, kennt dieses Kreuz.« Diese Maßnahme hat folgenden Hintergrund:

Wegen explodierender Granaten oder detonierender Raketen werden dort ganze Straßenzüge entglast. Die Druckwelle schleudert gefährliche Scherben in die Zimmer. Doch dieses Klebeband-Kreuz soll verhindern, dass ein Splitterregen über Kinderbettchen niedergeht. Allzu oft kamen Kinder in ihrer Wiege nah am Fenster zu Schaden. Das Kreuz aus Klebeband hält die geborstenen Scheiben fest! Die größten Splitterstücke bleiben also am Kreuz hängen! Ist das nicht ein erschütterndes Gleichnis für Weihnachten?

Denn der Vater im Himmel machte es genau umgekehrt wie die Väter in den Kriegsgebieten des Nahen Ostens. Er hat an Weihnachten die Wiege seines geliebten Sohnes Jesus Christus für alle sichtbar in den Gefahrenbereich gerückt – er hat sie genau ins Fadenkreuz gestellt. Bereits in Bethlehem verübte man den ersten Mordanschlag auf das neugeborene Jesuskind (Matthäus 2,16). Über dieser Krippe lag schon der Schatten des Kreuzes. Das tat Gott, um alle die zu verschonen, die sich vertrauensvoll hinter dieses Kreuz ducken. Das stellvertretende Leiden und Sterben von Jesus Christus wird Gottes Gericht über Schuld und Sünde von uns abhalten. Wir müssen uns ihm nur ganz anvertrauen.

fe

Was können zwei Streifen Klebeband schon gegen Kriegsgefahren ausrichten?

Das »Wort vom Kreuz« klingt töricht, aber es ist Gottes Kraft zur Rettung. Vergleiche 1. Korinther 1,18.

Johannes 18,1-11

Denn wenn wir, als wir Feinde waren, mit Gott versöhnt wurden durch den Tod seines Sohnes, so werden wir viel mehr, da wir versöhnt sind, durch sein Leben gerettet werden.

Römer 5,10

Gewalt gegen Rettungskräfte

Sie werden immer häufiger beleidigt, bedroht oder angegriffen: Experten schätzen, dass etwa zwei Drittel aller Rettungskräfte schon einmal in Ausübung ihrer Tätigkeit Opfer von Gewalt geworden sind. Oft gehen die Attacken von Dritten aus: Anwohner ärgern sich über den Rettungswagen, der »im Weg« steht. Passanten zerstechen die Reifen des Krankenwagens, in dem die Besatzung gerade um das Leben des Patienten kämpft. Einsatzfahrzeuge werden zu Silvester mit Raketen beschossen. Manchmal kommt die Gewalt sogar vom Versorgten selbst: Ein Rettungsassistent erzählt, sein Kollege sei einmal von einem Patienten gewürgt worden, als dieser aus der Bewusstlosigkeit erwachte.

Einige dieser Vorfälle mögen mit dem Stress der Situation oder dem Einfluss von Drogen oder Alkohol erklärbar sein. Dennoch bleibt unverständlich, warum ausgerechnet Menschen, die erkennbar und von Berufs wegen helfen wollen und können, solch eine Ablehnung erfahren. Wären nicht Anerkennung und Dank das richtige Verhalten?

Mit dem Tagesvers wird allerdings eine ähnliche Haltung gegenüber der größten Rettungsaktion der Menschheitsgeschichte beschrieben: Der Gottessohn wird Mensch und handelt rettend, heilend, helfend. Das Ziel seiner Mission: Durch die Hingabe seines Lebens dasjenige aller Menschen zu retten. Es hätte – objektiv – nichts näher gelegen, als ihn freudig zu begrüßen und ihm unendlich dankbar zu sein für seinen Einsatz. Stattdessen erfährt er, betrachtet man seine Biografie, letztendlich tödliche Feindschaft, die auch vor Folter und Mord nicht zurückschreckt. Jesus Christus hat dies bereits vor seiner Menschwerdung gewusst. Doch unsere Feindschaft hat ihn nicht davon abgehalten, sein Leben für uns zu geben. *mm*

Woher kommt diese eigentlich unverständliche und immer stärker hervortretende Aggressivität gegen die Retter?

Eine zunehmende Gottes-Entfremdung führt zu wachsendem Chaos, Zerstörung und Hass.

Johannes 10,22-42

**Ich sage euch, wenn ihr nicht umkehrt
und werdet wie die Kinder, so werdet ihr nicht
in das Reich der Himmel eingehen.**

Matthäus 18,3

Staunen

Ein kleiner Junge fragte seinen Vater: »Wie groß ist Gott?« Der Vater antwortete erst mal nicht, richtete den Blick zum Himmel, sah ein Flugzeug und fragte seinen Sohn: »Wie groß ist dieses Flugzeug?« Der Kleine antwortete, ohne zu zögern: »Sehr klein Papa, kaum zu sehen!« Kurz darauf fuhr er mit seinem Sohn zu einem Flughafen. Während sie sich einem Airbus A380 näherten, fragte er seinen Sohn: »Und jetzt? Wie groß ist das Flugzeug jetzt?« Fasziniert antwortete der Kleine: »Es ist riesig Papa, man könnte es nie übersehen!« Daraufhin sagte der Vater: »So ist Gott! Seine Größe ist abhängig vom Abstand, den du zu ihm hältst. Je näher du ihm bist, desto größer ist Gott in deinem Leben!«

Irgendwie sind wir alle wie der kleine Sohnemann. Solange wir nur mit uns selbst beschäftigt sind, ist Gott sehr klein, häufig nicht existent, unwesentlich. Doch kommen Krisen, Tsunamis, Katastrophen, Tod, Leid oder Ähnliches, dann erinnern wir uns an Gott; aber statt seine Größe und Macht anzuerkennen, setzen wir ihn auf die Anklagebank mit dem Vorwurf: »Warum konntest du das zulassen? Warum hast du das nicht verhindert? Warum musste mich das treffen?«

Wer jedoch in kindlicher Einfalt anerkennt, wie groß Gott ist, erlebt ihn auf Schritt und Tritt und staunt über seine Größe, die er uns allen zeigt. Am frühen Morgen wecken uns die Vögel mit ihrem Gesang, die Sonne scheint, wir können atmen und leben, die blutende Wunde schließt sich, der Kühlschrank ist gut gefüllt, man darf zur Arbeit und zur Schule gehen, die Sinne funktionieren. Sind das nicht große Wunder? Für Menschen, für die das nicht selbstverständlich ist, schon!

Wäre nicht Dankbarkeit angesagt, statt Gott anzuklagen? Kindliches Staunen über einen großen Gott befähigt dazu. *lü*

? Wann haben Sie das letzte Mal über Gott gestaunt?

! Wer staunen kann, lernt sehen!

Psalm 67

Da ist ein Weg, der einem Menschen gerade erscheint, aber sein Ende sind Wege des Todes.« / »Erkenne ihn auf allen deinen Wegen, und er wird gerade machen deine Pfade.«

Sprüche 14,12 / Sprüche 3,6

Reisevorbereitungen

Im Dezember 2018 machten wir als Familie zum ersten Mal einen Kurzurlaub über den Jahreswechsel. Obwohl es nur ein Kurzurlaub war, waren ein paar Dinge vorher zu regeln: Das Auto musste vollgetankt und der Reifendruck erhöht werden. Zu Hause musste geklärt werden, wer die Zeitungen und die Post aus dem Briefkasten nimmt, damit er nicht überquillt. Welchen Nachbarn konnten wir fragen, ob er die Kaninchen versorgt? Ja, und was sollten wir mitnehmen? Zwar war es kein Wintersportgebiet, in das wir fuhren, aber wärmere Kleidung und winterfeste Schuhe mussten schon eingepackt werden, auch andere Kleidung, falls es wärmer sein würde. – Welche Lebensmittel konnten bis zur Rückkehr im Kühlschrank bleiben, welche nicht?

Ohne Vorbereitung ist selbst eine so kurze Urlaubsreise unmöglich. Wie nötig wird dann aber die Vorbereitung auf die große Reise ohne Rückkehr sein, die wie alle – ob es uns gefällt oder nicht – vor uns haben? Die Bibel spricht von diesem Ortswechsel; denn es gibt ein Diesseits und ein Jenseits. Das Diesseits ist die kurze Zeit, die wir auf dieser Erde verbringen, und dann kommt das ewig lange, ja, unendliche Jenseits, in dem wir in einigen Jahren alle landen werden. In der Ewigkeit gibt es ein Leben mit Gott (im Himmel) und ein Leben ohne Gott (in der Hölle).

Die Weichen für die Ortswahl werden hier auf der Erde gestellt. Weil wir alle gegen Gott gesündigt haben, kommen wir ohne Vorbereitung alle in die ewige Gottesferne, in die Hölle. Aber in den Himmel zu Gott kann man nur kommen, wenn man den einzigen Weg beschreitet, der wirklich zu Gott führt: Jesus Christus ist der einzige Weg zu Gott. Ihn muss man daher rechtzeitig »mitnehmen«, wenn man weiß, wo man am Ende sein will.

mtz

Wie sehen Ihre Reisevorbereitungen für die Ewigkeit aus?

Die Vorbereitung entscheidet über den Ort, wo wir die Ewigkeit zubringen!

Epheser 5,1-14

29. Dez. 20

Dienstag

Du musst wissen, dass die Zeit vor dem Ende sehr schlimme Phasen haben wird.
2. Timotheus 3,1

Zwei Minuten vor zwölf!

Die »Weltuntergangs-Uhr« symbolisiert, wie nahe die Menschheit an der eigenen Auslöschung ist. Führende Wissenschaftler sehen eine anhaltende große Gefahr dafür, dass sich die Menschheit mit Atomwaffen selbst auslöscht. Das »Bulletin of Atomic Scientists« ließ die »Weltuntergangs-Uhr« auf zwei Minuten vor zwölf stehen. Die Uhrzeit, mit der die Forscher symbolisch die Gefahr für die Menschheit ausdrücken, blieb unverändert zum Vorjahr.

In der Bibel las ich kürzlich auch von solch einer »Weltuntergangs-Uhr«, deren Zeiger ebenfalls kurz vor zwölf stehen. Welche Zeichen beschreibt Gottes Wort, an denen das Ende der Welt zu erkennen ist? Da heißt es in 2. Timotheus 3,1-5: »Du musst wissen, dass die Zeit vor dem Ende sehr schlimme Phasen haben wird. Die Menschen werden selbstsüchtig sein, geldgierig, großtuerisch und eingebildet. Sie werden Gott und Menschen beleidigen, ihren Eltern nicht gehorchen und vor nichts mehr Ehrfurcht haben. Sie sind undankbar, lieblos, und unversöhnlich. Sie werden ihre Mitmenschen verleumden und sich hemmungslos ausleben. Sie sind gewalttätig und hassen das Gute. Zu jedem Verrat bereit, sind sie leichtsinnig und werden vom Hochmut verblendet. Sie leben nur für ihr Vergnügen und kümmern sich nicht um Gott. Sie geben sich zwar einen frommen Anschein, aber von der Kraft wahrer Gottesfurcht wollen sie nichts wissen.« Das klingt doch so, als ob Paulus unsere Zeit vor Augen hatte, als er das schrieb.

Der Blick auf die Welten-Uhr lässt aufhorchen und erschrecken. Er kann und will uns helfen, die verbleibende Zeit für Gott einzusetzen und die Menschen einzuladen, mit Jesus Christus zu leben, dem alle Macht im Himmel und auf Erden gegeben ist und der jeden Tag bei uns ist, bis zum Ende der Zeit! *kr*

Was löst der Blick auf die »Weltuntergangs-Uhr« bei Ihnen aus?

Nutzen Sie als Christ Zeit und Gelegenheit, Menschen in die Nachfolge Jesu einzuladen, denn nur für Jesus-Jünger gibt es eine Zeit in der Gegenwart Gottes, in seinem Reich, nach dem Ende der Zeit.

2. Thessalonicher 1,3-12

Ich will dem Dürstenden aus der Quelle des Wassers des Lebens geben umsonst.

Offenbarung 21,6

Ende gut, alles gut!

Wer den heutigen Tagesvers nachschlagen möchte, muss in seiner Bibel bis zur vorletzten Seite blättern. Quasi im Schlusswort angekommen, finden wir hier diese wunderbare Verheißung Gottes, die er durch den Apostel Johannes aufschreiben ließ.

Gottes zeitloses und ewig gültiges Wort weist uns gerade im Buch der Offenbarung darauf hin, dass unser irdisches Menschen-Dasein nur begrenzt ist. Der Vers passt auch deshalb so gut in unser Zeitgeschehen, weil immer mehr Leute zu ahnen beginnen, dass wir uns vielleicht auch bezüglich der Menschheitsgeschichte bereits auf den letzten »Seiten« einer langen Erzählung befinden.

An dieser Stelle muss uns aber kein bedrückendes Gefühl der Unsicherheit beschleichen, da wir wissen dürfen, dass Gott schon vor langen Zeiten angekündigt hat, alles neu zu machen, wenn diese Welt untergegangen ist. Ungerechtigkeit wird dann durch Gerechtigkeit abgelöst, Leid in Freude verwandelt und Frieden gestiftet, wo jetzt noch Hass regiert. Gott macht alles neu und alles gut! Bei allem Kummer und allen Missverständnissen heutiger Zeiten, dürfen wir uns freuen, dass uns eine wunderbare Zukunft bereitliegt. Und zwar kostenlos und zum Greifen nahe!

Allen, die nach Hoffnung, Erfüllung und Sinn dürsten, möchte Gott das Wasser des Lebens geben. Das machen die Worte des Tagesverses deutlich. Und dieses Wasser ist das Wasser des ewigen Lebens. Wer dieses Geschenk Gottes annimmt, wird nie mehr Mangel leiden und nach Frieden dürsten, sondern ewige Zufriedenheit finden und sich auf eine wunderbare Zukunft bei Gott freuen dürfen. Christus hat alles für uns bezahlt, sodass wir uns ohne Eigenleistung auf ein großartiges »Happy End« freuen dürfen.

str

? Mit wem könnten Sie sich einmal über diese herrliche Aussicht unterhalten?

! Das tiefste Bedürfnis des Menschen ist, Frieden mit seinem Schöpfer zu bekommen.

Offenbarung 21,1-7

31. Dez. 20

Donnerstag **Silvester**

Ich war jung und bin auch alt geworden,
doch nie sah ich einen Gerechten verlassen,
noch seine Nachkommen um Brot betteln.
Psalm 37,25

Zu alt?

Am 31. Dezember 2017 lebten in Deutschland rund 22 Millionen Menschen, die über 60 Jahre alt waren. Das entspricht gut einem Viertel der Bevölkerung. Gehört man, wenn man über 60 ist, zum »alten Eisen«? Es scheint so, als ob sich unsere Gesellschaft immer mehr den Jüngeren zuwenden würde. Junge, gut ausgebildete, intelligente Menschen übernehmen mehr und mehr das Ruder. Ich denke, dass es in vielen Bereichen auch gut ist, wenn durch die Jungen frischer Wind in die verstaubte Maschinerie des (Berufs-)Alltags kommt. Anderseits drängt sich die Frage auf: Braucht man uns Ältere überhaupt noch? Sind wir mehr Last als Hilfe? Niemand möchte als alt gelten.

Schon viele Jahre schreibe ich für den Kalender »Leben ist mehr«. Manchmal habe ich mich schon gefragt, ob ich mich nicht zurückziehen und anderen, jüngeren Schreibern das Feld überlassen sollte. Es gibt viele junge Christen, die inspirierend, gut und treffend schreiben können. Als dieser Artikel entstand, beschäftigten mich Gedanken des Aufhörens. Da erreichten mich mehrere Zuschriften von Lesern, die sich sehr über Beiträge von mir gefreut hatten, sich gut damit identifizieren konnten und Trost gefunden hatten. Mir wurde dadurch neu klar, dass Gott auch einen über 60-Jährigen immer noch gebrauchen kann – auch im neuen Jahr, das morgen beginnt.

Es ist hilfreich zu wissen, dass das Alter für Gott letztlich keine Rolle spielt. Er hält seine Türen für alle Menschen allen Alters stets offen. Da niemand weiß, wie alt er werden wird, sollte man diese Entscheidung nicht hinauszögern. Egal, wie alt, Gott freut sich über jeden, der das Evangelium seines Sohnes Jesus Christus für sich in Anspruch nimmt. Er meint es gut mit einem jeden von uns. *schn*

Mit welcher Erwartung gehen Sie in das kommende Jahr?

Gott kann jeden gebrauchen, der sich ihm willig zur Verfügung stellt.

Josua 14,6-13

5 Schritte

Wenn Sie wissen wollen, wie man ein Leben mit Jesus Christus beginnt, nennen wir Ihnen hier:

Fünf Schritte zu einem neuen Leben

1 Wenden Sie sich an Jesus Christus und sagen Sie ihm alles im Gebet. Er versteht und liebt Sie.

»Kommt her zu mir, alle ihr Mühseligen und Beladenen, und ich werde euch Ruhe geben.« *(Matthäus 11,28)*

2 Sagen Sie ihm, dass Sie bisher in der Trennung von Gott gelebt haben und ein Sünder sind. Bekennen Sie ihm Ihre Schuld. Nennen Sie alles, was Ihnen an konkreten Sünden bewusst ist.

»Wenn wir unsere Sünden bekennen, ist er treu und gerecht, dass er uns die Sünden vergibt und uns reinigt von jeder Ungerechtigkeit.«

(1. Johannes 1,9)

3 Bitten Sie den Herrn Jesus Christus, in Ihr Leben einzukehren. Vertrauen und glauben Sie ihm von ganzem Herzen. Wenn Sie sich dem Herrn Jesus Christus so anvertrauen, macht er Sie zu einem Kind Gottes.

»So viele ihn aber aufnahmen, denen gab er das Recht, Kinder Gottes zu werden, denen, die an seinen Namen glauben.« *(Johannes 1,12)*

4 Danken Sie Jesus Christus, dem Sohn Gottes, dass er für Ihre Sünde am Kreuz gestorben ist. Danken Sie ihm, dass er Sie aus dem sündigen Zustand erlöst und Ihre einzelnen Sünden vergeben hat. Danken Sie ihm täglich für die Gotteskindschaft.

»In ihm haben wir die Erlösung und die Vergebung der Sünden.«

(Kolosser 1,14)

5 Bitten Sie Jesus Christus, die Führung in Ihrem Leben zu übernehmen. Suchen Sie den täglichen Kontakt mit ihm durch Bibellesen und Gebet. Der Kontakt mit anderen Christen hilft, als Christ zu wachsen. Jesus Christus wird Ihnen Kraft und Mut für die Nachfolge schenken.

»Wenn jemand mir dient, so folge er mir nach! Und wo ich bin, da wird auch mein Diener sein. Wenn mir jemand dient, so wird der Vater ihn ehren.« *(Johannes 12,26)*

Wenn Sie weitere Fragen haben, dann schicken Sie uns einfach eine E-Mail: **info@lebenistmehr.de** oder schreiben Sie uns:
Redaktion »Leben ist mehr«, Moltkestr. 1, 35683 Dillenburg

Themenindex

Themenindex

Themenindex

Themenindex

Leitverse

Altes Testament

Leitverse

Sprüche 8,35-36	ELB CSV	23.02.
Sprüche 11,4	ELB	16.02.
Sprüche 11,25	ELB	20.02.
Sprüche 12,1	NEÜ	5.10.
Sprüche 14,12; 3,6	SLT	28.12.
Sprüche 15,4	HFA	7.10.
Sprüche 15,17	ELB	21.02.
Sprüche 16,2	HFA	4.09.
Sprüche 16,8	NEÜ	9.10.
Sprüche 16,22	SLT	5.03.
Sprüche 16,32	SLT	5.09.
Sprüche 17,3	ELB	22.02.
Sprüche 17,7	NEÜ	12.05.
Sprüche 18,12	ELB	9.03.
Sprüche 20,6	ELB CSV	3.11.
Sprüche 22,13	ELB	18.02.
Sprüche 22,19-21	ELB CSV	3.05.
Sprüche 22,29	ELB	17.02.
Sprüche 23,22	ELB	10.05.
Sprüche 25,25	ELB CSV	1.09.
Prediger 1,14	ELB CSV	24.02.
Prediger 2,16	ELB	13.05.
Prediger 2,22	NEÜ	22.12.
Prediger 3,1	ELB CSV	14.08.
Prediger 3,11	ELB CSV	6.04.
Prediger 3,11.14	NEÜ	18.05.
Prediger 4,12	SLT	11.10.
Prediger 7,8	ELB	10.06.
Prediger 12,1	NEÜ	13.02.
Prediger 12,13	ELB CSV	24.10.
Jesaja 1,18	ELB CSV	10.09.
Jesaja 2,4	ELB	11.02.
Jesaja 9,1	ELB CSV	30.01.
Jesaja 9,15	SLT	28.08.
Jesaja 10,3	SLT	25.09.
Jesaja 10,15	SLT	21.11.
Jesaja 19,3	ELB CSV	10.02.
Jesaja 40,28	SLT	1.02.
Jesaja 43,24	SLT	17.06.
Jesaja 45,21-22	SLT	20.06.
Jesaja 55,3	SLT	7.04.
Jesaja 55,11	ELB	24.08.
Jesaja 57,15	ELB CSV	1.06.
Jeremia 3,17	ELB	22.05.
Jeremia 10,12	LUT	10.07.
Jeremia 11,8	ELB	9.12.
Jeremia 12,1	andere	23.07.
Jeremia 15,16	NEÜ	1.03.
Jeremia 15,16	ELB CSV	1.09.
Jeremia 33,22	LUT	9.07.
Klagelieder 3,22-23	ELB	2.10.

Daniel 5,26	ELB CSV	22.06.
Daniel 5,27	ELB	17.10.
Daniel 6,5	ELB	27.01.
Jona 1,4	ELB CSV	1.11.
Micha 6,8	SLT	4.07.

Neues Testament

Matthäus 4,4	SLT	15.10.
Matthäus 4,17	ELB CSV	18.11.
Matthäus 5,5	LUT	3.08.
Matthäus 6,9	ELB	16.03.
Matthäus 6,15	ELB	6.11.
Matthäus 6,33	LUT	26.09.
Matthäus 7,7	NGÜ	30.07.
Matthäus 7,24	ELB	26.01.
Matthäus 11,25	SLT	25.02.
Matthäus 16,26	NEÜ	6.10.
Matthäus 18,3	ELB CSV	27.12.
Matthäus 18,5	NGÜ	16.04.
Matthäus 19,4-5	SLT	9.02.
Matthäus 19,26	LUT	29.09.
Matthäus 22,31-32	ELB	18.08.
Matthäus 22,31-32	ELB CSV	15.12.
Matthäus 22,37-38	ELB CSV	17.12.
Matthäus 23,14	SLT	6.01.
Matthäus 24,1-2	ELB CSV	3.09.
Matthäus 24,2	ELB	7.11.
Matthäus 24,12	andere	10.01.
Matthäus 25,11-12	ELB	21.12.
Matthäus 25,35	ELB	18.12.
Matthäus 27,5	ELB CSV	29.04.
Markus 1,35	ELB	14.10.
Markus 2,22	SLT	3.06.
Markus 7,21-22	SLT	28.04.
Markus 8,36	LUT	7.06.
Markus 10,17	SLT	5.01.
Markus 12,16	ELB	17.11.
Markus 13,2	ELB CSV	20.07.
Markus 13,31	ELB CSV	8.11.
Markus 13,35-36	ELB CSV	2.06.
Markus 15,39	NEÜ	11.04.
Lukas 1,1-4	ELB CSV	19.05.
Lukas 1,3-4	SLT	12.11.
Lukas 1,13	ELB	21.03.
Lukas 2,11	ELB	1.12.
Lukas 2,11	ELB	24.12.
Lukas 4,1-2	ELB	27.02.
Lukas 4,44	ELB	13.09.
Lukas 5,8	ELB CSV	2.03.
Lukas 6,27-28	SLT	7.12.
Lukas 12,16-18	ELB	6.05.

Leitverse

Lukas 12,23	SLT	28.03.
Lukas 15,4	LUT	28.05.
Lukas 15,6	SLT	19.12.
Lukas 19,10	ELB	22.07.
Lukas 19,10	ELB	2.08.
Lukas 21,20	ELB CSV	7.09.
Lukas 21,28	ELB	13.10.
Lukas 22,35	ELB	1.05.
Lukas 22,48	LUT	6.07.
Lukas 22,61	Menge	18.01.
Lukas 23,9	LUT	27.04.
Lukas 23,26	SLT	9.04.
Lukas 23,28	ELB CSV	30.08.
Lukas 23,28	ELB	16.10.
Lukas 23,41	SLT	26.07.
Lukas 23,48	NGÜ	29.11.
Lukas 23,48	ELB CSV	8.04.
Lukas 24,15-16	ELB	12.04.
Johannes 1,9	ELB	22.03.
Johannes 1,12	ELB CSV	14.05.
Johannes 1,16	ELB	3.03.
Johannes 1,17	ELB	13.01.
Johannes 1,18	SLT	27.06.
Johannes 1,38	ELB	13.07.
Johannes 2,3	SLT	8.03.
Johannes 3,6	ELB CSV	25.04.
Johannes 3,14-15	ELB CSV	23.10.
Johannes 3,16	ELB	12.01.
Johannes 4,14	ELB	1.07.
Johannes 5,6	ELB	28.02.
Johannes 5,7	SLT	1.08.
Johannes 6,27	ELB CSV	7.03.
Johannes 6,68	ELB CSV	21.09.
Johannes 8,12	ELB	11.01.
Johannes 8,32	ELB	22.10.
Johannes 8,36	SLT	21.06.
Johannes 8,36	SLT	23.08.
Johannes 8,44	SLT	13.03.
Johannes 8,44	ELB	26.03.
Johannes 8,46	ELB	3.04.
Johannes 10,9	SLT	23.04.
Johannes 10,9	ELB CSV	21.08.
Johannes 10,10	ELB	13.06.
Johannes 10,10	SLT	10.10.
Johannes 10,10	NEÜ	11.11.
Johannes 10,10	SLT	16.12.
Johannes 10,18	ELB	14.04.
Johannes 10,27	LUT	11.08.
Johannes 11,25	SLT	8.06.
Johannes 14,2	SLT	21.05.
Johannes 14,2	SLT	26.08.
Johannes 14,2	NGÜ	9.09.
Johannes 14,6	ELB	29.01.
Johannes 14,6	SLT	2.04.
Johannes 17,17	LUT	19.04.
Johannes 18,37	SLT	31.03.
Johannes 20,25	ELB CSV	13.04.
Apostelgeschichte 2,21	ELB	31.05.
Apostelgeschichte 3,15	ELB CSV	24.04.
Apostelgeschichte 4,12	SLT	19.01.
Apostelgeschichte 8,29	ELB	5.07.
Apostelgeschichte 10,38	ELB	17.09.
Apostelgeschichte 16,31	ELB	25.07.
Apostelgeschichte 17,25	NGÜ	7.08.
Apostelgeschichte 20,24	ELB	3.01.
Römer 1,16	SLT	5.02.
Römer 2,1	SLT	23.05.
Römer 2,15	ELB	16.09.
Römer 3,12	ELB CSV	30.11.
Römer 3,15-17	ELB	9.05.
Römer 4,5	LUT	31.10.
Römer 5,1	LUT	8.05.
Römer 5,8	ELB CSV	27.09.
Römer 5,10	ELB	26.12.
Römer 5,19	ELB CSV	22.01.
Römer 6,23	ELB	4.02.
Römer 6,23	ELB CSV	7.05.
Römer 6,23	NEÜ	20.05.
Römer 7,19.24	ELB CSV	4.06.
Römer 8,15	SLT	16.05.
Römer 8,17	LUT	19.03.
Römer 8,22	ELB CSV	20.12.
Römer 8,32	SLT	25.12.
Römer 10,14	LUT	18.09.
Römer 12,15	ELB CSV	4.11.
Römer 15,2	NGÜ	23.01.
1. Korinther 1,18	ELB	12.03.
1. Korinther 2,9	Menge	27.03.
1. Korinther 6,20	SLT	12.06.
1. Korinther 7,23	ELB CSV	29.07.
1. Korinther 10,12	SLT	15.05.
1. Korinther 15,44	ELB CSV	14.12.
1. Korinther 15,50	ELB	5.11.
1. Korinther 15,55	ELB CSV	15.11.
1. Korinther 16,14	andere	10.01.
2. Korinther 5,17	ELB	10.03.
2. Korinther 5,17	ELB	29.03.
2. Korinther 5,18.21	ELB	28.09.
2. Korinther 5,20-21	NEÜ	13.08.
2. Korinther 5,21	ELB CSV	6.12.
2. Korinther 13,8	Menge	30.10.

Leitverse

Galater 1,23	ELB	15.06.
Galater 4,6	Menge	20.09.
Galater 5,22-23	ELB CSV	25.06.
Galater 6,7	ELB	4.05.
Epheser 2,14	NEÜ	3.10.
Epheser 4,26	ELB CSV	17.03.
Epheser 4,32	ELB CSV	11.06.
Epheser 5,8.10	ELB CSV	15.09.
Epheser 5,20	SLT	25.08.
Epheser 5,25	SLT	14.02.
Philipper 2,6	NGÜ	15.03.
Philipper 3,14	SLT	4.01.
Philipper 4,8	ELB	2.12.
Kolosser 2,14	NEÜ	20.03.
Kolosser 3,14-15	ELB	11.05.
1. Timotheus 2,5	ELB	9.01.
1. Timotheus 2,5	SLT	21.01.
1. Timotheus 3,12	SLT	20.11.
1. Timotheus 3,15	ELB	27.10.
1. Timotheus 4,8	ELB	1.01.
1. Timotheus 4,10	ELB CSV	25.10.
1. Timotheus 6,9	ELB CSV	23.09.
1. Timotheus 6,10	ELB CSV	30.06.
2. Timotheus 3,1	NEÜ	29.12.
Titus 2,11	ELB CSV	21.07.
Hebräer 2,10	ELB CSV	11.03.
Hebräer 2,14	NGÜ	19.10.
Hebräer 3,3	ELB CSV	2.05.
Hebräer 4,12	ELB	28.07.
Hebräer 4,13	ELB	26.02.
Hebräer 4,13	SLT	3.12.
Hebräer 6,18-19	ELB CSV	29.05.
Hebräer 9,14	SLT	27.08.
Hebräer 9,27	ELB CSV	4.04.
Hebräer 9,27	NGÜ	26.04.
Hebräer 9,27	ELB	24.06.
Hebräer 9,27-28	ELB CSV	16.06.
Hebräer 11,3	LUT	12.07.
Hebräer 11,3	ELB	31.07.
Hebräer 13,8	NGÜ	7.01.
Hebräer 13,14	ELB	12.09.
Jakobus 1,14	LUT	4.12.
Jakobus 1,17	ELB	8.09.
Jakobus 1,17	SLT	4.10.
Jakobus 1,17	ELB CSV	12.12.
Jakobus 3,5	ELB	14.06.
1. Petrus 1,18	ELB CSV	20.04.
1. Petrus 2,23	ELB	29.06.
1. Petrus 2,24	ELB	7.07.
1. Petrus 2,24	ELB	10.08.
1. Petrus 3,20	ELB	24.09.
1. Petrus 5,5	ELB CSV	24.03.
1. Petrus 5,7	NEÜ	15.04.
1. Petrus 5,7	ELB CSV	20.10.
1. Petrus 5,7	ELB	29.10.
1. Johannes 1,7	ELB CSV	15.01.
1. Johannes 1,9	LUT	26.05.
1. Johannes 2,2	ELB	8.12.
1. Johannes 3,1	NGÜ	17.05.
1. Johannes 5,20	SLT	26.10.
Offenbarung 1,1	ELB CSV	23.11.
Offenbarung 1,1	ELB CSV	24.11.
Offenbarung 1,3	ELB CSV	28.11.
Offenbarung 1,18	SLT	9.06.
Offenbarung 3,11	ELB CSV	25.11.
Offenbarung 6,12-13	ELB	27.07.
Offenbarung 12,9	ELB	2.02.
Offenbarung 14,7	ELB CSV	26.11.
Offenbarung 20,11	ELB	28.06.
Offenbarung 21,4	ELB CSV	27.11.
Offenbarung 21,6	ELB	30.12.

Erläuterung zu den Abkürzungen der Bibelübersetzungen

ELB	Elberfelder Bibel. Wuppertal/Dillenburg: R. Brockhaus/Christliche Verlagsgesellschaft.
ELB CSV	Die Heilige Schrift. Aus dem Grundtext übersetzt. Hückeswagen: Christliche Schriftenverbreitung (CSV).
LUT	Lutherbibel. 1999. Deutsche Bibelgesellschaft, Stuttgart.
NEÜ	bibel.heute. Neue Evangelistische Übersetzung 2010. Karl-Heinz Vanheiden.
NGÜ	Neue Genfer Übersetzung 2009. Genfer Bibelgesellschaft.
SLT	Schlachterbibel (Franz Eugen Schlachter). Revision 2000. Genfer Bibelgesellschaft.

Für Textvergleiche siehe www.bibleserver.com.

Bibellese

Einmal im Jahr das ganze Neue Testament lesen! (Bereits gelesene Abschnitte können zur besseren Übersicht jeweils in dem Kästchen abgehakt werden.)

Januar
☐ Matth.1
☐ Matth.2
☐ Matth.3
☐ Matth.4
☐ Matth.5,1-26
☐ Matth.5,27-48
☐ Matth.6
☐ Matth.7
☐ Matth.8
☐ Matth.9,1-17
☐ Matth.9,18-38
☐ Matth.10,1-23
☐ Matth.10,24-42
☐ Matth.11
☐ Matth.12,1-21
☐ Matth.12,22-50
☐ Matth.13,1-32
☐ Matth.13,33-58
☐ Matth.14,1-21
☐ Matth.14,22-36
☐ Matth.15,1-20
☐ Matth.15,21-39
☐ Matth.16
☐ Matth.17
☐ Matth.18,1-20
☐ Matth.18,21-35
☐ Matth.19,1-15
☐ Matth.19,16-30
☐ Matth.20,1-16
☐ Matth.20,17-34
☐ Matth.21,1-22

Februar
☐ Matth.21,23-46
☐ Matth.22,1-22
☐ Matth.22,23-46
☐ Matth.23,1-22
☐ Matth.23,23-39
☐ Matth.24,1-22
☐ Matth.24,23-51
☐ Matth.25,1-30
☐ Matth.25,31-46
☐ Matth.26,1-19
☐ Matth.26,20-54
☐ Matth.26,55-75
☐ Matth.27,1-31
☐ Matth.27,32-66
☐ Matth.28
☐ Mark.1,1-22
☐ Mark.1,23-45
☐ Mark.2
☐ Mark.3,1-21
☐ Mark.3,22-35
☐ Mark.4,1-20
☐ Mark.4,21-41
☐ Mark.5,1-20
☐ Mark.5,21-43
☐ Mark.6,1-32
☐ Mark.6,33-56
☐ Mark.7,1-13
☐ Mark.7,14-37
☐ Mark.8,1-21

März
☐ Mark.8,22-38
☐ Mark.9,1-29
☐ Mark.9,30-50
☐ Mark.10,1-31
☐ Mark.10,32-52
☐ Mark.11,1-19
☐ Mark.11,20-33
☐ Mark.12,1-27
☐ Mark.12,28-44
☐ Mark.13,1-13
☐ Mark.13,14-37
☐ Mark.14,1-26
☐ Mark.14,27-52
☐ Mark.14,53-72
☐ Mark.15,1-26
☐ Mark.15,27-47
☐ Mark.16
☐ Luk.1,1-23
☐ Luk.1,24-56
☐ Luk.1,57-80
☐ Luk.2,1-24
☐ Luk.2,25-52
☐ Luk.3
☐ Luk.4,1-30
☐ Luk.4,31-44
☐ Luk.5,1-16
☐ Luk.5,17-39
☐ Luk.6,1-26
☐ Luk.6,27-49
☐ Luk.7,1-30
☐ Luk.7,31-50

April
☐ Luk.8,1-21
☐ Luk.8,22-56
☐ Luk.9,1-36
☐ Luk.9,37-62
☐ Luk.10,1-24
☐ Luk.10,25-42
☐ Luk.11,1-28
☐ Luk.11,29-54
☐ Luk.12,1-34
☐ Luk.12,35-59
☐ Luk.13,1-21
☐ Luk.13,22-35
☐ Luk.14,1-24
☐ Luk.14,25-35
☐ Luk.15,1-10
☐ Luk.15,11-32
☐ Luk.16,1-18
☐ Luk.16,19-31
☐ Luk.17,1-19
☐ Luk.17,20-37
☐ Luk.18,1-17
☐ Luk.18,18-43
☐ Luk.19,1-27
☐ Luk.19,28-48
☐ Luk.20,1-26
☐ Luk.20,27-47
☐ Luk.21,1-19
☐ Luk.21,20-38
☐ Luk.22,1-30
☐ Luk.22,31-53

Mai
☐ Luk.22,54-71
☐ Luk.23,1-26
☐ Luk.23,27-38
☐ Luk.23,39-56
☐ Luk.24,1-35
☐ Luk.24,36-53
☐ Joh.1,1-28
☐ Joh.1,29-51
☐ Joh.2
☐ Joh.3,1-21
☐ Joh.3,22-36
☐ Joh.4,1-30
☐ Joh.4,31-54
☐ Joh.5,1-24
☐ Joh.5,25-47
☐ Joh.6,1-21
☐ Joh.6,22-44
☐ Joh.6,45-71
☐ Joh.7,1-31
☐ Joh.7,32-53
☐ Joh.8,1-20
☐ Joh.8,21-36
☐ Joh.8,37-59
☐ Joh.9,1-23
☐ Joh.9,24-41
☐ Joh.10,1-21
☐ Joh.10,22-42
☐ Joh.11,1-17
☐ Joh.11,18-46
☐ Joh.11,47-57
☐ Joh.12,1-19

Juni
☐ Joh.12,20-50
☐ Joh.13,1-17
☐ Joh.13,18-38
☐ Joh.14
☐ Joh.15
☐ Joh.16,1-15
☐ Joh.16,16-33
☐ Joh.17
☐ Joh.18,1-23
☐ Joh.18,24-40
☐ Joh.19,1-22
☐ Joh.19,23-42
☐ Joh.20
☐ Joh.21
☐ Apg.1
☐ Apg.2,1-13
☐ Apg.2,14-47
☐ Apg.3
☐ Apg.4,1-22
☐ Apg.4,23-37
☐ Apg.5,1-16
☐ Apg.5,17-42

Bibellese

- ☐ Apg.6
- ☐ Apg.7,1-19
- ☐ Apg.7,20-43
- ☐ Apg.7,44-60
- ☐ Apg.8,1-25
- ☐ Apg.8,26-40
- ☐ Apg.9,1-22
- ☐ Apg.9,23-43

Juli

- ☐ Apg.10,1-23
- ☐ Apg.10,24-48
- ☐ Apg.11
- ☐ Apg.12
- ☐ Apg.13,1-24
- ☐ Apg.13,25-52
- ☐ Apg.14
- ☐ Apg.15,1-21
- ☐ Apg.15,22-41
- ☐ Apg.16,1-15
- ☐ Apg.16,16-40
- ☐ Apg.17,1-15
- ☐ Apg.17,16-34
- ☐ Apg.18
- ☐ Apg.19,1-22
- ☐ Apg.19,23-41
- ☐ Apg.20,1-16
- ☐ Apg.20,17-38
- ☐ Apg.21,1-14
- ☐ Apg.21,15-40
- ☐ Apg.22
- ☐ Apg.23,1-11
- ☐ Apg.23,12-35
- ☐ Apg.24
- ☐ Apg.25
- ☐ Apg.26
- ☐ Apg.27,1-26
- ☐ Apg.27,27-44
- ☐ Apg.28,1-15
- ☐ Apg.28,16-31
- ☐ Röm.1

August

- ☐ Röm.2
- ☐ Röm.3
- ☐ Röm.4
- ☐ Röm.5
- ☐ Röm.6
- ☐ Röm.7
- ☐ Röm.8,1-18
- ☐ Röm.8,19-39
- ☐ Röm.9
- ☐ Röm.10
- ☐ Röm.11,1-24
- ☐ Röm.11,25-36
- ☐ Röm.12
- ☐ Röm.13
- ☐ Röm.14
- ☐ Röm.15,1-21
- ☐ Röm.15,22-33
- ☐ Röm.16
- ☐ 1.Kor.1
- ☐ 1.Kor.2
- ☐ 1.Kor.3
- ☐ 1.Kor.4
- ☐ 1.Kor.5
- ☐ 1.Kor.6
- ☐ 1.Kor.7,1-24
- ☐ 1.Kor.7,25-40
- ☐ 1.Kor.8
- ☐ 1.Kor.9
- ☐ 1.Kor.10,1-13
- ☐ 1.Kor.10,14-33
- ☐ 1.Kor.11,1-15

September

- ☐ 1.Kor.11,16-34
- ☐ 1.Kor.12
- ☐ 1.Kor.13
- ☐ 1.Kor.14,1-20
- ☐ 1.Kor.14,21-40
- ☐ 1.Kor.15,1-32
- ☐ 1.Kor.15,33-58
- ☐ 1.Kor.16
- ☐ 2.Kor.1
- ☐ 2.Kor.2
- ☐ 2.Kor.3
- ☐ 2.Kor.4
- ☐ 2.Kor.5
- ☐ 2.Kor.6
- ☐ 2.Kor.7
- ☐ 2.Kor.8
- ☐ 2.Kor.9
- ☐ 2.Kor.10
- ☐ 2.Kor.11,1-15
- ☐ 2.Kor.11,16-33
- ☐ 2.Kor.12
- ☐ 2.Kor.13
- ☐ Gal.1
- ☐ Gal.2
- ☐ Gal.3
- ☐ Gal.4
- ☐ Gal.5
- ☐ Gal.6
- ☐ Eph.1
- ☐ Eph.2

Oktober

- ☐ Eph.3
- ☐ Eph.4
- ☐ Eph.5
- ☐ Eph.6
- ☐ Phil.1
- ☐ Phil.2
- ☐ Phil.3
- ☐ Phil.4
- ☐ Kol.1
- ☐ Kol.2
- ☐ Kol.3
- ☐ Kol.4
- ☐ 1.Thess.1
- ☐ 1.Thess.2
- ☐ 1.Thess.3
- ☐ 1.Thess.4
- ☐ 1.Thess.5
- ☐ 2.Thess.1
- ☐ 2.Thess.2
- ☐ 2.Thess.3
- ☐ 1.Tim.1
- ☐ 1.Tim.2
- ☐ 1.Tim.3
- ☐ 1.Tim.4
- ☐ 1.Tim.5
- ☐ 1.Tim.6
- ☐ 2.Tim.1
- ☐ 2.Tim.2
- ☐ 2.Tim.3
- ☐ 2.Tim.4
- ☐ Titus1

November

- ☐ Titus2
- ☐ Titus3
- ☐ Philemon
- ☐ Hebr.1
- ☐ Hebr.2
- ☐ Hebr.3
- ☐ Hebr.4
- ☐ Hebr.5
- ☐ Hebr.6
- ☐ Hebr.7
- ☐ Hebr.8
- ☐ Hebr.9
- ☐ Hebr.10,1-23
- ☐ Hebr.10,24-39
- ☐ Hebr.11,1-19
- ☐ Hebr.11,20-40
- ☐ Hebr.12
- ☐ Hebr.13
- ☐ Jak.1
- ☐ Jak.2
- ☐ Jak.3
- ☐ Jak.4
- ☐ Jak.5
- ☐ 1.Petr.1
- ☐ 1.Petr.2
- ☐ 1.Petr.3
- ☐ 1.Petr.4
- ☐ 1.Petr.5
- ☐ 2.Petr.1
- ☐ 2.Petr.2

Dezember

- ☐ 2.Petr.3
- ☐ 1.Joh.1
- ☐ 1.Joh.2
- ☐ 1.Joh.3
- ☐ 1.Joh.4
- ☐ 1.Joh.5
- ☐ 2.Joh.
- ☐ 3.Joh.
- ☐ Judas
- ☐ Offb.1
- ☐ Offb.2
- ☐ Offb.3
- ☐ Offb.4
- ☐ Offb.5
- ☐ Offb.6
- ☐ Offb.7
- ☐ Offb.8
- ☐ Offb.9
- ☐ Offb.10
- ☐ Offb.11
- ☐ Offb.12
- ☐ Offb.13
- ☐ Offb.14
- ☐ Offb.15
- ☐ Offb.16
- ☐ Offb.17
- ☐ Offb.18
- ☐ Offb.19
- ☐ Offb.20
- ☐ Offb.21
- ☐ Offb.22

Mitarbeiter

ahe	Annegret Heyer	lü	Peter Lüling
ap	Arndt Plock	md	Markus Ditthardt
apa	Anne Paschke	mm	Markus Majonica
bgr	Bernd Grünewald	mn	Marcus Nicko
bo	Gerald Bott	mtz	Martin Reitz
bwe	Beatrix Weißbacher	pg	Peter Güthler
db	Dietmar Bauer	pj	Joachim Pletsch
dbe	Daniela Bernhard	pr	Ruben Podesser
dkl	Dennis Klinge	pri	Martin Price
dr	Andreas Droese	rr	Robert Rusitschka
eli	Elisabeth Weise	sa	Anna Schulz
fe	Andreas Fett	schn	Axel Schneider
fr	Joschi Frühstück	sew	Sebastian Weißbacher
ga	Gerrit Alberts	sg	Günter Seibert
Gah	Gabriel Herbert	sh	Stefan Hasewend
gi	Werner Gitt	si	Gabi Singer
gr	Hermann Grabe	sn	Stefan Nietzke
gu	Silvia Gußmann	sp	Klaus Spieker
HK	Hanna Kaal	sst	Sabine Stabrey
hl	Herbert Laupichler	st	Stefan Taube
ht	Manfred Herbst	str	Alexander Strunk
hu	Hartmut Ulrich	tcb	Thomas Bühne
Jam	Jacob Ameis	tk	Thomas Kröckertskothen
jkl	Jan Klein	tl	Thomas Lange
jpo	Janina Porten	tp	Thomas Pommer
kaa	William Kaal	uhb	Uwe Harald Böhm
kim	Gerhard Kimmich	vb	Bernhard Volkmann
koh	Karl-Otto Herhaus	vdm	Martin von der Mühlen
kr	Detlef Kranzmann	vj	Verena John
kts	Kathrin Stöbener	wd	Willi Dück
kw	Karen Wieck	wj	Joel Wjst
kü	Rudolf Kühnlein	wä	Markus Wäsch
li	Eberhard Liebald	za	Daniel Zach